PMBOK 기반의 프로젝트 관리

정승렬

국민대학교 출판부
KOOKMIN UNIVERSITY PRESS

본서의 개요 및 구성

프로젝트는 특별한 목적을 달성하기 위해 일시적으로 수행하는 작업으로 조직의 모든 작업 중 약 1/4을 차지한다. 오늘날 경제 규모가 커지는데 비례해서 당연히 프로젝트에 투자되는 규모도 커지고 있다. 많은 조직이 프로젝트를 성공적으로 완료하는 방법에 대해 고민하고 있으며 프로젝트 관리에 대한 관심 또한 지속적으로 높게 나타나고 있다. 지난 수년간 다양한 조사에서 프로젝트 관리 역량은 거의 매번 상위 10대 필요 정보기술(IT) 스킬에 포함되었다. PMI(Project Management Institute)는 프로젝트 관리를 위한 글로벌 비영리 전문조직으로 전 세계 200개 이상의 국가에서 50만명 이상의 전문가들이 회원으로 참여하고 있다. 프로젝트 관리 지식체계(Project Management Body of Knowledge, PMBOK)는 PMI의 대표 출판물로서 프로젝트 관리 분야의 대표적인 자격증인 PMP를 취득하는 기준이다. PMBOK는 프로젝트 관리에서 널리 사용되고 있는 잘 입증되고 합의된 프랙티스를 설명한다. 효과가 입증된 실무와 그렇지 않은 것을 모두 설명하므로 프로젝트 관리자가 일반적인 실수를 피할 수 있도록 도와준다. PMBOK는 실질적으로 조직이 프로젝트 관리 실무를 표준화할 수 있도록 하며 프로젝트 관리자가 조직 내에서 표준화된 시스템으로 작업할 수 있도록 도와준다. 이렇듯 PMBOK는 프로젝트 관리 분야에서 실질적인 표준 역할을 하고 있지만 PMBOK를 실무자들과 학생들이 쉽게 이해할 수 있도록 소개한 국내 도서는 흔치 않다. 프로젝트가 고도화되고 복잡해질수록 프로젝트 관리에 대한 표준을 적용하고 프로젝트 관리자의 역할을 전문화하는 것이 매우 중요해지지만 PMBOK 기반의 IT 프로젝트 관리를 소개한 전문서의 부족으로 프로젝트를 수행해야 할 많은 예비 IT 전문가들과 현업 실무자들이 여전히 전문서의 출간을 기다리고 있다. 본서는 이러한 목적과 필요성을 위해 PMBOK를 소개하고 PMBOK 기반의 IT 프로젝트 관리를 교육하기 위한 교재로서 준비되었다.

본서는 총 12장으로 구성되어 있다. 1장은 프로젝트 관리에 대한 개요에 해당하며 2장은 프로젝트의 환경인 조직과 IT 프로젝트에 대한 이해를 돕기 위해 마련되었다. 3장부터 12장까지 총 10개의 장은 PMBOK의 10개 지식영역을 각 각 설명하였다. 각 지식영역을 설명하기 위해 기본적인 개요와 인풋, 아웃풋, 사용되는 도구 및 기법에 대해 상세히 기술하였다. 그 외, 각 지식영역에서 중요한 개념이나 기법은 분리하여 좀 더 상세히 설명하였다. 같은 문서라도 각 지식영역에서 사용되는 용도나 활용법이 달라질 수 있으므로 각 장에서 일일이 내용을 정리하였다. 본서를 완독하고 나면 PMBOK에 대한 전반적인 개념 뿐만 아니라 실제 프로젝트의 성공적인 완료를 위해 프로젝트 관리를 어떻게 해 나가야 하는지에 대한 지식을 습득할 수 있으리라 확신한다.

혹시 본서를 이용하여 대학에서 강의를 하시고자 하는 경우 저자에게 이메일로 요청하시면 파워포인트로 만들어진 강의 교안을 보내 드리도록 하겠습니다.

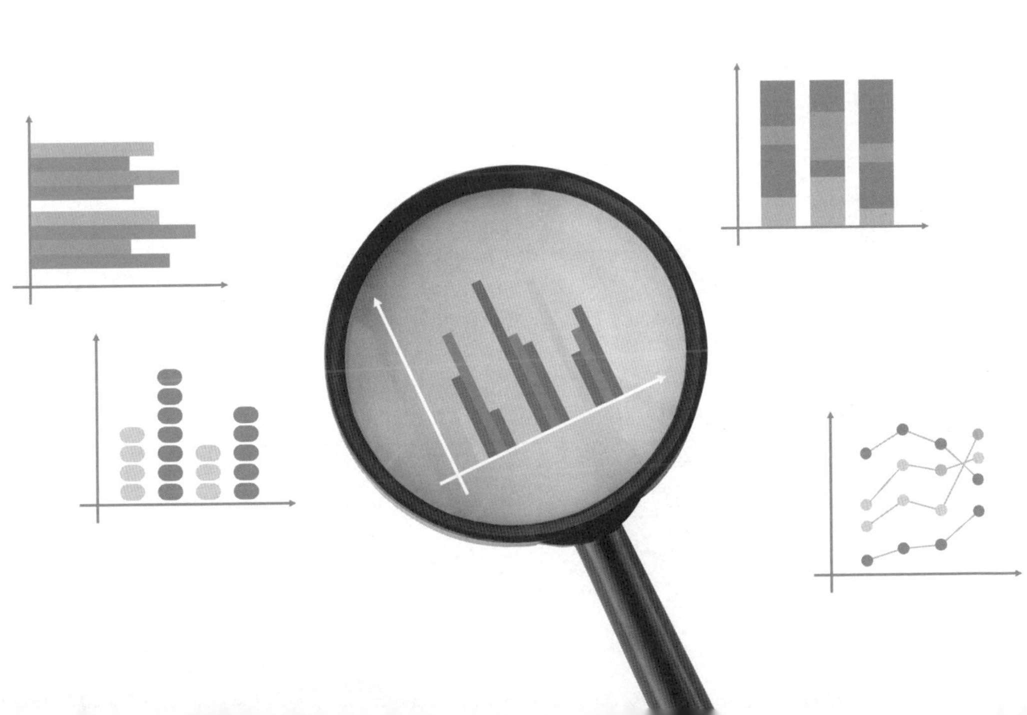

CONTENTS

제1장
프로젝트 관리 개요

이번 장을 통해서 학습하게 될 내용들

- 프로젝트 관리의 필요성
- 프로젝트 관리 지식체계 (PMBOK)
- 프로젝트의 정의와 특징 그리고 운영(operation)과의 차이
- 프로젝트 관리와 프로젝트 관리 프레임워크
- 프로젝트, 프로그램(program) 및 포트폴리오(portfolio) 관리의 차이
- 프로젝트 관리자

제 1장 프로젝트 관리 개요

미니 사례

국민 마트는 대형 할인점을 전국적으로 운영하고 있다. 국민 마트는 오랫동안 새로운 정보시스템을 꾸준히 개발하여 기업의 가치를 향상시키 왔으며 제품을 웹사이트에서 판매할 수 있도록 프로세스를 개선하는 작업도 막 시작하였다. 국민 마트의 CEO는 팬더믹으로 인한 비대면 시대에 보다 적극적인 대응을 하기 위해 차세대 온라인 쇼핑몰 구축을 결정하였으며 빠른 시일내에 시작하길 원한다. 또한 경쟁 업체들을 앞서 나가가 위해 조직의 디지털 전환을 꾀하고 있으며 이를 위해 어떤 프로젝트를 해야 하는지 고민하고 있다. 그 외에도 빅데이터나 AI 기술을 이용한 직원들의 의사결정 역량을 강화할 여러 정보 인프라를 구축하는데 큰 관심을 가지고 있다. 국민 마트의 CEO는 유명 정보관리 컨설턴트로부터 PMO 조직의 신설을 조언 받고 당신을 책임자로 임명하고자 한다. 국민 마트를 위해 어떤 역할을 하는 PMO가 가장 적절할까? 당신이 구상하는 PMO의 모습과 역할 또는 PMO 책임자로서의 향후 추진 방향을 생각해 보고 토론해 보자.

프로젝트 관리의 중요성

조직에서 모든 일은 운영(operation)과 프로젝트로 나누어진다. 운영은 일상적인 업무를 지칭하는데 전제 일 중 약 3/4을 차지하며 프로젝트는 특별한 목적을 달성하기 위해 일시적으로 수행하는 작업으로 나머지 1/4이 프로젝트이다. 운영이나 프로젝트 둘 다 사람에 의해 수행된다는 점, 자원에 제약을 받는다는 점, 계획과 실행을 통제한다는 점 등은 공통적인 요소이지만 프로젝트는 목표가 달성되고 나면 끝나지만 운영은 조직이 지속되는 한 계속 수행된다는 점에서 차이가 있다.

오늘날 경제 규모가 커지면서 비율적으로 프로젝트에 투자되는 규모도 커지고 있다. 이에 따라 많은 사람들과 조직이 프로젝트를 성공적으로 완료하는 방법에 대해 고민하고 있으며 따라서 프로젝트 관리에 대한 관심 또한 지속적으로 높게 나타나고 있다. 지난 수년간 다양한 조사에서 프로젝트 관리 역량은 거의 매번 상위 10대 필요 정보기술(IT) 스킬에 포함되었다.[1)]

과거 IT 프로젝트의 성공율은 참담하였다. 스탠디쉬 그룹의 1995년 연구는[2)] 당시 IT 프로젝트의 16%만이 범위, 일정, 비용 목표를 모두 성공적으로 충족시켰다고 보고했다. 또한 31% 이상은 종료 전에 취소되어 미국에서만 810억달러의 비용이 들었다. 2004년에 PWC에 의해 조사된 또 다른 연구는[3)] 전체적으로 프로젝트의 반이 실패하고 단지 2.5%의 기업만이 꾸준히 범위, 비용, 일정 목표를 달성하였다고 한다. 이렇듯 매우 심각한 수준의 프로젝트 성공율은 2015년 스탠디쉬 그룹의 조사에서[4)] 거의 배로 향상된 결과를 보여주었다. 전체적으로 범위, 일정, 비용 목표를 충족한 프로젝트의 비율이 29%로 높아졌으며 특히 소규모 프로젝트의 62%, 보통 규모의 21%가 성공한 것으로 조사되었다. 다만 대규모 프로젝트는 6% 정도만이 성공한 것으로 나타나 여전히 프로젝트 수행에 어려움을 겪고 있는 것으로 나타났다. 2020년 스탠디쉬 그룹의 보고서[5)] 또한 31%의 성공율과 19%의 실패율, 그리고 50%의 도전적 프로젝트 비율을 보여줌으로써 최근의 프로젝트 수행 성과가 21세기에

---

1) The 10 Most Important IT Skills for 2020, Global Knowledge
2) The CHAOS Report, 1995, The Standish Group
3) Boosting Business Performance through Programme and Project Management, 2004, PriceWaterhouseCoopers
4) The CHAOS Report, 2015, The Standish Group
5) The CHAOS Report, 2020, The Standish Group

들어와 어느 정도 향상되었다는 것을 확인해준다. 참고로 도전적인 프로젝트는 범위, 일정, 비용 목표 중 어느 하나라도 달성하지 못한 프로젝트를 의미하며 실패한 프로젝트는 3가지 목표 모두를 달성하지 못한 프로젝트이다.

프로젝트 성공율이 높아지는 이유는 다양하다. 가장 중요한 것은 프로젝트 관리 프로세스가 점차 체계적이고 정교해졌다는 점이다. 그 외에 진행상황을 모니터링하고 통제할 수 있는 더 나은 도구들이 개발되었으며 더 좋아진 관리 프로세스를 습득한 더 숙련된 프로젝트 관리자들이 투입되고 있다. 프로젝트 규모가 커지고 복잡해질수록 프로젝트 관리에 대한 표준을 적용하고 프로젝트 관리자의 역할을 전문화하면 결과를 개선하는 데 도움이 된다. 커지는 프로젝트 산업 규모와 프로젝트 성공에 대한 관심을 고려해 볼 때 세계 경제는 향후 10년 동안 2,500만 명의 새로운 프로젝트 전문가가 필요하며, 매년 약 230만 명의 새로운 프로젝트 관리자가 필요하다.[6]

절차와 프로세스를 엄격히 지켜나가는 공식적인 프로젝트 관리를 할 때의 장점은 여러 가지가 있다. 무엇보다도 재무적, 물리적, 인적 자원 등 다양한 자원에 대해 보다 정확하고 완전한 통제를 할 수 있으며 이를 통해 비용 절감이 가능하다. 체계적인 작업 절차의 도입과 함께 다양한 도구와 기법을 사용함으로써 생산성을 향상시키고 프로젝트 팀원들의 사기를 진작하여 개발 시간을 단축하는 등 프로젝트 성과를 향상시키는 효과가 있다. 결과적으로 이러한 프로젝트 관리는 더 높은 이윤을 가능하게 한다. 반면 고 품질의 산출물을 추구하여 고객과의 신뢰성을 향상시키며 고객 관계 개선에 큰 도움이 된다. 내부적으로 프로젝트 간에 효율적인 조정을 가능하게 하여 프로젝트가 조직의 전략적 목표 달성에 긍정적 영향을 미치도록 한다.

프로젝트 관리 지식체계 Project Management Body of Knowledge

PMI(Project Management Institute)는 1969년에 설립된 프로젝트 관리를 위한 글로벌 비영리 전문조직으로 전 세계 200개 이상의 국가에서 50만명 이상의 전문가들이 회원으로 참여하고 있다. PMI는 현장 전문성의 기준이 되는 PMP(Project Management Professional)라는 프로젝트 관리 전문가 자격증을 포함하여 지식과 역량을 인정하는 8개

6) 2021 Talent Gap Report, Project Management Institute

의 자격증을 제공하고 있으며 그 외에도 여러 표준, 교육과정, 도구, 각 종 출판물 등을 만들어 내고 있다. PMP 자격증은 적절한 프로젝트 경력을 제시하고 윤리 강령 준수에 동의한 후 시험을 통과하면 획득하게 된다. PMP는 프로젝트 관리자를 위한 업계에서 인정하는 중요한 자격증이므로 PMP 자격증을 얻는 사람의 수가 빠르게 증가하고 있고 최근 백만명 이상의 전문가들이 PMP 자격증을 획득하였다.

프로젝트 관리 지식체계(A Guide to the Project Management Body of Knowledge, PMBOK®Guide)는 PMI의 대표 출판물로서 PMP 자격증을 취득하는 기준이다. 이 가이드 책은 프로젝트 관리에서 널리 사용되고 있는 잘 입증되고 합의된 프랙티스를 설명한다. 효과가 입증된 실무와 그렇지 않은 것을 모두 설명하므로 프로젝트 관리자가 일반적인 실수를 피할 수 있도록 도와준다. PMBOK는 프로젝트 관리 실무자와 관련 토픽 전문가에 의해 개발되고 최신 전문 지식의 반영을 확인한 후 발표된다. PMBOK의 목표는 조직이 부서 전반에 걸쳐 프로젝트 관리 실무를 표준화할 수 있도록 하는 것이다. 또한 프로젝트 관리자가 조직 내에서 표준화된 시스템으로 작업할 수 있도록 도와준다. 이는 프로젝트 관리자가 회사를 옮기더라도 동일한 방식을 사용할 수 있음을 의미한다.

본서는 PMBOK를 기본으로 한다. PMBOK의 구조인 5개의 프로세스 그룹, 10개의 지식영역 및 47개의 프로젝트 관리 프로세스를 하나씩 상세히 설명한다. 관련 용어나 개념은 모두 PMBOK에서 정의하거나 기술하는 대로 인용한다. PMBOK는 본서의 근간이며 기초이다.

프로젝트 Project

PMBOK에 따르면 프로젝트는 고유한 제품이나 서비스 혹은 결과물을 만들어내기 위해 수행되는 일시적인 노력이다(A project is a temporary endeavor undertaken to create a unique product, service, or result). 여기서 일시적(temporary)이란 시작일과 종료일이 명확하게 명시되어 있다는 의미이다. 시스템 개발, 영화 제작, 신차 개발 등은 모두 프로젝트이다. 이들 작업은 언제 시작해서 언제 종료한다는 프로젝트 기간을 가지며 목적이 달성되거나 중간에 종료되는 경우에도 끝이 나게 된다. 프로젝트는 고유한(unique) 목적을 가진다고 했는데 이것은 모든 프로젝트가 항상 새롭고 처음 하는 작업이란 의미이다. 유사한 프로젝트가 존재할 수 있지만, 이해관계자, 고객, 팀원, 환경, 목적, 최종 결과물 등은 차이가 있기 마련이다. 프로젝트의 고유한 목적 혹은 유일성은 예측 가능성이 낮다는 것을 의미하며 프로젝트는 항시 위험요소가 존재하게 된다. 프로젝트는 점진적으로 완성되어 가는 특징이 있다. 프로젝트는 초기에 계획을 세우고 이 계획에 따라 단계별로 진행시켜 나가면서 산출물을 완성해 간다. 산출물이 처음부터 완성될 수 없으며 프로젝트가 진행되어 가면서 점차 구체적인 모습으로 바뀌어 가고 마지막에 완성품이 된다. 이러한 의미에서 프로젝트는 많은 불확실성을 안고 있으며 시간이 지나면서 불확실성이 줄어들게 된다. 따라서 적절한 계획은 프로젝트를 성공으로 이끄는 주요 요인이다. 마지막으로 프로젝트에는 주요 고객이나 스폰서(sponsor)가 존재하게 된다. 스폰서는 프로젝트의 방향을 정하고 재정지원을 해 주는 고위 경영진을 의미한다. 고객이나 스폰서는 주요 이해관계자로 이들의 기대수준을 이해하고 이들과 효율적으로 소통하는 것이 중요하다.

프로젝트 관리 Project Management

프로젝트 요구사항을 충족시키기 위해 프로젝트 활동에 지식, 스킬, 도구, 기법 등을 적용하는 것을 프로젝트 관리라 한다. 일반 관리(management)와 프로젝트 관리를 구별하는 핵심 요소는 프로젝트 관리가 최종 결과물과 한정된 기간을 가진다는 점이다. 이 때문에 프로젝트 전문가는 기술적인 스킬, 사람 관리 스킬, 적절한 비즈니스 스킬 등과 같은 광범위한 스킬이 필요하다. 프로젝트 관리는 수용 가능한 품질의 결과물을 만들어낼 수 있도록 적절한 경로상에서 프로젝트를 시작하고 이동하며 종료할 수 있도록 지침이나 모범 사례를 제공하고 통제한다. 그러나 현실에서 이 경로는 여러 가지 제약사항, 도전, 위험, 장애물 등으로 가득 차 있다. 그 중 가장 중요한 것은 3중 제약(Triple Constraints)이다.

3중 제약이란 프로젝트 관리에 내재된 제약 조건 모델이다. 모든 프로젝트는 범위, 시간, 비용의 세 가지 제약 조건 내에서 운영된다. 이 세 가지 상호 의존적 제약 조건은 모든 프로젝트에 내재되어 있으며, 하나의 조정은 다른 두 개의 제약은 물론 프로젝트 및 최종 결과물의 품질에도 영향을 미친다. 심지어 프로젝트를 관리하고 있다는 의미는 3중 제약과 함께 작업을 한다는 의미로 해석할 수 있다. 여기서 범위는 프로젝트의 목표를 달성하기 위해 필요한 작업이며 시간은 프로젝트가 완료될 때까지의 일정을 나타내며 비용은 프로젝트 예산이라고 하는 프로젝트의 재정적 제약을 뜻한다.

기본적으로 3중 제약은 프로젝트의 성공이 범위, 시간 및 비용에 영향을 받는다는 것을 설명한다. 프로젝트 관리자는 절충안(trade-offs)을 통해 이 세 가지 제약 조건의 균형을 유지하여 3중 제약 조건을 계속 통제할 수 있어야 한다. 예를 들어, 프로젝트 관리자가 프로젝트 범위를 기반으로 최종 결과물을 생성하는 예상 종료 날짜가 포함된 일정을 만들면, 이 일정에서 프로젝트 관리자는 필요한 비용을 계산하고 총 프로젝트 예산을 산출한 다음 프로젝트 스폰서에게 승인을 요청한다. 그러나 프로젝트가 진행됨에 따라 범위가 확장될 수 있으며 이러한 범위 변경은 일정에 영향을 미치며 종료 날짜를 놓칠 위험에 처한다. 그러나 동일한 종료 날짜를 유지하려면 프로젝트 팀에 추가 리소스가 필요하므로 비용에 영향을 미치고 프로젝트가 예산을 초과하게 될 수 있다. 이와 같은 도전적인 상황에서도 프로젝트 관리자는 이해관계자의 3중 제약에 대한 우선 순위와 기대치를 파악하여 그에 따라 3중 제약을 조정함으로써 식별된 이슈들이 더 크게 문제화 되는 것을 방지할 수 있다. 프로젝트 제약 조건은 항상 존재하므로 프로젝트 관리자는 프로젝트 관리 소프트웨어를 포함하여 필요한 모든 도구를 보유해야 한다. 또한 한 가지 제약 조건의 변경이 다른 제약 조건에 확실히 영향을 미친다는 점을 고객 및 기타 이해관계자에게 분명히 해야 한다. 결국 이러한 모든 것이 절충점에 관한 것임을 잊지 말아야 한다.

[그림 1-1] 3중 제약 (Triple Constraints)

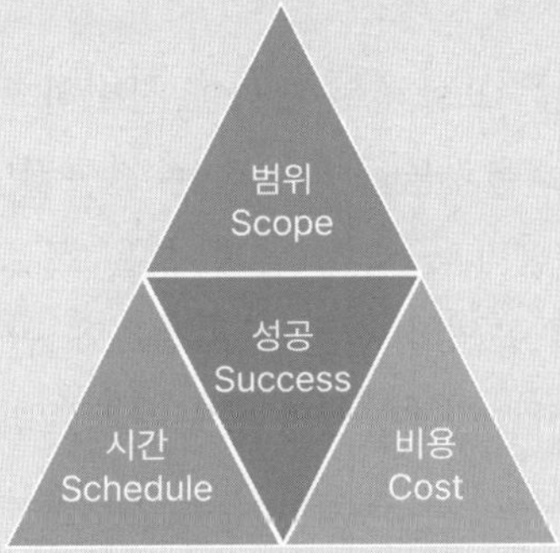

프로젝트 관리 프레임워크 Project Management Framework

프로젝트 관리 프레임워크는 프로젝트 관리와 관련하여 주요 구성요소 뿐만 아니라 맥락과 환경 등을 설명함으로써 프로젝트 관리에 대한 이해를 높여주는 사고의 틀이다. 아래 그림 1-2에 나타나듯이 프로젝트 관리를 보다 깊이 이해하기 위해서는 먼저 이해관계자, 지식 영역, 도구와 기법, 프로젝트 성공, 프로그램, 프로젝트 포트폴리오 등에 대한 이해를 높여야 한다.

[그림 1-2] 프로젝트 관리 프레임워크 (Project Management Framework)

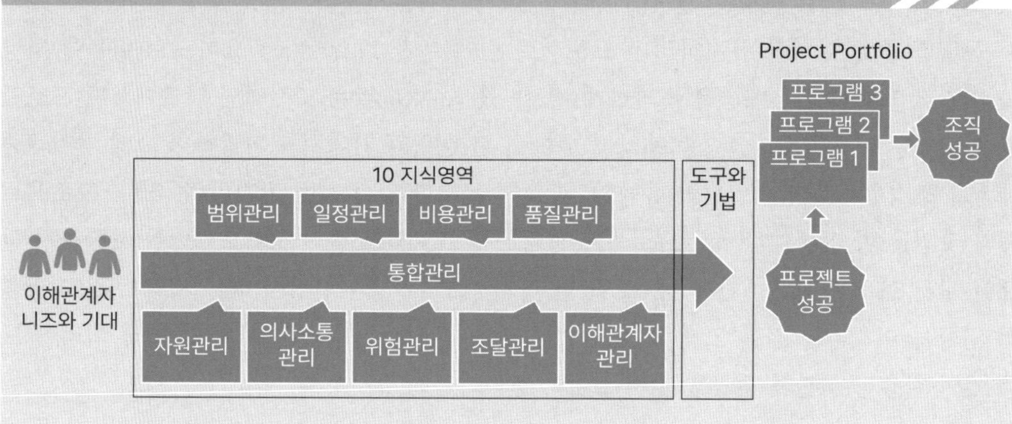

• 이해관계자 Stakeholders

이해관계자(stakeholders)는 프로젝트 활동에 참여하거나 영향을 받는 사람이다. 고객이나 사용자와 같은 프로젝트 결과물을 활용하는 전통적인 이해관계자 외에도 프로젝트 스폰서, 프로젝트 팀원, 지원인력, 공급자 등과 같은 프로젝트 참여 인력이나 지지 그룹 등도 이해관계자들이다. 특히 유의할 점은 프로젝트에 반대하는 경영진이나 부서장들도 중요한 이해관계자에 포함된다. 이해관계자는 프로젝트의 요구사항 등을 제시하거나 산출물을 검증하는 등 직접적으로 프로젝트에 영향을 미치기도 하지만 자원 배분이나 지원 등과 관련하여 간접적으로 영향을 미치기도 하므로 이들의 니즈와 기대수준을 잘 파악하고 관리하는 것이 매우 중요하다.

• 지식 영역 Knowledge Areas

지식 영역(Knowledge Areas)은 프로젝트 관리자가 반드시 알아야하는 프로젝트 관리의 영역이며 동시에 보유해야 하는 주요 역량을 나타낸다. 총 10개로 구성되어 있는데 이들은 통합(integration)관리, 범위(scope)관리, 일정(schedule)관리, 비용(cost)관리, 품질(quality)관리, 자원(resource)관리, 의사소통(communication)관리, 위험(risk)관리,

조달(procurement)관리, 이해관계자(stakeholders)관리 등이다. 이 중 범위, 일정, 비용, 품질관리 등 4개 영역은 핵심 지식영역(Core Knowledge Areas)이라 부르는데 이들은 구체적인 프로젝트 목표와 관련된 영역들이다. 자원, 의사소통, 위험, 조달, 이해관계자관리 등 5개의 지식영역은 프로젝트 목표를 달성하기 위한 수단과 관련되어 있는데 이를 촉진 지식영역(Facilitating Knowledge Areas)이라 부른다. 마지막 한 가지 영역은 통합관리로서 나머지 9개의 지식 영역을 통합하는 역할을 하며 당연히 다른 모든 지식영역에 영향을 미치고 동시에 영향을 받는다.

• 프로젝트 관리 프로세스 그룹 Project Management Process Groups

PMBOK는 프로젝트 관리 프로세스를 시작(initiating) 프로세스, 계획(planning) 프로세스, 실행(executing) 프로세스, 모니터링 및 통제(monitoring and controlling) 프로세스, 종료(closing) 프로세스 등 5개 그룹으로 구성한다. 10개의 지식영역에 속해 있는 47개의 모든 프로세스는 이 5개 그룹으로 나뉘며 이들이 달성한 결과로 얽혀 있다. 5개의 프로세스 그룹이 서로 연결되어 있다는 사실은 프로젝트의 각 단계에서 반복되고 결합되는 프로세스들이 동적 네트워크가 된다는 것을 시사한다. 5개의 프로세스 그룹을 살펴보면 먼저, 시작 프로세스 그룹은 새 프로젝트 또는 새 프로젝트 단계를 시작하는 데 필요한 프로세스이다. 계획 프로세스 그룹은 프로젝트의 범위를 정의 및 계획하고 실행 방법을 수립하는 것과 관련된 프로세스이며 실행 프로세스 그룹은 프로젝트 활동 및 작업의 실제 완료와 관련된 프로세스이다. 또한 모니터링 및 통제 프로세스 그룹은 프로젝트 성과 및 진행 상황에 대한 추적, 모니터링, 보고 및 통제와 관련된 모든 것을 다루는 프로세스이며 마지막으로 종료 프로세스 그룹은 프로젝트 또는 프로젝트 단계를 마무리하고 완료하는 데 필요한 프로세스이다.

• 프로젝트 관리 도구와 기법 Project Management Tools and Techniques

다음 프로젝트 관리의 주요 요소 중의 하나는 프로젝트 관리자와 팀원의 활동을 지원하는 프로젝트 관리 도구와 기법들이다. 프로젝트의 규모가 크고 복잡할수록 프로젝트 관리 도구와 기법의 활용이 더 많이 요구되지만 규모가 작고 단순한 프로젝트이더라도 효율적이고 효과적인 관리 활동을 위해 필수적으로 사용해야 하는 도구와 기법들이 있다. 대표적인 도구와 기법들로 작업분할체계(WBS), 간트차트, 네트워크 다이어그램, 주경로분석, 획득가치관리 등이 있다. 본서에서는 향후 각 지식 영역별로 필요한 도구와 기법들을 자세히 설명한다.

• 프로젝트 성공 Project Success

모든 프로젝트 관리자는 프로젝트 성공을 위해 최선을 다하며 적절한 프로젝트 관리를 위해서는 프로젝트 성공에 대한 충분한 이해가 선행되어야 한다. 복잡한 프로젝트 성공 개념을 잘 정리하기 위해 다양한 이해관계자 관점과 함께 여러 다른 시점을 기반으로 다음과 같은 세개의 도메인에서 성공을 정의할 필요가 있다. 첫 번째 도메인은 프로젝트 자체로서 주요 설계 제약 내에서 사용된 프로세스 및 프로젝트를 수행하는데 있어서의 효과성에 초점을 맞춘다. 두 번째 도메인은 프로젝트에서 생산된 주요 산출물(deliverable)로서 이들의 수용과 사용 뿐만 아니라 사양이나 목적에 대한 적합성에 초점을 맞춘다. 참고로 deliverable은 프로젝트나 프로젝트 단계의 결과로 만들어지거나 제공된 제품이나 서비스를 포함한 모든 결과물을 의미하며 본서에는 산출물이라 부른다. 마지막 세 번째 도메인은 투자로부터 반환되는 조직의 편익(organizational benefits)으로 비즈니스 목표 달성 및 전략적 가치 생성에 중점을 둔다. 이 접근 방식을 사용하면 프로젝트 성공은 시간이 지나면서 프로젝트에서 이익이 발생함에 따라 결정되거나 또는 주기적으로 재결정 될 수 있음을 알 수 있다. 또한 어떤 이해관계자는 이익이 발생함에 따라 프로젝트에서 파생된 더 높은 가치를 성공으로 인식하기도 한다. 이러한 접근방식으로 인해 프로젝트 성공은 고려하는 시점에서 프로젝트가 달성한 최고 수준의 이익으로 정의된다. 이것은 어떤 관점에서는 실패로 평가 받은 프로젝트가 또 다른 높은 수준의 인지된 이익 관점에서는 여전히 성공으로 평가 받을 수 있음을 보여준다. 이들 3개의 도메인은 프로젝트 관련 성과를 공식 또는 비공식적으로 평가할 수 있는 5가지 관점을 나타낸다.

첫 번째는 프로세스 관점으로 모든 프로젝트는 프로젝트를 성공적으로 완료하는 데 필요한 일반 및 프로젝트에 특화된 모범 사례(best practice)가 있다는 것에서 출발한다. 이 관점에서는 사용된 프로세스의 적절성, 프로세스와 프로젝트 목적과의 연계성, 프로젝트 결과에 기여하는 통합 및 효과성이 성공의 기준이 된다. 이 관점에서의 분석은 프로젝트 팀이나 조직에 후속 프로젝트를 위한 학습 및 개선을 위한 피드백을 제공한다. 두 번째는 프로젝트 관리 관점으로 전통적인 프로젝트 성공 기준인 3중 제약을 의미한다. 범위, 일정, 비용 등 3가지 영역에 대한 기준은 제약 조건이면서 동시에 추구해야 하는 목표이다. 3중 제약 관점에 따르면 정해진 범위의 산출물을 예산 범위 내에서 정해진 일정에 맞추어 만들어내면 그 프로젝트는 성공이다. 다만 여기에서의 범위는 제품 범위(세 번째 관점에 포함)가 아니라 프로젝트 범위를 나타낸다. 세 번째는 제품 관점으로 프로젝트의 주요 결과물에 초점을 맞추기 때문에 결과물 자체를 평가하거나 고객이나 사용자 만족도를 평가한다. 결과물 자체에 관한 측정치로는 사양이나 요구사항 혹은 품질 기대치와의 일치 등이 있으며 고객 만족도에 관한 측정치로는 제품 수락이나 사용 및 효율성 등이 포함된다. 이 관점에서는 고객의 니즈를 정확히 파악하고 기대치를 낮추는 것 또한 프로젝트를 성공으로 이끄는 주요 요인이다. 네 번째는 비즈니스 관점으로 프로젝트로 인해 조직에 얼마나 많은 순이익이 발생 했는지가 기준이 된다. 이는 또한 프로젝트 결과에 대한 조직의 기여도에 대한 평가도 포함될 수 있다. 결과적으로 프로젝트가 투자 승인의 이유가 된 목표 및 목적을 달성한 정도와 예상 이익이 실현되었는지 여부가 이 관점에서의 성공 측정치에 포함된다. 여기에는 프로젝트에 대한 기업 거버넌스의 효율성 및 기여도에 대한 고려가 포함될 수 있으며 순이익 평가에는 투자로 인해 발생하는 의도하지 않은 편익과 부정적인 영향도 포함된다. 마지막으로 다섯 번째는 전략 관점으로 조직의 이익을 회사 내부자가 아니라 투자자, 경쟁자, 산업 분석가 또는 규제 기관과 같은 외부 이해관계자가 평가한다. 이 관점에서의 성공은 업계 위치, 비즈니스 성장 및 개발, 경쟁 우위 및 기타 전략적 이득이 얼마나 개선 되었는가에 따라 결정된다.

프로젝트 성공을 정의하는 관점은 여러 가지가 있으며 어떤 목적으로 어느 시점에서 평가하는가에 따라 선택할 수 있는 관점이 달라진다. 그럼에도 불구하고 프로젝트 관리자는 프로젝트 결과물이 프로젝트의 목표를 잘 충족시킬 수 있도록 하는 것이 가장 중요하다는 것을 잊지 말아야 한다.

• 프로그램 Program

프로젝트가 조직의 목표를 달성하는데 도움이 되는 두 가지 중요한 개념이 있다. 하나는 프로그램의 사용이며 다른 하나는 프로젝트 포트폴리오 관리이다. 프로그램은 개별 프로젝트의 관리를 통해서는 얻을 수 없는 혜택이나 통제를 가져올 수 있도록 조율되고 조정되는 관련 프로젝트들의 집합을 뜻한다. 조직에서 어떤 경우에는 더 높은 가치를 달성할 수 있도록 여러 프로젝트들을 관련 있는 것끼리 편성하여 관리하는 것이 중요하다. 프로젝트 관리 측면에서 이런 프로젝트 모음을 프로그램이라 한다. 프로젝트와 마찬가지로 프로그램도 임시 조직이므로 관련 프로젝트가 완료되면 프로그램도 완료된다. 프로그램 관리는 프로젝트 관리와 유사하게 프로그램 목표를 달성하고 관련 프로그램 구성요소를 개별적으로 관리함으로써 얻을 수 없는 혜택과 통제를 얻기 위한 지식과 기술의 적용을 의미한다. 프로그램 관리는 단순히 여러 프로젝트를 관리하는 것이 아니라 그보다 조금 더 전략적이다. 프로그램 관리의 역할은 프로젝트가 비즈니스 전략과 연계되도록 하는 것이므로 전략이 변경되면 프로그램 관리자도 프로젝트 팀과 소통하여 팀이 전략 변화를 인지하고 이에 관해 어떤 작업을 해야 하는지 알도록 해야 한다.

프로그램 관리자도 해당 프로젝트를 세세하게 관리하지 않고 올바른 작업이 올바른 시점에 올바른 프로젝트 간에 이동하도록 돕는다. 물론 각 프로젝트에는 여전히 프로젝트 관리자가 있다. 프로그램 관리자는 프로그램 내의 개별 프로젝트를 통솔하는 프로젝트 관리자에게 방향과 리더십을 제공한다. 프로그램 관리자는 프로그램을 감독하고 종종 프로젝트 관리자의 보스 역할을 한다. 프로그램 전반에 걸쳐 비즈니스 이익에 초점을 두는 프로그램 관리자는 시작 초기부터 어떤 이익을 실현할 수 있는지 살펴보고 이를 실현하도록 노력한다. 프로그램 관리자의 역할은 올바른 프로젝트가 프로그램에 포함되어 있는지 확인하여 의도한 비즈니스 이익이 충족되도록 하는 것이다. 비즈니스 이익에 도움이 되지 않는 모든 프로젝트는 프로그램에서 재정렬되거나 제거된다.

• 포트폴리오 관리 Portfolio Management

포트폴리오는 전략적 목표를 달성하기 위해 그룹으로 관리되는 프로젝트, 프로그램 및 운영 작업의 모음이다. 조직에는 회사 내의 모든 프로젝트, 프로그램 및 운영 작업으로 구성된 하나의 포트폴리오가 있을 수 있다. 물론 프로젝트 선택 및 지속적인 투자 결정을 위해 여러 포트폴리오를 설정할 수도 있다. 프로젝트는 프로그램 및 포트폴리오의 일부이며 프로그램은 포트폴리오의 일부이다. 각각은 다르지만 모두가 하나로 관리할 때 가장 효과적이다.

조직은 어떤 프로젝트에 집중해야 하는지 결정해야 한다. 종종 조직 내 역량에 따라 수행할 수 있는 프로젝트 수가 제한을 받으며 "우리가 올바른 프로젝트를 수행하고 있는가?"라는 질문을 던지게 된다. 포트폴리오 관리는 조직의 전략적 목표를 달성하기 위해 하나 이상의 포트폴리오를 중앙집중식으로 관리하는 것이다.

조직은 자원이 제한되는 경우가 많다. 따라서 조직의 전략에 따라 수행할 수 있는 여러 프로젝트와 프로그램이 정해진다. 프로그램과 프로젝트를 개별적으로 바라보는 것뿐만 아니라 조직의 중요한 목표와 어떻게 일치하는지 파악하기 위해 전체적으로 보는 것이 중요하다. 동시에 포트폴리오의 균형 수준을 고려하는 것이 중요하다. 조직은 새로운 기회를 개발하는 동시에 계속 사업을 운영해 갈 수 있어야 한다. 약간의 위험은 감수해야 하지만 포트폴리오는 일정 기간 내에 모든 것을 잃을 수 있을 정도로 위험하지 않아야 한다.

포트폴리오 관리는 프로젝트와 프로그램의 우선 순위를 정하고 선택하는 것 외에도 포트폴리오의 균형을 유지하여 올바른 프로젝트와 프로그램을 선택하고 구현하는 것이다.

포트폴리오 구성은 일회성 결정이 아니기 때문에 모니터링 및 통제가 포트폴리오 관리에서 핵심이다. 평가는 일정한 주기로 수행되면서 특정 프로젝트의 우선 순위가 낮아지고 다른 프로젝트가 그 자리로 이동한다거나 프로젝트가 일시적으로 포트폴리오에서 제외되거나 영구적으로 제거될 수도 있다. 포트폴리오 관리의 목표는 프로젝트가 조직의 전략, 목적 및 목표와 연계되도록 하기 위함이다. 또한 프로젝트 또는 프로그램이 더 이상 연계되지 않는다고 판단되면 포트폴리오의 모든 프로젝트 및 프로그램의 우선 순위를 다시 결정하기 위해서다.

• 프로젝트 관리자, 프로그램 관리자 및 포트폴리오 관리자

프로젝트 관리자가 프로젝트 내에서 여러 작업을 관리하는 동안 프로그램 관리자는 프로그램 내에서 관련 프로젝트를 조정하여 어떤 프로젝트가 동일하거나 유사한 목표를 향해 진행 중이고 또 어떤 프로젝트가 다른 프로젝트에 종속 관계에 있는지 확인한다. 반면에 포트폴리오 관리자는 조직 내의 모든 프로그램을 관리하여 이들 프로그램이 조직의 전략적 목표를 달성히도록 추진되고 있는지 확인한다.

프로젝트, 프로그램 및 포트폴리오 관리자가 작업하는 방식의 차이점은 다음과 같다. 프로젝트 관리자는 프로젝트를 효율적이고 안정적으로 수행하기 위해 노력한다. 그들은 프로젝트를 성공적으로 이끄는 일상적인 관리를 책임진다. 프로그램 관리자는 전략적 조정에 더 관심이 있다. 개별 프로젝트 관리자가 수행하는 작업을 이해하고 이들 간의 효과적인 의사 소통을 가능하게 하여 프로젝트의 위치를 이해하고 필요한 지원을 한다. 한편, 포트폴리오 관리자는 일이 순조롭게 진행되고 조직이 가장 중요한 전략적 이니셔티브를 달성하도록 다양한 프로그램을 조정한다. 이들은 종종 특정 프로젝트가 제안된 이유나 특정 작업이 수행되는 이유 등에 관해 질문을 던진다. 조직 내의 프로젝트, 프로그램 및 포트폴리오 관리자가 효과적으로 협업하기 위해서는 모두 서로의 역할을 이해하는 것이 중요하다. 이러한 이해가 없으면 불필요한 혼란과 잘못된 의사소통으로 인해 새로운 이니셔티브가 시작되기도 전에 실패할 수 있다.

• Project Management Office (PMO)

PMO는 프로젝트 관련 거버넌스 프로세스를 표준화하고 자원, 방법론, 도구, 기법 등의 공유를 촉진하는 관리 구조이다. PMO는 다양한 방식으로 프로젝트 관리자를 지원하는 조직인데 주요 기능은 다음과 같다.

- PMO가 관리하는 모든 프로젝트에서 공유하는 자원들을 관리
- 프로젝트 관리 방법론, 모범 사례 및 표준을 식별하고 개발
- 코칭, 멘토링, 교육 및 감독
- 프로젝트 감사를 통해 프로젝트 관리 표준, 정책, 절차 및 템플릿의 준수를 모니터링
- 프로젝트 정책, 절차, 템플릿 및 기타 공유 문서 개발 및 관리
- 프로젝트 전반에 걸쳐 커뮤니케이션을 조정

PMO는 단일 프로젝트를 지원하는 목적으로 특정 부서 내에 존재할 수도 있으며 조직 내에서 별도의 엔터티로 설립될 수도 있다. 이 PMO는 지원하는 프로젝트가 종료되면 더 이상 존재하지 않는다. 물론 가끔 종료된 프로젝트의 PMO 구성원과 인프라가 또 다른 프로젝트를 지원하기 위해 다른 PMO에 합쳐질 수 있다.

PMO라는 용어는 일반적으로 Project Management Office를 의미하는 용어이지만 가끔 Program Management Office 혹은 Portfolio Management Office의 약어로 사용되기도 한다. 프로그램을 위한 PMO는 행정기능을 중앙에서 처리하거나 프로그램 관리자를 전담해서 도와주면서 프로그램과 관련된 거버넌스 프로세스나 절차 그리고 템플릿 등을 정의하고 관리하는 조직으로 정의된다. 프로그램을 위한 PMO의 역할은 간단히 프로그램 관리자를 지원하는 것으로 생각하면 된다. 그 세부 기능은 다음과 같다.

- 프로그램 관리 프로세스 및 절차 정의
- 프로그램 수준에서 일정 및 예산 관리 지원
- 프로그램 및 프로그램 구성 요소에 대한 품질 표준 정의
- 프로그램 전반에 걸쳐 효과적인 자원 관리 지원
- 형상관리와 지식관리 제공
- 변경 관리 및 위험 및 문제 추적을 위한 중앙집중식 지원

프로그램을 위한 PMO가 없으면 프로그램이 존재하고 예상되는 이점을 실현하는 것이 매우 어려워진다. 프로그램의 성공이 PMO의 성숙도, 효율성 및 성과에 크게 의존한다는 것을 알 수 있다.

마지막으로 포트폴리오를 위한 PMO는 할당된 포트폴리오 구성 요소를 중앙에서 관리하고 조정하는 전사적 조직으로 개별 프로젝트나 프로그램, 부서 등과 독립적인 고위급

조직에 위치한다. 이러한 PMO의 책임은 포트폴리오를 지원하는 기능을 제공하는 것에서부터 실제 포트폴리오 관리에 이르기까지 다양하며 더 나아가 포트폴리오가 조직의 전략적 목표와 일치하도록 유지하는 데 필요한 조치를 선택하고 시작할 것을 권장하는 것도 포함된다. 따라서 포트폴리오를 위한 PMO는 일반적으로 여러 프로그램과 프로젝트를 동시에 지원할 수 있는 인력, 프로세스, 방법론, 거버넌스 및 인프라를 갖추고 있다. 뿐만 아니라 프로그램과 프로젝트를 조직의 전략과 쉽게 일치시킬 수 있으며 전략에 도움이 되지 않는 것으로 보이는 프로젝트를 종료할 수도 있다. PMO는 비즈니스 전략 수준에서 고위 경영진에게 조언할 수 있다.

이상과 같이 조직내에서 PMO라는 용어는 하나 이상의 조직적 설정에 적용되지만 조직의 성숙도에 따라 여러 수준에서 작동한다는 점에서 PMO의 역할은 진화적이라고 할 수 있다.

프로젝트 관리자 Project Manager

프로젝트 관리자는 프로젝트 팀을 이끌기 위해 수행 조직에서 지정한 사람이다. 프로젝트 관리자는 전체 프로젝트를 책임지고 프로젝트의 계획, 조달, 실행, 완료 등 프로젝트와 관련된 모든 것을 처리한다. 그들의 책임에는 계획 및 예산 책정과 같은 구체적이고 유형적인 것뿐만 아니라 리더십 및 도덕적 지원과 같이 정량화할 수 없지만 여전히 중요한 것들이 포함된다. 궁극적으로 프로젝트 관리자는 프로젝트의 성공 또는 실패에 대한 책임이 있다. 대부분의 성공적인 프로젝트는 성공 요인에 영향을 줄 수 있는 숙련된 프로젝트 관리자가 수도했다. 프로젝트 관리자는 변화에 익숙해야 하고 그들이 함께 일하는 조직을 이해해야 하며 팀이 프로젝트 목표를 달성하도록 이끌 수 있어야 한다.

• 지식과 스킬 Knowledge and Skill

프로젝트 관리자는 프로젝트 목표를 달성하기 위해 다양한 지식이나 스킬이 요구된다. 이들 지식이나 스킬을 좀더 상세히 분류해 보면 다음과 같은 5가지로 구분할 수 있다. 먼저 PMBOK에 관한 지식이다. 본서의 바탕인 PMBOK는 프로젝트 관리 현장에서 표준으로 인정되는 프로세스, 모범 사례, 용어 및 지침 등을 모아놓은 백서이다. 따라서 PMBOK 지식은 프로젝트 관리자의 역량을 강화시키기 위한 기본적이면서도 중요한 지식으로 이의 습득은 필수적이다.

두 번째는 응용분야(application areas)의 지식과 표준 및 규정 등이다. 모든 산업에는 표준과 규정이 있다. 전문가로서 프로젝트가 속한 산업, 조직 또는 프로젝트 자체에 적용되는 모든 관련 법률 및 규칙을 따라야 한다는 것은 말할 필요도 없다. 작업을 시작하기 전에 어떤 것이 프로젝트에 영향을 미치는지 알면 프로젝트가 원활하게 진행될 뿐만 아니라 효과적인 위험 분석이 가능하다. 특정 응용분야의 어떤 프로젝트는 특정 기술을 필요로 한다. 응용분야란 공통 요소가 있는 프로젝트 범주로서 산업 그룹(통신, 유통, 제조, 금융 등)이나 업무 기능(회계, 마케팅, 생산 등) 등을 기반으로 분류될 수 있다. 이러한 응용분야는 일반적으로 도메인이나 규정 혹은 프로젝트, 고객 또는 산업의 특정 니즈와 관련이 있다. 예를 들어, 대부분의 정부 기관 프로젝트에는 건설 산업에서 적용하지 않는 특별한 조달 규칙이 있다. 의약품 산업은 식품의약품안전처에서 정한 규정에 관심이 있는 반면 자동차 산업은 이런 유형의 규정에 거의 또는 전혀 관심이 없다. 프로젝트 관리자는 지식을 효과적으로 적용하기 위해 업계에 대한 최신 정보를 유지해야 한다. 오늘날 빠른 발전 속도를 감안하면 현재 추세를 바쁘게 따라가지 않으면 상당히 빨리 뒤처질 수 있다. 프로젝트 관리자가 작업 중인 응용분야에서 일정 수준의 경험이 있으면 프로젝트 관리에 있어 매우 유리하다.

세 번째는 프로젝트 환경 지식이다. 프로젝트 환경은 프로젝트 관리에 가해지는 모든 조건(condition)이다. 일정, 예산, 팀 사기 등에 영향을 줄 수 있는 조직 내부 및 외부의 조건들로 프로젝트 팀의 통제를 벗어난다. 대부분의 프로젝트에서 목표, 범위, 예산, 일정 등은 명확하게 정의되지만 프로젝트 환경은 충분히 이해되거나 명확하게 정의되지 않는다. 이것은 프로젝트 관리 및 실행과 관련하여 큰 위험 요인이 될 수 있다. 프로젝트 관리자가 프로젝트 환경 및 컨텍스트를 완전히 이해하지 못하는 경우 프로젝트는 실패할 확률이 높다. 조직 내부 환경 요인에는 조직구조, 조직 문화(가치관, 윤리강령, 리더십 스타일 등), 소프트웨어, 인프라(정보기술 하드웨어 및 통신 채널 등), 기타 여러 자원의 가용성 등이 포함된다. 외부 환경 요인으로는 사회적 및 문화적 영향, 법적 제한(국가 또는 지역의 법률 및 규정), 물리적 환경(날씨 및 작업 조건 등) 등이 있다. 특히 글로벌 프로젝트에서는 비즈니스를 수행하는 국가의 문화가 해당 국가의 팀 구성원, 이해관계자 또는 고객과 상호 작용하는 방식에 영향을 미치는 등 사회적, 문화적 요인이 매우 중요하므로 충분한 이해가 선행되어야 한다.

네 번째는 일반 관리 지식 및 스킬이다. 프로젝트 관리자는 프로젝트 관리 지식뿐만 아니라 일반 관리 지식 및 스킬에 의존해야 한다. 여기에는 프로젝트를 계획하는 능력이나 프로젝트를 적절하게 실행하는 능력 뿐만 아니라 프로젝트 제약 조건의 균형을 맞추면서 프로젝트를 통제하고 성공적으로 완료하는 능력 등이 포함된다. 프로젝트 관리에는 단순히 작업을 완료하는 것 이상의 것이 있다. 프로젝트 관리 프로세스에는 프로젝트 관리자가 일정 수준의 효율성과 통제력으로 프로젝트를 완료할 수 있도록 하는 일반 관리 기술이 내재되어 있다. 어떤 면에서 프로젝트 관리는 비즈니스 운영과 유사하다. 위험과 보상, 재무 및 회계 활동, 인적 자원 문제, 일정 관리, 스트레스 관리, 프로젝트 존재 목적 등이 있다. 일반 관리 지식과 스킬은 거의 모든 프로젝트에 필요하다.

마지막으로 다섯 번째는 소프트 스킬(soft skill) 혹은 인간관계 스킬이다. 소프트 스킬은 일하는 방식 혹은 다른 사람들과 상호 작용하는 방식과 관련된 능력으로 의사 소통, 팀워크, 동기부여, 리더십과 같은 다양한 대인 관계 스킬이 포함된다. 기술적이고 직무에 따라 달라지는 하드 스킬(hard skill)과 달리 소프트 스킬은 가르치기 어려우면서도 장기적인 성공에 필수적인 요소이다. 프로젝트 관리자는 업무를 효과적으로 수행하기 위해 높은 수준의 하드 스킬이 필요하지만 그에 못지 않게 소프트 스킬을 보유하는 것도 매우 중요하다. 소프트 스킬을 가진 프로젝트 관리자는 협업 팀을 구축하는 데 큰 역할을 한다. 프로젝트 관리자가 강력한 리더십과 동기 부여 기술을 보일 때 팀을 성공으로 이끌 수 있다. 프로젝트 관리자에게 소프트 스킬이 중요한 또 다른 이유는 고객과의 관계 때문이다. 소프트 스킬은 프로젝트 관리자가 고객의 요구를 충족하고 좋은 관계를 구축하는 데 도움이 될 수 있다.

프로젝트 관리자에게 요구되는 소프트 스킬이나 인간관계 능력 중 많이 회자되는 것은 리더십, 의시 소통, 신뢰 구축, 팀 구성, 갈등 관리, 우선 순위에 대한 이해 및 균형, 무결성 및 윤리성 등이다. 특히, 유리적 행동이 중요한 이유는 프로젝트 관리자가 종종 윤리적 딜레마에 직면하기 쉽기 때문이다. 윤리란 옳고 잘못된 것에 대한 개인적인 가치에 근거한 우리의 의사 결정을 가이드하는 일련의 원칙이다. PMP 자격증을 획득하려면 지원자는 PMI의 윤리 및 직업 행동 강령에 동의해야 한다. 윤리를 포함한 전문가적인 책임과 관련한 문제들이 PMP 시험에 많이 나오는 이유이기도 하다. 마지막으로 가장 중요한 리더십과 관련하여 효과적인 프로젝트 관리자는 실천적 리더십을 보여준다. 그런데 장기 목표와 큰 그림 목표에 중점을 두고 사람들이 그 목표에 도달하도록 고무하는 게 리더이고 특정 목표 달성을 위한 일상적인 세부 사항을 처리하는 게 관리자라면 프로젝트 관리자는 종종 리더와 관리자의 역할을 모두 수행한다.

• 역할과 책임 Roles and Responsibilities

앞에서 언급했듯이 프로젝트 관리자 직무 설명에는 광범위한 책임과 역할이 포함된다. 산업이나 프로젝트의 유형에 따라 방법론과 결과물이 다를 수 있지만 프로젝트 관리자의 책임이나 역할 자체는 매우 일관적이다. 사람들은 가끔 역할과 책임을 혼동하기도 하는데 역할은 따라야 하는 기능 또는 행동 모델이고 책임은 처리해야 할 임무 또는 의무이다. 예를 들면, 우리는 조직에서 사전 예방적 문제 해결자의 역할을 하면서 프로젝트 이해관계자에게 진행 상황을 보고할 책임이 있을 수 있다.

프로젝트 관리자가 하는 일과 그것이 중요한 이유에 대한 이해를 돕기 위해 프로젝트 관리자의 책임을 먼저 분류해보자. 첫 번째는 프로젝트 계획에 관한 책임이다. 프로젝트 관리자는 처음부터 프로젝트 범위를 정의하고 이해관계자와 협력하여 기대치를 설정하는 책임이 있다. 이것은 프로젝트가 더 큰 전략적 목표와 연결되어 있는지 확인하고 "성공"이 무엇인지 정의하며 모든 이해관계자의 동의를 얻는 부분이다. 이러한 전략적 요소 외에도 "기본" 계획에 대한 책임도 당연히 있다. 프로젝트 관리자는 프로젝트 예산, 자원 요구사항 및 일정을 포함하여 합의된 범위 및 산출물을 기반으로 프로젝트 계획을 수립한다. 이 모든 계획은 프로젝트가 순조롭게 실행되도록 하는 데 중요하며 프로젝트에 관련된 모든 사람들이 순조롭게 실행된다는 것이 어떤 모습이어야 하는지 알게 해준다.

두 번째는 프로젝트 자원 조달의 책임이다. 프로젝트 관리자가 계획을 수립하고 나면 프로젝트 수행을 위한 준비를 해야하며 그러기 위해서는 인력, 예산 등 자원이 필요하다. PMI 보고서[7] 에 따르면 실패한 프로젝트의 26%에서 자원 의존성이 주요 원인으로 나열되었으며 제한된 자원(21%) 및 부적절한 자원 예측(18%)이 뒤를 이었다. 이처럼 자원관리가 매우 중요하지만 자원은 항상 제한되어 있기 때문에 프로젝트 관리자가 자원을 언제든 원하는 만큼 확보할 수 있는 상황은 결코 없을 것이다. 이런 상황을 고려해보면 프로젝트 관리자의 책임은 그들이 가진 제한된 자원을 가능한 가장 영리하고 효율적인 방법으로 조달하고 할당하는 것이다.

세 번째는 프로젝트를 관리하는 책임이다. 프로젝트는 언제든지 전문적으로 수립된 계획에서 벗어날 수 있다. 그러나 훌륭한 프로젝트 관리자는 예상치 못한 일을 예상할 줄 안다. 프로젝트 관리자들은 위험관리를 통해 무엇을 조심해야 하는지 알아야 하며 일정과 자원을 추적하여 잠재적인 병목 현상들이 문제가 되기 전에 발견할 수 있어야 한다. 그리

7) Pulse of the Profession Report (2018)

고 필요한 순간에 변화에 유연하게 대응할 수 있어야 한다. 프로젝트 관리자는 다른 항로를 택하거나 돛을 수정해야 하는 경우에도 배를 올바른 방향으로 항해하도록 유지하는 노련한 선장과 같은 사람들이다.

네 번째는 동기 부여의 책임이다. 프로젝트 팀원이 만족하고 동기부여 되어 있으면 생산성이 더 높아지므로 프로젝트 관리자에게 동기부여는 매우 중요한 책임이다. 훌륭한 프로젝트 관리자는 단순히 조직적이고 적응력만 높아서는 안되고 감성적으로도 높은 지능을 가지고 있어야 한다. 감성 지능은 팀 구성원에게 동기를 부여하는 것이 무엇인지 이해하고 갈등을 헤쳐나갈 수 있게 하며 프로젝트 팀의 모든 사람이 행복하고 가치 있다고 느끼게 하는 데 도움이 된다.

다섯 번째는 프로젝트 결과물에 대한 책임이다. 프로젝트 관리자의 가장 명백한 책임 중 하나는 실제로 프로젝트 결과물을 인도하는 것이다. 간단해 보이지만 프로젝트의 성공적인 완료는 완벽하게 작동하는 다른 많은 움직이는 부품에 달려 있다. 따라서 계획, 자원 조달, 관리, 동기 부여 등 앞에서 언급한 모든 책임이 실제로 적절한 시간에 적절한 예산 내에서 예상하는 결과물을 도출하는지 확인하는 것은 프로젝트 관리자의 또 다른 중요한 책임이다.

마지막으로 여섯 번째는 보고 및 개선을 위한 분석 책임이다. 훌륭한 프로젝트 관리자는 프로젝트가 완료되었다고 해서 프로젝트가 끝난 것이 아니라는 것을 알고 있다. 성공 가능성을 최대화하려면 적절한 프로젝트 사후 회의 시간을 가져야 한다. 프로젝트 정보가 모든 사람의 마음에 아직 생생하게 남아 있을 때 팀이 프로젝트를 검토하고 보고하는 시간을 가진다면 모든 학습 내용을 문서화하고 다음 번에 프로세스를 최적화하는 데 이를 활용할 수 있다. 이를 통해 프로젝트 관리 모범 사례가 지속적으로 개선되고 확장될 수 있다. 모든 프로젝트 관리자가 알고 있듯이 올바른 프로젝트 관리 도구는 사후 회의를 위한 중요한 인프라다. 프로젝트 관리 소프트웨어는 프로젝트 수명 주기 전반에 걸쳐 모든 프로젝트 관련 정보를 한 군데로 모아 놓았기 때문에 프로젝트 관리자는 기존 데이터를 신속하게 분석하여 필요한 통찰력을 얻을 수 있다. 이러한 지식으로 무장한 프로젝트 관리자는 자신들의 프로젝트가 다른 이전 프로젝트와 비교하여 어떻게 측정되었는지 확인하고, 팀이 어느 부분에서 탁월했는지 인식하고, 앞으로 개선의 여지가 있는 부분을 식별할 수 있다. 궁극적으로 이 모든 것이 비즈니스를 추진하기 위한 데이터 기반 의사 결정을 내리는 데 도움이 된다.

이제 여러 프로젝트에서 발견되는 프로젝트 관리자의 일반적인 역할 네 가지를 살펴보

자. 첫 번째는 통합자(integrator) 역할이다. 프로젝트 관리자는 프로젝트 목표와 프로젝트 팀이 제공하는 실질적인 결과를 연결해야 한다. 또한 프로젝트 성공에 필요한 개별 조각을 만드는 데 무엇이 필요한지 말할 수 있어야 한다. 비용은 얼마인지, 어떤 작업이 필요한지, 얼마나 걸리는지, 양질의 결과를 얻으려면 어떻게 해야 하는지, 프로젝트의 특정 부분과 관련된 위험이 있는지 이러한 질문에 대한 답변이 필요하다. 누군가는 이 모든 정보, 프로세스 및 도구를 하나의 응집력 있는 전체로 묶어야 한다. 프로젝트 관리자는 항상 모든 것을 연결하는 방법, 원활한 작업을 수행하는 방법에 대해 생각해야 한다. 프로젝트에는 여러 수준의 통합이 필요하다. 프로젝트를 성공적으로 마치려면 목표 수준의 통합, 프로세스 및 도구 수준의 통합, 이해관계자 수준의 통합, 환경 수준의 통합 등 이들 모두의 통합자가 되어야 한다.

두 번째는 촉진자(facilitator) 역할이다. 만약 비즈니스 분석가, 설계자, 개발자, 품질 보증 엔지니어 등을 한 군데에 모으고 단순히 프로젝트에 대한 솔루션을 요청했을 때 이들은 합리적인 해결책을 찾지 못할 확률이 매우 높지만 이들에게 약간의 방향을 제시하고 주제에 집중하게 하며 프로젝트 목표 및 제약 조건과 연계시켜주면 갑자기 유용한 아이디어와 건설적인 솔루션을 쏟아낼 것이다. 이렇듯 전문가 그룹일지라도 일이 용이하게 되도록 도와주는 것은 매우 중요하다. 촉진자의 도움 없이 프로젝트 팀원들이 그들이 할 수 있는 최고의 솔루션을 만들어 내면 그것은 맥락을 벗어날 가능성이 높다. 주도권을 잡고 가능한 최선의 방법으로 목표를 위해 팀원들의 역량과 전문지식이 집중되게 하는 것이 프로젝트 관리자의 역할이다.

세 번째는 의사소통자(communicator) 역할이다. 프로젝트의 이해관계자들 중 일부는 자신의 지식 분야에서 뛰어난 기술 전문가이기도 하고 또 다른 일부는 성공적인 사업가일 수 있다. 그러나 어떤 누구도 모든 것을 알 수는 없다. 어쩌면 필요한 제품, 서비스 또는 결과를 생산할 시간이나 지식이 없기 때문에 프로젝트를 시작했을 것이다. 특히 프로젝트 관리, 프로젝트의 성격, 프로세스 또는 모범 사례에 대해 전혀 모를 수도 있다. 따라서 프로젝트 관리자의 주요 역할은 가장 적극적인 의사소통자가 되는 것이다. 고객이 이해할 수 있는 언어로 프로젝트 상태, 문제점 또는 여러 가지 질문들에 관해 의사소통 할 수 있어야 한다. 동시에 고객의 요구사항과 우려 사항을 해석한 다음, 프로젝트 팀원들이 이해하는 용어로 전달해야 한다. 가끔 이해하지 못하는 기술적인 사항이 있으면 질문해야 한다. 대부분의 이해관계자는 이해하지 못하면서도 모른다는 것을 나타내고 싶지 않아 질문하지 않는다. 종종 기술 전문가들은 위험에 대해 이야기하는 것을 두려워하고 숨기는 경향이 있다. 프로젝트 관리자는 다른 사람들이 꺼리는 주제를 꺼내 공개적으로 논의할 필요가 있다. 가능한 많은 투명성을 제공하기 위해 항상 의사소통을 시작해야 한다.

마지막으로 네 번째는 능동적인 문제 해결사(proactive problem solver) 역할이다. 프로젝트에는 누구의 책임도 아닌 문제가 매일 나타난다. 일부 문제는 책임 경계에 있고 일부는 완전히 새로운 것이다. 사람들은 대부분의 경우 본인이 아닌 다른 사람이 처리해야 한다고 생각할 것이다. 하지만 프로젝트 관리자는 문제를 해결할 사람은 본인 밖에 없으며 다른 사람에게 위임할 수 없다는 것을 알아야 한다. 능동적으로 문제에 접근하여 일반 문제가 심각한 문제로 커지기 전에 처리해야 한다. 프로젝트 관리자는 다른 사람들의 실수를 바로잡아야 하고 대개 책임을 지게 된다. 결국 프로젝트 관리자는 리더가 되어야 한다. 다행히 프로젝트 관리자가 능동적인 문제 해결사 역할을 충실히 한다면 어느 시점에서 프로젝트 팀은 스스로 문제를 해결하기 시작한다. 이러한 상황이 되면 프로젝트 팀은 그 어느 때보다 훨씬 효율적이 될 것이다.

프로젝트 관리의 역사 History of Project Management

프로젝트 관리의 역사는 4단계로 나눌 수 있다. 먼저 첫 번째 단계는 1958년까지의 시기로 프로젝트 관리 관점에서는 상당히 단순한 역사임을 알 수 있다. 일부 사람들은 이집트 피라미드나 중국 만리장성을 짓는 것이 프로젝트라고 주장하지만 대부분의 사람들은 맨해튼 프로젝트를 현대적인 프로젝트 관리를 사용한 최초의 프로젝트라고 여긴다. 1946년 달러로 3년간 20억 달러가 투입된 이 프로젝트는 별도의 프로젝트 관리자와 기술 관리자가 있었다. 이 시기에는 프로젝트 관리자가 활용할 수 있는 프로젝트 관리 프로세스나 방법론이 없었다. 따라서 프로젝트의 성공은 개별 프로젝트 구성원의 재능이나 특정 프로젝트 관리 스타일과 같은 임의적인 요소에 달려 있었다. 비록 적절한 프로젝트 관리 방법론이라고 생각할 만한 것은 없었지만 현재 우리가 사용하는 많은 도구가 이 시기에 개발되었다. 패욜(Henry Fayol)과 간트(Henry Gantt)는 프로젝트 작업을 더 작고 관리하기 쉬운 산출물로 나누는 기법 즉, 작업분할구조(WBS)를 개발하거나 간트 차트를 대중화하여 프로젝트를 시각화하는 새로운 방법을 만들었다. 이들은 프로젝트 관리의 기반을 마련하고 이를 모든 분야로 확장하였다.

두 번째 단계는 1958년부터 1979년까지인데 대부분의 역사가들이 이 시기에 현대 프로젝트 관리의 시대가 시작되었다는 데 동의한다. 1965년에는 유럽의 포괄적인 프로젝트 관리 기구인 국제 프로젝트 관리 협회(IPMA)가 설립되었고 그 직후인 1969년에는 북미에 PMI가 설립되었다. 프로젝트 관리자의 역할은 수석 엔지니어의 역할이 아니라 그 자체로 중요해지고 있었다. 아폴로 달 발사를 포함한 우주 프로젝트는 최고조에 달했으며 이러한 프로젝트 및 기타 작업으로 인해 주경로분석(Critical Path Method, CPM) 및 PERT(Program Evaluation and Review Technique)와 같은 기법이 계속 개발되었다. 70년대 초반까지 프로젝트 관리는 여전히 국방, 건설 및 항공 우주 산업에 주로 적용되었고 아직 프로젝트를 성공적으로 관리하는 것이 필수적인 것으로 보이지 않았다. 그러나 70년대를 지나면서 다른 산업에서 프로젝트 관리를 더 광범위하게 적용하기 시작했다. CPM과 같은 도구의 활발한 사용은 프로젝트 관리와 시스템 분석 사이에 연관성을 형성했다.

세 번째 단계는 1980년부터 1994년까지의 시기로 프로젝트 관리자들이 본격적으로 프로젝트 위험 관리에 대해 다시 생각하기 시작한 시기이다. 80년대에 사용된 방법은 일반적으로 현재의 폭포수 모형과 유사한 방법으로 예방보다는 문제가 발생하면 해결하는 데 중점을 두었다. 그로 인해 프로젝트 실패와 비용 증가가 발생했다. 이러한 문제점을 피하기 위하여 위험을 예측하고 대비하기 위한 여러 가지 새로운 방법을 사용하기 시작했다. 계획 수립에 더 많은 시간을 할애했고 소프트웨어 엔지니어링이 모든 분야에서 유용해졌다. 소프트웨어 개발 프로젝트는 매우 복잡할 수 있지만 대규모 관리 팀이 없어도 되었으며 더 간결한 방법론이 개발되기 시작했다. PMI는 처음으로 프로젝트 관리 프로세스 그룹을 제시했으며 PMBOK를 발표했다.

마지막 네 번째 단계는 1995년부터 현재까지로 인터넷과 디지털 기술에 의해 정의되는 시기이다. 이들 기술이 허용하는 접근성과 연결성은 작업을 조직하고 수행하는 방법 자체를 변화시켰다. 이 시기의 가장 큰 특징은 프로젝트 관리자의 역할이 프로젝트 관리 전문가로 채워진다는 점이다. 소프트웨어 개발에 대한 요구는 새로운 아이디어의 개발을 촉발했다. 그 결과 2001년에 새로운 철학적 접근을 설명하는 애자일 선언문(Agile Manifesto)이 출판되었다. 넓은 범위에서 프로젝트 관리 사상은 이제 기업 관리에 적용된다. 결과적으로 프로젝트 관리의 개념이 전체 비즈니스 전략의 틀을 잡는데 도움을 주고 전략적 관리에 도움이 된다. 점차 글로벌화된 경제는 이제 프로젝트도 다문화적 이슈들을 고려해야 함을 시사한다. 과거에는 프로젝트 관리자의 역할이 전문화되는 경향이 있었지만 현대적인 프로젝트 관리 도구는 더 이상 특정 전문가들만 사용할 수 있는 것이 아니라 모든 프로젝트 참여자들이 널리 사용 가능하게 되었다. 결과적으로 프로젝트 관리는 다시 한 번 보편적으로 통합된 프로세스가 될 수 있으며 어느 정도 모든 사람들의 작업의 일부가 될 수 있다. 앞으로 프로젝트 관리자의 역할은 미래 프로젝트에서 계속 재정의 되어 갈 것이다.

이번 장에서 학습한 내용 생각해 보기

프로젝트 관리라는 주제가 주목받는 이유는 무엇이라고 생각하는가?

우수한 프로젝트 관리자가 갖추어야 할 역량에 대해 논의해 보자.

핵심 용어

윤리 ethics

이해관계자 stakeholders

포트폴리오 portfolio

포트폴리오 관리 portfolio management

포트폴리오 관리자 portfolio manager

프로그램 program

프로그램 관리자 program manager

프로젝트 project

프로젝트 관리 project management

프로젝트 관리 오피스 Project Management Office (PMO)

프로젝트 관리 지식영역 project management knowledge areas

프로젝트 관리 프로세스 그룹 project management Process Group

프로젝트 관리자 project manager

프로젝트 스폰서 project sponsor

3중 제약 triple constraints

제2장
조직과 IT 프로젝트에 대한 이해

이번 장을 통해서 학습하게 될 내용들

- 시스템 접근법과 프로젝트 관리
- 조직을 이해하는 방법
- 조직 구조와 문화
- 최고 경영진과 조직 커밋먼트의 중요성
- 프로젝트 수명주기
- 프로젝트 관리의 최근 경향

제 2장 조직과 IT 프로젝트에 대한 이해

미니 사례

국민 투자신탁은 모든 사람들이 더 쉽게 투자하고 저축하는 것을 목표로 설립된 온라인 자산 관리 회사이다. 이 회사의 이사회는 최근 NG 프로젝트라고 명명한 새로운 지불처리 시스템의 개발을 승인했다. 지불처리 시스템은 회사의 중추이며 거래를 신속하게 처리하는 것이 수익에 매우 중요하다. NG 프로젝트는 회사내에서 우선 순위가 가장 높은 프로젝트이며 총 예산이 120억으로 최근 3년간 가장 큰 투자이다. 각각 7명으로 구성된 2개의 개발 팀이 이 프로젝트에 전념할 계획인데 개발팀은 10개월의 개발 시간을 예상하고 있다. 현재 10개의 파트너사가 있는데 이들 모두와 상당한 조정 및 협조가 필요하다. 여기에는 전체 실행 계획을 파트너에게 브리핑 하기, 이들로부터 커밋먼트 확보하기, 필요 직원들 교육시키기, 안정화 지원 관리 등이 포함된다. 국민 투자신탁의 회계 연도는 3월 31일에 종료되며 이 날짜 이후의 모든 거래는 새 시스템에서 이루어져야 한다. 김이사는 NG 프로젝트의 계획과 실행을 책임지는 프로젝트 관리자로 임명되었다. 김이사가 맡은 첫 번째 임무는 이사회에 본 프로젝트를 위해 어떤 프로젝트 수명주기를 사용할 지 보고하는 것이다. 물론 모든 유형의 수명주기(예측, 반복, 증분, 애자일 및 혼합)를 고려한 후 가장 적합한 프로젝트 수명주기를 선택해야 한다. 김이사가 어떤 프로젝트 수명주기를 선택해야 할 지 논의해 보자. 김이사는 먼저 각 수명주기의 장단점을 평가하고 NG 프로젝트에 가장 적합한 프로젝트 수명주기를 선택하고자 한다. 이사회에 발표할 때는 선택한 이유와 이점을 명확하게 강조할 계획이다. 또한 김이사는 본인이 생각하는 전반적인 프로젝트 관리 전략도 같이 보고할 예정이다. 아마도 이사회에서는 프로젝트의 거버넌스 구조에 대해 궁금해 할 수도 있다. 김이사는 이에 대한 준비와 함께 NG 프로젝트의 구현 로드맵과 상위 3가지 위험요소 및 완화 전략도 같이 발표할 계획이다.

시스템 접근법 Systems Approach

시스템 접근법(systems approach)은 관리 및 문제 해결에 대해 보다 분석적인 접근 방식을 제공하기 위해 1950년대에 등장했다. 그림 2-1에 나타나듯이 시스템이란 목적 달성을 위해 환경 내에서 상호작용하는 컴포넌트들의 집합이다. 따라서 시스템 접근법은 분석 대상을 하위 시스템(sub-system)이라고 하는 상호 작용하고 상호 의존적인 부분으로 구성된 유기적이고 개방된 시스템으로 보았다.

[그림 2-1] 시스템 개념도

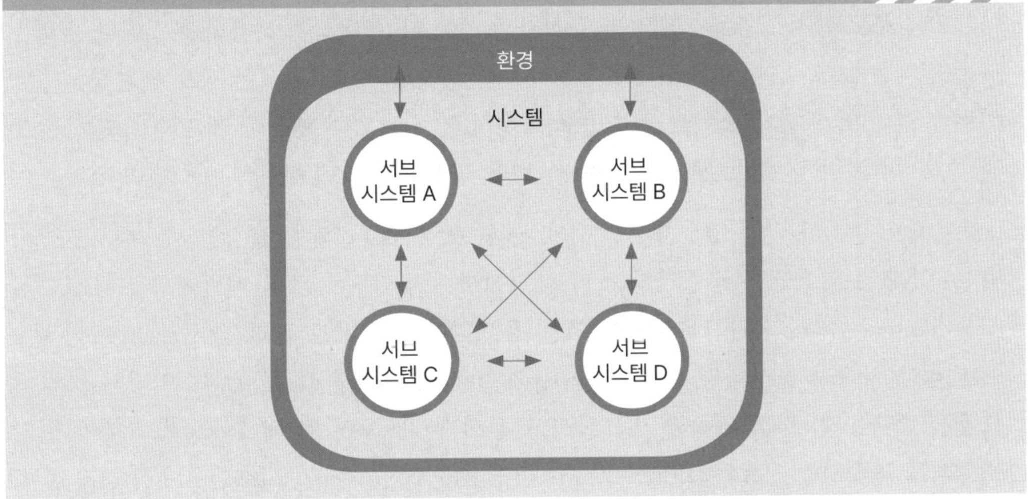

시스템 접근법의 특징을 살펴보면 먼저, 모든 것이 상호 관련되고 상호 의존적이라는 일반화에 기초한다. 시스템은 관련되고 의존적인 요소로 구성되어 있으며 이들은 상호 작용할 때 하나로 된 전체를 형성하거나 생산한다. 상호작용성은 시스템이 전략적으로 관리될 때 시너지를 낼 수 있음을 의미한다. 두 번째 특징은 시스템이 하위 시스템으로 구성되어 있으며 이들이 계층 구조로 구성되어 있다는 것이다. 예를 들어, 세계는 다양한 국가 경제가 하위 시스템인 시스템으로 간주될 수 있다. 차례로, 각 국가 경제는 다양한 산업으로 구성되고, 각 산업은 기업으로 구성되며 물론 기업은 생산, 마케팅, 재무, 회계 등의 하위 시스템으로 구성된 시스템으로 간주될 수 있다. 이들 하위 시스템은 서로 분리되어 있기보다는 상호 관계에서 관찰되어야 한다. 세 번째 특징은 시스템에 내부와 외부를 결정하는 경계가 있다는 점이다. 외부는 환경이며 시스템은 환경과도 상호 작용한다. 따라서 시스템은 환경에 반응하는 동적 시스템이며 환경 변화에 취약하다. 네 번째, 시스템은 그냥 진공상태처럼 그 자체로 가만히 존재하지 않는다. 다른 시스템에서 정보나 재료를 입력으로 받고 이러한 입력은 시스템 내에서 변환 프로세스를 거쳐 출력으로 나가며 이는 다시 다른 시스템의 입력이 되기도 한다. 마지막으로 시스템 접근법은 하위 시스템의 효율성보다는 시스템의 전반적인 효율성에 주의를 기울인다. 예를 들면, 부서(하위 시스템)의 목표와 성과 뿐만 아니라 조직의 목표와 성과를 고려한다. 시스템 접근법은 목표 달성을 추구하면서 조직을 열린 시스템으로 보기 때문에 관리에 유용하다.

• 시스템 사고와 프로젝트 관리 Systems Thinking and Project Management

시스템 사고는 시스템을 지배하는 규칙과 속성을 다른 대상에 적용하는 것이다. 부분보다는 전체를 보고, 정적인 스냅샷보다는 변화의 패턴을 보고, 미묘한 상호 연결성을 이해하는 능력이다. 또한 시스템을 식별하고 이해하고, 시스템의 행동을 예측하고, 원하는 효과를 생성하기 위해 시스템을 수정하는 능력을 향상시키는 데 사용되는 스킬이다.

프로젝트 관리자는 시스템 사고를 해야 한다. 프로젝트 자체가 복잡한 시스템으로 간주될 수 있다. 프로젝트는 광범위한 조직 환경에서 수행되므로 조직 맥락에서 프로젝트 수행을 고려하는 거시적 관점을 취하는 것이 중요하다. 프로젝트 관리자가 프로젝트의 목표에 대해 생각하기 시작하면 산출물이 어떻게 고객의 요구를 충족하는지, 어떻게 기업 목표를 충족하는지, 경쟁 제품과 비교하여 어떻게 관리되는지에 대해서도 생각해야 한다. 프로젝트 관리자는 프로젝트가 프로젝트 환경 즉, 조직의 하위 시스템이나 정치적, 문화적 측면과 상호 작용하는 것에도 민감해야 한다. 시스템 사고를 하면 여러 장점이 있다. 프로젝트를 이미 확정된 방식으로 바라보지 않으며 프로젝트 계획과의 편차를 허용하는 보다 유연한 접근 방식을 가능하게 한다. 또한 비용 및 일정을 현실적으로 개선할 수 있고, 가능한 문제를 예상하고, 프로젝트 수명 주기 전반에 걸쳐 이해관계자의 니즈를 더 잘 이해할 수 있도록 한다.

프로젝트 관리에서 시스템 사고는 다음 3가지를 포함한다. 먼저, 시스템 철학(systems philosophy)으로 사물들을 시스템으로 간주한다. 두 번째는 시스템 분석으로 문제정의, 새로운 아이디어나 대안 생성, 해결책 평가 및 선택, 구현 및 평가에 이르는 문제해결 방법에 시스템 접근법을 도입한다. 세 번째는 시스템 관리로 시스템을 변경하기 전에 비즈니스 이슈, 기술 이슈, 조직 이슈 등을 살펴본다.

조직의 이해 Understanding the Organization

프로젝트를 하나의 시스템으로 생각하는 시스템 접근법에 따르면 프로젝트의 환경인 조직은 프로젝트와 상호작용을 하며 프로젝트 성과에 가장 밀접하게 영향을 끼칠 수 있는 요소다. 따라서 시스템 접근법은 프로젝트 관리자가 항상 더 큰 조직 맥락에서 프로젝트를 바라볼 것을 요구하므로 프로젝트 관리에서 조직을 이해하는 것은 매우 중요하다. 종종 프로젝트를 수행하고 관리하는데 있어서 기술 이슈보다 조직 이슈가 더 어렵다는 사실이 그리 놀랍지 않다.

• 4가지 조직 프레임 4 Frames of Organization

조직을 이해할 때 하나의 습관적인 준거 틀만 가지고 조직을 바라본다면 비효과적일 수 있으므로 네 가지 관점에서 종합적으로 조직을 이해해야 한다는 것이 4가지 조직 프레임이다.[1] 이는 동일한 하나의 프레임을 사용하는 것이 모든 상황에서 조직을 이해할 수 있는 것이 아니므로 관점을 한 프레임으로 제한하지 말고 조직에 대한 생각을 열린 상태로 유지하라는 의미이다. 4가지 조직 프레임에는 구조적(structural), 인적 자원(human resources), 정치적(political), 상징적(symbolic) 프레임이 포함된다.

[그림 2-2] 4가지 조직 프레임

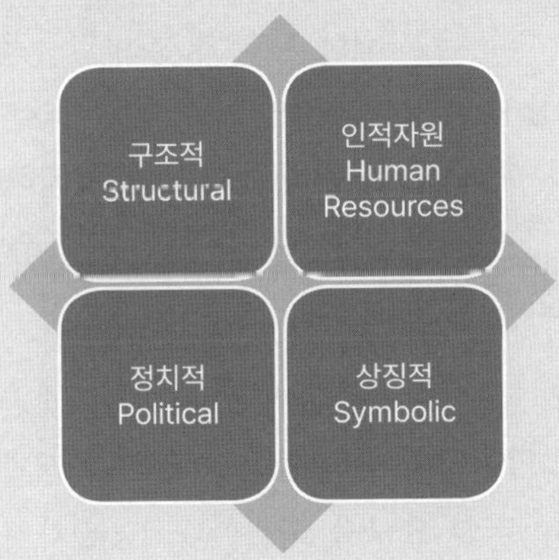

1) Bolman, Lee G, and Terrence E Deal. (1991). Reframing Organizations. San Francisco: Jossey-Bass

먼저 구조적 프레임은 조직이 어떻게 구성되는지를 다루고 작업 지향적인 프레임이다. 최고 경영진이 설정한 목표와 정책을 충족하기 위한 다양한 그룹의 역할과 책임에 중점을 둔다. 흔히 볼 수 있는 조직도는 이러한 구조적 프레임을 잘 반영한다. 이 프레임은 보고 라인을 명확히 하며 조정 및 통제에 초점을 맞춘다. 예를 들어 구조적 프레임 내에서 조직의 정보자원에 대한 이해는 회사가 정보 자원을 한 부서에 집중하고 있는지 아니면 여러 부서에 분산하고 있는지 여부이다.

인적 자원 프레임은 조직의 요구와 개인의 요구 사이에 조화를 이루는데 초점을 맞춘다. 조직의 요구와 개인 및 그룹의 요구 사이에 불일치가 발생할 수 있음을 인식하고 잠재적인 문제를 해결하기 위해 노력한다. 주로 직원들에게 업무를 잘 수행할 수 있는 권한과 기회를 제공하는 동시에 인간 접촉, 개인적 성장 및 직업 만족도에 대한 요구 사항을 해결하는 데 중점을 둔다. 예를 들어, 직원이 몇 달 동안 일주일에 60시간 이상 일하면 많은 프로젝트에서 성과가 날 수 있다. 그러나 이러한 작업 일정은 많은 직원의 개인 생활 및 건강과 충돌할 수 있다. 인적 자원 프레임과 관련하여 조직을 이해하는 하나의 관점은 조직 내 숙련된 IT 인력이 얼마나 부족한지 어떤 비현실적인 일정이 프로젝트에 부과되고 있는지 등이다.

정치적 프레임은 특히 예산이 제한되어 있고 조직이 어려운 선택을 해야 하는 경우 때때로 상충되는 의제가 있는 개인 및 이익 집단의 문제를 다룬다. 조직의 정치는 권력, 자원, 리더십을 놓고 집단이나 개인이 경쟁하는 형태를 취한다. 정치적 프레임은 조직이 다양한 개인과 이해 집단으로 구성된 연합체임을 강조한다. 종종 희소한 자원의 할당에 대해 중요한 결정을 내려야 하는데 자원에 대한 경쟁은 갈등을 초래하고 권력은 그러한 자원을 획득하는 능력을 향상시킨다. 효과적인 프로젝트 관리자는 정치와 권력에 관심을 기울여야 한다. 누가 당신의 프로젝트를 반대하고 누가 지지하는지 아는 것이 중요하다. 정치적 프레임을 사용하여 조직을 바라본다면 중앙 기능과 운영 단위 간의 또는 기능 관리자와 프로젝트 관리자 간의 권한 차이 등을 알 수 있다.

상징적 프레임은 상징과 의미에 초점을 맞춘다. 이 프레임에서 가장 중요한 측면은 실제로 발생한 일이 아니라 의미이다. 사람들은 작업의 목적과 의미를 알고자 하는 니즈가 강하며 상징적 프레임은 이러한 요구를 해결한다. CEO가 프로젝트 착수 회의에 참석했다는 것이 좋은 의미인지 아닌지 상징적 프레임을 사용한다면 파악할 수 있다. 이 프레임은 회사의 문화와도 관련이 있다. 사람들이 옷을 어떻게 입는지 몇 시간 일하는지 어떻게 회의를 운영하는지 등이 모두 여기에 포함된다. 많은 IT 프로젝트는 국제적이며 다양한 문화권의 이해관계자를 포함한다. 이러한 문화를 이해하는 것도 상징적 프레임의 중요한 부분이다.

프로젝트 관리자는 조직을 잘 이해하고 프로젝트를 성공적으로 수행하기 위해 네 가지 프레임 모두를 활용하면서 작업하는 방법을 배워야 한다.

• 조직 구조 Organizational Structure

조직 구조는 조직의 보고 시스템과 함께 사람, 기능 및 작업흐름(workflow)의 계층을 결정한다. 모든 조직은 효율적으로 일하고 비즈니스 목표를 달성하기 위해 정의된 조직 구조를 가지고 있어야 한다. 프로젝트 관리자에게 조직 구조는 이해관계자를 식별하는 데 도움을 준다. 조직 구조에는 기능적(functional) 조직, 프로젝트(projectized) 조직, 매트릭스(matrix) 조직, 복합(composite) 조직 등 네 가지 기본 유형이 있다. 다양한 유형의 조직 구조를 쉽게 구별할 수 있도록 다음 표 2-1에서 기능적 조직, 프로젝트 조직 및 매트릭스(약함, 균형, 강함) 조직 간의 개요를 비교한다.

[표 2-1] 조직 구조 유형별 특징

조직 구조 / 프로젝트 특성	기능조직	매트릭스 조직			프로젝트 전담조직
		약한 매트릭스	균형 매트릭스	강한 매트릭스	
프로젝트 관리자의 관한	적거나 없음	제한적	낮음 보통	보통 높음	높음 거의전체
프로젝트에의 자원 가용성	적거나 없음	제한적	낮음 보통	보통 높음	높음 거의전체
프로젝트 예산 통제자	기능 관리자	기능관리자	혼합형	프로젝트 관리자	프로젝트 관리자
프로젝트 관리자의 파워	적거나 없음	최소한의 권한과 힘	권한과 힘의 균형	완전한 권한과 힘	완전한 권한과 힘
프로젝트 관리자의 역할	파트타임	파트타임	풀타임	풀타임	풀타임
프로젝트 관리 업무 담당자	파트타임	파트타임	파트타임	풀타임	풀타임

기능적 조직은 조직의 전통적인 구조로서 조직이 수행해야 하는 기능을 중심으로 구성된다. 다시 말해 유사한 스킬을 가진 사람들이 함께 모여 있는 부서로 그룹화된다. 기능

에는 인사, 영업, 마케팅, 재무 등이 포함된다. 예산 할당, 자원 할당, 의사 결정 등과 같은 모든 권한은 기능 관리자에게 속한다. 기능 조직의 구성원은 기능 관리자에게 직접 보고하고 기능 관리자는 해당 분야에 대한 전문 지식을 기반으로 자원을 할당하고 통제할 수 있는 권한을 가진다. 일반적으로 이러한 유형의 조직 구조에 프로젝트 관리자는 존재하지 않으며 혹시 존재하더라도 프로젝트 관리자의 역할은 매우 제한적일 것이다. 프로젝트 관리 역할은 기능 영역의 팀 구성원이 수행하되 이들은 일반적으로 프로젝트 관리자라는 직함을 가지지 않으며 다만 프로젝트 조정자 또는 프로젝트 촉진자와 같은 역할을 한다. 기능적 조직에서 프로젝트 관리는 시간제(part-time) 책임으로 간주된다.

프로젝트 조직은 프로젝트 관리 효과성을 극대화하기 위해 프로젝트를 중심으로 만들어진 조직이다. 프로젝트 조직은 프로젝트 관리자에게 가장 이상적인 조직 구조로 프로젝트 관리자에게 자원에 대한 통제 권한을 포함하여 다양한 권한이 부여된다. 프로젝트 관리자는 프로젝트 스폰서와 고위 경영진에게 바로 보고하는 체계를 가지며 일반적으로 전일제(full-time) 책임을 가진다. 프로젝트 팀 구성원은 같은 사무실에 함께 배치되어 의사소통 효율성을 극대화한다. 다만 필요에 따라 물리적으로 다른 공간에 있어야 할 때에도 같은 가상(virtual) 공간에 배치하여 공간 분리의 문제를 해소할 수 있다. 가끔 프로젝트 조직 내에 일부 기능 단위가 있을 수 있지만 해당 단위는 프로젝트 관리자에 대한 권한은 없고 다만 지원 기능을 수행한다.

매트릭스 조직은 기능적 조직과 프로젝트 조직의 특성이 혼합된 구조를 가진 조직이다. 이러한 유형의 구조는 급변하는 동적 환경에 놓여있는 조직에 가장 적합하다. 매트릭스 조직은 종종 신제품을 생산하는 리드 타임을 단축하면서 시장이나 고객의 요구에 빨리 대응할 수 있음을 보여준다. 매트릭스 조직에서 기능 관리자의 권한은 수직으로 이동하고 프로젝트 관리자의 권한은 수평으로 이동한다. 이렇게 권한이 아래로, 옆으로 흐르기 때문에 이러한 구조를 매트릭스 조직 구조라고 부른다. 매트릭스 조직에서 직원은 여러 관리자에게 보고하게 된다. 매트릭스 조직은 기능 관리자와 프로젝트 관리자의 상대적 권한에 따라 약한, 균형 잡힌 또는 강한 매트릭스로 분류할 수 있다. 강한 매트릭스 구조에서 프로젝트 관리자는 기능 관리자보다 더 많은 권한을 가진다. 예를 들어, 프로젝트 관리자는 자원 할당과 예산 지출에 대해 발언권이 있다. 반면 약한 매트릭스 구조에서 프로젝트 관리자는 프로젝트 조정자 또는 프로젝트 촉진자의 역할만이 부여된다. 프로젝트 조정자는 자원 할당에 대해 어느 정도 발언권이 있는 반면, 프로젝트 촉진자는 고객과 팀 간의 의사소통을 도와주는 역할만 한다. 전반적으로 약한 매트릭스에서는 기능 관리자가 더 많은 권한을 차지한다. 균형 매트릭스에서는 기능 관리자와 프로젝트 관리자 둘 다 동일한 파워를 가진다. 하지만 이러한 경우 프로젝트에 참여하는 인력은 보고할 대상이 명확하지 않아 의사소통에 어려움을 겪을 수 있다.

복합 조직은 기능적 조직, 매트릭스 조직 및 프로젝트 조직 유형을 혼합한 구조이다. 복합 조직은 단순성을 위해 또는 권한을 억제하기 위해 특별한 프로젝트에 맞게 조정된 둘 이상의 유형을 합친 구조이다. 오늘 날 대부분의 비즈니스는 복합 조직이 많다. 예를 들어 어떤 조직은 하나의 프로젝트를 균형 매트릭스 방식으로 수행하고 다른 프로젝트는 기능적 방식으로 추진할 수 있고 그 외 프로젝트 구조로 수행되고 있는 또 다른 프로젝트를 가질 수도 있다. 또 다른 예로 어떤 기능적 조직은 작은 건물이 필요하고 그 조직은 건물 자체를 건설할 수 있는 능력을 가지고 있다. 조직에서 이 작업을 완료하기 위해 별도의 프로젝트 팀을 생성한다면 이것은 복합 조직이 된다.

프로젝트 관리자가 이해관계자나 본인의 권한 수준을 더 잘 이해하기 위해 어떤 유형의 조직에서 일하게 되는지 미리 살펴보는 것은 항상 도움이 된다. 숙련된 프로젝트 관리자는 일반적으로 다른 조직보다 프로젝트 조직을 선호한다.

• 조직 문화

조직 문화는 조직의 기능을 특징 짓는 공유된 가정이나 가치 또는 행동의 집합이다. 문화는 사회적 상호작용이며 사람들이 서로 상호작용하는 방식이다. 공동체의 문화는 물고기에게 물과 같은 것으로 사람들이 살아가며 자라온 환경이다. 어떤 문화에서 중요하게 여겨지는 것이 다른 문화에서는 가치가 없을 수도 있다. 문화는 사람들이 다른 사람을 보고 이해하고 상호 작용하는 방식 뿐만 아니라 사람들의 행동에 영향을 미치는 중요한 요소이다. 조직 문화가 프로젝트 내에서 일어나는 일과 의사결정 방식에 큰 영향을 미치기 때문에 프로젝트 관리에 있어서 문화적 요인을 고려하는 것은 중요하다.

조직 문화는 조직의 가치와 신념을 예시하는 관습과 습관으로 나타난다. 예를 들어, 평등주의는 첨단 기술 회사에서 격식 없는 복장으로 표현될 수 있다. 반대로 백화점에서 의무적으로 입는 유니폼은 위계에 대한 존중을 강화한다. 문화는 조직의 성격을 반영하며 개인의 성격과 마찬가지로 조직 구성원의 태도와 행동을 예측할 수 있게 해준다. 문화는 같은 업계에 있는 다른 조직과도 구별시킬 수 있는 조직을 정의하는 요소 중 하나이다.

문화는 조직에서 몇 가지 중요한 기능을 수행한다. 조직 문화는 구성원에게 정체성을 제공한다. 조직의 공유된 인식과 가치가 더 명확하게 기술될수록 사람들은 조직을 더 강하게 동일시하고 조직의 중요한 부분을 느낄 수 있다. 정체성은 조직에 대한 헌신을 만들어내며 구성원들이 조직에 에너지와 충성도를 바치는 이유이기도 하다. 두 번째 중요한 기능은 문화가 조직의 관리 체계를 정당화하는 데 도움이 된다는 것이다. 문화는 권위적 관계를 명확히 하는데 도움이 된다. 사람들이 왜 권위있는 위치에 있는지 왜 그들의 권위가 존중 받아야 하는지 이유를 설명한다. 가장 중요한 것은 조직 문화가 행동 기준을 명확히 하고 강화한다는 것이다. 문화는 허용되는 행동과 부적절한 행동을 정의하는 데 도움이 된다. 이러한 표준은 복장 규정 및 근무 시간에서부터 상사의 판단에 이의를 제기하고 다른 부서와의 협업에 이르기까지 광범위한 행동에 걸쳐 있다. 궁극적으로 문화는 조직 내에서 사회 질서를 만드는 데 도움이 된다.

만약 조직 구성원들이 비슷한 신념, 가치, 가정을 공유하지 않는다면 어떨지 상상해 보자. 짐작컨데 매우 큰 혼란이 있을 것이다. 조직 문화가 전달하는 관습, 규범 및 이상은 효과적인 조직에 필수적인 행동의 안정성과 예측 가능성을 제공한다. 조직 문화에 대한 우리의 논의는 하나의 문화가 전체 조직을 지배한다는 것을 암시하는 것처럼 보일 수 있지만 실제로는 거의 그렇지 않다. "강하다" 또는 "두꺼운"은 조직의 핵심 가치와 관습이 조직 전체에 널리 공유되는 문화를 나타내는 데 사용되는 형용사이지만 반대로 "얇은" 또는 "약한" 문화는 회사 내에서 널리 공유되거나 실행되지 않는 문화이다.

강력한 조직 문화 내에서도 특정 부서나 전문 분야 내에서 종종 연계되는 하위 문화가 있을 수 있다. 마케팅, 재무 또는 생산과 같은 특정 분야 또는 전문 직종 내에서 규범, 가치 및 관습이 발전하는 것은 드문 일이 아니다. 마케팅 부서에서 일하는 사람들은 재무 부서에서 일하는 사람들과 다른 규범과 가치를 가질 수 있다. 반문화는 때때로 최고 경영진이 지지하는 문화와 직접적으로 모순되는 다양한 가치, 신념 및 관습을 포함하는 조직 내에서 나타난다. 이러한 하위 문화와 반문화가 얼마나 만연한가는 조직 문화의 강도와 문화가 구성원의 행동과 반응에 영향을 미치는 정도에 영향을 준다.

조직 문화의 본질을 종합적으로 파악할 수 있는 주요 특성을 살펴보면 다음과 같은 10가지 항목이 포함된다.

- 구성원 정체성(member identity): 직원이 업무 유형이나 전문 분야가 아니라 조직 전체에 대해 동일시하는 정도
- 팀 강조(team emphasis): 작업 활동이 개인이 아닌 그룹을 중심으로 조직되는 정도
- 관리 초점(management focus): 관리적 의사결정이 조직 내 사람들에게 미치는 영향을 고려하는 정도

- 단위 통합(unit integration): 조직 내의 부서가 조정되거나 상호 의존적인 방식으로 운영되도록 권장되는 정도
- 통제(control): 직원의 행동을 감독하고 통제하기 위해 규칙이나 정책 및 직접적인 감독이 사용되는 정도
- 위험 내성(risk tolerance): 직원들이 적극적이고 혁신적이며 위험을 두려워하지 않도록 권장되는 정도
- 보상 기준(reward criteria): 승진이나 급여 인상과 같은 보상이 연공서열 우선주의 또는 기타 비성과 요인보다는 개인의 성과에 따라 할당되는 정도
- 갈등 관용(conflict tolerance): 갈등과 비판을 공개적으로 표현하도록 권장되는 정도
- 수단 대 목적 지향(means versus end orientation): 경영진이 결과를 달성하는 데 사용되는 기술이나 프로세스보다 결과에 초점을 맞추는 정도
- 개방형 시스템 초점(open-systems focus): 조직이 외부 환경의 변화를 모니터링하고 대응하는 정도

그림 2-3는 이들 10가지 차원이 양 극단에 대비되는 값을 가지고 그 사이 값이 점진적으로 변할 수 있는 연속체(continuum)적 특성이라는 것을 보여준다. 이 10가지 차원에 따라 조직을 평가하면 조직 문화에 대한 종합적인 그림을 얻을 수 있다. 이 그림은 구성원들이 조직에 대해, 일이 어떻게 수행되고, 구성원이 행동해야 하는 방식에 대해 공유하는 이해의 기초가 된다. 프로젝트 관리 관점에서 살펴보면 관리 초점, 통제, 수단 대 목적 지향의 3가지 항목은 균형을 이룰 때 프로젝트의 성공 확률이 높아지고 그 외 항목은 강하거나 높을 때 프로젝트가 성공할 가능성이 높아진다.

• 최고 경영진 및 조직의 지원 Top Management & Organizational Commitment

IT 프로젝트의 성공에 영향을 미치는 주요 요소 중 하나는 최고 경영진의 지원이다. 영어로 커밋먼트(commitment)라고 하는 이 지원은 헌신적인 노력과 약속의 의미가 들어가 있는 지원을 뜻한다. 일부 프로젝트에는 프로젝트의 핵심 지지자 역할을 하는 챔피언(champion)이라는 고위 경영진이 있다. 프로젝트의 방향을 잡아주고 예산을 마련해 주는 조직내 스폰서가 챔피언 역할을 할 수도 있지만 종종 다른 고위 경영진이 이 역할을 더 성공적으로 수행할 수 있다. 프로젝트는 조직이라는 큰 환경내에서 추진되며 여기에는 프로젝트에 영향을 미치지만 프로젝트 관리자가 통제할 수 없는 많은 요소가 존재한다. 이

[그림 2-3] 조직 문화의 10가지 차원

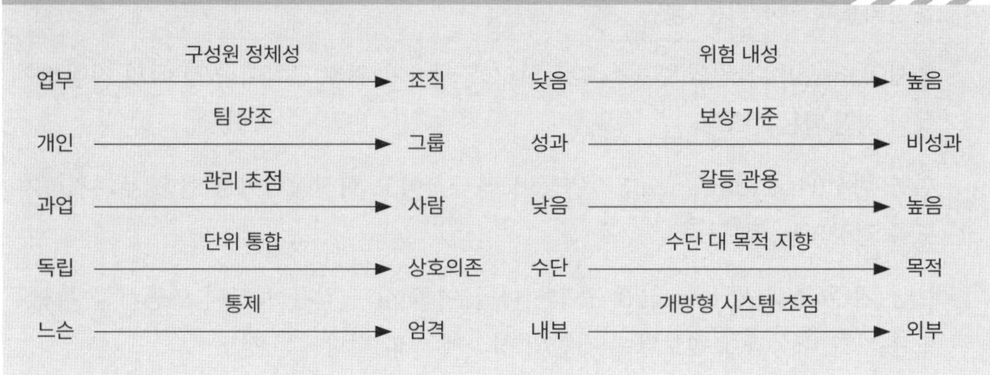

러한 상황에서 최고 경영진 혹은 챔피언의 커밋먼트는 프로젝트 관리자에게 다음과 같은 이유로 매우 중요하다.

먼저, 프로젝트 관리자는 적절한 자원이 필요하다. 프로젝트를 완료하는 가장 좋은 방법은 필요한 예산이나 인력 등을 계획에 맞게 보유하는 것이다. 최고 경영진의 커밋먼트가 있다면 필요 자원의 원활한 확보와 함께 프로젝트와 관련 없는 이벤트로 인한 주의 산만을 걱정할 필요도 없게 된다. 또한 프로젝트 관리자는 특수한 프로젝트 요구사항에 대해 적시에 승인을 받아야 하는 경우가 많다. 예를 들어, 대규모 IT 프로젝트에서 최고 경영진은 개발 중인 제품의 특성과 프로젝트 팀의 특정 기술로 인해 예상치 못한 문제가 발생할 수 있음을 이해해야 한다. 팀은 적절한 테스트를 위해 프로젝트 중간에 추가 하드웨어와 소프트웨어가 필요할 수도 있고 프로젝트 관리자가 주요 프로젝트 인력을 뽑고 이들을 계속 보유하기 위해 특별 급여와 혜택을 제공해야 할 수도 있다. 최고 경영진의 커밋먼트는 프로젝트 관리자의 이러한 요구사항을 충족시켜줄 수 있다. 이 외에도 프로젝트 관리자는 조직의 다른 부분에 있는 구성원들과 협력해야 하는 경우가 많다. 대부분의 IT 프로젝트는 기능 영역을 넘나들기 때문에 최고 경영진은 프로젝트 관리자가 자주 발생하는 정치적 문제를 처리할 수 있도록 도와야 한다. 특정 부서장이 필요한 정보에 대한 프로젝트 관리자의 요청에 응답하지 않는 경우 최고 경영진이 개입하여 이들 부서장이 협력하도록 할 수 있다. 마지막으로 프로젝트 관리자는 종종 리더십 문제에 대해 멘토링하고 코칭 해 줄 사람이 필요하다. 많은 IT 프로젝트 관리자는 기술직 출신이며 관리자로서 경험이 부족하다. 고위 관리자는 시간을 내어 좋은 리더가 되는 방법에 대해 조언할 수 있으며 새로운 프로젝트 관리자가 리더십 스킬이나 기타 관리 관련한 자기 개발을 할 수 있도록 도와줄 수 있다.

IT 프로젝트의 성공에 영향을 미치는 또 다른 요소는 일반적으로 IT에 대한 조직의 커밋먼트(organizational commitment)이다. 일반적으로 조직의 커밋먼트는 조직 구성원이 소속된 조직에 대한 믿음이나 지지를 의미한다. 조직의 커밋먼트는 직원이 조직을 떠나지 않고 조직의 목표를 달성하기 위해 열정적으로 일할 것인지 여부를 결정하는 중요한 역할을 한다. IT에 대한 조직의 커밋먼트는 IT에 대한 지지를 나타내고 IT가 비즈니스에 필수적이라는 사실을 깨닫는 것이다. 조직 자체가 IT를 소중히 여기지 않으면 IT 프로젝트가 성공하기는 매우 어렵다. IT에 대한 조직의 커밋먼트가 높은 조직은 프로젝트에 대한 믿음이 있으며 특히 프로젝트가 제공하는 효과에 대한 기대가 높다. 또한 프로젝트 진행 상황에 대해 관심을 가지며 프로젝트 팀이 성공할 수 있도록 비즈니스 자원을 사용할 수 있도록 도와준다.

IT에 대한 조직 커밋먼트를 높이기 위해 많은 회사에서 부사장이나 고위 경영진급의 최고정보책임자(Chief Information Officer, CIO) 직위를 만들었다. CIO는 최고 경영자와 직접 소통하면서 경영전략과 IT전략을 연계시키는 중요한 역할을 한다. IT 없이 조직이 성장한다는 것은 불가능하고 더 나아가 IT가 단순히 지원 역할만 하는 것이 아니라 능동적으로 새로운 비즈니스 기회의 포착도 가능하게 할 수 있다는 것을 깨닫는다. 일부 회사에서는 대규모 주요 프로젝트에 IT 분야가 아닌 현업 직원들을 풀타임으로 배치하여 최종 사용자의 참여를 높이는 효과를 누린다. 현업 직원들이 프로젝트 팀원이 되어 직접 프로젝트를 수행하면서 현업의 요구사항을 보다 정확하고 완전히 전달하고 동시에 프로젝트의 목적을 보다 직접적으로 이해하게 된다. 한편 일부 최고 경영자는 조직에서 IT 사용을 촉진하기 위해 강력한 리더십 역할을 하기도 한다. 이 또한 IT에 대한 조직 커밋먼트를 높이는 좋은 방법이 된다. 프로젝트 관리자는 최고 경영진이 IT를 가치 있게 여기는 환경에서 가장 성과가 좋아진다. 프로젝트 관리의 중요성을 이해하고 그 표준을 설정하는 조직은 프로젝트 관리자의 성공을 촉진한다.

프로젝트 수명주기 Project Life Cycles

프로젝트 수명주기는 프로젝트 목표를 성공적으로 달성하는 데 필요한 모든 단계와 조치 목록을 나타내며 모든 단계가 끝나면 반드시 산출물이 있어야 한다. 간단히 말해서 시작부터 완료까지 프로젝트가 진행되는 일련의 모든 단계를 프로젝트 수명주기라 한다. 프로젝트 수명주기는 각 단계에서 수행할 작업, 생산될 결과물과 생산 시점, 참여자, 작업을 통제하고 승인하는 방법 등을 정의한다. 단계(phase)는 하나 이상의 결과물을 완성하는 논리적으로 관련된 프로젝트 활동의 모음이다. 각 개별 단계는 첫 번째 프로세스 그룹인 착수(initiating)에서 마지막 프로세스 그룹인 종료(closing)로 가는 미니 프로젝트와 같다. 프로젝트를 여러 단계로 나누는 이유는 프로젝트가 시스템의 일부로서 운영되고 불확실성을 수반하기 때문이다. 프로젝트 수명주기에서 단계 수와 그 순서는 조직과 프로젝트 유형에 따라 다를 수 있다. 그러나 시작과 끝이 명확해야 하며 시간의 제약을 받는다. 단계는 일반적으로 완료된 작업과 산출물을 검토하여 수락 여부, 추가 작업이 여전히 필요한지 또는 해당 단계를 종료된 것으로 간주해야 하는지 여부를 결정하는 것으로 마무리된다. 이를 관리 검토(management review)라고 부르는데 바로 이 관리 검토하는 시점을 단계 종료(Phase exits) 또는 킬 포인트(Kill points)라고 한다. 즉, 이해관계자 또는 스폰서가 진행상황을 검토하고 다음 단계로 진행할지 또는 중단할지 결정하는 프로젝트 실행 단계의 시점을 뜻한다. 단계 게이트(Phase gates)나 스테이지 게이트(Stage gates) 등의 용어도 모두 같은 의미이다. 프로젝트 수명주기는 프로젝트 관리를 위한 기본 프레임워크를 제공하며 선택한 수명주기의 단계는 필요한 특정 프로젝트 작업에 따라 변경되지 않는다.

프로젝트 수명주기를 초기, 중기, 말기로 나누어 개략적인 특징을 살펴보면 다음과 같다. 초기는 보통 자원에 대한 요구가 아직 높지 않지만 불확실성 수준이 가장 높을 때이다. 또한 프로젝트 이해관계자가 프로젝트에 영향을 미치기 쉬운 때이다. 중기는 프로젝트 완료에 대한 확실성이 증가하는 시점이며 더 많은 자원이 필요한 때이다. 말기에는 프로젝트 요구사항이 충족되었는지 확인하고 프로젝트 완료를 승인한다. 프로젝트 수명주기에는 여러 유형이 있는데 대표적인 5가지 프로젝트 수명주기는 다음과 같다.

• 예측 수명주기 Predictive Life Cycle

예측 수명주기에서 프로젝트 범위와 일정 및 비용은 가능한 한 수명 주기의 초기에 결정된다. 그림 2-4에서 보듯이 각 단계는 이전 단계를 반복하지 않고 다음 단계로 넘어가며 이 모양이 마치 물이 떨어지는 폭포 모양과 같다고 해서 폭포수 수명주기(Waterfall Life Cycle)라고도 한다. 실행에 앞서 상세 계획을 수립할 수 있어서 프로젝트 관리자는 각 단계에서 해야 할 활동의 전개 순서를 예측할 수 있고 이로 인해 위험을 피하고 비용을 절감할 수 있다. 예측 수명주기를 넘어지는 도미노 선의 이미지와 연관시킬 수 있다. 개별 도미노가 먼저 정확한 패턴으로 조심스럽게 배치되면 계획에 오류가 있거나 예상치 못한 통제할 수 없는 외부 힘이 개입하지 않는 한 도미노는 예상 순서대로 넘어지고 만족스러운 결과를 낳을 것이다. 마찬가지로, 예측 수명주기에서 단계는 도미노처럼 계획에 따라 예상되는 방식으로 전개되고 발전한다.

[그림 2-4] 예측 수명주기

각 단계는 이전 단계와 근본적으로 다른 작업에 중점을 두고 있으며 다른 팀 구성원이 포함될 수 있다. 산출물은 프로젝트가 끝날 때까지 고객이 수용할 수 있는 형태가 아니다. 범위가 처음에는 잘 정의되어 있지만 이후 단계에 대한 계획은 상세하지 않을 수 있으므로 프로젝트 수명주기가 진행됨에 따라 매 단계 말 다음 단계에 대한 계획을 자세히 수립할 수 있다. 그러나 범위 변경은 신중하게 통제된다. 후기 단계에서 요구사항이 변경되면 프로젝트 일정과 예산이 크게 변경될 수 있어 결과적으로 프로젝트 범위에 대한 모든 변경 사항은 신중하게 관리된다. 예측 수명주기는 쉽게 정의되고 잘 이해되는 산출물이 있는 프로젝트에 가장 적합하다.

• 반복 수명주기 Iterative Life Cycle

그림 2-5에서 나타나듯이 반복 수명주기는 제품 기능이나 성능의 개선 혹은 향상을 위해 일련의 반복 주기를 사용하여 제품을 개발한다. 각 반복은 그 자체가 모든 소프트웨어 개발 수명주기(예를 들어, 분석, 설계, 코딩, 테스트, 배포 및 지원 등) 단계를 포함하며 결과물을 생성한다. 만약 결과물과 고객 요구사항 간 차이가 발견되면 고객은 피드백을 제공할 수 있으며 이는 후속 반복에서 수행해야 할 변경 사항으로 고려된다. 이 수명 주기를 반복이라고 하는 이유는 반복되는 주기가 가치를 창출하는 데 사용되는 핵심 요소이기 때문이다.

반복 수명주기에서 프로젝트 범위는 일반적으로 수명주기 초기에 결정되지만 일정 및 비용 추정치는 제품에 대한 프로젝트 팀의 이해가 증가함에 따라 일상적으로 수정된다. 반복 수명주기에서는 승인된 요구사항 만으로 제품을 완성할 수 없으므로 먼저 개발한 것을 보여주고 피드백을 빈번하게 받을 필요가 있다. 이렇게 지속적으로 학습하고 이러한 학습을 통해 제품을 다듬어 나가는 것이 반복 수명주기의 특징이다. 한 번 이상의 반복 활동을 하면 제품에 대한 프로젝트 팀 또는 고객의 이해가 깊어져 위험을 피하기 위한 계획

[그림 2-5] 반복 수명주기

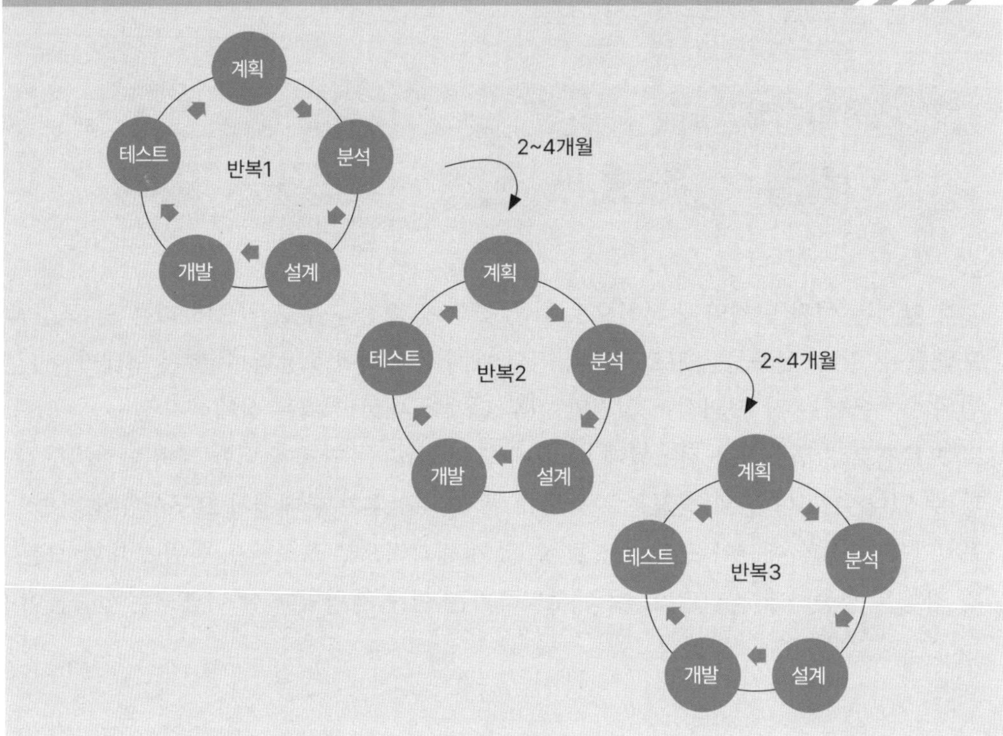

을 점진적으로 수립할 수 있다. 반복 수명주기는 높은 수준의 변화와 낮은 인도(delivery) 빈도일 때 가장 적절한 수명주기이다.

• 증분 수명주기 Incremental Life Cycle

증분 수명주기는 점증적 수명주기라고도 불리며 미리 결정된 시간 프레임 내에 기능을 연속적으로 추가하는 일련의 반복을 통해 산출물이 생성되는 수명주기이다. 충분한 성능과 기능이 포함된 산출물은 최종 반복 후에 완료된다. 그림 2-6에서 보듯이 증분 프로젝트에서 산출물은 일련의 폭포수 수명주기의 반복을 통해 만들어지되, 각 반복은 전체 결과물의 구성 요소 또는 단위를 생성한다. 증분 수명주기의 이해를 돕기 위해 몇 가지 예를 들어보자. 만약 10개의 모듈이 필요한 소프트웨어를 개발한다면 이들을 한꺼번에 개발하기 보다 하나씩 개발하는 방식이 증분 수명주기이다. 이 방식은 기능들을 점증적으로 제공하지만 일단 개발하는 것은 모두 사용 가능한 수준으로 한다. 또 다른 예로 어느 지역의 타운하우스 개발 프로젝트를 생각해 보자. 이 프로젝트가 증분 수명주기를 이용한다면 다음과 같은 프로세스를 밟게 된다. 건설회사에서 하나의 단위 블록을 완료하면 처음 몇 채의 집은 잠재 구매자에게 다양한 옵션을 보여주는데 사용되고 아직 건설되지 않은 집에 대한 사용자 옵션을 선택할 수 있게 한다. 몇 채는 먼저 판매되고 마지막 주택 건축을 시작하기도 전에 판매된 집에 사람들이 이사를 들어간다. 최종적으로 특정 지역의 타운하우스 개발 프로젝트 종료는 마지막 집의 건축이 완료되어야 하지만 주민들은 단위 블록내의 자기 주택이 완성되는 대로 입주해서 살게 된다.

[그림 2-6] 증분 수명주기

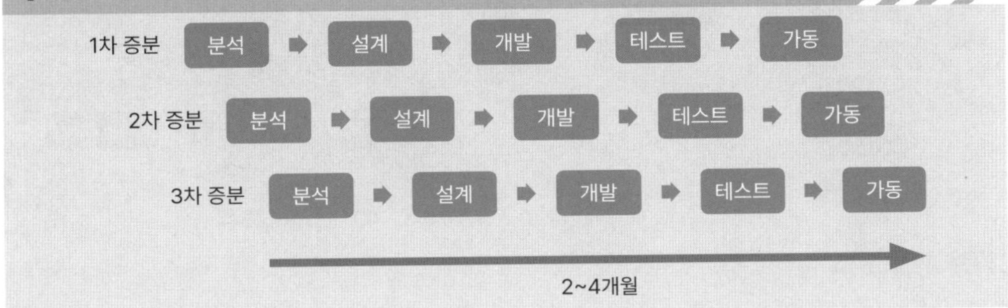

증분 수명주기는 반복 수명주기와 겹치는 부분이 있어서 구분하기가 혼란스러울 때가 있다. 반복 수명주기도 어느 정도 증분을 사용하고 증분 수명주기 역시 어느 정도 반복을 사용한다. 하지만 반복 수명주기의 증분은 별개의 산출물이 아니라 단계당 단일 산출물의 기능 또는 개선 사항을 의미한다. 따라서 반복 수명주기는 일련의 반복 주기를 통해 제품을 고도화 해 나가지만 증분 수명주기는 제품의 기능이나 구성요소가 연속적으로 추가된다. 결국 반복 수명주기의 목표는 산출물의 정확성이지만 증분 수명주기의 목표는 속도이다.

• 적응형 수명주기 Adaptive Life Cycle

적응형 수명주기는 애자일 수명주기(Agile Life Cycle)라고도 한다. 반복 수명주기와 증분 수명주기의 혼합형으로 기능을 점증적으로 추가해 나가지만 사용자 피드백을 기반으로 변경이 가능하다. 앞 절에서 설명한대로 반복 수명주기는 약간 증분적인 면이 있고 증분 수명주기는 약간 반복적인 면이 있지만 적응형 수명주기는 똑같이 반복적이고 증분적이다. 즉, 증분과 반복 모두 필수적인 요소이다. 그림 2-7에서 나타나듯이 생성할 증분은 주어진 반복이 시작되기 전에 승인된다. 여기서 반복은 요구사항의 불확실성을 줄이거나 계획의 최신성을 유지하는데 사용된다. 적응형 수명주기는 반복이 매우 빠르기 때문에

(일반적으로 2~4주 소요) 높은 수준의 지속적인 이해관계자 참여가 필요하며 이슈가 발생할 때 위험과 비용 문제를 상대적으로 쉽게 해결할 수 있다.

[그림 2-7] 적응형 수명주기

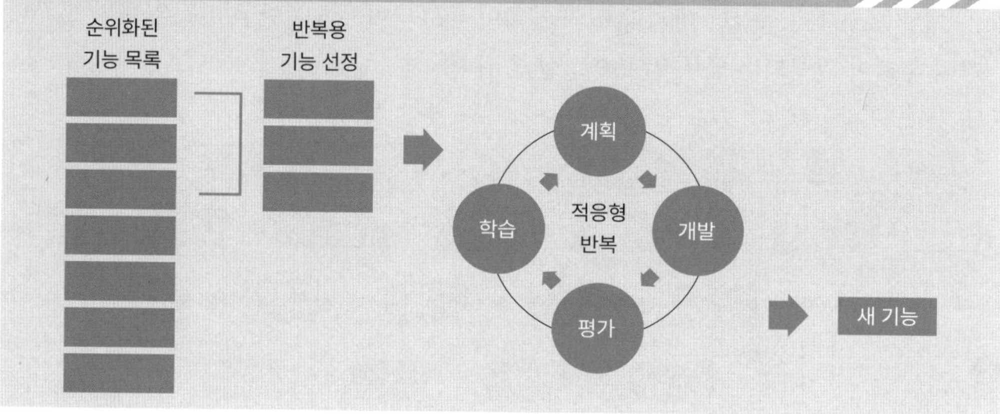

적응형 수명주기는 많은 변화가 예상되는 프로젝트에 적절하다. 계획을 매 반복마다 수립한다는 것은 계획이 예측 수명주기처럼 사전에 처리되지 않고 정기적으로 하는 활동임을 의미한다. 프로젝트 팀은 반복 계획세션(planning session)에서 현재 반복에서 완료할 수 있는 가장 높은 우선 순위의 요구사항의 수를 결정한다. 적응형 수명주기 프로젝트는 개선 및 새로운 기능에 대한 아이디어를 수집하면 이를 다음 반복에 지속적으로 제공할 수 있도록 피드백 한다. 하지만 예측 수명주기 프로젝트는 프로젝트 전반에 걸쳐 이러한 아이디어를 수집하지만 결국 새로운 후속 프로젝트에서 사용할 수밖에 없다. 적응형 수명주기는 범위와 요구사항을 결정할 수 없거나 경쟁자 행동과 같이 변화하는 기업 환경에 적응하기 위해 범위와 요구사항을 유연하게 유지해야 할 때 가장 적합하다. 본 장의 마지막 섹션에 애자일에 대한 상세한 설명이 제공된다.

• 혼합 수명주기 Hybrid Life Cycle

혼합 수명주기는 예측 수명주기와 적응형 수명주기의 조합이다. 예를 들어, 전체적으로는 예측수명주기 방식을 사용하고 세부 단계에서는 적응형 수명주기 방식으로 관리하는 방식이다. 예측 및 적응형 프로세스는 품질과 요구사항에 따라 프로젝트 내의 다른 요소들에 할당된다. 잘 알려져 있거나 고정된 요구사항이 있는 요소는 예측 수명주기를 따르고 여전히 진화하는 요소는 적응 수명주기를 따른다. 프로젝트에 적합한 수명주기를 결정하고 모든 프로젝트 요소를 포괄하는 데 필요한 유연성을 확보하는 것은 프로젝트 관리 팀의 몫이다.

프로젝트 관리 수명주기 Project Management Life Cycle

프로젝트 현장에서 일부 팀원들은 프로젝트 수명주기와 프로젝트 관리 수명주기를 혼용해서 사용하거나 개념을 혼돈하고 있는 경우가 있다. 하지만 이 둘은 완전히 다르다. 프로젝트 수명주기가 단계나 작업 순서를 나타내는 반면 프로젝트 관리 수명주기는 프로젝트가 어떻게 관리되는지 설명한다. 즉, 프로젝트 관리 수명주기는 어떤 단계를 맨 먼저 수행할 필요가 있는지 또는 두 번째로 수행해야 하는지 이런 것을 확인하지 않는다. 이는 프로젝트 수명 주기에서 처리되기 때문이다. 가장 유명한 2개의 프로젝트 관리 수명주기는 PMBOK의 프로젝트 관리 프로세스 그룹과 영국에 기반을 둔 Axelos가 소유한 PRINCE2(PRojects IN Controlled Environments)이다.

PMBOK의 프로젝트 관리 프로세스 그룹은 시작, 계획, 실행, 모니터링 및 통제, 종료 등의 5단계로 나누어진다. 먼저 프로젝트 시작(initiation) 단계는 모든 기본 목표와 규칙을 설정하는 단계이다. 타당성 조사, 범위 식별, 결과물 식별, 프로젝트 이해관계자 식별, 비즈니스 케이스 개발, 작업 명세서 작성, 초기 비용, 가격 및 작업 일정을 포함한 많은 하위 활동이 포함된다. 시작 단계에서 프로젝트가 승인되면 계획(planning) 단계로 이동한다. 이 단계에는 프로젝트에 대한 작업, 일정, 자원 및 제약 조건을 포함하여 프로젝트 계획을 만드는 작업이 포함된다. 프로젝트에 대한 예산도 이 단계에서 수립되며 위험을 예상하고 식별하고 완화하는 계획도 세워야 한다. 프로젝트 실행(execution) 단계는 작업이 완료되는 가장 길고 중요한 단계이다. 따라서 필요한 모든 것이 실행 단계 전에 적절한 방식으로 정의되어야 한다. 프로젝트 팀원은 작업을 시작하고 프로젝트 관리자는 작업이 적시에 완료되고 진행이 원활하게 되는지 감독한다. 프로젝트 모니터링 및 통제(monitoring and controlling) 단계는 프로젝트의 성과를 측정하고 진행 상황을 추적하는데 실행 단계에서 구현된다. 이 단계의 주요 목표는 비용 및 일정을 포함하여 모든 것이 프로젝트 관리 계획과 일치하는지 확인하는 것이다. 마지막으로 프로젝트 팀이 모든 작업을 완료하고 프로젝트 소유자(owner)가 모든 산출물이 완료되었음을 승인하면 프로젝트가 종료(closing)된다. 모든 문서는 프로젝트 소유자에게 전달되며 필요한 경우 유지관리 조직에 전달된다. 그런 다음 프로젝트 성과를 분석하여 프로젝트의 목표가 충족되었는지 결정한다.

그렇다면 프로젝트 수명주기와 프로젝트 관리 수명주기의 관계는 어떻게 될까? 프로젝트 관리 프로세스 그룹을 이용해서 설명해 보자. 예를 들어 예측 수명주기의 첫 번째 단계가 요구사항 분석 단계라고 하면 프로젝트 팀은 먼저 이 단계를 시작해야 한다. 여기서 "시작하다"가 바로 프로젝트 관리 프로세스 그룹의 시작(initiation)이다. 예를 들어 적절한 사람이 있는지, 올바른 정보를 사용할 수 있는지, 이를 시작하는 데 필요한 승인 및 권한이 부여되었는지 등을 알아야 한다. 다음은 요구사항 분석을 수행하는 방법을 계획(planning)해야 한다. 어떤 작업을 수행해야 하는지, 누가 무엇을 할지, 각 작업에 소요되는 시간은 얼마나 되며 따라서 프로젝트는 얼마나 오래 걸릴지 등이다. 계획이 수립되면 실행(execution)을 한다. 그 다음은 계획에 따라 실행이 되고 있는지, 프로젝트가 정상적으로 진행되고 있는지 확인(monitoring and controlling)해야 한다. 이제 요구사항 분석이 완료되면 프로젝트 팀은 비즈니스 요구사항 문서를 준비하고 주요 이해관계자의 승인을 받는다. 이렇게 함으로써 요구사항 분석 단계를 종료(closing)할 수 있다. 여기서 프로젝트 팀은 잘한 것과 더 잘할 수 있었던 것을 식별하기 위해 사후 분석을 수행한다. 이는 해당 프로젝트 팀 혹은 다른 팀이 나중에 사용할 수 있도록 보관되고 이제 다음 단계인 설계 단계로 넘어간다.

방금 설명한대로 프로젝트 관리 수명주기는 프로젝트 수명주기의 한 단계 내에서 적용되었고 같은 방식으로 프로젝트 수명주기의 다른 단계에 모두 적용된다. 또한 프로젝트 관리 수명주기는 프로젝트 전체에도 적용된다. 이것이 처음에 프로젝트 관리 수명주기는 작업 순서가 아니라 프로젝트를 관리하는 방법에 관한 것이라고 말한 이유이다.

프로젝트 관리의 최근 경향 Emerging Trends in Project Management

2020년 COVID-19 위기로 인한 전 세계적인 원격 근무로의 전환은 IT 프로젝트 관리자에게 그 어느 때보다 더 역동적인 상황을 관리해야 하는 무거운 책임을 지우고 있다. 실제로 조직에서 원격 작업이 표준화 되면서 많은 프로젝트 관리팀이 협업 방법을 재창조해야 했다. IT 프로젝트의 복잡성 증가 등 다양한 요인들은 앞으로 프로젝트 관리팀이 일하는 방식에 영향을 미칠 것이 분명하다. 가까운 미래에 IT 프로젝트 관리에 영향을 미칠 수 있는 최근 트렌드를 살펴보자.

먼저, 원격 근무로의 거의 보편적인 전환은 향후 10년의 IT 서비스를 정의하는데 가장 큰 영향을 미치는 요인이 될 것이다. 더욱이 이러한 추세가 멈출 것이라는 조짐도 없다. 비즈니스 리더들은 팬더믹이 통제된 후에도 많은 기업들이 직원의 5분의 2 정도는 계속해서 원격 근무하게 할 것이라고 예측한다. 이러한 원격 작업은 일반적으로 프로젝트 관리 및 비즈니스 분야에 많은 변화를 가져왔다. 원격 팀은 물리적으로 같은 공간에서 일하는 팀원들이 일반적으로 걱정하지 않는 문제와 싸운다. 이러한 문제에는 비효율적인 조정, 비동기식 워크플로우 및 시간대, 서로의 작업에 대한 가시성 감소, 그룹으로서 높은 속도를 유지할 수 없는 것 등이 포함된다. 프로젝트 팀은 의사소통 및 협업을 조직하고, 작업을 위임하고, 프로젝트를 조정하는 데 도움이 되는 소프트웨어 솔루션을 필요로 한다. 원격 근무는 또한 프로젝트 관리자의 리더십과 의사소통 스킬을 더욱 강조한다. 운영 효율성을 계속해서 유지하기 위해 탁월한 리더십과 대인 관계 기술은 모든 IT 프로젝트 관리자에게 필수적이다.

두 번째, 소프트 스킬의 중요성이 더욱 강조된다. 세계경제포럼(WEF)의 2020년 직무의 미래 보고서에 따르면 비판적 사고, 문제 해결, 자기 관리, 사람들과의 협력과 같은 스킬은 고용주가 신입사원에게 요구하는 최고의 자질 중 하나이다. PMI는 프로젝트 관리자가 연마해야 하는 7가지 스킬을 다음과 같이 파악한다: 시간 관리, 의사소통 능력, 협상 기술, 코칭, 동기 부여, 의사결정, 팀 이끌기. 원격 근무와 관련된 프로젝트 관리의 최근 동향을 고려할 때 앞으로 몇 년 동안 새로운 소프트 스킬이 우선 순위가 높게 등장할 것으로 예상할 수 있다. 원격 팀 내에서 원활하게 의사 소통할 수 있는 능력과 함께 기술 오류, 일치하지 않는 팀 일정 및 원격 팀 고유의 기타 상황에 유연하게 대처하는 능력 등이 매우 중요하다.

세 번째, 혼합 수명주기 방식의 활용이 점차 늘어나고 있다. 멀지 않은 과거에는 프로젝트 관리자, 심지어 조직 전체가 일반적으로 하나의 프로젝트 수명주기에 따라 모든 프로젝트를 수행했다. 구체적인 수명주기나 개발 방법론은 프로젝트 관리자나 조직마다 다를 수 있지만 단일 수명주기를 사용하는 것이 일반적인 규범이었다. 그러나 최근 몇 년 동안 프로젝트 관리자와 그들이 일하는 조직은 혼합 수명주기 방식에 점점 더 적응하고 있다. 스크럼(Scrum)과 같은 프로젝트 개발 방법론의 사용의 증가는 조직의 유연성 향상을 장려하는 기업 가치의 변화와 함께 이러한 움직임을 가속화했다. 모든 프로젝트가 똑 같이 만들어지는 것은 아니며 모든 프로젝트 팀이 하나의 특정 방법론을 고수할 필요는 없다. 아마도 이것이 혼합 수명주기 개념이 많은 주목을 받고 있고 또한 하나 이상의 방법론을 결합하는 프로젝트 관리자와 스크럼 마스터(Scrum Master)의 수가 나날이 증가하는 이유일 것이다. 똑똑한 프로젝트 관리자는 특정 프로젝트에 가장 적합한 방법론을 이해하려고 노력할 것이다. 단일 수명주기를 전문화 하는 것도 장점이 있지만 프로젝트 관리 분야에서 계속 발전하기를 원한다면 모든 주요 수명주기나 개발 방법론에 익숙해지는 것을 목표로 해야 한다. 그래야 단순하고 명확한 부분에는 전통적인 예측 수명주기 방식을 사용하고 복잡한 부분에는 적응형 수명주기 방식을 사용하는 등 유연하게 전문성을 발휘할 수 있다.

네 번째, 프로젝트 관리팀은 더욱 다양해질 것이다. 글로벌 연결, 변화하는 인구 통계 및 새로운 기술은 기업이 전반적으로 팀을 구성하는 방식을 변화시키고 있다. 프로젝트 관리팀도 예외는 아니다. 인구 통계학적 관점에서 보면 회사는 다양한 연령층을 관리해야 하며, 각 연령대는 고유한 필요와 욕구를 갖는다. 변화하는 사회 규범은 다양성의 변화를 야기할 것이다. 더 많은 남성과 여성이 육아와 같은 과거와 다른 책임을 분담하고 있다. 또한 원격 근무로의 전환은 기업이 전 세계 거의 모든 곳에서 인재를 채용할 수 있게 됨에 따라 프로젝트 팀내 문화의 다양성에 영향을 미칠 것이다.

다섯 번째, 능력 있는 인력의 확보와 유지가 점점 더 중요해지고 어려워진다. IT는 경쟁이 치열한 산업이다. 자격을 갖춘 프로젝트 관리자가 부족하면 중소기업에서는 재능 있는 IT 프로젝트 관리자를 찾기가 어렵다. 필요한 자격과 전문 지식을 갖춘 후보자를 찾을 수 없는 경우 숙련된 프로젝트 관리자를 내부적으로 개발하고 승진시켜야 한다. 직원 교육 및 전문성 개발 프로그램의 인기가 높아지고 있으며 이에 따라 구조화된 교육을 제공하는 수단으로 PMO가 인기를 얻고 있다. IT 전문가들의 프로젝트 관리 스킬 향상은 IT 프로젝트 관리에 영향을 미치는 중요한 추세가 되었다. 이는 많은 회사에서 최고의 프로젝트 관리 인재를 유치하고 유지하는 귀중한 방법임이 입증되었다. 숙련된 프로젝트 관리자를 유지하기 위해 어떤 교육 기회나 인센티브가 적합한지 또는 조직에서 성장하고 두각을 나타내기 위해 무엇이 필요한지 파악하고 있어야 한다. 가장 영향력 있는 전문성 개발은 공식 프로그램을 통해서가 아니라 직장에서 발생하는 작은 순간에 이루어진다. 프로젝트 관리자는 팀을 이끌고 빠른 결정을 내릴 수 있도록 적절한 수준의 자율성을 부여 받아야 한다.

애자일 Agile

초기 소프트웨어 개발 프로젝트는 주로 폭포수 방식을 사용하였는데 기술과 비즈니스가 복잡해짐에 따라 요구사항을 알 수 없거나 요구사항이 지속적으로 변화해서 종종 폭포수 방식을 사용하는 것이 어려웠다. 이러한 문제점을 해결하기 위해 2001년 2월, 17명의 사람들이(Agile Alliance) 애자일 소프트웨어 개발 선언서를 만들고 발표하였다. 애자일(agile)의 사전적 의미는 "빠르고 쉽게 움직일 수 있는, 민첩한" 이다. 애자일 소프트웨어 개발이란 명칭을 사용하게 된 것도 요구사항 변경에 대해 민첩하게 대응한다는 취지에 기반한다. 애자일이 추구하는 가치는 기본적으로 프로세스와 도구보다는 사람 및 상호작용에 있으며 포괄적인 문서작업 보다는 작동하는 소프트웨어에 중점을 둔다. 계약 협상보다는 고객 협업을 중요시하고 계획을 따르는 것 보다 변경에 대응하는 것에 초점을 맞춘다.

애자일 선언서(Agile Manifesto)의 내용을 좀 더 구체적으로 살펴보면 애자일 수명주기가 지향하는 개발 방식을 쉽게 이해할 수 있다. 애자일에서는 유용한 소프트웨어를 신속하게 제공하여 고객을 만족시키고자 하며 심지어 개발 후반부에 요구사항이 변경되어도 이를 환영한다. 또한 작동하는 소프트웨어를 몇 달이 아닌 몇 주의 주기로 빈번히 인도할 수 있어야 하며 작동하는 소프트웨어야 말로 진행 상태의 주요 척도로 여긴다. 지속 가능한 개발, 일정한 페이스의 유지, 현업과 개발자 간의 긴밀한 협력, 변화하는 환경에 정기적으로 적응하는 능력, 기술적 수월성과 우수한 디자인에 대한 지속적인 관심 등을 중시하며 대면 대화는 커뮤니케이션의 가장 좋은 형태라는 믿음으로 같은 공간에서의 작업(co-location)을 강조한다. 프로젝트는 동기부여 된 개인을 중심으로 추진되며 신뢰할 수 있어야 한다는 철학으로 자기조직화 팀(self-organizing teams)을 구성하여 추진한다. PMI는 Agile에 대한 관심을 인지하고 2011년에 ACP(Agile Certified Practitioner)라는 새로운 자격증을 도입하였다.

• 스크럼 Scrum

스크럼 얼라이언스(Scrum Alliance)에 따르면 스크럼은 복잡하고 혁신적인 작업 범위를 가진 프로젝트를 완성하기 위한 대표적인 애자일 개발 방법이다. 이 용어는 1986년 하버드 비즈니스 리뷰(Harvard Business Review) 저널에서 고성능의 다기능 팀을 럭비팀이 사용하는 스크럼 대형과 비교하여 만들어졌다.

스크럼에는 3개의 주요 역할, 3개의 주요 아티팩트(artifacts), 4개의 주요 미팅이 있다. 참고로 아티팩트는 사람들이 만든 목적물이나 결과물을 의미하므로 산출물로 이해하면 된다. 3개의 역할에는 제품 소유자(product owner), 스크럼 마스터(scrum master), 스크럼 팀(scrum team)이 포함된다. 제품 소유자는 프로젝트의 비즈니스 가치에 대해 책임지고 제품 백로그에 기록된 대로 수행할 작업 및 순서를 결정하는 사람이다. 스크럼 마스터는 팀의 생산성을 보장하고 일일 스크럼을 도와주며 모든 역할과 기능에 걸쳐 긴밀한 협력을 가능하게 하며 팀이 효과적으로 되는 것을 막는 방해물을 제거하는 사람이다. 스크럼 팀은 스스로 팀원을 결성하고 일반적으로 2-4주 지속하는 각 스프린트에서 원하는 결과물을 만들기 위한 작업을 편성하고 수행하는 5-9명으로 구성된 다기능 팀을 의미한다.

3개의 아티팩트에는 제품 백로그(product backlog), 스프린트 백로그(sprint backlog), 번다운 차트(burndown chart)가 포함된다. 제품 백로그는 비즈니스 가치에 따라 우선순위가 지정된 기능 목록이며 스프린트 백로그는 한 번의 스프린트 중에 완료될 제품 백로그의 최고 우선순위 항목을 나타낸다. 번다운 차트는 매일 스프린트에 남아있는 누적 작업을 보여준다.

4개의 미팅은 스프린트 계획 세션(sprint planning session), 일일 스크럼(daily scrum), 스프린트 리뷰(sprint reviews), 스프린트 회고(sprint retrospectives) 등이다. 스프린트 계획 세션은 제품 백로그에서 스프린트 중에 개발할 작업 세트를 선택하기위한 팀과의 회의인 반면 일일 스크럼은 개발팀이 진행 상황과 어려운 점을 공유하고 하루의 작업을 계획하기 위한 짧은 회의를 의미한다. 스프린트 리뷰는 스프린트 동안 팀이 완료한 결과물을 제품 소유자에게 설명하는 회의이며 스프린트 회고는 개발팀이 팀의 실제 성과를 검토하여 제품 및 프로세스를 개선할 수 있는 방법을 찾는 회의이다. 그림 2-8은 이상의 논의를 종합적으로 표현하는 스크럼 프레임워크이다.

[그림 2-8] 스크럼 프레임워크

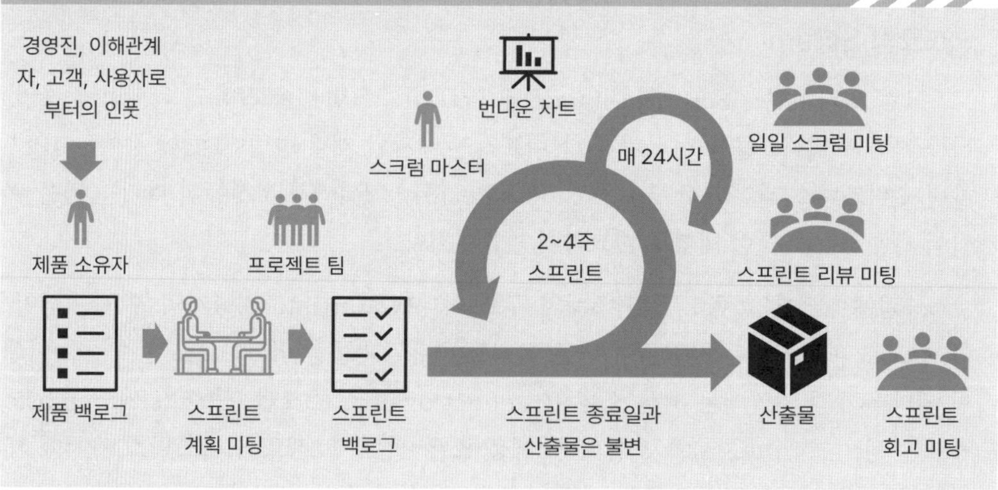

스크럼 활동들을 프로젝트 관리 프로세스 그룹별로 살펴보면 먼저 착수(initiating) 프로세스 그룹에 포함되는 활동은 역할 결정과 각 릴리스(release)의 일부로 제공될 기능의

결정이다. 또한 여러 개의 더 작은 프로젝트들로 본 프로젝트를 분할하는 것처럼 제공할 릴리스 수를 결정하는 것과 릴리스를 완료하는데 필요한 스프린트 수의 결정도 착수 프로세스 그룹의 활동이다.

계획(planning) 프로세스 그룹의 활동으로는 제품 백로그, 스프린트 백로그, 릴리스 백로그 등의 작성이 포함되며 그날의 작업을 계획하는 일일 스크럼 미팅과 장애물 목록 작성도 여기에 포함된다. 스크럼에서는 상위수준의 작업 설명이 작업분할체계(WBS) 대신 제품 백로그 및 스프린트 백로그에 나타난다. 스프린트 백로그의 항목들은 사용자 스토리(user story), 기술 스토리(technical story), 관련 태스크 등의 형태를 띤 구체적인 작업 항목으로 나누어진다. 사용자 스토리는 고객이 필요로 하는 것에 대한 간단한 설명으로 세 문장 정도여야 한다. 사용자 스토리는 테스트 가능하고 프로그래머가 적시에 코드를 완성하여 단위 테스트 할 수 있을 정도로 작아야 한다. 개발자는 사용자 스토리를 기술 스토리로 나누는데 기술 스토리는 사용자 요구사항을 기술사양으로 변환하는데 사용된다. 기술 스토리에는 하나 이상의 태스크 혹은 기술작업이 포함되는데 개발자는 이를 이용하여 스프린트 보드에 진행 상황을 차트로 표시한다. 태스크는 1일치 일에 적합해야 한다. 사용자 스토리에 대한 예시를 들어보면 “일부 인트라넷 제품 및 서비스에 대해 고객에게 요금을 청구하는 기능”이 재무팀원의 사용자 스토리가 될 수 있으며 “우리 사이트는 B회사가 결제업무를 대행하여 우리는 거래 및 고객 서비스 비용을 절감하기를 원함”이라는 재무 관리자의 요건이 더해질 수 있다. 이러한 사용자 스토리는 상품검색, 장바구니 넣기, 결제 인터페이스 등의 기술 스토리로 분류된다. 릴리스 로드맵(release roadmap)은 각 스프린트에 어떤 스토리(범위)가 포함될지에 대한 명확한 그림을 제공하는 것으로 종종 스케쥴 작성에 사용된다. 릴리스 로드맵을 통해 스크럼팀은 예상속도와 실제속도를 쉽게 검토하고 업데이트가 가능해진다. 일부 조직에서는 릴리스 로드맵을 사용하여 전체 릴리스에 대한 모든 작업을 배치하는데, 여기에는 스프린트가 두 개 이상 포함될 수 있다. 이상의 논의는 그림 2-9에 잘 나타난다.

실행(executing) 프로세스 그룹에서는 스프린트 기간 중 매일 태스크를 완료하는 것과 각 스프린트의 종료시점에 완제품을 생산하는 것이 주요 활동이다. 실행 프로세스 그룹에서 특히 고려해야 하는 것은 의사소통인데 개발팀 내에서의 의사소통과 사용자와의 의사소통 모두가 중요하다. 프로젝트 팀은 매일 아침, 실제로든 혹은 가상 환경에서든 만나야 하며 정확하고 신뢰할 수 있는 팀원간 의사소통이 이루어져야 한다. 또한 제품이 여러 번 반복되어 나오는 애자일의 특성상 새로운 소프트웨어 제품의 사용자는 혼란스러울 수 있으므로 사용자와의 의사소통에 문제가 없도록 노력해야 한다.

[그림 2-9] 릴리스 로드맵

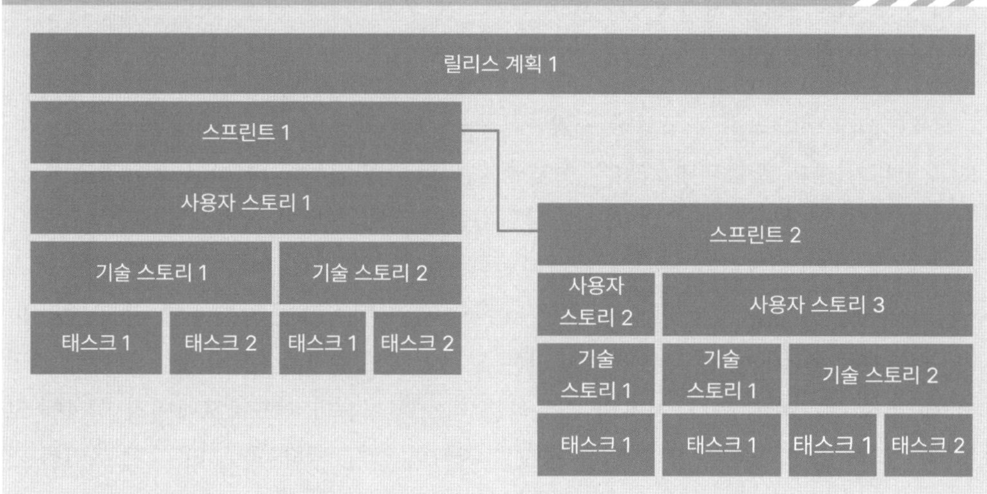

모니터링 및 통제(monitoring and Controlling) 프로세스 그룹에서는 이슈와 장애물을 해결하고 번다운 차트를 만들고 업데이트 하는 활동이 포함된다. 또한 스프린트 리뷰 미팅 동안 완성된 결과물을 데모하는 것도 주요 활동이다. 주요 도구로는 매일 아침 개최되어 위험, 이슈, 문제 등에 대해 논의하는 일일 스크럼과 스프린트 동안 팀이 완료한 결과물을 제품 소유자에게 설명하는 스프린트 리뷰 미팅이 있다. 스프린트 내의 작업 진행상황은 스크럼 마스터가 관리하는 스프린트 보드(sprint board)에 표시한다. 스프린트 보드에서 개발자는 아직 시작 안함(not started), 진행 중(in progress), 시험준비 완료(ready to test) 섹션에서 작업 상태를 업데이트 한다. 테스터는 시험완료(tested) 섹션에서, 그리고 제품 소유자는 종료(closed) 섹션에서 작업 상태를 변경한다. 번다운 차트는 각 스프린트에서의 진행상황을 그래픽으로 표시한 산출물로서 스프린트에서 완료된 작업의 양과 남은 총 작업을 보여준다. 번다운 차트는 팀이 가능한 시간 내에 작업을 완료할 가능성을 예측하는 데 사용된다. 또한 발생하는 범위확장(scope creep)을 팀에 알리는 데도 유용하며 스프린트에서 팀이 잘하고 있는지 또는 문제가 발생할 가능성이 있는지 보여준다.

종료(closing) 프로세스 그룹에서는 스프린트 회고 미팅 중에 제품 및 공정과정을 개선하는 방법을 반영하는 활동이 포함된다. 스프린트 회고 미팅에서 팀은 스프린트 중에 발생한 일을 되돌아보기 때문에 회고 미팅은 교훈 보고서와 비슷하지만 더 짧은 기간에 중점을 둔다. 이 미팅에서 두 가지 기본적인 질문을 던지게 되는데 한 가지는 지난 스프린트에서 잘 된 것은 무엇인가 이며 다른 한 가지는 제품이나 프로세스를 개선하기 위해 무엇을 다르게 할 수 있었나 이다. 회고 미팅에서는 새로운 요구사항을 제품 백로그에 추가하고 다음 스프린트의 항목으로 선택할 수 있다. 그림 2-10은 지금까지 논의한 프로젝트 관리 프로세스 그룹별 스크럼 활동을 보여준다.

[그림 2-10] 프로젝트 관리 프로세스 그룹과 스크럼 활동

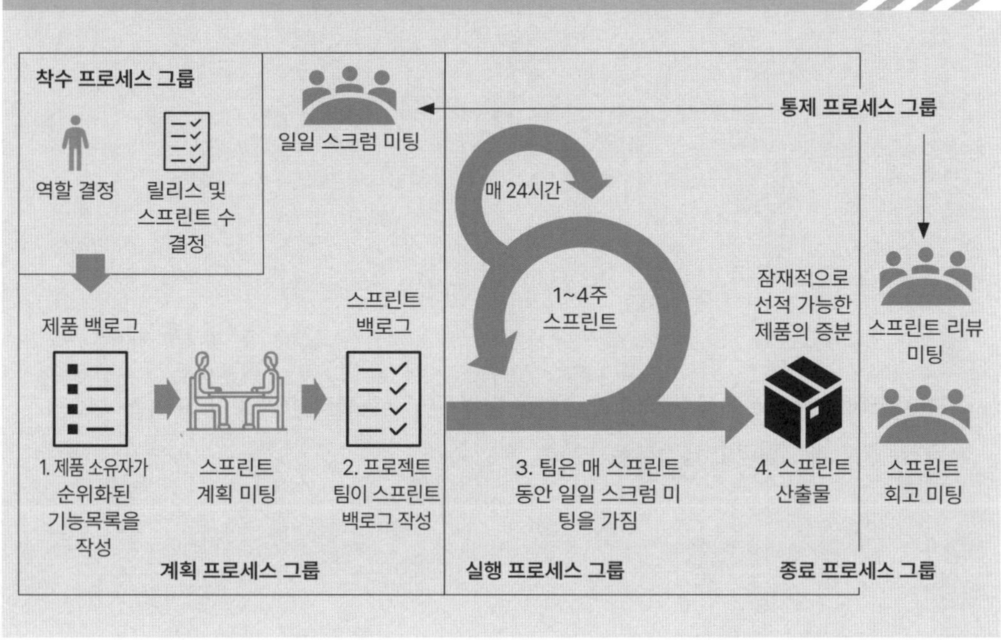

이번 장에서 학습한 내용 생각해 보기

많은 사람들이 프로젝트 관리와 관련하여 시스템 관점을 취하는 데 어려움을 겪는다. 왜 그렇다고 생각하는가?

IT 프로젝트 관리가 건물 건설과 같은 다른 전통적인 프로젝트 관리 보다 더 어렵다고 생각하는가? 왜 그렇다고 생각하는가?

핵심 용어

반복 수명주기 iterative life cycle

번다운 차트 burndown chart

매트릭스 조직 구조 matrix organizational structure

산출물 deliverable

스크럼 scrum

스프린트 백로그 sprint backlog

스프린트 계획 세션 sprint planning session

스프린트 리뷰 sprint reviews

스프린트 회고 sprint retrospectives

시스템 system

시스템 사고 systems thinking

예측 수명주기 predictive life cycle

일일 스크럼 daily scrum

적응형 수명주기 adaptive life cycle

제품 백로그 product backlog

제품 소유자 product owner

조직 구조 organizational structure

조직 문화 organizational culture

조직 프레임 frames of organization

조직 커밋먼트 organizational commitment

증분 수명주기 incremental life cycle

프로젝트 수명주기 project life cycle

프로젝트 관리 수명주기 project management life cycle

킬 포인트 kill point

제3장
프로젝트 통합관리

이번 장을 통해서 학습하게 될 내용들

- 프로젝트 관리에서의 통합
- 통합관리의 중요성
- 프로젝트 헌장과 프로젝트 관리 계획
- 프로젝트 실행과 변경요청의 구현
- 지식의 활용과 생성
- 모니터링 및 통제
- 통합변경통제
- 프로젝트 종료의 의미

제 3장
프로젝트 통합관리

미니 사례

이 부장은 서울반도체의 ERP 시스템 구축 프로젝트에 PM으로 임명되었다. 이전 유사한 프로젝트에서 이 부장은 매우 힘들게 프로젝트를 완료한 경험을 가지고 있다. 당시 프로젝트가 한창 개발이 진행되고 있는 시점에서 사용자들의 요구사항이 추가로 제시되었고 마침 정부의 새로운 규제 법안이 통과되어 이를 반영할 수밖에 없는 상황이 되었다. 여기에다 프로젝트 팀원들이 만들어 내는 산출물의 품질이 기대에 미치지 못하여 다시 작업하는 경우도 많았다. 처음 PM 역할을 맡았던 이 부장은 이러한 요인에 체계적으로 접근하지 못하고 임기 응변식 대응을 통해 겨우 프로젝트를 마무리하였고 결국 이러한 상황은 프로젝트가 성공적으로 평가받지 못하는 데 많은 영향을 끼쳤다. 지난 프로젝트 이후 PMP 자격증을 획득한 이 부장은 이번 서울반도체 프로젝트에서는 이전 프로젝트의 경험을 교훈 삼아 보다 체계적으로 프로젝트를 수행하고자 다짐한다. 여러분이 이 부장이라면 어떤 사항에 중점을 두고 프로젝트를 진행할 것인지 혹은 어떤 계획이 필요할 것인지 논의해 보자.

프로젝트 통합관리 개요

프로젝트 통합관리에는 작업, 자원, 이해관계자 및 산출물을 포함하여 프로젝트의 모든 요소를 조정하는 작업이 포함된다. 통합관리의 목적은 프로세스가 효율적으로 실행되고 사전 정의된 목표를 충족하도록 하는 것이다. 프로젝트에 상충하는 목표가 있거나 일정이 충돌하는 경우 통합관리를 통해 팀이 프로젝트를 완료하고 이해관계자의 기대를 충족할 수 있도록 비용이나 일정을 절충할 수 있다. 따라서 프로젝트 통합관리는 프로젝트의 모든 프로세스와 활동을 조정하기 위한 체계적인 접근 방식이며 프로젝트의 시작부터 종료까지 순조로운 실행을 보장한다.

프로젝트 통합관리는 5개의 프로젝트 관리 프로세스 그룹과 나머지 9개의 지식영역 내에서 다양한 프로세스와 활동을 통합하고 조정하는 데 사용되는 지식영역이다. 이는 보다 구체적으로 7개의 통합관리 프로세스와 나머지 42개의 프로세스 사이에 많은 연결이 있음을 의미한다. 예를 들어, 나머지 9개 지식영역 모두에 대한 모니터링 및 제어 프로세스 그룹은 각 영역과 관련된 변경 요청의 출력을 생성하고 이러한 변경 요청은 통합관리 프로세스인 "통합변경통제 수행"에 입력된다. 다른 예로, 통합관리를 제외한 9개 지식영역 모두에 대한 계획 프로세스 그룹은 각 영역에 대한 관리 계획을 수립하고 이러한 개별 관리 계획은 "프로젝트 관리 계획 수립"에 입력된다.

프로젝트 관리를 학습하는 사람들은 10개의 지식영역 중에서 통합 관리를 먼저 학습할지 (10개 중 첫 번째 지식영역이라는 이유로) 아니면 가장 마지막에 학습해야 하는지(통합관리의 이해가 다른 지식영역의 내용을 이해하는 것에 크게 의존하기 때문에) 궁금 할 수 있다. 본서는 PMBOK에 제시된 순서에 따라 통합관리를 먼저 학습한다.

• 통합 유형 Type of Integration in Project Management

통합관리의 개념과 중요성을 잘 이해하기 위해 프로젝트 관리자가 마스터해야 하는 다양한 유형의 통합에 대해 살펴보자. 프로젝트 관리자는 수평적 통합(horizontal integration)과 수직적 통합(vertical integration), 이 두 가지 관점에서 통합의 개념을 파악하고 있어야 한다. 먼저, 프로젝트 관리자는 팀을 통합하여 프로젝트에서 함께 작업해야 하는데 여기서 통합은 모든 지식영역의 다양한 프로세스를 통합하는 것을 의미한다. 이것을 수평적 통합이라고 한다. 예를 들어, 각 지식영역은 자체 관리계획을 생성한 다음 통합관리 프로세스 중 하나인 "프로젝트 관리계획 수립"에서 모든 것을 포괄하는 프로젝트 관리 계획에 통합된다. 또한 프로젝트 관리자는 프로젝트 스폰서와 협력하여 프로젝트 목표와 결과물이 조직의 프로그램, 포트폴리오 및 비즈니스 운영의 목표와 연계되도록 해야 한다. 이것을 수직적 통합이라고 하며 이를 위해 프로젝트의 전략적 목표와 비즈니스 케이스(business case)에 대한 이해가 선행되어야 한다.

프로젝트 관리자는 인지, 프로세스 및 컨텍스트의 세 가지 수준에서도 통합의 의미를 알아야 한다. 먼저, 인지(cognitive) 수준에서의 통합은 PMI의 재능 삼각형(Talent Triangle)의 통합을 뜻한다. 즉, 프로젝트 관리자는 필요한 모든 역량을 갖추기 위해 프로젝트 관리 지식영역, 비즈니스 관리 스킬 및 리더십 스킬에 능숙해야 하고 이들을 통합적으로 활용할 수 있어야 한다. 두 번째, 프로세스 수준에서의 통합은 모든 지식영역 및 프로세스 그룹의 다양한 프로세스를 통합하는 것이다. 프로젝트 통합관리가 하는 일이 바로 이것이며 이것 때문에 통합관리가 매우 중요하다. 마지막으로 컨텍스트(context) 수준에서의 통합은 수직 통합에서 언급한 바와 같이 프로젝트 컨텍스트와 조직 컨텍스트의 통합을 의미한다. 프로젝트 컨텍스트는 수행 중인 프로젝트의 기반이 되는 전략적 목표와 같으며 조직 컨텍스트는 조직의 다양한 부서나 다른 지역의 사업부들 또는 파트너십 형태로 수행되는 프로젝트에서 여러 조직에 관한 정보 등을 포함한다. 프로젝트 관리자는 프로젝트 컨텍스트와 조직적 컨텍스트에 대해 모두 충분히 이해하고 이를 통합적으로 의사결정에 활용할 수 있어야 한다.

• 프로젝트 통합관리의 중요성

프로젝트란 종종 여러 팀과 조직 프로세스를 포함하면서 역동적이면서도 복잡하다. 이런 프로젝트에서 모든 요소가 최종 목표를 향해 응집력 있게 작동하려면 프로젝트 통합관리가 필요하다. 프로젝트 통합관리의 이점을 살펴보면 다음과 같다. 먼저, 통합관리는 전체 프로젝트에 걸쳐 프로젝트를 조정하고 체계화한다. 통합관리는 프로젝트를 올바른 방향으로 이끌고 모든 프로세스가 동기화 되었는지 확인할 때 사용할 수 있는 안내 매뉴얼과 같다. 프로젝트가 한 단계에서 다음 단계로 이동함에 따라 통합관리는 다음 단계가 원활하게 진행될 수 있도록 산출물이 제대로 되었는지 확인한다. 두 번째, 통합관리를 통해 모든 이해관계자와 팀 구성원은 자신의 역할과 책임을 명확하게 이해하게 된다. 프로젝트를 부지런히 모니터링하면 혼란이나 문제가 있는 경우 팀이나 이해관계자의 질문에 답할 수 있다. 세 번째, 통합관리는 프로젝트를 순조롭게 진행시켜 일정과 예산을 맞출 수 있도록 한다. 또한 프로젝트를 프로젝트 관리 계획과 계속 연계시켜서 약속된 결과나 수익을 얻도록 한다. 통합관리는 갈등이나 변경 사항을 해결하는 동시에 전체 프로젝트에 미치는 영향을 최소화하는 데 도움이 된다. 네 번째, 통합관리는 이해관계자와의 원활한 의사소통을 유지시킨다. 통합관리를 통해 이해관계자가 프로젝트 진행 상황을 최신 상태로 유지할 수 있고 승인 여부와 관계없이 프로젝트 변경 사항과 관련하여 이해관계자와 의사 소통하는 시스템을 만들 수 있다. 또한 프로젝트 종료 후 최종 회의를 열어 마무리 짓는 활동의 중요성도 강조한다. 마지막으로 통합관리는 의사결정을 보다 명확하게 하도록 도와준다. 통합관리의 각 프로세스에는 목적과 결과가 정의되어 있다. 모든 프로세스를 거치면 각 프로젝트 단계에 대한 최선의 조치에 대해 더 깊은 통찰력을 얻을 수 있다. 프로젝트 문서를 철저하게 작성하면 계획 이면의 이유를 명확하게 소통할 수도 있다. 전반적으로 프로젝트 통합관리는 프로젝트 팀, 프로젝트 관리자, 이해관계자 등 프로젝트에 관련된 모든 사람에게 혜택을 준다.

프로젝트 통합관리 프로세스

프로젝트 통합관리는 프로젝트 수명주기에 걸쳐 모든 다른 지식영역을 조정하고 프로젝트의 성공적인 완료를 위해 모든 프로젝트 요소가 적시에 함께 제공될 수 있도록 하는데 다음과 같은 7개의 작업들로 구성되어 있다.

- 프로젝트 헌장 작성 (Develop Project Charter)
- 프로젝트 관리 계획수립 (Develop Project Management Plan)
- 프로젝트 작업 지시 및 관리 (Direct and Manage Project Work)
- 프로젝트 지식관리 (Manage Project Knowledge)
- 프로젝트 작업 모니터링 및 통제 (Monitor and Control Project Work)
- 통합변경통제 수행 (Perform Integrated Change Control)
- 프로젝트 또는 단계 종료 (Close Project or Phase)

프로젝트 헌장 작성은 이해관계자와 함께 프로젝트를 공식적으로 승인하는 문서를 만든다. 프로젝트 관리 계획수립은 다른 지식영역에서 생성된 모든 개별 프로젝트 관리 계획의 구성 요소를 조정하고 전체 프로젝트 관리 계획에 통합한다. 프로젝트 작업 지시 및 관리는 프로젝트 관리계획에 정의된 모든 작업을 수행하고 프로젝트 목표를 달성하기 위해 승인된 변경 사항을 해당 계획에 반영한다. 프로젝트 지식 관리는 프로젝트의 목표를 달성하고 조직 학습에 기여하기 위해 기존 지식을 사용하고 새로운 지식을 생성한다. 프로젝트 작업 모니터링 및 통제는 프로젝트 관리 계획에 정의된 성과 목표를 달성하기 위해 전반적인 진행 상황을 추적, 검토 및 보고한다. 통합변경통제 수행은 모든 변경 요청을 검토하고, 산출물 또는 프로젝트 관리 계획에 대한 변경을 승인 및 관리한다. 마지막으로 프로젝트 또는 단계의 종료는 산출물의 완료나 프로젝트에 사용된 자원 또는 프로젝트 문서화와 관련된 프로젝트의 모든 활동을 마무리한다.

이들 7개 프로세스를 프로젝트 관리 프로세스 그룹의 관점에서 살펴보면 표 3-1과 같이 프로젝트 헌장 작성은 착수 프로세스 그룹에 속하며 두 번째 프로젝트 관리 계획수립은 계획 프로세스 그룹에 속한다. 세 번째와 네 번째 프로세스는 실행 프로세스 그룹에 속하고 그 다음 2개 프로세스인 다섯 번째와 여섯 번째는 모니터링 및 통제 프로세스 그룹에 속한다. 마지막 한 개 프로세스는 종료 프로세스 그룹에 속한다. 이처럼 통합관리 프로세스들은 5개 프로젝트 관리 프로세스 그룹에 골고루 속해 있으며 이런 분포는 10개의 지식영역 중 통합관리가 유일하다.

[표 3-1] 프로젝트 관리 프로세스 그룹과 통합관리 맵핑

지식영역	착수 프로세스 그룹	계획 프로세스 그룹	실행 프로세스 그룹	모니터링 및 통제 프로세스 그룹	종료 프로세스 그룹
통합관리	프로젝트 헌장 작성	프로젝트 관리 계획수립	프로젝트 작업 지시 및 관리 프로젝트 지식관리	프로젝트 작업 모니터링 및 통제 통합변경통제 수행	프로젝트 또는 단계 종료

다음 그림 3-1은 프로젝트 통합관리의 인풋, 도구와 기법, 아웃풋을 보여준다.

A1 프로젝트 헌장 작성 Develop Project Charter

조직에서 진행할 프로젝트를 결정하면 프로젝트의 성공을 위해 이러한 사실을 조직 구성원들에 알리는 것이 중요하다. 프로젝트 헌장의 목적은 바로 프로젝트의 존재를 공식적으

[그림 3-1] 프로젝트 통합관리 개요

Project Integration Management

Develop Project Charter

Inputs
-Business Documents
-Agreements
-Enterprise Environmental Factors
-Organizational Process Assets

Tools & Techniques
-Expert Judgment
-Data Gathering
-Interpersonal and Team Skills
-Meetings

Outputs
-Project Charter
-Assumption Log

Develop Project Management Plan

Inputs
-Project Charter
-Outputs from Other Processes
-Enterprise Environmental Factors
-Organizational Process Assets

Tools & Techniques
-Expert Judgment
-Data Gathering
-Interpersonal and Team Skills
-Meetings

Outputs
-Project Management Plan

Direct and Manage Project Work

Inputs
-Project Management Plan
-Project Documents
-Approved Change Requests
-Enterprise Environmental Factors
-Organizational Process Assets

Tools & Techniques
-Expert Judgment
-Project Management Information System
-Meetings

Outputs
-Deliverables
-Work Performance Data
-Issue Log
-Change Requests
-Project Management Plan Updates
-Project Documents Updates
-Organizational Process Assets Updates

Manage Project Knowledge

Inputs
-Project Management Plan
-Project Documents
-Deliverables
-Enterprise Environmental Factors
-Organizational -Process Assets

Tools & Techniques
-Expert Judgment
-Knowledge Management
-Information Management
-Interpersonal and Team Skills

Outputs
-Lessons Learned Register
-Project Management Plan Updates
-Organizational Process Assets Updates

Monitor and Control Project Work

Inputs
-Project Management Plan
-Project Documents
-Work Performance Information
-Agreements
-Enterprise Environmental Factors
-Organizational Process Assets

Tools & Techniques
-Expert Judgment
-Data Analysis
-Decision Making
-Meetings

Outputs
-Work Performance Reports
-Change Requests
-Project Management Plan Updates
-Project Documents Updates

Perform Integrated Change Control

Inputs
-Project Management Plan
-Project Documents
-Work Performance Reports
-Change Requests
-Enterprise Environmental Factors
-Organizational Process Assets

Tools & Techniques
-Expert Judgment
-Change Control Tools
-Data Analysis
-Decision Making
-Meetings

Outputs
-Approved Change Requests
-Project Management Plan Updates
-Project Documents Updates

Close Project or Phase

Inputs
-Project Charter
-Project Management Plan
-Project Documents
-Accepted Deliverables
-Business Documents
-Agreements
-Procurement Documentation
-Organizational Process Assets

Tools & Techniques
-Expert Judgment
-Data Analysis
-Meetings

Outputs
-Project Documents Updates
-Final Product, Service, or Result Transition
-Final Report
-Organizational Process Assets Updates

로 승인하고 프로젝트 관리자에게 프로젝트 활동에 필요한 자원을 사용할 수 있는 권한을 제공하는 것이다. 프로젝트 헌장은 프로젝트의 범위와 목표를 설명하고 참가자의 역할과 책임을 정의한다. 또한 주요 이해관계자를 식별하고 프로젝트 관리자의 권한을 정의한다. 프로젝트 헌장은 프로젝트 스폰서가 서명하며 일반적으로 스폰서도 작성에 참여한다. 어떤 경우에는 프로젝트 헌장이 생성된 후 프로젝트 관리자가 합류하지만 PMI는 프로젝트 헌장이 작성되는 동안 프로젝트 스폰서가 프로젝트 관리자를 참여시키는 것을 권장한다. 프로젝트 헌장 작성은 프로젝트를 조직의 전략적 목표와 연결시키는 이점이 있다. 그 외 프로젝트에 대한 공식적인 기록을 생성하거나 프로젝트에 대한 조직의 자원 투입 의지를 보여주는 것과 같은 이점도 있다.

프로젝트 헌장 자체는 계약이 아니다. 프로젝트 헌장은 계약에 따른 적절한 산출물의 완성을 보장하기 위한 조직의 내부 합의이다. 프로젝트 관리자는 프로젝트 헌장을 주의 깊게 읽어봐야 한다. 프로젝트 헌장에는 프로젝트 관리자가 향후 프로젝트에서 접하게 될 거의 모든 지식영역에 대한 상위 수준에서의 정보가 포함되어 있기 때문이다. 또한 비즈니스 문서는 프로젝트가 생겨난 큰 맥락을 보여줄 것이며 프로젝트 관리자가 이를 잘 이해하면 프로젝트가 생성할 결과물 뿐만 아니라 애초에 프로젝트가 추진되는 이유도 잘 파악할 수 있을 것이다.

• 인풋 Input

프로젝트 헌장 작성 프로세스에 필요한 인풋은 비즈니스 문서(business documents), 계약(agreement), 기업 환경 요인(enterprise environment factors), 조직 프로세스 자산(organizational process assets) 등 4가지이다. 먼저, 첫 번째 인풋인 비즈니스 문서는 프로젝트 외부에서 생성된 문서를 의미한다. 프로젝트 관리자는 이를 사용하지만 업데이트하지는 않는다. 비즈니스 문서에는 비즈니스 케이스와 편익관리 계획 두 가지가 있다. 비즈니스 케이스(business case)는 한동안 사용되어 온 문서이지만 편익관리 계획(benefits management plan)은 PMBOK가 비즈니스 케이스와 함께 사용할 것을 제안하는 새로운 문서이다. 비즈니스 케이스는 프로젝트에 의해 비즈니스 가치 또는 이익이 어떻게 창출되는지 보여주지만 편익관리 계획은 프로젝트에서 생성된 혜택이 조직에서 어떻게 유지되는지 보여준다. 편익관리 계획은 목표 편익, 전략적 연계, 편익실현 기간, 편익 소유자 등의 토픽을 포함하여 프로젝트 예상 편익이 언제 어떻게 제공되는지 또 어떻게 관리되는지 설명한다.

비즈니스 케이스는 세 가지 요소를 결합한 문서이다. 첫 번째 요소는 프로젝트가 제공할 제품, 서비스 또는 결과물에 대한 설명이다. 작업 명세(statement of work)라고도 하는데 프로젝트의 씨앗으로 보면 된다. 모든 종자에는 발아하여 결실을 맺게 되면 어떻게 될 것인지에 대한 유전적 청사진이 들어 있다. 마찬가지로 작업 명세서에는 프로젝트가 결실을 맺으면 무엇을 만들어 낼 것인지에 대한 개념적 청사진이 포함되어 있다. 두 번째 요소는 프로젝트의 수혜자 관점에서 프로젝트가 진행되는 이유이다. 이것은 비즈니스 니즈(business needs)이며 프로젝트는 시장 요구, 조직 요구, 고객 요구, 기술 발전, 법적 요구사항, 생태학적 영향 또는 사회적 요구에 대한 응답으로 수행될 수 있다. 세 번째 요소는 프로젝트를 수행하는 조직의 관점에서 프로젝트가 진행되는 이유이다. 이는 회사의 전략적 목표를 의미한다. 한편 비즈니스 니즈와 비즈니스 케이스는 구분되어야 한다. 비즈니스 니즈는 프로젝트가 수행되는 이유이다. 반면 비즈니스 케이스는 제품 범위에 대한 설명(작업 명세서 라고도 함), 비즈니스 니즈 및 조직의 전략 계획이 결합된 문서이다.

비즈니스 케이스에는 비용 편익 분석(cost-benefit analysis)이 포함될 수도 있다. 이 분석은 프로젝트가 비용대비 어느 정도의 편익을 달성할 것으로 기대 되는지를 보여준다. 이러한 분석이 중요한 이유는 어떤 프로젝트가 선택 시점에서 다른 프로젝트보다 비용대비 편익이 더 높아 선택되었지만 프로젝트 실행 중에 비용 초과가 많이 발생하여 비용편익 비율이 낮아지면 다른 프로젝드에 비해 부적절한 선택인 것이 되며 이로 인해 프로젝트가 중단될 수도 있기 때문이다.

비즈니스 케이스는 프로젝트 문서가 아니라 비즈니스 문서이며 비즈니스 분석가가 작성하는 경우가 많다. 최근 프로젝트 관리의 추세 중 하나는 프로젝트 관리자가 비즈니스 케이스 작성을 돕는 것과 같이 비즈니스 분석가가 일반적으로 수행하는 작업에 프로젝트 관리자를 참여시키는 것이다. 다른 비즈니스 문서인 편익관리 계획서도 마찬가지이다.

두 번째 인풋인 계약은 판매자가 지정된 제품, 서비스 또는 결과(작업 명세서에 명시됨)를 제공하도록 의무화하고 상호 구속력이 있는 문서이다. 참고로 여기서 계약은 agreement 라는 용어가 사용되는데 이는 법적 계약(legal contract)을 의미하는 PMI 용어이다. 이 인풋은 선택 사항으로 다른 조직을 위한 프로젝트를 수행할 때 필요한 인풋이다. 즉, 프로젝트가 외부 고객에 대해 수행되는 경우에만 존재하고 프로젝트가 조직 자체를 위해 수행되는 경우 작업 명세서는 일반적으로 비즈니스 케이스에서 별도로 제공된다. 계약서에는 조달 작업 명세서(프로젝트에서 생성해야 하는 제품, 서비스 또는 결과에 대한 서술적 설명), 시간 제약(일정 마감일), 가격 및 지불 조건, 변경요청 처리 절차, 검사나 품질 및 승인 기준 등과 같은 구성 요소가 포함된다.

마지막 두 인풋은 일반적인 입력물이다. 일반적이라고 부르는 이유는 많은 다른 프로젝트 관리 프로세스들도 이들 인풋에 의해 영향을 받거나 형성되기 때문이다. 기업 환경 요인은 프로젝트 팀의 통제 하에 있지 않고 프로젝트에 영향을 미치거나 제한하거나 지시하는 조건이다. 이는 조직 내부(예: 조직 문화)일 수도 있고 조직 외부(예: 법적 제한)일 수도 있다. 흔히 프로젝트에 영향을 줄 수 있는 것으로 특정 범주의 이벤트나 사람이 있다. 프로젝트에 영향을 줄 수 있는 이벤트를 위험(risk)이라고 하며, 이를 식별하고 분류하고 대응하는 것에 관한 지식영역이 따로 있다. 또한 프로젝트에 영향을 줄 수 있는 사람들을 이해관계자라고 하며, 이들을 식별하고 참여 전략을 수립한 다음 실행하는 데 중점을 둔 지식영역도 있다. 기업 환경 요인은 프로젝트에 영향을 줄 수 있는 조건으로 위험이나 사람보다 더 모호하다. 위험이나 사람은 통제될 수 있지만 기업 환경 요인은 프로젝트 팀의 통제를 벗어난다. 따라서 프로젝트 관리자는 프로젝트에 영향을 미칠 수 있는 기업 환경 요인을 인식하는 것이 중요하다. 내부 요인에는 조직문화, 소프트웨어, 인프라 등이 포함되며 외부 요인으로는 사회적 및 문화적 영향, 법적 제한, 물리적 환경 등이 있다.

조직 프로세스 자산은 수행 조직에 고유하고 조직이 사용하는 계획, 프로세스, 정책, 절차 및 지식 기반이다. 기업 환경 요인은 조직 내부와 외부의 두 가지 범주로 나눌 수 있지만 조직 프로세스 자산은 조직 내부에 관한 것이다. 이것은 프로젝트, 프로그램, 포트폴리오, 문서 또는 해당 조직의 기타 기록에서 가져올 수 있다. 기록이란 조직에 특화된 것이므로 조직이 프로젝트에 더 많이 참여할수록 조직 프로세스 자산에 대해 더 많은 통찰력을 얻을 수 있다. 따라서 조직 프로세스 자산은 조직의 아카이브 또는 저장소 역할을 할 수 있는 것이다. 조직 프로세스 자산에는 프로젝트 관리를 용이하게 하는 데 필요한 조직의 모든 정보가 포함된다. 포함된 정보의 예로는 템플릿, 평가 도구, 계약, 정책, 지침 및 보고서가 있다. 이들은 프로젝트의 성격과 기간에 관계없이 사업 계획을 수립하는 동안 기본이 되며 프로젝트 관리를 크게 향상시킬 수 있다. 조직 프로세스 자산은 유연하다. 즉, 프로젝트를 실행하는 동안 조직 프로세스 자산을 지속적으로 업데이트할 수 있다. 이전 프로젝트에 대한 기존 문서를 참조하면 프로젝트 관리 프로세스가 쉬워지고 프로젝트의 성공 가능성이 높아진다. 특히 조직에서 수행한 이전 프로젝트와 매우 유사한 새 프로젝트를 시작할 때 문서를 참조하면 관리가 원활 해진다. 필요한 자산을 검색하지 못하면 프로젝트의 속도가 느려 질 수 있다. 설상가상으로 팀원들은 프로젝트 진행 과정에서 예상치 못한 장애물에 어려움을 겪을 수도 있다.

조직 프로세스 자산은 세 가지로 분류할 수 있다. 첫 번째는 프로세스, 정책 및 절차(processes, policies, and procedures)로 조직 프로세스 자산의 가장 기본적인 것이다. 이 범주에 속하는 예는 다음과 같다.

- 지침 및 기준: 해당 조직에서 운영되는 절차 및 프로세스에 대해 조직이 설정한 표준
- 정책: 조직 내에서 시행하는 정책들. 예를 들어 인적 자원 정책, 안전 정책, 보안 정책, 품질 정책, 감사 정책 등
- 절차: 프로젝트 승인에 필요한 모든 절차. 예를 들어, 프로젝트의 요구 사항을 충족하는 데 필요한 절차
- 템플릿: 조직 내에서 수행되는 모든 프로세스 및 수행에 대한 견본 문서
- 프로젝트 종료 요구사항: 교훈 및 회고 세션 측면에서 과거 프로젝트 및 제품의 요구사항 및 지침. 다른 예로는 감사 문서, 평가, 검증, 지식 이전, 수락 기준 등이 있음

두 번째는 기업 지식베이스(corporate knowledge base)이다. 지식에는 형식지(explicit knowledge)와 암묵지(implicit knowledge), 이 두 가지가 있다. 형식지는 단어, 그림, 숫자 등으로 해독될 수 있는 정보를 말하며 암묵지는 신념, 경험, 통찰력 등과 같이 표현할 수 없거나 주관적인 개인 지식이다. 비즈니스 분석에서 기업 지식베이스 또는 저장소에 저장된 대부분의 정보는 형식지이다. 그것들은 분석된 다음 해당 조직 내에 적절하게 저장된다. 프로젝트 관리자나 팀원들은 비즈니스 분석을 수행할 때 필요한 지식을 얻기 위해 기업 지식베이스에 의존한다. 지식베이스는 비즈니스 관행, 문제점, 방법론 등과 같은 제품에 대한 모든 필요한 정보를 검색하는 연구 센터 역할을 한다. 아주 간단히 말하면 기업 지식베이스는 해당 조직 내에서만 사용되는 내부 FAQ(frequently asked questions, 자주 묻는 질문)와 같다. 조직에서 구축할 수 있는 기업 지식베이스의 예로 비즈니스 지식, 형상관리 지식, 과거 프로젝트 지식, 문제 및 결함 관리 데이터 등이 있다. 이들 지식은 조직의 필수 자산이므로 적절한 관리가 이루어져야 한다.

마지막으로 세 번째는 팀 및 주제 전문가(subject matter expert) 지식이다. 조직에서 제품과 관련된 모든 정보가 완전히 또는 공식적으로 문서화되는 경우는 거의 없다. 일부 정보는 의도적이든 아니든 생략될 수 있다. 그러나 문서만이 조직의 유일한 자산 형태는 아니며 필요한 경우 비즈니스 분석을 수행할 때 주제 전문가와 상담할 수도 있다. 주제 전문가는 특정 주제 또는 영역에 대한 높은 전문성과 지식을 가진 사람을 말한다. 비즈니스 분석을 할 때 주제 전문가로부터 귀중한 통찰력을 많이 얻을 수 있으며 작업하고 있는

프로젝트에 관한 정보와 기대치를 제공받을 수 있다. 주제 전문가 그룹은 고위 직원, 개발 팀의 오랜 구성원 또는 관련 주제에 대한 고급 자격을 갖춘 사람으로 구성될 수 있다. 주제 전문가를 비즈니스 분석가와 혼동해서는 안된다. 둘 다 비슷한 작업을 담당하는 것처럼 보일 수 있지만 그렇지 않다. 비즈니스 분석가는 프로세스의 처음부터 끝까지 프로젝트 산출물을 담당하는 사람으로 범위 평가, 위험 평가, 비즈니스 케이스, 문서화 등 프로젝트의 더 넓은 범위에서 일한다. 조직의 변화와 관련된 모든 작업, 부서의 업무 그리고 프로세스가 기능하는 방법 등은 주제 전문가의 책임에 속한다. 이는 부서에 대한 내부 프로세스와 운영에 대한 지식을 가장 밑에서부터 습득해 왔기 때문이다. 주제 전문가는 대부분의 경우 초보자 수준에서 시작한 다음 점차적으로 수준을 높여 팀이 어떻게 작동하는지, 프로세스는 어떻게 작동하는지, 조직의 프로젝트를 향상시키거나 방해할 수 있는 요소는 무엇인지 완전히 이해할 수 있게 된다. 그들은 회사의 주요 두뇌이자 조직의 중요한 자산이다. 따라서 프로젝트에 관해 자주 그들을 참여시키고 상담을 요청하는 것이 좋다. 이렇게 하면 프로세스에서 구현할 귀중한 통찰력을 얻는 것 외에도 성공을 극대화하고 프로젝트의 흐름을 원활하게 할 수 있다. 결론적으로 자산은 다양한 형태로 나타날 수 있다. 서면 양식뿐만 아니라 조직내 한 사람 자체가 프로젝트에 대한 좋은 지식을 제공하는 귀중한 자산이다. 프로젝트 관리자나 팀 구성원은 통찰력을 얻기 위해 최대한 많은 플랫폼을 만드는 데 창의적이어야 한다. 이렇게 하면 제품을 더욱 개선하고 성공을 보장하는 데 필요한 만큼의 정보를 제공받을 수 있다.

• 아웃풋 Output

프로젝트 헌장 작성 프로세스의 아웃풋은 당연히 프로젝트 헌장(project charter)이다. 그렇다면 프로젝트 헌장에는 어떤 내용이 들어가야 할까? 프로젝트 헌장의 주요 목적은 프로젝트 스폰서가 프로젝트 관리자에게 프로젝트를 수행하기 위해 조직의 자원을 사용할 수 있는 권한을 부여하는 것이다. 그러나 또 다른 목적은 프로젝트 관리자가 계획 단계에 들어갈 때 프로젝트에 대한 상위 레벨의 정보를 최대한 많이 가지고 프로젝트에 들어가는 것이다. 이를 위해 프로젝트 헌장은 다음 세 가지 사항을 정의해야 한다. 먼저, 프로젝트의 본질에 관한 것으로 프로젝트의 목적(goal)과 목표(objective)가 무엇인지 이들을 어떻게 달성할 계획인지 기술해야 한다. 두 번째는 프로젝트가 존재하는 이유로서 프로젝트의 가치 및 추진 이유를 프로젝트 관리자와 팀원, 이해관계자, 스폰서 등에 이르기까지 모든 사람들이 공유할 수 있도록 설명해야 한다. 세 번째는 프로젝트에의 동의 여부로서 프로젝트 스폰서, 주요 이해관계자 및 프로젝트 팀 간의 계약 역할을 해야 한다. 프로젝트에 관련된 각 당사자의 책임을 기록함으로써 모든 사람이 자신의 의무가 무엇인지 명확하게 알 수 있다.

프로젝트 헌장에 들어갈 내용을 구체적으로 설명하면 다음과 같다.

- 프로젝트 정보: 프로젝트명, 설명, 프로젝트 스폰서, 프로젝트 관리자, 팀 구성원 및 이해관계자와 같은 프로젝트의 일반 정보가 포함된다.
- 프로젝트 팀 역할 및 책임: 프로젝트 참여 인원들의 역할과 책임이 기술되며 주요 이해관계자를 식별한다.
- 프로젝트 목적과 목표: 프로젝트 목적은 프로젝트가 생성해야 하는 상위 수준의 이점(나아가야 할 방향)이고 프로젝트 목표는 목적을 완료하는 데 필요한 특정 이정표 또는 단계(목적을 이루기 위해 팀이 해야 할 일)이다.
- 프로젝트의 혜택 혹은 수행하는 이유: 프로젝트가 충족할 비즈니스 요구사항과 프로젝트 이해관계자를 위한 예상되는 재정적 이점 및 투자 수익을 설명하고 프로젝트의 이점을 나열한다.
- 프로젝트 범위: 주요 프로젝트 결과물 및 이정표를 간략하게 설명한다.
- 프로젝트 타임라인: 프로젝트 타임라인은 프로젝트 일정의 단순화된 버전이다. 이해관계자가 큰 그림을 이해할 수 있도록 주요 결과물, 이정표 및 프로젝트 단계가 표시되어야 한다.
- 프로젝트 예산: 예상되는 프로젝트 비용에 대한 실질적인 수치와 프로젝트에 대한 예산과 지출 권한을 가질 사람을 정의한다.
- 주요 가정 및 제약 사항: 프로젝트 계획의 개발 또는 실행에 영향을 미칠 수 있는 모든 가정 또는 제약 조건을 기록한다.
- 주요 프로젝트 위험: 프로젝트에서 발생할 수 있는 모든 잠재적 위험을 식별한다.
- 프로젝트 요구사항 및 성공 기준: 프로젝트 팀과 이해관계자는 성공 기준을 공유해야 한다.

프로젝트 헌장에 들어가야 할 항목들을 10가지 지식영역으로 나누어 보면 다음과 같다.

- 통합: 프로젝트 목적, 프로젝트 승인 요구 사항, 프로젝트 후원자의 이름 및 권한, 할당된 프로젝트 관리자

- 범위: 측정 가능한 프로젝트 목표
- 일정: 요약 마일스톤 일정
- 비용: 사전 승인된 재정 자원
- 품질: 높은 수준의 요구사항, 프로젝트 성공/종료 기준
- 자원: 프로젝트 관리자의 책임 및 권한 수준
- 의사소통: 이해관계자 참조
- 위험: 전체 프로젝트 위험
- 조달: 프로젝트가 외부인 경우에만 선택 사항
- 이해관계자: 주요 이해관계자 목록

보다시피 대부분의 지식영역에는 프로젝트 헌장의 내용들이 포함된다. 참고로 인풋에서 설명했지만 프로젝트 헌장에 포함될 정보의 대부분은 비즈니스 케이스의 각 항목에서 찾을 수 있다. 그리고 프로젝트 헌장에 필요한 정보의 대부분이 주요 이해관계자로부터 나올 것이기 때문에 착수 프로세스 그룹에 포함된 다른 프로세스 중 하나가 바로 이해관계자 식별 프로세스이다.

프로젝트 헌장 작성 프로세스에서 상위 레벨의 전략적 및 운영적 가정과 제약을 나열하는 가정 로그(assumption log)를 별도의 다른 아웃풋으로 두기도 한다. 이것들이 별도의 로그에 기록되는 이유는 이러한 가정이 여전히 사실인지 확인하기 위해 프로젝트 동안 모니터링 및 제어 프로세스 그룹에서 주기적으로 재검토되어야 하기 때문이다. 어떤 이유에서든 가정 로그에 나열된 조건이 변경되면 프로젝트에 직접적인 영향을 줄 수 있으므로 즉시 주의를 기울여야 한다.

PMBOK에 명시적으로 포함하지 않았지만 그럼에도 불구하고 프로젝트 헌장에 포함될 수 있는 중요한 항목으로 제외(exclusions) 사항이 있다. 이것은 프로젝트 목표에 대한 일반적인 설명을 제공하는 것 외에 불필요한 변경을 방지하는 좋은 도구로서 프로젝트 스폰서가 프로젝트가 생성할 제품, 서비스 또는 결과에서 명시적으로 제외하기를 원하는 목표를 나열하는 것이다. 주요 이해관계자가 이러한 제외된 목표 중 하나를 제안하면 프로젝트 관리자는 프로젝트 헌장의 제외 리스트 덕분에 그 제안을 거부할 수 있는 추가 권한을 갖게 된다.

프로젝트 관리자가 프로젝트 헌장을 손에 넣으면 바로 프로젝트를 실행하는 것은 아니다. 당연히 프로젝트 관리 계획을 수립해야 하며 이것이 프로젝트 통합관리의 두 번째 프로세스이다.

• 도구와 기법 Tools and Techniques

비즈니스 케이스를 통해 프로젝트 헌장에 필요한 여러 정보를 얻겠지만 나머지 정보를 얻기 위해 전문가 판단(expert judgment), 데이터 수집(data gathering), 대인관계 및 팀 스킬(interpersonal and team skills), 회의(meetings) 등의 도구와 기법이 필요하다. 먼저 전문가 판단은 특정 영역의 스킬, 전문성 또는 특화 지식을 기반으로 판단을 내리는 기법이다. 전문 지식은 개인의 훈련 또는 교육 배경, 경력, 경험 또는 제품이나 시장에 대한 지식을 기반으로 한다. 이러한 전문 지식은 프로젝트 팀의 구성원, 프로젝트 이해관계자, 컨설턴트, 주제 전문가, 프로젝트 관리자 등으로부터 얻을 수 있다. 전문가 판단을 통해 프로젝트와 연계되는 조직 전략, 업계의 기술 지식, 편익 관리, 기간 및 예산 추정, 위험 식별 등에 관한 정보를 얻을 수 있다.

두 번째, 데이터 수집은 일반적으로 다양한 출처로부터 데이터와 정보를 수집하고 의사결정 또는 분석에 사용할 수 있는 기법이다. 브레인스토밍, 포커스 그룹, 인터뷰 등이 여기에 해당한다. 브레인스토밍(brainstorming)은 짧은 시간 내에 아이디어 목록을 생성하거나 식별하는 데 사용되기도 하고 생성된 아이디어를 유용한 정보로 전환하기 위해서도 활용될 수 있다. 그룹 환경에서 매우 적합하며 일반적으로 훈련된 진행자가 진행한다. 포커스 그룹(focus group)은 사전 자격을 갖춘 이해관계자와 주제 전문가를 모아 제안된 제품, 서비스 또는 결과물에 대한 이들의 기대와 태도에 대해 알아본다. 훈련된 중재자가 일대일 인터뷰보다 더 대화형으로 설계된 상호 토론을 통해 포커스 그룹을 인도한다. 인터뷰(interview) 이해관계자와 직접 대화하여 정보를 끌어내기 위한 공식 또는 비공식 접근 방식이다. 일반적으로 준비된 질문과 즉흥적인 질문을 섞어서 하고 응답을 녹음한다. 인터뷰는 종종 인터뷰하는 사람과 인터뷰 대상자 간에 개별적으로 수행되지만 양쪽 다 여러 명이 포함될 수도 있다. 경험 많은 프로젝트 참가자, 스폰서, 기타 경영진 및 주제 전문가를 인터뷰하면 원하는 결과물의 특징과 기능을 식별하고 정의하는 데 도움이 될 수 있다.

세 번째, 대인관계 및 팀 스킬은 프로젝트에서 이해관계자와 효과적으로 상호 작용하기 위해 사용하는 기법이다. 다른 사람들과 관계를 구축하고 그 관계를 유지하는 능력은 프로젝트 성공의 열쇠이다. 대인관계 및 팀 스킬에는 갈등관리, 진행, 적극적인 경청, 리더십, 영향, 협상, 동기부여, 팀빌딩, 감성지능 등이 포함된다. 갈등관리(conflict management)의 경우, 성공 기준, 상위 수준 요구사항, 프로젝트 설명 및 기타 사항에 대해 이해관계자를 조정하는 데 사용할 수 있다. 진행(facilitation)은 의사결정이나 결론을 효과적으로 이끌어내는데 도움이 되는데 회의 진행, 포커스 그룹 진행, 요구사항 수집 세션 진행 등 다양하게 사용될 수 있다. 특히 주요 이해관계자를 회의에 초대하고 의제를 준비한 다음 후속 회의록 및 작업 항목을 보내는 등 회의관리에도 매우 중요하다. 다른 대인관계 및 팀 스킬과 관련한 기법들은 의사소통 관리에서 자세히 설명한다.

마지막으로 회의는 정보를 배포하고 팀 및 이해관계자와 의사 소통하는 효과적인 방법이다. 프로젝트에서 회의의 종류와 유형은 다양하지만 관련되는 모든 사람이 문제를 논의하고 제안을 하고 그 제안을 승인 또는 거부함으로써 그룹 의사결정을 만들어내는 목표를 가지는 것은 동일하다. 앞에서 논의한 4가지 기법들은 모두 서로 함께 사용되므로 초기 단계에서 데이터 수집 기법과 전문가 판단을 사용하고 여기서 얻은 자료와 정보들에 대해 대인관계 및 팀 스킬을 사용하여 효율적인 회의를 하면서 필요한 결과물을 얻는다.

A2 프로젝트 관리 계획수립 Develop Project Management Plan

통합관리 프로세스 중 첫 번째 프로세스인 프로젝트 헌장 작성은 착수 프로세스 그룹에 속하지만 두 번째 프로세스인 프로젝트 관리 계획수립은 계획 프로세스 그룹에 속한다. 프로젝트 관리 계획수립은 프로젝트의 전반적인 요구사항 및 목표를 충족시키기 위해 프로젝트 실행을 지시하는 데 사용되는 상세한 계획을 만드는 프로세스이다. 이는 모든 보조 계획을 정의, 준비 및 조정하고 이를 종합적인 프로젝트 관리 계획에 통합한다. 따라서 프로젝트 관리 계획은 모든 프로젝트 작업의 기본을 정의하는 가장 중심이 되는 문서이다.

• 인풋 Input

본 프로세스에 대한 인풋은 프로젝트 헌장, 다른 프로세스의 아웃풋(outputs from other processes), 기업 환경 요인, 조직 프로세스 자산 등 4가지이다. 먼저, 첫 번째 인풋인 프로젝트 헌장은 앞선 프로세스인 프로젝트 헌장 작성의 아웃풋이다.

두 번째 인풋인 다른 프로세스의 아웃풋은 본질적으로 PMI가 보조 관리 계획(subsidiary management plan)이라고 부르는 다른 9개 지식영역의 관리 계획 프로세스의 모든 아웃풋들이다. 따라서 본 프로세스는 작업해야 할 첫 번째 계획 프로세스 중 하나가 아니라 다른 모든 계획 프로세스의 결과를 함께 묶기 때문에 마지막 프로세스 중 하나이다.

세 번째, 이 프로세스에 영향을 줄 수 있는 기업 환경 요인은 정부 또는 산업 표준(예: 제품 표준, 품질 표준, 안전 표준 및 제작 표준), 법률 및 규제 요구사항 및 제약사항, 프로젝트 관리 지식체계, 조직 구조, 문화, 관리 관행 및 지속 가능성, 조직 거버넌스 프레임워크(조직의 전략 및 운영 목표를 달성하기 위해 사람, 정책 및 프로세스를 통해 통제와 지시, 그리고 조정하는 구조적 방법), 기존 시설 및 자본 장비와 같은 기반 시설 등이 포함된다.

네 번째, 프로젝트 관리 계획수립 프로세스에 영향을 줄 수 있는 조직 프로세스 자산은 조직의 표준 정책이나 프로세스 혹은 절차, 프로젝트 관리 계획 템플릿, 공식적인 조직의 표준, 정책, 계획, 절차 및 프로젝트 문서를 수정하는 단계와 변경 사항을 승인하고 검증하는 방법 등을 포함한 변경 통제 절차, 모니터링 및 보고 방법, 위험관리 절차 및 의사소통 요구사항, 이전 유사 프로젝트의 프로젝트 정보(예: 범위, 비용, 일정 및 성과 측정 기준선, 프로젝트 일정, 프로젝트 일정 네트워크 다이어그램, 위험 등록부), 역사적 정보 및 교훈 저장소 등을 포함한다.

• 아웃풋 Output

프로젝트 관리 계획수립 프로세스의 아웃풋은 당연히 프로젝트 관리 계획이다. 이것은 프로젝트가 어떻게 실행되고 모니터링 되며 통제되는지를 설명하는 문서이다. 여기에는 총 18개의 관리계획 구성요소와 33개의 프로젝트 문서가 있다. 먼저 관리계획 구성요소들을 살펴보면 보조 관리 계획, 추가 관리 계획, 기준선, 추가 구성요소로 나눌 수 있다.

보조 관리 계획은 다른 9개 지식영역 모두에 대한 관리 계획들로써 범위관리 계획, 일정관리 계획, 비용관리 계획, 품질관리 계획, 자원관리 계획, 의사소통관리 계획, 위험관리 계획, 조달관리 계획, 이해관계자 참여 계획 등이다. 보충 관리 계획(supplemental management plan)에는 요구사항관리(requirements management) 계획, 변경관리(change management) 계획, 형상관리(configuration management) 계획 등 3 가지가 포함된다. 기준선(baseline)은 범위 기준선, 일정 기준선, 비용 기준선, 성과측정 기준선 등 4 가지이며, 마지막으로 추가 구성요소는 프로젝트 관리 수명주기와 프로젝트 수명주기 등 2 가지이다.

프로젝트 문서는 일반적으로 각 지식영역을 위한 계획 프로세스의 아웃풋이므로 관련 지식영역과 함께 나열해 보면 이해가 쉽다. 이들 문서들은 앞으로 지식영역을 하나씩 학습해 나가면서 자세히 설명될 것이다.

- 통합관리: 가정 로그, 변경 로그, 이슈 로그(issue log), 교훈 등록부(lessons learned register), 마일스톤 목록
- 범위관리: 프로젝트 범위 명세서, 요구사항 문서, 요구사항 추적 매트릭스(requirement traceability matrix)
- 일정관리: 활동 속성, 활동 목록, 추정의 기초, 기간 추정, 프로젝트 달력, 프로젝트 일정, 프로젝트 일정 네트워크 다이어그램, 일정 데이터, 일정 예측
- 비용관리: 비용 추정, 비용 예측
- 품질관리: 품질 통제 측정, 품질 메트릭, 품질 보고서, 테스트 및 평가 문서
- 자원관리: 물리적 자원 할당, 프로젝트 팀 할당, 자원분할구조, 자원 달력, 자원 요구사항, 팀 헌장
- 의사소통관리: 프로젝트 의사소통
- 위험관리: 위험 등록부, 위험 보고서
- 조달관리:
- 이해관계자관리: 이해관계자 등록부

보다시피 관련된 프로젝트 문서가 없는 유일한 지식영역은 조달 지식영역이며 그 이유는 조달관리가 유일한 선택 사항(optional) 지식영역이기 때문이다. 만약 프로젝트가 내부 자원만 사용하여 완료된다면 서비스 혹은 자재 조달이 필요하지 않고 궁극적으로 조달관리가 필요 없다.

지금까지 언급한 프로젝트 관리 계획 구성 요소의 대부분은 통합관리의 세 번째 프로세스인 프로젝트 작업 지시 및 관리에 대한 인풋이 된다.

• 도구와 기법 Tools and Techniques

이 프로세스에서 주로 사용하는 도구와 기법은 전문가 판단(expert judgment), 데이터 수집(data gathering), 대인관계 및 팀 스킬(interpersonal and team skills), 회의(meetings) 등 4가지이다. 이들은 프로젝트 헌장을 작성하는 데 사용되는 도구 및 기법과 같지만 주로 이해관계자나 주제 전문가를 포함하던 첫 번째 프로세스와 달리 주로 프

로젝트 팀과 주제 전문가를 포함한다. 먼저, 전문가 판단(expert judgment)은 프로젝트 니즈를 충족하기 위해 프로젝트 관리 프로세스를 조정하거나 프로젝트 관리 계획의 추가 구성요소를 개발해야 할 때, 그리고 프로젝트에 사용할 문서를 결정할 때 많이 활용할 수 있는 기법이다.

두 번째, 데이터 수집 기법 중 브레인스토밍, 포커스 그룹, 인터뷰, 체크리스트 등이 이 프로세스에서 주로 사용되는 방법들이다. 브레인스토밍은 프로젝트 접근 방식에 대한 아이디어와 솔루션을 수집하는 데 사용된다. 포커스 그룹은 프로젝트 관리 접근방식 및 프로젝트 관리 계획의 다양한 구성요소 통합을 위해 논의할 때 사용될 수 있다. 인터뷰는 프로젝트 관리 계획을 수립하기 위해 이해관계자로부터 특정 정보를 얻는 데 사용된다. 체크리스트는 프로젝트 관리자가 이를 사용하여 모든 필수 정보가 프로젝트 관리 계획에 포함되어 있는지 확인할 때 사용된다.

세 번째, 이 프로세스에서 강조되는 대인관계 및 팀 스킬은 갈등관리(conflict management), 진행(facilitation), 회의관리(meeting management) 등이다. 갈등관리는 다양한 이해관계자들을 프로젝트 관리 계획의 여러 측면과 연계시키는데 사용할 수 있다. 진행은 프로젝트 팀의 모든 구성원을 효과적으로 참여하도록 하여 프로젝트에 대해 설정된 의사결정 프로세스에 따라 프로젝트 관리 계획이 완전히 승인되도록 한다. 회의 관리는 회의가 프로젝트 관리 계획을 개발하는 데 효과적일 뿐만 아니라 효율적이고 잘 운영되도록 한다.

네 번째, 회의는 프로젝트 팀과 함께 프로젝트 접근 방식, 작업 실행 방법, 프로젝트 모니터링 및 통제 방법 등에 대해 논의하기 위해 주로 사용된다. 특히, 킥오프 미팅(kick-off meeting)은 일종의 착수 회의로서 대규모 프로젝트인 경우 계획이 끝나고 실행이 시작될 때 열린다. 반면에 소규모 프로젝트에서는 착수(initiation)후 계획 시작 시점에서 개최될 수 있다.

A3 프로젝트 작업 지시 및 관리 Direct and Manage Project Work

프로젝트 작업 지시 및 관리는 프로젝트 관리 계획에서 정의된 작업을 주도하고 수행하며 프로젝트의 목표를 달성하기 위해 승인된 변경 사항을 구현하는 프로세스이다. 이것은 실행 프로세스 그룹에 포함되며 주요 이점은 프로젝트 작업에 대한 전반적인 관리를 제공하는 것이다. 본 프로세스는 2가지 목적이 있는데 하나는 두 번째 프로세스의 아웃풋인 프로젝트 관리 계획을 실행하는 것이고 다른 하나의 목적은 여섯 번째 프로세스의 아웃풋인 승인된 변경요청을 실행하는 것이다. 이제 우리는 통합관리 프로세스들이 릴레이 경주에서 바톤을 전달하는 것과 같이 선형으로 흘러가지 않는다는 것을 알 수 있다. 바톤이 다른 방향에서 오며 모두 동시에 전달되어야 한다는 점에서 통합관리 프로세스는 더 복잡하다.

• 인풋 Input

프로젝트 작업 지시 및 관리 프로세스에는 프로젝트 관리 계획, 프로젝트 문서, 승인된 변경 요청(approved change requests), 기업 환경 요인, 조직 프로세스 자산 등 5 가지 인풋이 들어간다. 본 프로세스는 작업을 실행해야 하므로 프로젝트 관리 계획이 첫 번째 인풋이라는 사실은 그리 놀랍지 않다.

두 번째 인풋인 프로젝트 문서는 프로젝트 관리 계획 이외에 프로젝트 실행에 필요한 여러 가지 문서를 의미하는데 이들을 관련 지식영역으로 나누어 제시해 보면 다음과 같다. 먼저, 통합관리와 관련해서는 변경 로그와 교훈 등록부가 있다. 변경 로그는 모든 변경 요청 상태가 포함되며 교훈 등록부는 프로젝트 지식관리 프로세스의 아웃풋으로 프로젝트를 정기적으로 검토한 결과이다. 이는 반복되는 실수를 방지하고 프로젝트의 성과를 향상시키는 데 사용된다. 두 번째, 범위관리와 관련해서는 요구사항 추적 매트릭스가 있다. 이것은 작업 중인 산출물에 이슈가 있는 경우 해당 산출물과 관련된 요구사항 및 책임자를 추적하는 데 도움이 된다. 세 번째, 일정관리와 관련해서는 프로젝트 일정과 마일스톤 목록이 있다. 프로젝트 일정표는 작업 활동 목록과 계획된 시작 및 완료 날짜가 표시된다. 마일스톤 목록은 특정 이정표에 대한 예정 날짜를 표시한다. 네 번째, 의사소통관리에는 성과 보고서가 포함된다. 산출물 상태나 프로젝트 상태를 설명하는 정보가 담긴다. 다섯 번째, 위험관리와 관련해서는 위험 등록부와 위험 보고서가 있다. 위험 등록부는 식별된 모든 위험에 대한 정성 분석, 정량 분석 및 대응 방안 등의 정보를 담고 있는 마스터 데이터베이스 역할을 하는 로그 파일이다. 위험 보고서는 전체 프로젝트 위험, 기회 노출 및 추세, 그리고 개별 위험에 대한 요약 정보가 포함되며 주로 고위 경영진을 대상으로 한다.

세 번째 인풋인 승인된 변경 요청(approved change requests)은 여섯 번째 프로세스인 통합변경통제 수행의 아웃풋으로 앞에서 설명한 프로젝트 문서 중의 하나인 변경 로그에 기록되어 있다. 승인된 변경 요청은 결함 수리(defect repair), 시정 조치(corrective action), 예방 조치(preventive action) 등으로 구분할 수 있다. 결함 수리는 작업 완료 후 발견된 결함을 즉시적으로 수정하는 활동이며 시정 조치는 결함 수리에 더해 원인을 파악하고 해결해서 향후 재발되지 않도록 하는 노력이다. 예방 조치는 어떤 결함이 발견되지 않더라도 선제적으로 미래에 발생할 수 있는 결함을 방지하는 활동이다. 작업이 계획에서 벗어난 경우 계획에 맞게 작업을 변경하든지 또는 검토 결과, 계획이 현실적이지 않은 것으로 판명되면 작업에 맞게 계획을 조정해야 한다. 후자인 경우, 프로젝트 관리 계획은 관련 프로젝트 문서(예, 프로젝트 일정 등)와 함께 수정되어야 한다.

네 번째 인풋인 기업 환경 요인은 프로젝트에 영향을 줄 수 있지만 프로젝트 팀의 통제하에 있지 않은 조건들인데 본 프로세스에 인풋으로 투입되는 요인들로는 조직 구조, 문화 및 관리 관행과 인프라, 이해관계자의 위험 임계값 등이 있다. 인프라는 프로젝트를 수행하는 데 사용할 수 있는 시설 및 장비를 의미하며 이해관계자의 위험 임계값은 허용되는 비용초과 및 일정초과 비율을 뜻하며 이러한 임계값을 초과할 경우 경영진에게 보고가 되어야 한다.

다섯 번째 인풋인 조직 프로세스 자산은 프로젝트가 수행되는 조직의 프로세스, 정책, 절차 및 지식 기반을 의미하는데 보통 PMO가 이런 정보들을 보유한다. 본 프로세스에 인풋으로 투입되는 조직 프로세스 자산 항목으로는 조직 표준 정책, 프로세스 및 절차, 이슈 및 결함관리 데이터베이스, 이슈 및 결함식별과 해결 절차, 조치항목 추적절차, 성과측정 데이터베이스, 변경통제 및 위험통제 절차, 이전에 수행된 관련 프로젝트 정보 등이 있다.

• 아웃풋 Output

본 프로세스의 아웃풋은 산출물, 작업성과 데이터, 이슈 로그, 변경요청, 프로젝트 관리 계획 업데이트, 프로젝트 문서 업데이트, 조직 프로세스 자산 업데이트 등 총 7가지이다. 먼저, 산출물(deliverables)은 프로젝트 프로세스 내에서 완료된 객관적인 작업의 결과이다. 단일 프로젝트 내에서도 여러 개의 산출물이 존재하며 산출물이 전달되면 큰 마감일이나 이정표가 충족되었음을 의미한다. 종종 산출물은 먼저 완료되는 다른 산출물에 의존한다.

두 번째 아웃풋인 작업성과 데이터(work performance data)는 프로젝트 활동 중에 파악된 작업량에 관한 측정값이다. 프로젝트 실행에서 중요한 측면 중의 하나는 해당 결과와 프로젝트 계획 간의 비교이다. 따라서 작업성과 데이터는 실제 수행된 작업을 프로젝트 계획의 수행되어야 하는 작업과 비교하여 분석하는 모니터링 및 통제 프로세스로 전달된다.

세 번째 아웃풋인 이슈 로그(issue log)는 프로젝트 실행 단계에서 발생하는 문제와 갈등을 기록하고 추적하는 문서이다. 프로젝트 관리자는 이슈 로그를 통해 문제를 조사하고 해결하여 이러한 문제들이 프로젝트 성과에 영향을 미치지 않도록 관리한다.

네 번째 아웃풋인 변경요청(change requests)은 문서, 산출물 또는 기준선을 수정하기 위한 공식적인 제안이다. 일반적으로 변경요청은 다섯 번째 프로세스인 작업 모니터링 및 통제 프로세스의 결과로 나타난다. 물론 많은 경우 그러하지만 실행 단계에서 문제가 발견되면 변경요청을 즉시 만들어 변경통제보드(change control board)와 같은 변경관리 계획에서 지정한 방식으로 검토할 수 있다.

다섯 번째 아웃풋인 프로젝트 관리 계획 업데이트(project management plan updates)는 변경요청의 결과로 관리 계획의 모든 구성 요소를 수정 및 갱신하는 것이다. 일반적으로 계획에 맞게 작업을 변경해 나가는 경우와 프로젝트 작업 중 계획의 비현실성을 파악하고 프로젝트 관리 계획을 보다 현실적으로 업데이트 해야 하는 경우 모두를 포함한다.

여섯 번째 아웃풋인 프로젝트 문서 업데이트(project documents updates)는 프로젝트 작업을 수행하는 동안 발생하는 일로 인해 작업 변경이나 프로젝트 관리 계획의 변경 외에 다양한 프로젝트 문서를 변경하는 것이다. 예를 들어, 활동 목록에 활동을 추가하거나 활동을 수정할 수 있으며 프로젝트 작업 과정에서 새로운 요구사항이 식별되면 요구사항 문서가 수정되고 또한 현재 요구사항을 충족하기 위한 진행 상황이 갱신 되기도 한다.

일곱 번째 아웃풋인 조직 프로세스 자산 업데이트(organizational process assets updates)는 현재 프로젝트를 수행하는 중에 학습한 주요 지식이나 교훈이 다른 프로젝트에 유용할 수 있으면 이러한 내용을 기존의 조직 프로세스 자산에 추가하도록 요청하고 그에 따라 수정 보완시키는 것이다. 이러한 방식으로 지식은 프로젝트 팀에서 조직으로 이전된다.

• 도구와 기법 Tools and Techniques

프로젝트 작업 지시 및 관리를 위해서 3 가지 도구와 기법이 제시된다. 첫 번째는 전문가 판단으로 프로젝트 관리자는 본 프로세스를 실행할 때 전문 지식의 제공이나 교육을 통해 프로젝트 작업을 지원할 수 있도록 외부 전문가의 지식을 활용할 수 있다. 때때로 이들 전문가들은 전문 지식이 프로젝트에 영향을 미치는 특정 주제로 확장되기 때문에 주제 전문가라고 한다. 실행 단계에서 전문가들은 산업 및 프로젝트와 관련된 기술 지식이나 법률 및 규제 문제, 조직 거버넌스 문제 등과 관련하여 전문 지식을 제공한다.

두 번째는 프로젝트 관리 정보시스템(PMIS)으로 프로젝트 관리자가 효율적으로 계획, 모니터링 및 실행할 수 있도록 도와주는 도구이다. PMIS는 프로젝트 데이터 및 정보의 흐름을 구성하고 제어하는 소프트웨어 또는 응용 프로그램인데 범위나 복잡성이 다를 수 있지만 기본적으로 스케쥴링, 작업관리, 형상관리, 정보수집 및 배포, 성과평가 등의 기능을 가지고 있다.

세 번째는 회의로서 프로젝트 관리자가 팀 구성원 및 관련 이해관계자와 프로젝트와 연관된 문제를 논의하고 해결하는 데 사용되는 기법이다. 프로젝트 실행 중에는 다양한 회의가 개최된다. 예를 들어, 킥오프 미팅, 기술 미팅, 운영그룹(steering group) 미팅, 문제해결 미팅, 진행상황 미팅 등이 있다. 효과적인 미팅을 위한 준비 및 운영 방법은 의사소통 관리에서 상세히 설명한다.

A4 프로젝트 지식관리 Manage Project Knowledge

프로젝트 지식관리는 프로젝트의 목표를 달성하고 조직의 학습에 기여하기 위해 기존 지식을 사용하고 새로운 지식을 만드는 프로세스이다. 즉, 조직 내 기존 지식을 사용하여 프로젝트의 목표를 달성한 다음 프로젝트에서 얻은 새로운 지식을 사용하여 조직의 지식 체계에 기여하는 것이다. 이 새로운 지식을 교훈 또는 레슨스런드(lessons learned)라 하며 과거에는 단계나 프로젝트의 종료 프로세스에서 수집되었다. 교훈 문서는 PMO 조직에 제공되어 미래 프로젝트에서 프로젝트 관리자가 동일한 실수를 피하고 유사한 문제를 처리하는 데 도움을 줌으로써 프로젝트 관리자를 안내하는 데 사용할 수 있도록 했다. 그러나 수년전부터 애자일 방법론의 영향으로 기업의 교훈과 관련된 모범 사례(best practice)가 진화해 왔다. 애자일에서는 각 반복 또는 스프린트가 끝날 때 회고(retrospective)라는 검토회의가 있으며 무엇보다도 실행 중에 해결된 문제와 그로부터 배운 교훈을 문서화한다. 이것은 두 가지 관점에서 중요하다. 한 가지는 실시간으로 시정조치를 취하도록 함으로써 현행 프로젝트를 돕는 것이며, 다른 한가지는 지식을 캡처하고 공유할 수 있는 교훈 등록부에 최신 교훈을 추가하여 좀 더 빨리 다른 프로젝트를 돕는 점이다. 전통적인 예측 수명주기 혹은 폭포수 방법론을 수행하는 회사들도 이러한 변화에 주목하고 이전과 같이 프로젝트의 종료 시점 뿐만 아니라 프로젝트 중에도 교훈을 생성하는 프로세스를 도입하면서 유사한 작업을 수행하기 시작했다. PMBOK가 통합관리내에 프로젝트 지식관리 프로세스를 새롭게 만들게 된 배경이다.

일반적으로 지식은 형식지(explicit knowledge)와 암묵지(implicit knowledge) 두 가지 범주로 나뉜다. 형식지는 단어, 그림, 숫자를 이용하여 쉽게 코드화 할 수 있고 공유된 언어로 전달할 수 있는 지식인 반면 암묵지는 코드화나 의사소통이 어려우며 행위나 참여를 통해 표현할 수 있는 지식이다. 형식지는 매뉴얼, 사양서, 설계도 등을 통해서 획득할 수 있지만 암묵지는 관찰, 모방, 경험을 통해 획득할 수 있다. 지식관리는 형식지와 암묵지를 모두 다루어야 하며 이를 위해서는 지식 공유와 지식 통합이 필요하다. 지식 통합은 서로 다른 영역의 지식, 맥락관련(contextual) 지식 및 프로젝트 관리 지식을 통합하는 것을 의미한다.

지식관리에 대한 가장 흔한 오해 중 하나는 지식관리가 단순히 모든 것을 문서화하는 것이고 그래서 공유될 수 있다는 것이다. 물론 형식지는 쉽게 성문화될 수 있으므로 이러한 방식으로 공유할 수 있다. 그러나 전체 맥락이 절차 안에서 손실될 수 있으며 이러한 지식은 다르게 해석될 수 있는 여지가 생긴다. 따라서 형식지는 비록 쉽게 공유될 수 있지만 항상 올바른 방식으로 이해되거나 적용되는 것은 아니다. 반면에 암묵지는 맥락이 내재되어 있지만 성문화하기가 매우 어렵다. 암묵지는 마음속에 존재하며 일반적으로 대화와 상호작용에서만 공유된다. 따라서 사람들이 그것을 공유할 수 있을 만큼 동기를 부여하도록 신뢰의 분위기를 조성해야 한다. 물론 사람들이 공유되는 지식에 주의를 기울이는 것도 마찬가지로 중요하다. 또 다른 오해는 지식관리가 단순히 향후 프로젝트에 활용하기 위해 프로젝트가 끝날 때 교훈을 얻는 노력이라는 것이다. 그러나 프로젝트 지식관리의 목표는 프로젝트 팀과 이해관계자 모두의 기술, 경험 및 전문성이 프로젝트 전과 실행 중에, 그리고 프로젝트 이후에 사용되도록 하는 것이다.

• 인풋 Input

프로젝트 지식관리 프로세스의 인풋은 프로젝트 관리 계획, 프로젝트 문서, 산출물(deliverables), 기업 환경 요인, 조직 프로세스 자산 등 5가지다. 이들은 기본적으로 프로젝트 결과를 생성하거나 개선하기 위해 기존 지식을 활용하는데 필요한 입력물이다.

첫 번째 인풋인 프로젝트 관리 계획의 모든 구성요소는 프로젝트 실행을 위해 필요한 지식들을 망라하고 있다. 프로젝트 관리 계획은 인풋이지만 동시에 갱신이 되면서 아웃풋이 될 수도 있다. 프로젝트 작업을 수행하는 과정에서 계획과 관련된 문제가 발견될 수 있고 이를 해결하기 위해 계획을 변경하면 그 내용이 새로운 지식으로 관리되어 향후 다른 프로젝트에 도움을 줄 수 있어야 하기 때문이다. 예를 들어, 프로젝트 관리 계획서에 나와 있는 특정 활동에 대한 시간 및 비용 추정치가 정확하지 않은 것으로 판명되면 팀원들로 하여금 계획이 정확하지 않다는 것을 깨닫게 한 새로운 지식은 유사한 프로젝트를 수행하는 다른 사람들이 같은 실수를 하지 않도록 교훈 등록부에 포함시키게 된다.

두 번째 인풋인 프로젝트 문서도 첫 번째 인풋인 프로젝트 관리 계획과 같은 관점에서 보면 된다. 특히 프로젝트 실행에 필요한 지식들이 포함된 문서로는 교훈 등록부, 프로젝트팀 할당, 자원분할구조, 이해관계자 등록부 등이 있다. 교훈 등록부(lessons learned register)는 새로운 교훈이 추가되는 문서이며 지식관리의 효과적인 관행에 대한 정보를 제공한다. 등록부(register)란 그 안에 저장된 정보를 더 쉽게 찾을 수 있도록 하는 분류 시스템을 의미하며 또한 정기적으로 항목을 추가하므로 프로젝트 중에 계속 양이 증가할 "살아있는 문서"임을 뜻한다. 일반적으로 교훈 등록부는 교훈 유형, 상황에 대한 설명, 관련 영향, 권장 사항, 제안된 조치 등의 항목을 포함한다. 처음 교훈 등록부가 본 프로세스에서 만들어지면 인풋이 되고 본 프로세스에서 업데이트된 교훈 등록부는 아웃풋이 된다. 프로젝트 팀 할당(project team assignments) 문서는 프로젝트에서 가용할 수 있는 역량 및 경험 유형에 대한 정보를 제공하여 프로젝트에 필요한 지식 또는 경험과의 차이를 식별할 수 있게 해 준다. 식별된 차이는 기존 자원을 교육하거나 해당 지식 또는 경험을 보유한 새로운 자원을 획득하여 해결하게 된다. 자원분할구조(resource breakdown structure) 문서는 팀 구성 및 구성원의 다양한 역할에 대한 정보를 제공하여 집단으로서 어떤 지식이 가용하고 또 어떤 지식이 부족한지 알 수 있게 해 준다. 이해관계자 등록부(stakeholder register) 문서는 식별된 이해관계자가 어떤 지식을 보유하고 있는지 이해하는 데 도움이 되도록 이해관계자에 대한 세부 정보를 포함한다.

세 번째 인풋인 산출물(deliverables)은 프로젝트 목표를 충족하기 위해 완성된 모든 종류의 결과물을 포함한다. 물론 프로젝트 관리 계획의 구성 요소도 산출물 중 하나이다. 산출물에는 일부 교훈이나 지식이 포함될 수 있다. 교훈을 검토한 이후에 생성된 산출물은 새로운 교훈을 얻기 위해 검토될 수 있다.

네 번째 인풋인 기업 환경 요인은 조직과 이해관계자 및 고객 문화, 시설 및 자원의 지리적 분포, 조직 지식 전문가, 법적 및 규제 요구사항 및 제약 조건 등을 포함한다. 예를 들어, 업무 관계에서의 신뢰, 비난하지 않는 문화, 학습에 대한 가치 부여 등은 지식관리에 중요한 요인이다. 또한 팀 구성원의 위치는 지식을 얻고 공유하는 방법을 결정하며 그 외 프로젝트 정보의 기밀성과 관련된 법 혹은 규제 사항 역시 지식 생성에 중요한 요건이 될 수 있다.

다섯 번째 인풋인 조직 프로세스 자산은 과거에 수행된 프로젝트에서 얻은 지식이 포함되어 있다. 지식관리와 관련된 조직의 표준 정책, 프로세스 및 절차에는 기밀 유지 및 정보 접근, 보안 및 데이터 보호, 저작권이 있는 정보의 사용, 기밀 정보의 파기, 파일의 최대 크기 및 형식, 교훈 데이터 및 메타데이터, 승인된 소셜 미디어 등에 관한 것들이다. 지식관리에 사용될 수 있는 인사관리 정보에는 직원 개발 및 교육 기록이나 지식 공유 행동을 의미하는 역량 프레임워크 등이 포함된다. 조직 의사소통 요구사항도 중요한 인풋이 될 수 있는데 보다 형식적이고 엄격한 의사소통 요구사항과 비공식적 의사소통 요구사항이 있다. 전자는 정보 공유에 적합하고 후자는 새로운 지식을 만들고 다양한 이해관계자 그룹에 걸쳐 지식을 통합하는 데 유용하다. 공식적인 지식공유 및 정보공유 절차도 지식관리에 필요한 중요한 조직 프로세스 자산 중에 하나인데 프로젝트 단계 중이나 프로젝트 단계 종료 시 교훈 검토 일정을 잡거나 교훈을 식별, 캡처하여 교훈 등록부에 저장하는 방법 등이 포함된다.

• 아웃풋 Output

본 프로세스의 아웃풋은 교훈 등록부, 프로젝트 관리 계획 업데이트, 조직 프로세스 자산 업데이트 등 3가지이다. 먼저 교훈 등록부는 이 프로세스의 가장 중요한 아웃풋이다. 최초의 교훈 등록부는 여기서 만들어지지만 프로젝트 전반에 걸쳐 많은 프로세스에서 인풋으로 사용되는 동시에 아웃풋으로 갱신된다.

프로젝트에서 학습한 교훈은 일반적으로 프로젝트의 제품이 아니라 프로젝트를 수행하는 프로세스와 관련이 있다. 그러나 프로젝트에서 배울 수 있는 또 다른 교훈은 프로젝트에서 발생하는 새로운 정보나 새로운 조건을 고려할 때 원래의 프로젝트 관리 계획이 비현실적이라는 것이다. 이러한 경우 프로젝트 관리 계획의 구성요소 중 하나를 업데이트해야 한다. 프로젝트 관리 계획 업데이트는 두 번째 아웃풋이다.

프로젝트에서 얻은 지식을 조직으로 이전하는 것은 본 프로세스의 목적 중 하나이다. 프로젝트에서 생성되고 교훈 등록부에 기록된 새로운 지식은 조직 프로세스 자산을 통해 조직 전체로 이전될 수 있다. 교훈은 기본적으로 조직 프로세스 자산 중 하나이므로 미래 프로젝트에서 활용될 수 있는 새로운 지식은 조직 프로세스 자산에 추가된다. 참고로 교훈을 통해 새로운 절차에 대한 아이디어가 생성되면 프로젝트가 해당 절차의 파일럿(pilot) 역할을 한다는 사실은 흥미롭다. 조직 프로세스 자산 업데이트는 세 번째 아웃풋이다.

• **도구와 기법 Tools and Techniques**

본 프로세스는 프로젝트를 수행하면서 기존 지식을 활용하고 교훈 등록부를 통해 새로운 지식을 생성하는 것이 목적이므로 형식지와 암묵지를 포함한 모든 유형의 지식을 얻는 데 사용할 수 있는 도구와 기법이 중요하다. 이 프로세스에서 주로 사용하는 도구와 기법은 전문가 판단, 지식관리, 정보관리, 대인관계 및 팀 스킬 등 4가지이다. 먼저 전문가 판단은 지식관리, 정보관리, 조직학습 또는 기타 주제에 대한 전문 교육이나 전문 지식을 가진 개인이나 그룹으로부터 지식을 얻는 방법이다.

두 번째, 지식관리(knowledge management)는 사람들을 연결하여 함께 일할 수 있도록 하는 것으로 이를 통해 새로운 지식을 만들고, 암묵지를 공유하고, 다양한 팀원들의 지식을 통합하고자 한다. 암묵지는 그것을 소유한 사람의 내부에 있으며 사람들과의 대화 및 상호 작용을 통해서만 공유할 수 있으므로 지식관리는 암묵지에 중점을 둔다. 이 범주에 속하는 도구 및 기법 중에는 지식공유 이벤트, 네트워킹 이벤트, 온라인 소셜 네트워킹 플랫폼 및 포럼, 회의, 워크샵 등이 포함된다.

세 번째, 정보관리(information management)는 사람을 연결하는 지식관리와 달리 사람과 정보를 연결하는 것으로 형식지를 공유하는 데 도움이 된다. 이 범주에 대한 도구 및 기범 중에는 교훈 등록부, 게시된 기사, PMIS 등이 포함된다.

마지막으로 대인관계 및 팀 스킬(interpersonal and team skills)은 신뢰를 기반으로 하는 관계를 만들고 육성하는 데 도움이 된다. 지식을 공유하려면 먼저 지식을 공유하는 사람들 사이에 신뢰 관계를 설정해야 하므로 대인관계 및 팀 스킬은 중요하다. 주요 스킬로는 능동적 경청(active listening), 진행(facilitation), 리더십, 네트워킹, 정치적 인식(political awareness) 등이 있다. 참고로 정치적 인식은 의사소통을 계획하기 위해 알아야 하는 조직의 정치적 환경에 관한 모든 것을 이해하는 능력이다.

A5 프로젝트 작업 모니터링 및 통제 Monitor & Control Project Work

프로젝트 중에 변경 사항이 발생하는 것은 불가피하다. 아무리 완벽한 프로젝트 계획을 세워도 실제 결과는 계획된 값과 다르게 된다. 따라서 이러한 변경 사항을 결정하기 위해 프로젝트 작업 모니터링 및 통제 프로세스가 필요하다. 프로젝트 작업 모니터링 및 통제는 프로젝트 관리 계획에 정의된 성과 목표를 달성하기 위해 진행 상황을 추적, 검토 및 보고

하는 프로세스이다. 이 프로세스는 명칭에서 알 수 있듯이 5 가지 프로젝트 관리 프로세스 그룹 중에서 4 번째인 모니터링 및 통제 프로세스 그룹에 속한다. 프로젝트 작업 모니터링 및 통제는 프로젝트의 원하는 결과를 달성하는 데 매우 중요하다. 성과를 측정하지 않으면 프로젝트가 어떻게 진행되고 있는지 알 수 없고, 이는 프로젝트 실패의 큰 위험이 되기 때문이다. 참고로 대부분의 지식영역에는 범위통제, 일정통제, 품질통제 등과 같이 통제 프로세스가 있다. 본 프로세스는 다른 대부분의 통제 프로세스에 대해 상위 프로세스로 생각할 수 있다.

PMBOK는 모니터링과 통제를 다음과 같이 구별하고 있다. 모니터링은 계획과 관련하여 프로젝트 성과 데이터를 수집하고 성과 측정치를 생성하고 성과 정보를 보고 및 배포한다. 반면에 통제는 실제 성과를 계획과 비교하고, 차이를 분석하고, 프로세스 개선에 영향을 미치는 경향을 평가하고, 가능한 대안을 평가하고, 필요에 따라 적절한 시정 조치를 권장한다. 구체적으로 프로젝트 작업을 모니터링 할 때 수행하는 활동은 프로젝트 성과에 대한 정보 수집, 향후 작업에 대한 예측 제공, 위험 추적 및 분석, 프로젝트 상태에 관해 소통 등이다. 작업을 통제할 때 수행하는 활동은 프로젝트 관리 계획과 정보 비교, 정보 편집과 분석, 프로젝트를 편차 임계값 내로 유지하기 위한 예방조치 계획수립, 프로젝트를 편차 임계값 내로 되돌리기 위한 시정조치 계획수립, 성능 저하를 야기하는 프로세스에 대한 결함수리 권장, 예방 및 시정조치, 결함수리 또는 기타 필요한 변경을 구현하기 위한 변경요청 제출 등이다.

• 인풋 Input

본 프로세스의 인풋은 프로젝트 관리 계획, 프로젝트 문서, 작업성과 정보(work performance information), 계약(agreements), 기업 환경 요인, 조직 프로세스 자산 등 6 가지이다. 먼저, 첫 번째 인풋은 프로젝트 관리 계획인데 달성한 실제 결과와 비교하기 위해 필요하다.

두 번째 인풋은 프로젝트 문서인데 프로젝트 관리 계획처럼 각 문서들의 해당 구성 요소를 실제 결과와 비교하는데 사용하거나 효율적인 모니터링과 통제를 위한 지침을 제공하기 위해 필요하다. 예를 들어, 마일스톤 목록(milestone list)은 특정 마일스톤에 대한 예정 날짜를 표시하며 계획 마일스톤이 충족되었는지 확인하는데 사용된다. 비용 예측(cost forecasts)은 프로젝트가 예산에 대해 정의된 허용 범위 내에 있는지 확인하고 필요한 변경 요청을 파악하는 데 사용된다. 이 외에도 가정 로그, 추정치 근거(basis of estimates),

이슈 로그, 교훈 등록부, 품질 보고서(quality reports), 위험 등록부, 위험 보고서, 일정 예측(schedule forecasts) 등이 인풋으로 사용될 수 있는 프로젝트 문서이다.

세 번째 인풋은 작업성과 정보(work performance information)이다. 프로젝트 팀이 프로젝트 작업 지시 및 관리 프로세스에서 산출물을 생성하기 위한 작업을 수행하면 작업성과 데이터(work performance data)가 아웃풋으로 나온다. 작업성과 데이터는 프로젝트 작업을 수행하기 위해 활동하는 중에 식별된 가공되지 않은 관찰 및 측정이다. 예를 들어 김대리가 요구사항 분석을 위해 일주일간 20시간 일을 하였다는 것은 작업성과 데이터이다. 이 작업성과 데이터는 다양한 지식영역에 대한 통제 프로세스(예를 들어, 일정 통제, 비용 통제, 품질 통제 등)에 인풋으로 전달된다. 이들 통제 프로세스에서 작업성과 데이터는 프로젝트 관리 계획 및 프로젝트 문서의 해당 구성 요소와 비교되고 그 결과는 작업성과 정보가 되어 통제 프로세스의 아웃풋이 된다. 작업성과 정보는 다양한 통제 프로세스에서 수집되고 맥락을 고려하여 분석되고 영역 전반의 관계를 기반으로 통합된 성과 데이터이다. 예를 들어, 김대리가 요구사항 분석을 위해 일주일에 40시간 일을 하기로 계획되어 있었다면 계획대비 50%의 일만 하였다는 것은 작업성과 정보이다. 개별 통제 프로세스의 아웃풋인 이들 작업성과 정보는 다시 통합관리내 본 프로세스에 인풋으로 투입된다. 그 후 작업성과 정보는 결합되고 분석되어 프로젝트 상태를 설명하는 작업성과 보고서를 아웃풋으로 만들어 낸다.

네 번째 인풋은 계약(agreements)이다. 조달 계약이 있는 경우 프로젝트 관리자는 계약자의 작업을 평가하기 위해 해당 계약자와 맺은 계약이 필요하다.

다섯 번째 인풋은 기업 환경 요인으로 정부 또는 산업 표준, 프로젝트 관리 정보시스템, 인프라, 이해관계자의 기대 및 위험 임계값 등이 포함된다.

여섯 번째 인풋은 조직 프로세스 자산으로 조직 표준 정책, 프로세스 및 절차, 재정관리 절차, 모니터링 및 보고 방법, 이슈관리 절차, 결함관리 절차, 소식 지식베이스 등이 프로젝트 작업 모니터링 및 통제 프로세스에 영향을 줄 수 있는 조직 프로세스 자산이다.

• 아웃풋 Output

본 프로세스의 첫 번째 아웃풋은 작업성과 보고서(work performance reports)이다. 이것은 의사결정이나 조치 혹은 상황 판단을 위해 작업성과 정보를 프로젝트 문서로 편집하여 이를 물리적 또는 전자적으로 표현한 것이다. 작업 성과 보고서는 프로젝트 문서의 하위 부문이며 이러한 보고서는 주요 이해관계자에게 제공될 수 있다. 예를 들어, 김대리가 계획대비 50%만 일하였다는 작업성과 정보가 인풋으로 들어오면 본 프로세스에서는 김대리가 왜 계획대비 적게 일하였는지 분석이 수행된다. 만약 김대리의 부서장이 일시적으로 다른 일을 시켰다면 김대리는 다음 주에 손실된 시간을 보충할 수 있으며 프로젝트는 정상 궤도에 올라갈 것이다. 그러나 김대리의 부서장이 앞으로 다른 업무로 인해 지속적으로 주 20시간 이상 프로젝트 일을 못하게 한다면 프로젝트 관리자는 김대리의 부서장과 이를 어떻게 조정할지 논의해야 한다. 이처럼 문제를 해결하기 위해 어떤 조치를 취할 것인지와 같은 분석은 작업성과 보고서에 들어가는 내용이다. 따라서 작업성과 보고서는 문제 해결을 위한 조치를 취하는 데 도움이 필요할 수 있으므로 이해관계자에게 보내진다.

두 번째 아웃풋인 변경요청(change requests)은 문서, 산출물 또는 기준선을 수정하기 위한 공식적인 제안이다. 실제 결과와 계획을 비교한 후에는 변경요청이 프로젝트 작업을 지시하게 된다. 변경요청은 범위, 품질 요구사항, 일정 및 비용 기준선 등을 확장, 조정 또는 축소하도록 지시할 수 있다. 이러한 변경은 새로운 요구사항의 수집 및 문서화를 야기할 수 있으며 또한 프로젝트 관리 계획, 프로젝트 문서 또는 제품 산출물에도 영향을 줄 수 있다. 참고로 프로젝트의 변경통제 기준을 충족하는 모든 변경은 프로젝트에 대해 설정된 통합변경통제(integrated change control) 프로세스를 거쳐야 한다. 변경 요청에는 부적합 제품을 수정하는 결함수리나 프로젝트 관리 계획과 프로젝트 작업의 성과를 재조정하는 시정조치 또는 프로젝트 작업의 미래 성과가 프로젝트 관리 계획과 일치하도록 보장하는 예방조치 등이 포함된다.

세 번째 아웃풋은 프로젝트 관리 계획 업데이트이다. 만약 변경요청에 따라 범위나 일정 등의 변경이 발생하면 이러한 내용을 프로젝트 관리 계획에도 반영해야 한다. 또한 수행된 실제 프로젝트 작업과 계획 간에 생긴 편차의 원인이 수행한 작업이 아니라 계획 자체의 문제라도 프로젝트 관리 계획의 구성요소를 변경해야 할 수 있다.

네 번째 아웃풋은 프로젝트 문서 업데이트이다. 본 프로세스의 결과로 프로젝트 관리 계획 외에도 다음과 같은 다양한 프로젝트 문서를 업데이트해야 할 수 있다. 예를 들어, 이 프로세스의 결과로 발생한 새로운 이슈들은 이슈 로그에 기록된다. 시정 및 예방조치를 포함하여 편차에 대한 효과적인 대응이 교훈 등록부에 업데이트 되어야 하며 이 프로세스에서 비용 또는 일정 예측의 변경이 일어나면 이 또한 비용/일정 예측 문서에 갱신되어야 한다. 그 외에도 새로이 식별된 위험은 위험 등록부에 기록된다.

• 도구와 기법 Tools and Techniques

프로젝트 작업을 모니터링하고 제어하는데 사용되는 도구와 기법은 전문가 판단, 데이터 분석(data analysis), 의사 결정(decision making) 및 회의 등 4가지이다. 데이터 분석 기법을 제외하고는 매우 일반적인 기법과 도구이지만 데이터 분석 기법은 매우 구체적인 도구 세트이다.

먼저, 프로젝트 관리자는 프로젝트 관리 팀과 협력하여 본 프로세스에서 제공하는 정보를 해석하기 위해 전문가의 도움을 받을 수 있다. 이러한 전문지식은 다음과 같은 주제를 전문으로 하는 개인 또는 그룹에서 가져와야 한다. 획득가치 분석, 데이터의 해석 및 맥락화, 기간 및 비용을 추정하는 기법, 트렌드 분석, 산업에 대한 기술 지식 및 프로젝트의 중점 영역, 위험 관리, 계약 관리 등이 여기에 주로 포함된다.

두 번째, 데이터 분석 기법은 크게 탐지, 진단, 시정 및 예방조치 유형으로 나눌 수 있다. 탐지(detection) 유형은 차이(variance)가 존재하는지를 찾아내는 기법들을 의미하는데 범위, 일정 및 비용 성과에 대한 통합된 관점을 제공하는 획득가치 관리(earned value management), 계획된 성과와 실제 성과 간의 차이를 검토하는 차이분석(variance analysis), 과거 결과를 기반으로 미래 성과를 예측하는 데 사용되는 추세 분석(trend analysis) 등이 포함된다. 진단(diagnosis) 유형은 차이가 감지되면 차이의 원인을 진단하는 기법으로 근본원인 분석(root cause analysis) 등이 있다. 마지막으로 시정 및 예방조치 유형은 차이를 발생시키는 문제의 근본 원인이 식별되면 해결책에 대한 다양한 가능성이 조사되고 문제를 수정하기 위해 최상의 솔루션을 선택하는 기법으로 시행할 시정조치 또는 예방조치의 조합을 선택하는 데 사용되는 대안 분석(alternative analysis)이나 비용 측면에서 최상의 시정조치를 결정하는 데 도움이 되는 비용 편익 분석(cost-benefit analysis)이 여기에 포함된다.

세 번째, 의사결정 기법은 모든 당사자들이 투표 과정을 통해 단일 결정에 동의하는 방법으로 특정 문제를 해결하기 위해 제안된 여러 대안이 있는 경우 프로젝트 팀이 최상의 솔루션을 결정하는 데 사용할 수 있는 방법이다. 만장일치, 과반 이상의 다수결 또는 단순 최다득표를 기반으로 결과를 정할 수 있다.

네 번째, 회의는 모니터링 중에 발견된 문제를 해결할 수 있는 최상의 조치를 결정하기 위해 프로젝트 팀 구성원이 데이터 분석 기법과 전문가 판단 기법을 사용하려고 모이는 방법이다.

A6 통합변경통제 수행 Perform Integrated Change Control

프로젝트 작업 모니터링 및 통제 프로세스를 포함하여 다양한 통제 프로세스에서 만들어진 변경요청들은 단순히 요청일 뿐이다. 실제 이 요청을 구현할 지 여부는 바로 통합변경통제 수행 프로세스에서 결정한다. 변경은 제품 범위에 대한 변경(즉, 프로젝트에 의해 생성되는 제품의 특징 및 기능에 대한 변경)일 수도 있고 프로젝트 범위(즉, 제품을 제공하기 위해 수행된 작업에 대한 변경)에 대한 변경일 수도 있다. 통합변경통제 수행 프로세스는 프로젝트 관리자의 골칫거리인 범위 확장(scope creep)을 피하기 위해 필수적이다. 범위 확장은 시간이나 비용 또는 자원에 대한 조정 없이 제품 범위 혹은 프로젝트 범위에 생기는 통제할 수 없는 확장을 의미한다. 범위 확장이 생기면 프로젝트 팀은 동일한 자원으로 점점 더 많은 일을 하게 되며 많은 압력을 받게 된다. 프로젝트 성공에 대한 책임이 있는 프로젝트 관리자라면 당연히 어려운 위치에 놓이게 된다.

통합변경통제 수행은 모든 변경요청을 검토하고 변경을 승인하는 프로세스이다. 이 프로세스는 변경요청을 통합하기 위해 프로젝트 전반에 걸쳐 수행된다. 5가지 프로젝트 관리 프로세스 그룹 관점에서 보면 본 프로세스는 모니터링 및 통제 프로세스 그룹에 속한다. 변경요청은 결함수리, 시정조치, 예방조치, 업데이트 등의 4가지 유형으로 나눌 수 있다. 여기서 업데이트는 계획이나 문서의 내용이 현실적이지 못하거나 잘 못 만들어진 경우 갱신하는 것을 의미한다. 프로젝트 관리자로서 가장 먼저 해야 할 일은 프로젝트의 변경요청을 최소화하는 것이다. 따라서 변경요청을 야기하는 원인에 영향을 미치기 위해 노력해야 한다. 그럼에도 불구하고 프로젝트에서 변경은 불가피하다는 것을 이해해야 한다.

그림 3-2에 나타나듯이 변경통제의 흐름은 다음과 같다. 먼저 변경요청이 생기면 변경의 필요성을 식별하고 명확하게 해야 한다. 변경은 구두로 시작될 수 있지만 그러한 경우, 변경 사항은 서면 형식의 적절한 변경요청으로 문서화되어야 한다. 변경 로그에 변경요청을 기록하면 요청된 변경이 다양한 프로젝트 목표에 미치는 영향을 평가한다. 영향평가에서는 변경 사항이 일정에 어떤 영향을 미치는지, 추가 비용이 발생하는지, 새로운 위험이 발생할 가능성이 있는지, 전체 프로젝트 위험이 어떻게 변경되는지 등과 같은 다양한 질문을 다루어야 한다. 영향평가가 완료되면 프로젝트 관리자는 변경통제 위원회(change control board, CCB)에 변경요청을 제출한다. 이 때, 영향평가 분석보고서와 권장 방안도 같이 제출한다. CCB는 프로젝트 관리자가 제공한 다른 인풋과 함께 변경요청을 검토한 후 변경 요청을 수락할지, 연기할지 또는 거부할지 결정한다. 물론 프로젝트 관리자에게 부여된 권한 수준에

[그림 3-2] 변경통제 순서도

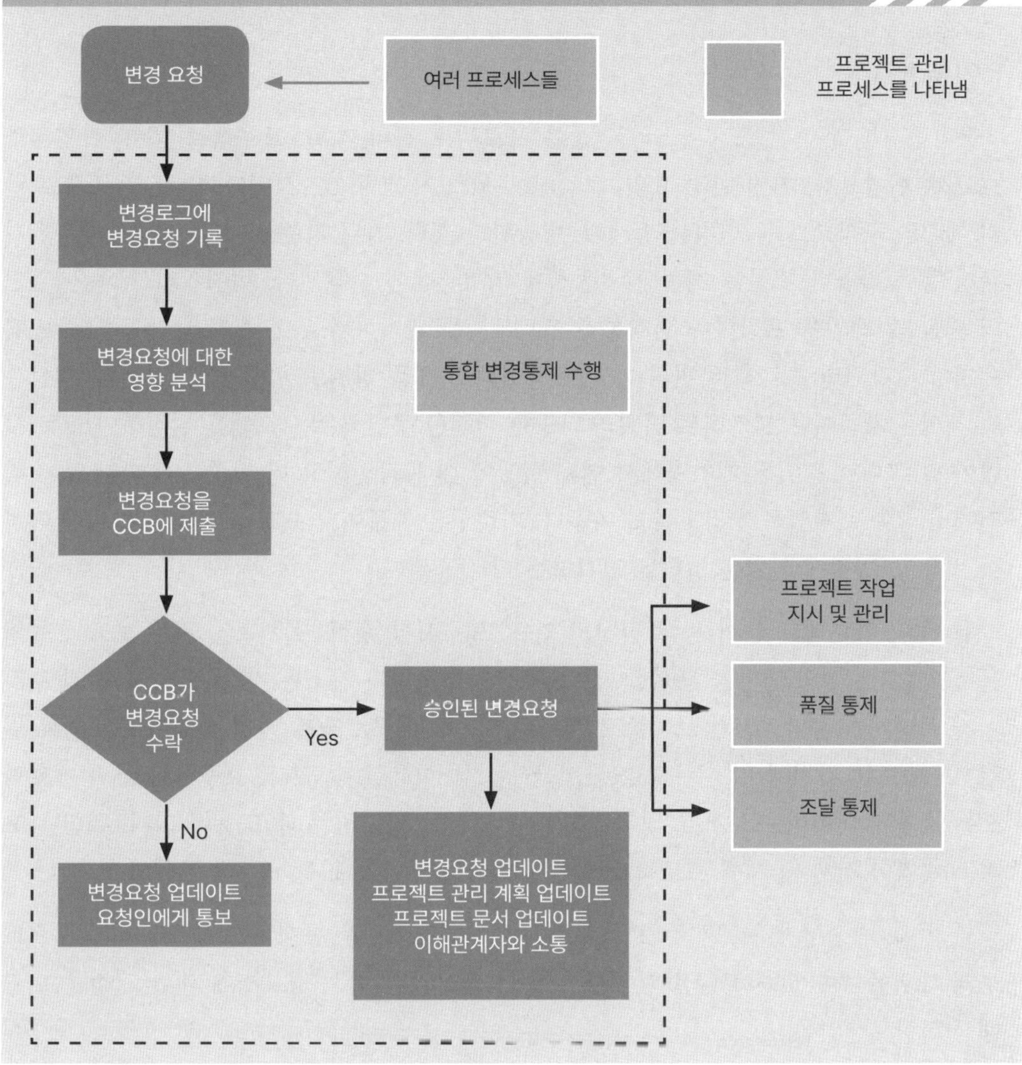

따라 프로젝트 관리자 자신이 변경요청을 검토하고 승인할 수도 있다. 만약 고객 또는 프로젝트 스폰서가 CCB의 멤버가 아닌 경우, CCB 승인 후 특정 변경요청에 대해 이들의 승인이 필요할 수 있다. CCB의 결정이 나면 승인이든 연기나 거부이든 변경 로그를 업데이트한다. 만약 승인으로 결정이 나면 프로젝트 관리 계획 및 프로젝트 문서의 관련 구성요소를 업데이트 하고 관련 이해관계자에게 변경 사항을 전달한다. 거절로 결정이 나면 최초에 변경을 요청한 당사자에게 결과를 통보한다. 승인된 변경요청은 프로젝트 작업 지시 및 관리 프로세스에 인풋으로 들어가 변경을 구현하게 된다. 최종적으로 승인된 변경요청은 다시 품질통제 프로세스에 인풋으로 들어가 변경 사항이 잘 구현되었는지 확인한다.

• 인풋 Input

통합변경통제 수행 프로세스의 인풋은 프로젝트 관리 계획, 프로젝트 문서, 작업성과 보고서, 변경요청, 기업 환경 요인, 조직 프로세스 자산 등 6가지이다. 먼저, 프로젝트 관리 계획의 구성요소 중 변경관리 계획, 형상관리 계획, 범위 기준선, 비용 기준선, 일정 기준선 등이 다양한 지침을 제공하는 동시에 영향분석에 사용된다. 변경관리 계획은 CCB의 역할 및 책임을 포함하여 변경통제 프로세스를 관리하기 위한 지침을 제공한다. 변경요청이 수락되면 프로젝트 관리 계획이 변경되고 제품 범위도 변경될 수 있는데, 형상관리 계획은 제품이나 프로젝트 범위의 다양한 버전을 구별하는 시스템을 설정하여 모든 사람이 말 그대로 동일한 페이지에서 현재 형상에 대해 작업하고 더 이상 사용되지 않는 버전에서 실수로 작업하지 않도록 도와준다. 기준선은 제품이나 프로젝트 범위에 대한 변경이 비용 및 일정에 미치는 영향을 평가하는 데 사용된다.

두 번째, 프로젝트 문서 중 추정치의 기초, 요구사항 추적 매트릭스, 위험 보고서 등의 문서가 변경요청의 영향을 분석할 때 사용된다. 추정치의 기초는 기간, 비용 및 자원 추정치가 어떻게 도출되었는지 보여주고 제안된 제품이나 프로젝트 범위 변경이 프로젝트 일정, 예산 또는 자원에 미치는 영향을 계산하는 데 사용할 수 있다. 요구사항 추적 매트릭스는 제안된 변경이 프로젝트 범위에 미치는 영향을 평가하는 데 도움이 되며, 위험 보고서는 변경이 전체 및 개별 프로젝트 위험에 미치는 영향을 표시하는 데 활용된다.

세 번째, 작업성과 보고서는 프로젝트 작업 모니터링 및 통제 프로세스의 아웃풋으로 문제 해결을 위한 조치사항을 분석한 내용이 들어가 있어 변경요청에 대한 결정을 내릴 때 참고할 수 있다.

네 번째, 변경요청은 다양한 프로세스에서 생성되지만 변경관리 계획에 설명된 CCB나 기타 메커니즘이 평가하고 승인하거나 거부할 요청이다.

다섯 번째 인풋은 기업 환경 요인이다. 법적 제한, 법적 혹은 규제 요건이나 제약사항, 정부 또는 산업 표준, 조직 거버넌스 프레임워크, 계약 및 구매 제약사항 등은 통합변경통제 수행 프로세스에 영향을 줄 수 있는 기업 환경 요인이다.

여섯 번째는 조직 프로세스 자산으로 변경통제 절차와 형상관리 지식베이스가 통합변경통제 수행 프로세스에 영향을 줄 수 있는 조직 프로세스 자산이다. 변경통제 절차는 변경허가를 승인하고 발급하는 절차를 포함하는데 이것이 중요한 이유는 예를 들어 일정이나 예산에 미치는 영향 측면에서 특정 임계값을 초과하는 변경에는 다른 수준의 승인이 필요할 수도 있기 때문이다. 형상관리 지식베이스는 프로젝트나 제품의 형상을 어떻게 관리할 것인가에 대한 조직 표준이 포함되어 있다.

• 아웃풋 Output

본 프로세스의 첫 번째 아웃풋은 승인된 변경요청이다. 통합변경통제 수행 프로세스의 핵심은 인풋인 변경요청에 대해 승인 여부를 결정하는 것이다. 만약 변경요청이 거부되면 변경로그로 바로 넘어가지만 승인이 되면 승인된 변경요청이 아웃풋으로 출력되어 프로젝트 작업 지시 및 관리 프로세스로 넘어가 변경이 구현된다. 이때 승인된 변경요청 또한 변경로그에 기록되며 향후 변경 사항을 추적하는 데 사용할 수 있다. 두 번째 아웃풋은 프로젝트 관리 계획 업데이트로서 변경요청이 승인되면 변경 내용을 반영하기 위해 하나 이상의 프로젝트 기준선 또는 프로젝트 관리 계획의 기타 구성 요소가 변경될 수 있다. 세 번째 아웃풋은 프로젝트 문서 업데이트이다. 여러 프로젝트 문서가 이 프로세스에 의해 변경될 수 있지만 항상 영향을 받는 것은 변경로그이다. 이 변경로그에 승인된 변경 사항은 구현을 추적하기 위해 기록되고 그리고 거부된 변경 사항은 거부 사유를 남기기 위해 기록된다.

• 도구와 기법 Tools and Techniques

본 프로세스의 도구와 기법은 주로 인풋으로 입력된 변경요청의 수락 여부를 결정하기 위한 것들이다. 먼저, 이와 같은 의사결정 프로세스가 있을 때마다 PMBOK는 최소한 전문가 판단을 권장한다. 산업에 대한 기술적 지식과 프로젝트의 중점영역, 법률 및 규정, 조달, 형상관리 및 위험관리 등의 전문지식이 이 프로세스에서 도움이 된다.

두 번째, 변경통제 도구(change control tools)는 변경요청을 평가하기 위한 도구와 변경 요청이 승인된 경우 사용되는 도구를 모두 포함한다. 변경통제 위원회(CCB)는 요청된 모든 변경의 승인여부를 결정하는 공식적인 사람들의 그룹이다. CCB는 변경요청 준비에 대한 지침을 제공하고 변경요청을 평가하며 승인된 변경의 구현을 관리한다. 요청된 변경이 빈번하거나 광범위한 대규모 프로젝트에서 유용할 수 있으며 조직의 이해관계자가 위원으로 참가하기도 한다. 또한 변경관리 소프트웨어는 통합변경통제 프로세스를 더 빠르게 할 수 있다. 이 소프트웨어는 변경을 구현하기 위한 작업 항목을 포함하여 변경 요청 및 결과 결정을 관리한다. 이해관계자는 변경을 요청하기가 쉬우며 적절한 팀원이 이러한 요청을 받는 것도 쉬어 진다. 예를 들어, 팀 리더가 추가 자금요청을 제출하면 소프트웨어가 자동으로 로그를 생성한 다음 변경통제 위원회에 요청을 보낸다. 이는 의사소통 시간을 줄이고 모든 변경요청에 대한 기록을 자동화한다. 변경요청이 승인되면 프로젝트 관리 계획에 변경 사항이 생긴다는 것을 의미한다. 프로젝트에서 작업하는 팀원이나 프로젝트를 모니터링하는 이해관계자가 개선된 최신 버전의 프로젝트 관리 계획을 사용하고 구버전의 계획을 사용하지 않도록 형상관리 도구가 필요하다.

세 번째, 데이터 분석 기법에는 비용편익 분석과 대안 분석이 포함된다. 비용편익 분석은 비용 및 편익 측면에서 요청된 변경을 분석하는 데 도움이 된다. 대안 분석은 기준을 사용하여 변경요청을 평가하여 변경의 승인 여부를 결정할 뿐만 아니라 변경을 대안에 따라 수정할 수도 있다.

네 번째, 의사결정 기법에는 투표, 독재적 의사 결정(autocratic decision making), 다중기준 결정분석(multi-criteria decision analysis) 등이 포함된다. 투표시 만장일치, 과반 이상의 다수결 또는 단순 최다득표 중 한 가지 방법으로 결정할 수 있다. 독재적 의사결정은 한 개인이 전체 그룹의 결정을 내리는 책임을 지는 방법이다. 다중기준 결정분석은 미리 정의된 기준 세트에 따라 요청된 변경 사항을 평가하기 위한 체계적인 분석 접근방식이다.

다섯 번째, 본 프로세스에서 주로 사용하는 회의는 변경통제 회의이다. 이 회의는 변경통제 위원회에서 개최하는데 주요 내용은 요청된 변경이 시간, 비용, 자원 또는 위험과 같은 프로젝트의 제약에 어떤 영향을 미치는지 분석하는 것이다. 그런 다음 데이터 분석 기법을 사용하여 대안과 함께 요청된 변경 사항을 논의한다. 최종적으로 의사결정 기법을 사용하여 승인 여부를 판단하면 변경요청에 대한 결과가 이해관계자에게 전달되며 변경은 변경통제 도구를 사용하여 관리된다.

A7 프로젝트 또는 단계 종료 Close Project or Phase

프로젝트 또는 단계 종료는 조직에서 공식적으로 프로젝트를 마무리하는 프로세스이다. 통합관리 지식영역의 마지막 프로세스이며 5가지 프로젝트 관리 프로세스 그룹 중 종료 프로세스 그룹에 속한다. 본 프로세스는 모든 프로젝트 관리 지식영역을 닫는 데 초점을 둔다. 각 지식영역내 여러 프로세스와 활동이 완료되면 프로젝트가 완료된 것으로 간주된다. 본 프로세스는 이러한 활동과 프로세스의 성공적인 완료를 확인한다. 본 프로세스의 주요 목적은 모든 프로젝트 산출물을 수집하고 최종 승인을 받고 산출물을 보관하고 프로젝트를 공식적으로 마무리하는 것이다.

프로젝트 또는 단계 종료 프로세스는 다음과 같은 세 가지 경우에 필요하다. 첫 번째는 프로젝트 단계가 완료된 때이다. 프로젝트에 여러 단계가 있는 경우 각 단계를 종료하기 위한 종료 프로세스가 있어야 한다. 두 번째는 프로젝트가 완료된 때이다. 프로젝트가 성공적으로 완료되면 프로젝트 종료 프로세스가 구현되어야 한다. 마지막으로 프로젝트가 취소 또는 미완성 종료(termination)될 때이다. 프로젝트가 미완성 종료되더라도 프로젝트 종료 프로세스는 실행되어야 한다. 프로젝트는 프로젝트 목표가 더 이상 유효하지 않거나 충족되지 않을 경우 중단될 수 있다. 프로젝트가 중단되더라도 프로젝트 종료는 적절하게 이루어져야 한다. 프로젝트가 중단된 이유, 프로젝트의 마지막 상태, 최종 성과, 가장 최근 프로젝트 문서 등을 수집하고 조직 프로세스 자산 라이브러리에 보관해야 한다. 유사한 프로젝트가 시작될 때 중단된 프로젝트에서 교훈을 얻기 위해 기록을 확인할 수 있기 때문이다.

이 프로세스의 주요 이점은 교훈의 문서화, 모든 관련 프로젝트 작업의 종료, 조직 자산 및 자원의 최종 릴리스이다.

- **인풋 Input**

프로젝트 또는 단계 종료 프로세스에는 총 8가지 인풋이 입력된다. 먼저, 첫 번째 인풋은 프로젝트 헌장이다. 여기에는 프로젝트 성공기준, 승인 요구사항 및 프로젝트를 승인할 사람 정보가 담겨 있다.

두 번째 인풋은 프로젝트 관리 계획이다. 이 문서는 프로젝트의 실행, 모니터링 및 통제, 종료 프로세스를 가이드 하므로 프로젝트 또는 단계가 실제로 완료되었는지 여부에 대한 결정을 내리기 위한 참고 자료로서 중요한 입력이다.

세 번째 인풋은 프로젝트 문서이다. 많은 프로젝트 문서 중에서도 중요한 것은 다음과 같다. 품질관리 측정은 품질 요구사항이 준수되었음을 확인하는데 사용되고 요구사항 문서는 프로젝트 범위 준수를 입증하는 데 사용된다. 변경 로그와 이슈로그는 모든 변경요청이 빠짐없이 처리되었는지 또는 모든 이슈가 처리되었는지 마지막으로 확인하는데 사용된다. 그 외에도 가정 로그, 추정치의 기초, 교훈 등록부, 마일스톤 리스트, 프로젝트 의사소통, 품질 보고서, 위험 등록부, 위험 보고서 등의 프로젝트 문서가 인풋으로 사용된다.

네 번째 인풋은 수락된 산출물(accepted deliverables)이다. 이것은 범위관리내의 범위검증 프로세스의 아웃풋으로 문제없음을 확인한 산출물이다. 잘못된 의사소통 가능성을 피하기 위해 산출물을 공식적으로, 즉 서면으로 수락하는 것이 중요하다.

다섯 번째 인풋은 비즈니스 문서인데 비즈니스 케이스와 편익관리 계획 두 가지가 있다. 비즈니스 케이스는 프로젝트를 정당화하는 비즈니스 요구와 비용 편익 분석을 문서화한 것인데 그 근거가 타당한지 확인하기 위해 필요하다. 편익관리 계획은 언제 편익의 달성여부를 확인해야 하는지, 누가 편익을 확인할 것인지, 사용할 기준은 무엇인지를 결정하는 데 사용된다.

여섯 번째 인풋은 계약(agreements)인데 프로젝트를 위해 만들어져 조달관리 계획서에 기록된 것을 의미한다. 공식적인 조달 종료에 대한 실제 요구사항은 조달관리 계획에 포함되어 있는데 계약서에 나와 있는 거래약관과 비교하여 확인할 수 있다.

일곱 번째 인풋은 조달 문서인데 계약서와 함께 모든 조달이 적절하게 마감되었음을 보여주기 위해 사용된다. 계약을 종료하기 위해 모든 조달 문서를 수집하고 색인을 생성하고 보관한다.

여덟 번째 인풋은 조직 프로세스 자산인데 프로젝트 또는 단계 종료 프로세스에 영향을 줄 수 있는 것은 종료 지침 또는 종료 요건과 형상관리 지식베이스이다. 종료 지침 또는 종료 요건에는 교훈, 최종 프로젝트 감사, 프로젝트 평가, 제품 검증, 수락 기준, 계약 종료, 자원 재할당, 팀 성과평가, 지식 이전 등이 포함된다. 형상관리 지식베이스는 모든 공식적인 조직 표준, 정책, 절차, 프로젝트 문서에 대한 이전 버전 및 기준선을 포함한다.

• 아웃풋 Output

본 프로세스의 아웃풋은 총 4가지이다. 첫 번째 아웃풋은 프로젝트 문서 업데이트이다. 모든 프로젝트 문서는 프로젝트 종료의 결과로 업데이트되고 최종 버전으로 표시될 수 있으며 조직 기록 관리 시스템에 보관된다.

두 번째 아웃풋은 최종 제품, 서비스 또는 결과의 이전(final product, service, or result transition)이다. 프로젝트에서 생산한 제품, 서비스 또는 결과는 그것들의 수명주기 전반에 걸쳐 이를 운영, 유지관리 및 지원할 다른 그룹이나 조직에 양도될 수 있다. 이 아웃풋은 외부 프로젝트의 경우 다른 그룹이나 조직에 인계 또는 이전되지만 내부 프로젝트의 경우 조직 자체에 인계된다.

세 번째 아웃풋은 최종 보고서(final report)이다. 최종 보고서는 프로젝트 성과에 대한 요약을 제공하며 다음과 같은 정보가 포함된다.

- 프로젝트 또는 단계에 대한 요약 수준 설명
- 범위 목표, 범위를 평가하는 데 사용된 기준 및 완료 기준이 충족되었다는 증거
- 품질 목표, 품질평가 기준, 확인결과, 실제 마일스톤 달성일자, 편차 사유
- 허용 가능한 비용 범위를 포함한 비용 목표, 실제 비용 및 편차 사유
- 최종 제품, 서비스 또는 결과에 대한 검증 정보의 요약
- 일정 목표, 프로젝트 종료 시 목표한 혜택이 충족되지 않는 경우 최종적으로 달성한 정도, 향후 혜택 실현에 대한 추정
- 최종 제품, 서비스 또는 결과가 비즈니스 계획에서 식별된 비즈니스 니즈를 어떻게 달성하였는지에 대한 요약. 프로젝트 종료 시 비즈니스 니즈가 충족되지 않은 경우에 달성한 정도와 비즈니스 니즈가 미래에 언제 충족될 것인지에 대한 추정치
- 프로젝트에서 발생하는 모든 위험 또는 이슈와 해결 방법에 대한 요약

네 번째 아웃풋은 조직 프로세스 자산 업데이트이다. 조직의 절차, 프로세스 및 지침은 프로젝트 문서를 사용하여 업데이트 된다. 교훈 저장소(lessons learned repository)라고 불리는 전사 문서(organization-wide document)에는 프로젝트에서 만들어진 교훈 등록부가 추가된다. 프로젝트 종료 문서는 프로젝트 완료 및 완성된 산출물의 이전을 기록한 공식 문서를 의미한다. 프로젝트가 공식적으로 종료되고 팀이 해산된 후에 산출물 혹은 재작업이 여전히 미해결 상태라는 사실을 알게 되면 큰 문제가 될 수 있다. 프로젝트 관리자는 이전 단계의 종료 문서, 고객수락 문서 및 필요한 경우 계약을 검토하여 프로젝트 종료를 마무리하기 전에 모든 프로젝트 요구사항이 완료되었는지 확인한다. 이들 문서들은 최종적으로 조직의 문서 데이터베이스로 전송된다. 프로젝트에서 생산하는 제품 또는 서비스를 유지관리, 운영 및 지원하는 데 도움이 되는 문서인 운영 및 지원 문서는 지원부서로 인계되고 운영에 대한 책임을 사업부로 이양한다.

• 도구와 기법 Tools and Techniques

본 프로세스는 최종 프로세스이지만 전문가 판단, 데이터 분석, 회의 등이 핵심 도구 및 기법으로 사용된다. 먼저, 전문가 판단은 법률 문제나 프로젝트 종료 시 내부 요구사항과 관련된 문제에 대해서 필요할 수 있다.

두 번째, 데이터 분석은 일정 및 예산과 관련하여 프로젝트가 어떻게 수행되었는지에 대한 성과표를 만드는 데 사용될 수 있다.

마지막으로 종료보고(close-out reporting) 회의, 고객 마무리(customer wrap-up) 회의, 교훈 회의, 축하 회의와 같은 다양한 회의가 사용될 수 있다. 이들 회의는 산출물이 수락되었는지 또는 종료 기준이 충족되었는지 확인하고, 완료를 공식화하고, 이해관계자의 만족도를 평가하고, 교훈을 수집하고, 지식과 정보를 이전하고, 성공을 축하하는 등의 목적으로 개최된다.

프로젝트 선정 Project Selection

통합관리의 시작은 프로젝트 헌장을 작성하는 것이다. 이것은 프로젝트 관리 프로세스 그룹 중 착수 프로세스 그룹에 해당한다. 하지만 프로젝트 헌장 작성은 조직에서 추진할 프로젝트를 결정한 이후에 일어나는 일이다. 조직은 수직적 통합에서 설명했듯이 조직의 전략적 목표와 연계되는 다양한 프로젝트들을 발굴하겠지만 많은 경우 자원부족으로 인해 이들을 모두 추진하지 못할 수도 있다. 이때 조직은 이들을 우선순위화 하거나 특정 기준에 맞는 프로젝트를 선정하여 추진하여야 한다.

정보전략계획(information strategy planning, ISP)은 조직의 목표를 지원하기 위한 IT 활용 전략계획을 수립하는 것으로 정보기술을 비즈니스 전략에 연계시키는 것이 중요하다. 전략계획(strategic planning)에서 전략이란 용어는 단기가 아닌 장기 목표의 결정이란 의미를 내포한다. 전략계획 수립은 내부적으로 조직의 강점과 약점을 진단하고 외부적으로 비즈니스 환경의 급격한 변화로 인한 기회와 위협을 분석한다. 또한 미래 트렌드를 예측하고 제품에 대한 니즈를 조사하여 잠재적인 프로젝트를 파악한다. 전략계획의 최종 결과물은 도출된 프로젝트 중 실제로 추진할 프로젝트들이다. 그림 3-3은 정보전략계획을 설명하는 프레임워크인데, 가장 상위 레벨인 IT와 비즈니스 연계 단계에서는 IT 전략을 조직의 미션 및 비전과 연계시키고 이를 바탕으로 주요 비즈니스 영역을 도출한다. 다음 상위 레벨인 비즈니스 영역 분석 단계에서는 IT를 활용하여 성과를 극대화할 수 있는 핵심 비즈니스 프로세스를 문서화한다. 세 번째 레벨인 프로젝트 계획 단계에서는 잠재적 프로젝트를 도출하고 프로젝트 범위와 성과, 제약 등을 정의한다. 가장 하위 레벨인 자원 분배 단계에서는 IT 프로젝트를 선정하고 자원을 할당한다.

[그림 3-3] 정보전략계획 프레임워크

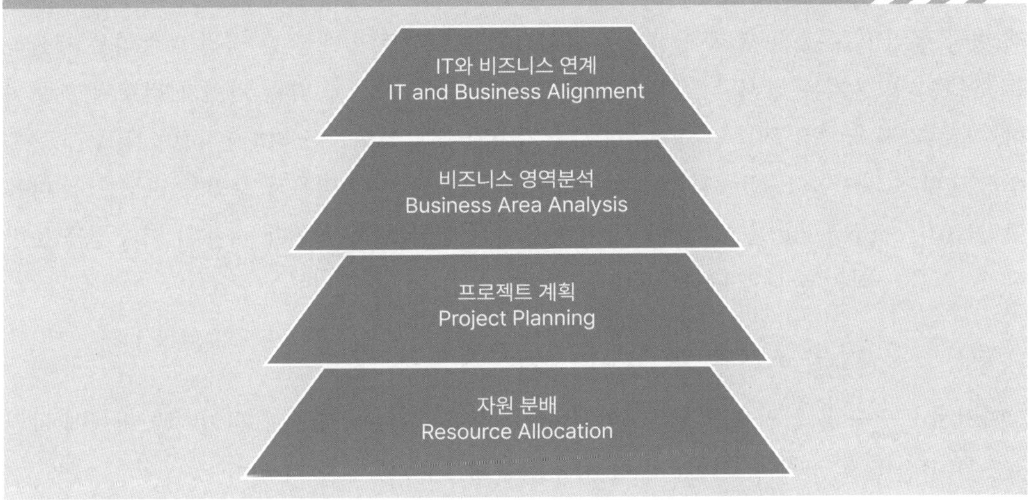

IT 프로젝트를 선정하는 방법은 여러 가지가 있을 수 있다. 먼저 개략적인 조직 니즈에 초점을 맞추는 것이 첫 번째 방법이다. 이 방법은 조직의 광범위한 니즈를 해결하는 프로젝트야 말로 조직에 중요하기 때문에 훨씬 더 성공적 일 수 있다는 믿음에 근거한다. 정확하게 동진을 세는 것보다 대략 금을 측정하는 것이 더 좋을 수 있다는 격언을 생각해 보면 된다. 특정 프로젝트에 대한 니즈가 있는지, 사용 가능한 예산은 있는지, 프로젝트를 성공시킬 강한 의지가 있는지 살펴본다.

두 번째, IT 니즈를 분류하는 방법에 따라 프로젝트를 선택할 수 있다. 예를 들어, 프로젝트 추진동력에 따라 프로젝트 유형을 분류해 보면 문제형, 기회형, 지시형 프로젝트로 나눌 수 있다. 문제형 프로젝트는 조직의 목표 달성을 방해하는 바람직하지 않은 상황을 해결하고자 하는 프로젝트를 의미하는 반면 기회형 프로젝트는 조직을 개선할 수 있는 기회를 모색하는 프로젝트를 뜻한다. 지시형 프로젝트는 경영진, 정부 또는 일부 외부 영향에 의해 부과된 새로운 요구사항을 충족시키는 프로젝트를 뜻한다. 조직은 문제형 프로젝트를 가장 먼저 선택해야 하며 다음으로 지시형 프로젝트, 그리고 마지막 우선순위가 기회형 프로젝트가 될 수 있다. 또 다른 프로젝트 분류법으로 시간관점을 사용할 수 있다. 즉, 프로젝트가 시간이 얼마나 걸리고 언제 필요한가에 따라 그 선택이 달라질 수 있다.

세 번째는 재무분석을 수행하는 방법이다. 재무적 가치를 평가하는 방법으로는 순 현재가치 분석(net present value analysis, NPV), 투자수익률(return on investment, ROI), 회수기간 분석(payback analysis) 등 3가지가 있다. 순 현재가치 분석은 예상되는 모든 미래 현금 유입 및 유출을 현재 시점으로 할인하여 프로젝트의 예상 순 금전적 손익을 계산하는 방법이다. 총계는 같지만 NPV가 다른 이유는 돈의 시간에 따는 가치가 다르기 때문이다. 재무 가치가 주요 기준인 경우 NPV가 양수인 프로젝트를 고려해야 하며 NPV가 높을수록 좋다는 의미이다. NPV를 계산하기 위해서는 먼저 예상 비용과 수익을 결정한다. 다음 할인율(discount rate)을 결정하는데 할인율이란 현금 흐름 할인에 사용된 이자율을 뜻한다. NPV를 구하는 공식은 다음과 같다.

$$NPV = \Sigma \frac{A_t}{(1+\gamma)^t} \quad \text{where } r = \text{할인율}, A = \text{금액}, t = \text{기간}$$

여기서 $\frac{1}{(1+\gamma)^t}$ 을 할인요소(discount factor)라고 부른다. 결국 매년 이익과 비용에 할인요소를 곱한 다음 누적 이익에서 누적 비용을 빼면 NPV를 구할 수 있다.

투자 수익률은 NPV 즉, 할인된 총수익에서 할인된 총비용을 차감한 뒤 이를 할인된 총비용으로 나눈 값이다. ROI가 높을수록 좋으며 많은 조직은 프로젝트에 필요한 수익률 또는 최소 허용 투자 수익률을 가지고 있다.

내부 수익률(internal rate of return, IRR)은 투자 지출과 그 투자로 유입되는 미래 현금 유입액의 현재가치가 같아지도록 할인하는 이자율을 의미한다. 간단히 말하면 NPV를 0으로 만드는 할인율이 내부 수익률이다. 2개 프로젝트인 경우, IRR이 높은 프로젝트를 선택해야 하며 1개 프로젝트인 경우, 그 IRR이 은행 이자율보다 높으면 그 프로젝트를 선택할 수 있다.

네 번째는 회수기간 분석(payback analysis) 즉, 발생 이익이 비용을 초과하기까지 얼마나 시간이 소요되는 지를 분석하는 방법이다. 순 누적 할인수입이 순 누적 할인비용과 같을 때 원금회수(payback)이 발생한다. 당연히 조직은 짧은 원금회수 기간을 원한다.

다섯 번째, 가중점수 모형(weighted scoring model)을 사용할 수 있다. 가중점수 모형은 프로젝트 선택 프로세스에 중요한 기준을 식별한 후 각 기준에 가중치(백분율)를 할당하여 그것들이 모두 100%가 되도록 하고 각 프로젝트에 대해 기준별 점수를 할당하여 점수에 가중치를 곱하고 총 가중치 점수를 구하는 방법이다. 가중치 점수가 높은 프로젝트를 선택하면 된다.

여섯 번째는 균형점수표(balanced scorecard, BSC) 방법을 활용하는 것이다. 균형점수표는 Kaplan 박사와 Norton 박사가 조직성과 평가를 위해 개발한 방법으로 고객 서비스, 혁신, 운영 효율성 및 재무 성과와 같은 4가지 조직의 가치 동인을 일련의 정의된 메트릭으로 변환하는 방법론이다. 이는 재무 위주의 성과평가 방법에서 탈피하여 종합적으로 조직의 역량을 평가할 수 있으며 재무와 비재무, 내부와 외부 지표 등으로 구분이 가능하다는 장점이 있다. 재무적(financial) 관점은 조직의 재무 성과나 재무 자원의 활용을 본다는 의미이다. 고객/이해관계자(customer/stakeholder) 관점은 조직 성과를 고객이나 주요 이해관계자의 관점에서 본다. 내부 프로세스(internal process) 관점은 제품, 서비스 및 다른 주요 업무 프로세스와 관련된 조직 성과의 품질이나 효율성을 본다. 마지막으로 조직 능력 혹은 학습과 성장(organizational capacity or learning & growth) 관점은 획기적인 성과에 중요한 인적 자본, 인프라, 기술, 문화 및 그 외 다른 능력을 본다. 이와 같이 BSC는 조직을 4가지 관점으로 살펴봄으로써 각 관점과 관련한 목표, KPI, 대상, 이니셔티브 등을 수립하게 하는 방법이어서 이를 활용한 프로젝트의 선택이 가능하다.

이번 장에서 학습한 내용 생각해 보기

프로젝트 통합관리의 7개 프로세스를 프로젝트 관리 프로세스 그룹과 연계시켜 각 프로세스의 목적을 논의해 보자

변경요청을 중심으로 프로젝트 통합관리의 작업 흐름을 설명해 보자

핵심 용어

균형점수표 balanced scorecard

기업 환경 요인 enterprise environmental factors

기준선 baseline

변경 요청 change requests

변경통제 위원회 change control board

비즈니스 문서 business documents

비즈니스 케이스 business case

수평적 통합과 수직적 통합 horizontal integration and vertical integration

순 현재가치 분석 net present value analysis

승인된 변경요청 approved change requests

작업성과 데이터 work performance data

작업성과 보고서 work performance report

작업성과 정보 work performance information

정보전략계획 information strategy planning

조직 프로세스 자산 organizational process assets

지식관리와 정보관리 knowledge management and information management

통합변경통제 수행 프로세스 perform integrated change control

투자수익률 return on investment

포커스 그룹 focus group

프로젝트 관리 계획 Project management plan

프로젝트 또는 단계 종료 프로세스 close project or phase

프로젝트 작업 모니터링 및 통제 프로세스 monitor and control project work

프로젝트 작업 지시 및 관리 프로세스 direct and manage project work

핵심 용어

프로젝트 통합관리 project integration management

프로젝트 헌장 project charter

형상관리 configuration management

회수기간 분석 payback analysis

제4장
프로젝트 범위관리

이번 장을 통해서 학습하게 될 내용들

- 프로젝트 범위관리가 중요한 이유
- 범위관리 계획 프로세스
- 이해관계자의 요구와 기대를 충족하기 위해 요구사항을 수집하고 문서화하는 방법
- 범위 정의 프로세스 및 범위 명세서의 내용
- 작업분할구조를 만드는 방법
- 범위 검증의 중요성과 그것이 범위 정의 및 범위 제어와의 관련성
- 프로젝트 성공 가능성을 높이기 위한 범위 통제의 역할

제 4장
프로젝트 범위관리

미니 사례

김부장은 온라인 건강지원관리 포털(Online Health Support Management Portal)을 구현하는 프로젝트의 PM이다. 이 프로젝트는 회사의 전 직원이 한 곳에서 건강 및 치과 관련 지원 혜택을 살펴보고, 관련 질문에 대한 답변을 얻고, 지원 혜택에 대한 변경을 가능하게 하는 원스톱 포털을 구축하는 것이다. 요구사항은 프로젝트 시작 후 2주 동안 수집되었으며 모든 이해관계자는 요구사항 수집 세션에 참여했다. 이제 프로젝트가 거의 완료되었으며 포털은 IT/응용 프로그램 개발 그룹에서 개발했다. 테스트를 거쳤고 시스템은 잘 작동하며 다음 주 초에 오픈할 예정이다.

최고 경영진 중의 한 명이 김부장에게 다가와 직원들이 자신의 퇴직연금을 관리할 수 있도록 구성 요소를 포털에 추가하는 것이 좋겠다고 제안한다. 사실 이 경영진은 다음 주 오픈할 때 이 기능이 되기를 원한다. 김부장은 어떻게 해야 하는가?

프로젝트 범위의 중요성

PMBOK는 프로젝트 범위를 지정된 특징이나 기능을 갖춘 제품, 서비스 또는 결과를 제공하기 위해 수행해야 하는 작업으로 정의한다. 범위는 프로젝트 산출물(deliverable)을 만드는데 관련된 모든 작업이며 동시에 프로젝트의 상세 결과물 또는 기능 집합을 나타낸다. 여기서 산출물 또는 결과물이란 하드웨어, 소프트웨어, 계획 문서 또는 회의록과 같은 프로젝트의 일부로 만들어진 모든 종류의 제품을 뜻한다.

이해관계자의 기대치를 관리하는 것은 프로젝트 관리자가 직면할 수 있는 가장 어려운 작업 중 하나이다. 하지만 범위가 분명하다면 모든 이해관계자들이 프로젝트 수명주기 동안 같은 목표와 기대치를 가질 것이다. 잘 정의된 범위는 끊임없이 변화하는 요구사항, 프로젝트 중간에 다시 고려해야 하는 요구사항, 고객이 기대한 것과 다른 최종 결과, 예산 초과, 일정 지연 등과 같은 여러 문제들을 방지하는 데 도움이 될 수 있다.

효과적인 범위관리는 범위를 명확하게 정의하고 프로젝트에 관련된 모든 당사자에게 전달함으로써 이러한 문제 중 일부를 방지하는 데 도움이 될 수 있다. 프로젝트 범위는 프로젝트에 포함된 항목과 포함되지 않은 항목을 구분하는 데 도움이 되며 실행 시 허용되거나 제거되는 항목을 통제한다. 프로젝트 범위가 없으면 프로젝트 관리자가 프로젝트에 소요되는 시간, 비용 또는 노동력을 전혀 알 수 없다. 범위는 프로젝트 관리자가 직무에서 내리는 모든 결정의 기초를 형성하며 이를 변경해야 할 때 적절한 의사소통이 매우 중요하다.

프로젝트 범위관리 프로세스

프로젝트 범위관리는 범위 변경을 관리하여 프로젝트가 여전히 일정과 예산에 맞추어 종료될 수 있도록 보장한다. 프로젝트 범위관리는 프로젝트에 포함되거나 포함되지 않은 것을 정의하고 통제하는 과정으로 프로젝트 팀과 이해관계자가 프로젝트에서 만들어낼 제품과 이 제품을 만들어낼 과정에 대해 동일한 이해를 갖도록 만들어 준다. 프로젝트 범위관리는 나음과 같은 6개의 작입들로 구싱되이 있다.

- 범위관리 계획 (Plan Scope Management)
- 요구사항 수집 (Collect Requirements)

- 범위 정의 (Define Scope)
- 작업분할구조 작성 (Create WBS)
- 범위 검증 (Validate Scope)
- 범위 통제 (Control Scope)

프로젝트 범위관리 계획은 프로젝트 범위와 요구 사항을 관리할 방법을 결정한다. 요구사항 수집은 프로젝트 중 생산되는 제품의 특징 및 기능과 제품을 만드는 데 사용 되는 프로세스를 정의하고 문서화 한다. 범위 정의는 범위 관리 계획, 프로젝트 헌장, 요구 사항 문서 및 조직 프로세스 자산을 검토하여 범위명세서를 작성하는 작업이다. 작업분할구조(Work Breakdown Structure, WBS) 작성은 주요 프로젝트 산출물을 보다 작고 관리하기 쉬운 구성 요소로 세분화 한다. 범위 검증은 프로젝트 결과물의 수용을 공식화하는 작업이다. 마지막으로 범위 통제는 프로젝트 수명 동안 프로젝트 범위 변경을 관리한다.

이들 6개 프로세스를 프로젝트 관리 프로세스 그룹의 관점에서 살펴보면 표 4-1과 같이 처음 4개의 프로세스는 계획 프로세스 그룹에 속하며 나머지 2개는 모니터링 및 통제 프로세스 그룹에 속한다. 범위관리 프로세스들은 통합관리와 달리 프로젝트 관리 프로세스 그룹의 5개 프로세스 중 오직 계획 프로세스 그룹과 모니터링 및 통제 프로세스 그룹과 관련한 활동이 있을 뿐이다.

[표 4-1] 프로젝트 관리 프로세스 그룹과 범위관리 맵핑

지식 영역	착수 프로세스 그룹	계획 프로세스 그룹	실행 프로세스 그룹	모니터링 및 통제 프로세스 그룹	종료 프로세스 그룹
범위관리		범위관리 계획 요구사항 수집 범위 정의 WBS 작성		범위 검증 범위 통제	

다음 그림 4-1은 프로젝트 범위관리의 입력물, 도구와 기법, 산출물을 보여준다.

[그림 4-1] 프로젝트 범위관리 개요

Project Scope Management

Plan Scope Management

Inputs
-Project Charter
-Project Management Plan
-Enterprise Environmental Factors
-Organizational Process Assets

Tools & Techniques
-Expert Judgment
-Data Analysis
-Meetings

Outputs
-Scope Management Plan
-Requirement Management Plan

Collect Requirements

Inputs
-Project Charter
-Project Management Plan
-Project Documents
-Business Documents
-Agreements
-Enterprise Environmental Factors
-Organizational Process Assets

Tools & Techniques
-Expert Judgment
-Data Gathering
-Data Analysis
-Decision Making
-Data Representation
-Interpersonal and Team Skills
-Context Diagram
-Prototypes

Outputs
-Requirements Documentation
-Requirements Traceability Matrix

Define Scope

Inputs
-Project Charter
-Project Management Plan
-Project Documents
-Enterprise Environmental Factors
-Organizational Process Assets

Tools & Techniques
-Expert Judgment
-Data Analysis
-Decision Making
-Interpersonal and Team Skills
-Product Analysis

Outputs
-Project Scope Statement
-Project Documents Updates

Create WBS

Inputs
-Project Management Plan
-Project Documents
-Enterprise Environmental Factors
-Organizational Process Assets

Tools & Techniques
-Expert Judgment
-Decomposition

Outputs
-Scope Baseline
-Project Documents Updates

Validate Scope

Inputs
-Project Management Plan
-Project Documents
-Verified Deliverables
-Work Performance Data

Tools & Techniques
-Inspection
-Decision Making

Outputs
-Accepted Deliverables
-Work Performance Information
-Change Requests
-Project Documents Updates

Control Scope

Inputs
-Project Management Plan
-Project Documents
-Work Performance Data
-Organizational Process Assets

Tools & Techniques
-Data Analysis

Outputs
-Work Performance Information
-Change Requests
-Project Management Plan Updates
-Project Documents Updates

A1 범위관리 계획 Plan Scope Management

프로젝트 범위관리의 첫 작업은 범위가 어떻게 관리되어야 할 지 계획을 수립하는 것이다. 범위관리 계획의 주요 목적은 프로젝트 범위를 설명, 개발, 구성 및 검증하는 방법을 정의하는 것이다.

• 인풋 Input

범위관리 계획 프로세스의 인풋은 프로젝트 헌장, 프로젝트 관리 계획, 기업 환경 요인, 조직 프로세스 자산 등 4가지이다. 먼저, 프로젝트 헌장은 프로젝트 목적, 역할 및 책임 설정과 같은 프로젝트 목표를 설명하고 이해관계자를 식별하여 범위관리 프로세스를 계획하는 데 필요한 프로젝트 프레임워크를 제공하는 데 사용된다. 특히 범위관리와 관련된 프로젝트 헌장의 항목들은 프로젝트 목적, 상위 레벨의 프로젝트 설명, 가정, 제약(예산, 일정 또는 기타), 상위 레벨의 요구 사항 등이다.

두 번째, 범위관리와 관련된 프로젝트 관리 계획의 구성요소에는 프로젝트 수명주기 설명 및 개발 접근방식(예측, 반복, 증분, 적응형, 혼합형)과 품질관리 계획이 포함된다. 범위는 작업의 완전성을 담당하지만 품질은 작업의 정확성을 담당한다. 따라서 범위관리는 기본적으로 조직의 품질 정책, 방법론 및 표준이 프로젝트에서 어떻게 구현되는가에 의해 영향을 받을 수 있다.

세 번째 인풋은 기업 환경 요인인데 조직 문화와 인프라는 범위관리에 영향을 줄 수 있는 요소 중 하나이다.

마지막 인풋은 조직 프로세스 자산으로 조직의 정책과 절차는 모든 관리 계획에 중요하며 과거 정보와 교훈을 저장하고 있는 리포지토리는 프로젝트가 과거에 수행된 것과 유사한 경우 프로젝트 범위 개발을 안내하는 데 도움이 될 수 있다.

• 아웃풋 Output

이 프로세스의 주요 산출물은 범위관리 계획서(Scope Management Plan)와 요구사항관리 계획서(Requirements Management Plan)이다. 먼저 범위관리 계획서는 프로젝트 관리팀이 프로젝트 범위를 정의하고, 문서화하고, 검증하고, 관리하고, 통제하는 방법에 대한 지침을 제공한다. 범위관리 계획서에 포함되어 할 상세한 내용은 다음과 같다.

- 예비 프로젝트 범위기술서를 기초로 상세화된 프로젝트 범위기술서를 준비하는 방법
- 상세화된 프로젝트 범위기술서로부터 WBS를 만들고, WBS의 유지관리 및 승인 방법
- 완료된 프로젝트 산출물에 대한 공식적인 검증과 인수 승인 방법
- 프로젝트 범위에 대한 변경요청을 통제하는 방법

PMBOK에 따르면 요구사항(requirement) 혹은 요건은 비즈니스 요구를 충족시키기 위해 제품, 서비스 또는 결과에 존재해야 하는 조건이나 능력(capability)을 의미한다. IEEE(Institute of Electrical and Electronics Engineers)는 요구사항을 계약, 표준, 사양, 혹은 다른 공식 의무 문서를 만족시키기 위해 시스템이 갖추거나 시스템에 의해 충족되는 조건이나 능력으로 정의한다. 결국 요구사항은 사용자가 문제를 풀거나 목표를 달성하기 위해 필요로 하는 기능이나 성능이다.

모든 프로젝트는 프로젝트를 제한하고 가이드 하는 요구사항의 영향을 받는다. 프로젝트 관리자는 이러한 요구 사항을 이용하여 프로젝트의 범위를 정의하고 성공 기준에 대한 윤곽을 잡는다. 요구사항 관리는 개별 요구사항을 식별하고 관리하는 프로세스이며 따라서 요구사항 관리 계획의 목적은 모든 이해관계자 및 비즈니스 요구 사항이 계획에 따라 식별, 분석, 관리 및 충족되도록 하는 것이다. 요구사항 관리 계획서는 프로젝트 수명주기 동안 프로젝트 요구사항을 관리하는 방법을 안내하므로 다음과 같은 내용을 포함해야 한다.

- 프로젝트 요구사항 분석, 문서화 및 관리 방법
- 요구사항 활동을 계획, 추적 및 보고하는 방법
- 형상관리 활동을 수행하는 방법
- 요구사항의 우선 순위를 정하는 방법
- 제품에 대한 평가측정치(metrics)를 이용하는 방법
- 요구사항의 속성을 추적하고 포착하는 방법

• 도구와 기법 Tools and Techniques

이 프로세스에서 사용되는 도구와 기법은 대부분의 계획 프로세스와 같이 전문가 판단, 데이터 분석, 회의 등이다. 먼저, 전문가 판단은 결정을 내리는 데 전문가로부터 도움을 받는다는 것으로 특히 이전에 유사한 프로젝트를 수행한 경험이 있는 개인이나 그룹과 범위관리 계획을 작성할 때 협의해는 것이 좋다.

두 번째 기법은 데이터 분석으로 특히 대안 분석(alternative analysis)이 대표적이다. 특정 요구사항을 달성하는 방법은 여러 가지가 있을 수 있으며 대안에 대한 브레인스토밍 후 프로젝트에서 추구할 대안을 결정할 때 대안 분석 기법을 사용한다. 대안 분석은 문제 파악, 대안 식별, 대안 평가, 대안 비교 등의 절차를 포함한다.

세 번째, 회의는 의사결정을 내리는 토론의 장이다. 회의에서 다룰 문제들은 어떤 한 사람이나 각자의 관점에서 풀기에는 너무 크기 때문에 의사결정 과정에 프로젝트 팀 외에 스폰서와 선정된 이해관계자, 그리고 조직의 범위관리를 담당하는 기타 구성원들이 참석해야 한다.

A2 요구사항 수집 Collect Requirements

요구사항은 프로젝트 결과에 대한 프로젝트 이해관계자의 기대이다. 즉, 요구사항은 프로젝트의 결과로 생산되는 제품이 포함해야 하는 조건 또는 기능이다. 이러한 요구사항은 제품의 범위이며 최종 결과물인 제품을 생산하기 위해 프로젝트 중에 필요한 작업인 프로젝트의 범위와 구별된다. 요구사항 수집은 프로젝트 목표를 충족하기 위해 이해관계자의 요구사항과 니즈를 결정하고 문서화하며 관리하는 프로세스이다. PMI에 따르면 프로젝트 실패의 약 70%가 요구사항 수집에 기인한다. 충격적인 사실은 이들 프로젝트의 대부분이 일정과 예산 기준을 잘 충족하고 있었다는 것이다. 최종 프로젝트 인도 또는 프로젝트 종료 단계에서 프로젝트 결과물이 이해관계자의 기대를 충족할 수 없다고 판단되는 경우 프로젝트가 얼마나 위험한 상황에 빠질 지 상상할 수 있다.

요구사항 수집 프로세스가 중요한 이유는 프로젝트 범위를 정의하고 관리하기 위한 기반을 제공하기 때문이다. 만약 요구 사항을 제대로 정의하지 않은 주요 결과는 재작업(rework)이다. 소프트웨어 요구사항 결함을 수정하기 위한 상대적 비용을 시점에 따라 정리해 놓은 연구 결과가 그림 4-2에 나와 있다. 설계 및 구조단계에서 결함이 발견될 경우 추가되는 비용을 100이라 했을 때 개발단계에서 요구사항 결함에 따른 재작업 비용은 500으로 늘어난다. 통합 테스트 단계에서는 이 비용이 10배로 늘어나고 고객에게 제품이 인도된 이후에는 30배까지 커진다. 프로젝트 수명주기에서 뒤로 갈수록 상대적 결함 수정 비용은 기하급수적으로 커진다는 것을 알 수 있다. 요구사항 수집이 중요하면서도 가장 어려운 작업인 이유이기도 하다.

[그림 4-2] SW 결함 수정 위한 상대적 비용

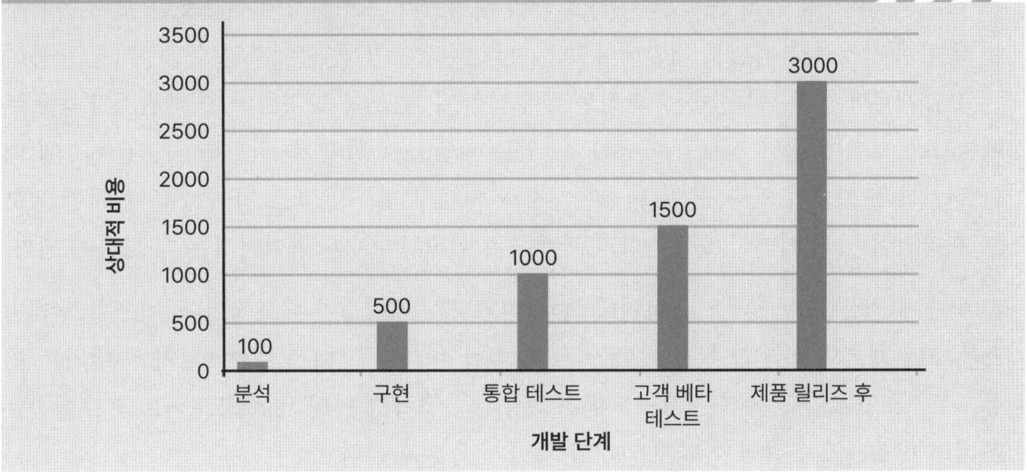

• 인풋 Input

요구사항 수집 프로세스의 인풋은 요구사항을 수집할 소스를 의미하며 프로젝트 헌장, 프로젝트 관리 계획, 프로젝트 문서, 비즈니스 문서, 계약, 기업 환경 요인, 조직 프로세스 자산 등 7가지이다. 먼저, 프로젝트 헌장은 통합관리 영역의 프로젝트 헌장 작성 프로세스의 결과물이다. 프로젝트 헌장은 본질적으로 프로젝트의 종자(seed)인데 그 이유는 이 문서가 상위 레벨의 요구사항을 포함하여 프로젝트에 대한 많은 정보를 포함하기 때문이다. 프로젝트 헌장은 프로젝트 관리자가 이러한 요구사항을 찾기 위해 살펴보아야 할 첫 번째 문서일 것이다.

두 번째 인풋은 프로젝트 관리 계획인데 특히 범위관리 계획, 요구사항 관리 계획, 이해관계자 참여 계획 등의 구성 요소들이 사용된다. 범위관리 계획과 요구사항 관리 계획은 범위관리 계획 프로세스의 아웃풋이기도 한데 이들은 요구사항 수집이 어떻게 수행되어야 하는지 방법을 설명한다. 또한 프로젝트 헌장 및 비즈니스 케이스에서 찾은 요구사항을 보완하기 위해 이해관계자로부터 많은 요구사항을 얻어야 한다. 이해관계자 참여 계획은 이해관계자가 누구이며 현재 참여 수준이 어느 정도인지에 대한 정보를 제공한다.

세 번째 인풋은 프로젝트 문서인데 이 프로세스의 인풋으로 간주될 수 있는 프로젝트 문서로 가정로그, 교훈 등록부, 이해관계자 등록부 등이 있다. 높은 수준의 전략적 및 운영적 가정과 제약은 일반적으로 비즈니스 케이스에서 식별되며 프로젝트 헌장으로 그 내용이 흘러 들어갈 것이다. 그런 다음 이러한 상위 수준의 가정들은 가정 로그에 입력되며,

여기에는 나중에 계획 프로세스에서 개발될 기술 사양, 예산 및 일정 추정, 위험 등과 같은 하위 수준 가정 등도 포함된다. 프로젝트 지식관리 프로세스의 아웃풋인 교훈 등록부는 특히 주기적으로 범위를 개발해야 하는 반복 수명주기 혹은 애자일 수명주기를 사용하는 프로젝트에서 요구사항을 효과적으로 수집할 수 있도록 도와준다. 이해관계자 등록부에는 요구사항에 대한 정보를 제공할 수 있는 사람을 식별할 수 있도록 이해관계자에 대한 정보가 포함되어 있다. 또한 이해관계자의 기대치 및 프로젝트 참여 수준에 대한 정보도 포함되어 있어 이러한 요구사항과 관련하여 이해관계자를 참여시키는 데 도움이 된다.

네 번째 인풋은 비즈니스 문서인데 특히 비즈니스 케이스가 대표적이다. 비즈니스 케이스는 프로젝트의 목적과 목표, 프로젝트에 대한 비즈니스 니즈(프로젝트가 수행되는 이유, 즉 프로젝트가 충족하는 요구) 및 프로젝트의 전략적 연계 내용(프로젝트를 수행하는 조직의 비즈니스 전략과 어떻게 일치할 것인가)을 포함한다.

다섯 번째 인풋은 계약이다. 비즈니스 파트너와의 계약에는 프로젝트 및 제품 요구사항이 포함될 수 있다.

여섯 번째 인풋은 기업 환경 요인으로 가장 중요한 것은 프로젝트 수행 방식에 대한 많은 요구사항을 결정하는 조직의 문화와 제품의 다양한 요구사항을 결정하는 시장 조건이다.

마지막으로 일곱 번째 인풋은 조직 프로세스 자산인데 요구사항을 수집 및 분석하는 방법을 개략화하는 정책 및 절차와 이전 프로젝트에서 얻은 과거 정보 및 교훈 저장소 등이 대표적이다. 여기에는 이전 프로젝트에서 요구사항이 수집된 방법에 대한 정보 뿐만 아니라 이러한 요구 사항을 분석하는 데 도움이 되는 가정 로그도 포함된다.

• 아웃풋 Output

이 프로세스의 아웃풋은 요구사항 문서화(requirements documentation)와 요구사항 추적 매트릭스(requirements traceability matrix)이다.

수집된 요구사항은 잘 정리하고 문서화하여 요구사항이 완전한 지 다른 요구사항에 어떻게 영향을 미치는지 파악할 수 있어야 한다. 요구사항의 문서화는 프로젝트의 유형과 복잡성에 따라 비교적 단순하거나 매우 복잡할 수 있다. 요구사항을 체계적으로 유지하는 한 가지 방법은 프로젝트에 대한 모든 요구사항을 일목요연하게 정리하는 요구사항 등록부(requirements register)를 만드는 것이다. 소규모 프로젝트의 경우 간단한 표나 스프레드시트를 이용하여 만들 수 있으며 크고 복잡한 프로젝트의 경우 소프트웨어 프로그램을 사용하여 요구사항을 구성, 추적 및 관리할 수 있다. 간단한 요구사항 등록부라도 최소한 이해관계자 이름, 직위, 요구사항에 대한 설명, 요구사항의 범주나 유형, 우선순위, 승인 기준(acceptance criteria) 등과 같은 정보는 포함되어야 한다.

요구사항 추적 매트릭스는 요구사항과 요구사항을 내는 이해관계자, 그리고 요구사항을 충족시킬 프로젝트 산출물 간의 연결을 보여주는 것으로, 모든 요구사항이 잘 처리되고 있는지 확인하기 위해 각 요구사항과 다양한 관련 속성, 그리고 요구사항의 상태 정보 등을 나열한 표이다. 간단히 말해서 프로젝트 수명주기 전반에 걸쳐 모든 요구사항을 추적하고 이들 프로젝트 요구사항이 충족되는지 확인하는 데 사용되는 문서이다.

요구사항 추적 매트릭스는 프로젝트 범위의 기초를 형성하고 특정 요구사항과 결과물을 연계시키는 역할을 하기 때문에 프로젝트 아주 초기에 만들어야 한다. 요구사항 추적 매트릭스에서 기준선으로 확정된 요구사항은 사용 사례(use cases), 설계, 테스트 계획, 테스트 사례와 같은 다른 기준선 자료들에 매핑된다. 이는 비즈니스 요구사항을 기술 요구사항과 매핑하여 모든 요구사항이 최종 결과물에서 충족되도록 하는 것이다. 결국 요구사항 추적 매트릭스는 프로젝트의 다양한 활동이 요구사항을 충족시키면서 어떤 요구사항도 구현 시 누락되지 않는다는 것을 확인시켜 주며 추가적으로 범위에 대한 변경 사항을 관리하기 위한 구조도 제공한다.

요구사항 추적 매트릭스는 양방향(bi-directional)으로 추적할 수 있다. 결과물을 검사함으로써 해당 요구사항이 충족되고 있는지 파악하는 전진(forward) 방식도 있으며 반면에 왜 특정 기능이 필요한지 해당 요구사항을 살펴보는 후진(backward) 방식의 활용도 가능하다.

• 도구와 기법 Tools and Techniques

요구사항 수집 프로세스에서 사용되는 도구와 기법을 보다 잘 이해하기 위해서는 요구사항의 유형을 먼저 살펴보는 것이 중요하다. 먼저, 비즈니스 요구사항은 프로젝트가 수행된 이유로서 프로젝트의 결과물이 충족시켜 줄 비즈니스 니즈를 의미한다. 이러한 요구사항의 출처는 프로젝트 헌장 및 비즈니스 케이스 문서에서 찾을 수 있다. 두 번째, 이해관계자 요구사항은 특정 이해관계자 또는 이해관계자 그룹의 요구사항을 의미하고 이러한 요구사항은 이해관계자와 협력하여 찾을 수 있다. 세 번째, 솔루션 요구사항은 앞에서 언급한 비즈니스 및 이해관계자 요구사항을 충족하는 제품, 서비스 또는 결과의 특정 기능, 특징 및 특성을 의미한다. 따라서 제품이 어떻게 될 것인지에 대한 세부 사항을 살

[그림 4-3] 요구사항 추적 매트릭스 예시

ID	요구사항 설명	요청인	부서	비즈니스 근거 / 니즈	WBS 산출물	테스트 전략	사용자 인수 테스트 책임	상황
01	대시보드의 테이블을 그래프로 변경	홍길동	마케팅	데이터 표현과 가독성 개선	1.1 4.7	사용사례 개발	사용사례에서 정의된대로 테스트 단계를 따르고 결함보고	완료
02	드롭다운 목록에 지역 추가	김선달	마케팅	지역관리자가 담당 시장을 더욱 정확하게 이해	1.2	로드 테스트 완료	시뮬레이션을 위해 로드런너를 사용하고 지역이 정확하게 표현되었는지 확인	진행 중

펴보아야 하며 이러한 요구사항의 출처는 주제 전문가가 될 것이다. 솔루션 요구사항에는 기능적 요구사항과 비기능적 요구사항 등 두 가지 하위 유형이 있다. 기능적 요구사항(functional requirements)은 제품이 수행해야 하는 데이터, 작업 또는 프로세스가 무엇인지 파악한다. 비기능적 요구사항(non-functional requirements)은 기능적 요구사항을 보완하고 제품이 효과를 발휘하는 데 필요한 환경 조건 또는 품질을 설명한다. 제품의 신뢰성, 사용 방법의 용이성, 계속 사용하기 위한 기술 및 기타 지원 등이 포함된다. 네 번째, 전환 및 준비 요구사항은 교육 요구사항과 같이 제품의 사용으로 전환하기 위해 마련해야 하는 임시 기능이다. 다섯 번째, 프로젝트 요구사항은 앞선 제품의 범위가 아니라 프로젝트 자체의 범위를 다룬다. 예를 들어, 예산과 일정에 대한 제약이 포함된다. 마지막으로 여섯 번째는 품질 요구사항이다. 범위는 작업의 완전성을 다루는 제약 조건이지만 품질은 작업의 정확성을 다루는 제약 조건이다. 품질 요구사항은 프로젝트의 최종 결과물을 검증하는 데 필요한 조건이나 기준은 무엇인지, 수행해야 하는 테스트가 있는지, 검사 절차는 무엇으로 구성되는지 등을 포함된다. 또한 최종 결과의 유효성 검사 프로세스가 객관적이고 고객 또는 프로젝트 스폰서가 이해할 수 있도록 프로젝트 시작시 이를 설명하는 것이 중요한지 등을 다룬다.

요구사항을 수집하고 분석하여 우선순위를 지정하고 마지막으로 프로젝트의 요구사항을 결정하는 데 사용되는 도구 및 기법은 전문가 판단, 데이터 수집, 데이터 분석, 의사결정, 데이터 표현(data representation), 대인관계 및 팀 스킬(interpersonal and team skills), 컨텍스트 다이어그램(context diagram), 프로토타입 (prototypes) 등 8가지이다.

첫 번째는 전문가 판단으로 요구사항과 관련하여 상담할 수 있는 필요한 전문가는 요구사항의 유형에 따라 달라질 수 있다. 예를 들어, 솔루션 요구사항을 위해서는 기술 전문가가 필요하고 비즈니스 요구사항에 관해서는 프로젝트 스폰서나 상위 관리자가 필요할 것이다.

두 번째는 데이터 수집인데 대표적인 요구사항 수집 방법으로 인터뷰(interviewing), 설문조사 및 서베이(questionnaires and surveys), 포커스 그룹 및 워크샵(focus groups and facilitated workshops), 브레인스토밍(brainstorming), 벤치마킹(benchmarking), 리버스 엔지니어링(reverse engineering) 등이 있다.

인터뷰는 요구사항을 이해하기 위해 이해관계자와 개인적으로 참여하는 도구이며 개별 미팅이나 전화 통화를 통해 쉽게 할 수 있다. 면접 전에 체크리스트를 미리 준비한다면 단일 회의에서도 모든 요구 사항을 파악할 수 있다. 인터뷰는 구체적으로 언급된 요구사항뿐만 아니라 명시되지 않은 요구사항이나 행간의 의미를 이해할 수 있는 기회를 제공하므로 잘 활용한다면 매우 정교한 요구사항 수집 방법 중 하나가 될 수 있다.

설문조사 혹은 서베이 방법은 대규모 그룹에 대해 사용할 수 있는 요구사항 수집 방법이다. 수 많은 이해관계자로부터 다양한 요구사항을 수집해야 하는 경우 이들 수 많은 이해관계자와 일대일 인터뷰를 하는 것은 시간적, 공간적, 비용적으로 비효율적일 때가 많다. 설문조사 및 서베이 방법은 많은 이해관계자 그룹의 요구사항을 수집할 수 있는 기회를 제공한다. 특히 이해관계자가 자신의 편의에 따라 참여할 수 있는 유연성을 제공한다. 그러나 설문조사에서 설문 항목을 준비하는 것은 또 다른 과제이다. 편견을 제거하고 이해관계자의 실제 요구사항을 수집하는 데 도움이 되는 올바른 관련 질문을 구성하도록 노력하여야 한다. 초기 설문서를 완성하면 사전시험(pretesting)을 하여 설문서를 고도화 시켜야 한다.

포커스 그룹은 표적 집단으로 파악되는 면담대상자를 일정한 자격기준에 따라 6-10명 정도 선발하여 제품, 서비스, 개념, 아이디어 등에 대해 면담대상자의 지각, 의견, 믿음, 태도 등에 관해 질문을 하는 심도 있는 그룹 인터뷰 기법이다. 주어진 주제에 초점을 맞추어 조사 목적과 관련된 토론을 집중적으로 하여 자료를 수집하기 때문에 포커스 그룹이라고 부른다.

참가자들은 특정 주제에 대해서 지식이 있어야 하며 비슷한 특성을 가지고 있어서 서로 대화하는데 편안함을 느낄 수 있도록 선정되어야 한다. 파악되는 정보의 범위와 깊이는 그룹 구성원간의 상호작용을 통해서 형성되기도 하므로 요구사항 수집 프로세스에서는 일대일 인터뷰보다 포커스 그룹에서 더 깊고 풍부한 정보를 얻기도 한다. 포커스 그룹은 비교적 짧은 시간 내에 많은 양의 정보를 수집할 수 있으면서도 일대일 인터뷰와 마찬가지로 참가자 말을 인용함으로써 그 결과가 일상적 용어로 제시될 수 있는 장점이 있다. 따라서 포커스 그룹은 특정 이해관계자의 요구사항을 수집할 때 사용되면 효과가 크다.

집단 사고(group thinking) 또는 집단 창의성(group creativity)이라고도 하는 브레인스토밍은 서로 다른 영역과 기능의 사람들이 모여 회의를 하여 새로운 아이디어와 새로운 요구 사항을 도출하는 기법이다. 브레인스토밍은 문제 해결을 위해 편안하고 비공식적인 접근 방식을 취하면서 동시에 문제를 정면으로 바라보기 보다 오히려 측면적 관점에서 보는 것을 장려한다. 이러한 방식은 참가자로 하여금 처음에는 파격적으로 보일 수 있는 생각과 아이디어를 내도록 격려한다. 도출된 아이디어 중 일부는 문제에 대한 독창적이고 창의적인 솔루션으로 만들어질 수 있는 반면, 다른 아이디어는 더 많은 아이디어를 촉발하는데 사용된다.

브레인스토밍 세션 동안 참가자들은 아이디어를 비판하거나 보상하는 것을 피해야 한다. 모든 가능성을 열어 놓고 문제의 한계에 대한 잘못된 가정을 무너뜨리도록 노력해야 한다. 브레인스토밍 중간에 하는 판단과 분석은 아이디어 생성을 방해하고 창의성을 제한한다. 모든 세션이 끝나면 기존의 방식을 이용하여 해결책을 추가로 탐색할 수 있는 기회가 주어지며 도출된 아이디어들을 평가한다. 브레인스토밍은 사전에 설정된 것이 아무것도 없을 때 매우 유용하며 특히 새로운 제품에 대한 새로운 요구사항을 탐색해야 할 때 사용할 수 있는 주요 기법이다.

벤치마킹은 우리의 현재 모습과 모범 사례(best practice)를 비교하는 방법이다. 대부분의 조직은 벤치마킹을 통해 동급 최고의 모습을 탐색하고 배우게 된다. 많은 경우, 요구사항은 현재의 생각이나 일하는 방식을 개선하는 내용이므로 선진사의 가장 우수한 방식이나 업무 처리절차 등을 이해하고 배우는 것이 새로운 요구사항의 도출에 중요한 역할을 한다. 최근의 기업 환경은 역동적으로 변하고 있으며 따라서 IT 프로젝트에서의 요구사항 도출 또한 이러한 환경 변화를 잘 반영하여야 한다. 벤치마킹은 이러한 상황에서 차이분석(gap analysis)을 통해 요구사항을 탐색할 수 있는 적절한 기법 중의 하나이다.

리버스 엔지니어링(reverse engineering)은 해체하며 분석한다는 의미이므로 기존 제품이나 서비스가 리버스 엔지니어링의 대상이 된다. 요구사항 수집 프로세스에서 리버스 엔지니어링은 이미 존재하는 제품을 살펴보거나 분해해보고 그 기능과 이유에 대한 기본 사항을 파악한다. 특히 프로젝트가 전사시스템(enterprise systems)과 같이 이미 회사 내에 있는 소프트웨어 시스템을 재개발하거나 대체해야 할 때 리버스 엔지니어링을 사용한다면 기존 시스템에 어떤 기능이 있고 무엇이 잘 작동하고 어떤 것이 잘 작동하지 않는지 파악하기 쉽다.

리버스 엔지니어링은 프로젝트 요구 사항을 수집할 때 유용한 도구로 사용될 수 있지만 주요 방법으로 사용하기 보다는 문서 분석과 같이 초기에 완료하는 다른 방법과 함께 사용하는 것이 훨씬 도움이 될 수 있다. 특히 리버스 엔지니어링은 현재 제품에 대한 문서가 거의 또는 전혀 없는 경우, 현재 제품 또는 시스템이 오래되었지만 기반이 되는 레거시(legacy) 시스템인 경우, 핵심 지식을 보유한 직원이 퇴사하고 자료가 보관되어 있지 않은 경우, 현재의 시스템이나 제품이 뚜렷한 계획 없이 유기적으로 고도화 되어 왔을 때 등의 경우에 매우 유용하다.

리버스 엔지니어링은 현재 제품이나 시스템이 무엇을 하는지 명확하게 이해할 수 있고 사용자 또는 이해관계자로부터의 정보가 필요치 않으며 알려지지 않은 요구사항이 드러날 수 있는 장점이 있다. 반면에 현재 시스템에는 프로젝트 팀이 제거해야 할 쓸모 없거나 불필요한 요소가 있다는 점을 항상 주의해야 한다.

세 번째, 데이터 분석 기법은 문서 분석(document analysis)이라고도 하는데 이름에서 알 수 있듯이 기존 문서를 분석하여 프로젝트 요구사항을 도출한다. 문서 분석은 요구사항에 대한 세부 정보를 수집하기 위해 프로젝트 팀 구성원이 문서를 해석하고 분석하는 질적 접근방법(qualitative approach)의 한 형태이다. 예를 들어 새로운 버션의 신형 제품을 만드는 경우 구형 제품의 각 종 문서들은 새 제품에 대한 요구사항을 생성하는 기초가 된다. 결국 문서 분석의 핵심은 기존 문서이며 광범위한 현재 업무와 관련된 문서들을 분석하여 요구사항을 식별해 낼 수 있는 분석 능력이 중요하다 문서 분석 기법을 사용하는 경우 사업계획, 계약서, 제안 요청서, 시스템 및 업무 매뉴얼, 각 종 보고서와 전표, 인터페이스 문서, 문제 및 이슈 로그, 정책 및 절차, 규제 문서 등이 요구 사항을 생성하는 소스가 될 수 있다.

네 번째, 의사결정 기법은 요구사항 수집에만 사용되는 것이 아니라 일반적인 의사결정에 사용되는 기법을 의미하는데 투표, 다중기준 의사결정(multi-criteria decision making), 독재적 의사결정(autocratic decision making) 등이 있다. 투표는 만장일치, 과반 이상의 다수결 또는 단순 최다득표 중 한 가지 방법으로 결정할 수 있다. 다중기준 의사결정 기법은 먼저 여러 기준을 설정한 후 각 기준에 순위를 지정한다. 최종 요구사항을 선정하기 위해 이 순위를 계산하고 높은 순위에 우선순위를 주는 기법이다. 독재적 의사결정은 단 한 명의 개인만이 요구사항을 정의하는 기법이다. 예를 들어, 조직의 최고 경영자가 프로젝트 요구사항을 설정한다.

다섯 번째, 데이터 표현 기법은 브레인스토밍에서 생성된 아이디어를 가져와 함께 통합하는데 사용되는데 대표적인 기법으로 마인드 매핑(mind mapping)과 친화도(affinity diagram)가 있다. 마인드 매핑은 브레인스토밍 프로세스에서 생성된 아이디어를 가져온 다음, 공통점이 있고 함께 분류될 수 있는 아이디어를 반영하여 하나의 맵에 표시하는 기법이다. 친화도는 많은 수의 아이디어를 검토 및 분석을 위해 관련성 높은 것끼리 그룹으로 분류하고 키워드화 한 후, 이를 통해 현실적인 해결책을 도출해 내고자 하는 기법이다.

여섯 번째, 대인관계 및 팀 스킬은 요구사항을 수집하기 위해 대인 관계 및 팀 관련 스킬이 필요한 도구 및 기법이며 보통 일종의 중재자 또는 진행자 있다. 대표적인 방법으로 명목그룹 기법(nominal group technique), 관찰(observation), 촉진(facilitation) 등이 있다. 명목그룹 기법은 일반적으로 요구사항의 우선순위를 지정하는 데 사용된다. 모든 이해관계자는 브레인스토밍 세션에 참여하고 가능한 많은 아이디어를 생성하고 생성된 각 아이디어에 대해 순위를 매긴다. 각 이해관계자의 이 모든 순위를 더하여 개별 아이디어의 최종 순위를 얻은 후 이러한 아이디어를 분류하여 가장 중요한 요구사항을 수집한다. 당연히 순위가 높을수록 우선순위가 높아진다.

업무 체험(job shadowing)이라고도 하는 관찰은 말 그대로 요구사항을 식별하기 위해 잠재적인 사용자 또는 이해관계자의 행동을 관찰하는 것으로 대화만으로는 얻을 수 없는 통찰력을 얻을 수 있다. 관찰은 기존 제품이나 프로세스를 개선하는 것이 목표인 경우, 이해관계자가 자신의 요구 사항을 완전히 말로 표현하는데 어려움을 겪을 때, 업무가 본질적으로 반복될 때, 다른 데이터의 타당성이 의심되는 경우, 최종 제품이 사용될 작업 환경이나 문화를 탐색하고자 할 때 유용하다.

관찰에는 수동과 능동 두 가지 유형이 있다. 어떤 것을 사용할 것인가 하는 결정은 프로젝트 특성과 시점에 달려있다. 수동적 관찰은 뒤로 물러서서 활동에 방해가 되지 않고 그 과정에 참여하지 않는 관찰이다. 분석가는 운영자나 최종 사용자에게 질문하지 않고 그저 지켜보고 기록한다. 이 방법은 직관적이어야 하는 업무에 잘 맞고 원시 데이터가 필요한 경우에 사용할 수 있다. 반면 능동적 관찰은 분석가가 어떤 식으로든 업무 프로세스에 참여하여 작업 사이에 질문을 하거나 작업 내부에 들어가기 위해 역할을 수행한다. 이해관계자가 자신이 원하는 것을 잘 설명할 수 없는 경우, 프로세스 내부에 실제로 들어가서 능동적인 관찰을 하면서 직접 필요한 사항을 경험하는 것이 가장 좋다.

요구사항 수집에서 관찰 기법을 사용하려면 비교적 빠른 시점에서 사용하여야 한다. 외부에서 관찰한 내용은 설문조사, 인터뷰 또는 포커스 그룹에서 할 질문에 반영할 수 있으며 리버스 엔지니어링을 위한 좋은 출발점이 되기도 한다. 관찰은 사용자 혹은 고객이 일하는 방식에 대해 객관적인 통찰력을 제공하므로 이 후 진행되는 설계 과정의 결과물이 모든 이해관계자들의 기대를 충족하게 하는 데 매우 중요하다.

촉진은 주요 이해관계자를 모아 제품 요구사항을 정의하는 집중 세션을 의미한다. 집중 세션에는 사용자 스토리(user stories), 공동 애플리케이션 설계 및 개발(Joint application design and development), 품질기능 전개(quality function deployment) 등이 있다. 사용자 스토리는 제품의 필수 기능을 짧은 문장으로 설명하는 애자일 방법론에 사용되는 기법이다. 공동 애플리케이션 설계 및 개발은 소프트웨어 개발 산업에서 주로 사용되는데 그룹 역학 및 시너지 효과에 중점을 두는 기법이다. JAD라고도 불리는 이 기법은 요구사항을 수집하기 위해 모든 관련 이해관계자를 한 자리에 모으고 그들은 최종 요구사항을 설정하기 위해 논의하고 합의한다. 품질기능 전개는 고객 구매 요건(customer attribute, voice of customer)과 제품설계 요건(engineering characteristic)의 관계정의를 이용한 제품기획 기법이라 할 수 있다. 이 기법은 이해관계자의 요구 사항이 알려진 경우 기술 요구사항을 생성하는 데 선호된다. 품질기능 전개 기법 적용을 위한 문서 및 의사소통 툴을 품질의 집(house of quality)이라 한다.

일곱 번째, 컨텍스트 다이어그램은 범위 모형을 보여준다. 이 다이어그램은 여러 사용자와 시스템 간의 다양한 상호작용을 시각화 하여 나타낸다. 따라서 컨텍스트 다이어그램은 아래 그림에서 보여지듯이 고객 및 프로세스가 시스템 결과를 가져오기 위해 취하는 단계를 설명한다. 아래 그림은 온라인 신선 식품 매장의 컨텍스트를 설명하는데 다이어그램은 자체 설명이 가능하고 모든 상호 작용에 대해 이해하기 쉽다.

마지막으로 여덟 번째, 프로토타입은 제품개발 전에 기대하는 제품의 모형을 제공하여 요구사항에 대한 초기 피드백을 얻는 방법이다. 프로토타입의 예로는 소규모 제품, 컴퓨터로 생성된 2D 및 3D 모형, 목업(mock-ups), 시뮬레이션 등이 있다. 프로토타입을 통해 이해관계자는 요구사항의 추상적 표현을 논의하는데 국한하지 않고 최종 제품의 모형을 실험해 볼 수 있다. 프로토타입은 목업 생성, 사용자 실험, 피드백 생성, 프로토타입 수정과 같은 반복 주기를 통해 점진적으로 정교하게 된다. 충분한 피드백 주기를 수행하면 프로토타입에서 얻은 요구사항이 설계 및 구축 단계로 갈 수 있을 만큼 충분히 완성된다.

스토리 보딩(story boarding)은 일련의 이미지 또는 일러스트레이션을 통해 시퀀스 또는 탐색을 보여주는 프로토타이핑 기술이다. 스토리보드는 영화, 광고, 애자일 및 기타 소프트웨어 개발 프로젝트에서 사용되는데 특히 소프트웨어 개발에서 스토리보드는 목업을

[그림 4-4] 컨텍스트 다이어그램 예시

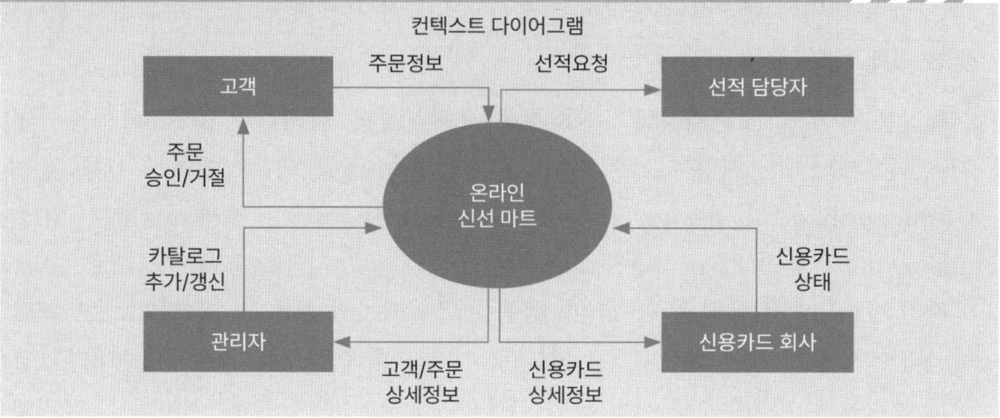

사용하여 웹 페이지, 화면 또는 기타 사용자 인터페이스를 통해 탐색 경로를 표시하는 기법으로 많이 활용되고 있다.

A3 범위 정의 Define Scope

범위 정의는 요구사항 수집 프로세스에서 도출된 최종 요구사항을 기반으로 제품과 이를 생성할 프로젝트에 대한 자세한 설명을 하는 것이다. 이 작업의 주요 이점은 수집된 요구사항 중 프로젝트 범위에 포함될 것과 제외될 것을 정의하여 제품, 서비스 또는 산출물의 경계를 설명한다는 것이다. 또한 향후 범위 검증에서 고객과 프로젝트 팀 간에 오해의 여지가 없도록 범위에 대한 승인 기준을 개발한다. 마치 건물을 지을 때 요구사항이 하중을 받치는 구조물이라면 범위는 공간을 만들어내는 벽, 바닥, 천장 및 창문과 같은 구조물을 연결하는 것으로 건물의 구체적 모양을 결정한다고 비유할 수 있다.

• 인풋 Input

범위 정의 프로세스의 인풋은 프로젝트 헌장, 프로젝트 관리 계획, 프로젝트 문서, 기업 환경 요인, 조직 프로세스 자산 등 5가지이다. 먼저, 프로젝트 헌장은 상위 레벨의 프로젝트 설명과 제품 특성 목록 및 승인 요구사항 등을 포함한다. 따라서 이는 프로젝트의 범위를 파악하기 위해 가장 먼저 살펴봐야 하는 문서이다.

두 번째 인풋은 프로젝트 관리 계획인데 그 구성요소 중 범위관리 계획은 이 프로세스를 포함하여 모든 범위관리 프로세스를 수행하는 방법을 문서화하므로 중요한 인풋이다.

세 번째 인풋은 프로젝트 문서인데 대표적인 문서로 가정 로그, 요구사항 문서, 위험 등록부 등이 있다. 프로젝트 헌장을 생성한 동일한 프로세스에서 아웃풋으로 만들어진 가정 로그는 제품, 프로젝트, 환경, 이해관계자 및 프로젝트 및 제품 범위에 영향을 미칠 수 있는 기타 요소에 대한 상위 수준 가정 및 제약을 식별한다. 이러한 가정이 변경되면 프로젝트 및 제품 범위도 변경될 수 있다. 한편 요구사항 문서는 제품 및 프로젝트 범위에 구체화될 요구사항 정보를 담고 있다. 또한 위험 등록부는 특정 위험을 피하거나 완화하기 위한 전략을 담고 있는데 이러한 전략에는 프로젝트 또는 제품 범위의 축소나 변경 그리고 조직에서 처리할 전문 지식이 없는 프로젝트 또는 제품 범위의 특정 부분을 처리하기 위해 공급업체를 고용하는 것 등이 포함된다.

네 번째 인풋은 기업 환경 요인으로 조직의 문화, 시장 상황, 회사의 인프라 등이 범위 정의 프로세스에 영향을 줄 수 있는 요소이다. 예를 들어, 조직이 어떤 수명주기를 더 선호하는지, 경쟁업체는 동일한 영역에서 무엇을 하고 있는지, 회사가 프로젝트에 대한 추가 자원을 확보해야 하는지 등과 같은 정보는 범위 정의에 영향을 미칠 수 있다.

마지막으로 다섯 번째 인풋은 조직 프로세스 자산으로 대표적인 것으로 범위 명세서를 위한 정책, 절차 및 템플릿, 이전 프로젝트의 프로젝트 파일, 이전 단계 또는 프로젝트에서 배운 교훈 등이 있다.

• 아웃풋 Output

이 프로세스의 아웃풋은 프로젝트 범위 명세서(project scope statement)와 프로젝트 문서 업데이트 두 가지이다. 그 중에서도 범위 정의의 핵심 산출물은 범위 명세서이다. 프로젝트 헌장의 일부 요소가 언뜻 보기에 범위 명세서의 요소와 동일해 보이지만 프로젝트 헌장은 상위 레벨 혹은 보다 일반적인 수준에서 작성된 반면 범위 명세서는 훨씬 더 상세한 수준으로 작성된 문서이다.

범위 명세서를 작성할 때 참고할 문서로는 프로젝트 헌장과 요구사항 문서, 범위 명세서와 관련된 정책 혹은 절차 같은 조직 프로세스 자산, 이전 프로젝트 혹은 유사 프로젝트로부터 나온 프로젝트 파일이나 교훈(lessons learned) 문서 등이 있다. 범위 명세서에 포함되어야 할 주요 항목은 다음과 같다.

- 제품 특성과 요건
- 모든 산출물(deliverables)에 대한 상세 설명
- 범위 제외 항목
- 성공 기준
- 제약 및 가정(constraints and assumptions)
- 주요 마일스톤
- 제품 사양서와 같은 지원 문서

먼저, 제품 특성과 요건에 대한 설명은 제품, 서비스 또는 프로젝트 결과물의 특성이나 주요 기능에 대한 서술적 설명을 의미한다. 예를 들어, 키워드 탐색 기능, 24시간 무정지 시스템, 사용자 요청 접수 기능 등은 여기에서 언급될 수 있다. 프로젝트 헌장에서도 때때로 이러한 설명을 하곤 하지만 범위 명세서에서는 훨씬 정교하게 설명한다.

두 번째, 산출물에 대한 상세 설명은 어떠한 산출물을 생성할지 정의하는 것이다. 여기서 산출물이란 프로세스, 단계 또는 프로젝트를 완료하기 위해 생산해야 하는 고유하고 검증 가능한 제품이나 서비스 또는 결과물을 뜻한다. 이러한 산출물은 프로젝트의 빌딩 블록(building blocks)으로 완료 시 최종 산출물이 되며 고객은 이것들을 범위 검증 프로세스에서 검증한다. 산출물은 프로젝트 관리 관련 산출물과 제품 관련 산출물의 2가지로 나누어 지는데 각 항목에서 어떤 것들을 만들어 내야 하는지 명확하게 정의해야 한다. 먼저 프로젝트 관리 관련 산출물로는 비즈니스 케이스, 프로젝트 헌장, 범위 명세서, WBS, 간트차트, 비용 기준선, 진행보고서, 최종 프로젝트 보고서, 교훈 보고서 등이 있다. 제품 관련 산출물로는 구축된 시스템, 요구사항 등록부, 기본 설계서, 상세 설계서, 데이터 컨버전 프로그램, 테스트 계획서와 케이스, 사용자 매뉴얼 등이 있다. 산출물의 종류는 프로젝트의 특성이나 유형, 규모 등에 따라 고객과 협의해서 조정할 수 있다.

세 번째, 범위 제외 항목은 프로젝트에서 하지 않을 작업을 구체적으로 명시하는 것으로 주로 실제로는 포함되지 않지만 이해관계자가 프로젝트 범위에 포함된다고 가정할 수 있는 산출물로 구성된다. 예를 들어, 프로젝트 스폰서는 시스템 개발 후 해당 시스템의 인증이 프로젝트 범위에 포함된다고 가정할 수 있다. 범위 명세서는 프로젝트 팀이 시스템 인증을 받을 것인지 또는 프로젝트가 완료된 후 스폰서가 인증을 획득할 책임이 있는지를 명확하게 나타내야 한다. 이러한 명확성은 원래 범위 명세서에 정의되지 않은 산출물이

프로젝트 중간에 추가되는 현상인 범위 확장(Scope Creep)을 방지하는 데 도움이 된다.

그 외 항목으로 성공 기준은 프로젝트 종류 후 어떤 프로젝트를 성공이라고 평가할지 설명함으로써 프로젝트 팀과 이해관계자들이 향후 프로젝트 평가 시 공유할 수 있는 기준을 제시한다. 또한 제약 및 가정에는 프로젝트를 완료하기 위해 프로젝트 팀이 작업할 때 직면하게 될 모든 제약 사항이나 가정을 기술하는데 인력, 자원, 일정과 관련된 내용이나 기타 요구 사항이 포함될 수 있다. 주요 마일스톤 관련해서는 이해관계자가 특정 산출물이 완료될 것으로 기대하는 시점을 나타내며 구체적인 일정 정보가 포함되어야 한다. 마지막으로 범위 명세서에는 제품 사양서와 같은 지원 문서가 부록으로 첨부될 수 있다.

또 다른 주요 아웃풋은 프로젝트 문서 업데이트이다. 때때로 범위 정의 프로세스는 이전에 명확하지 않았던 추가 가정 또는 제약을 발견한다. 또한 요구사항을 검토하면 요구사항이 추가되거나 요구사항 자체가 변경될 수 있으며 이러한 변경 또는 추가는 요구사항 추적 매트릭스를 포함한 요구사항 문서에 추가된다. 그 외 이해관계자에 대한 새로운 정보가 이 프로세스 동안 밝혀지면 특히 관심을 갖는 다양한 요구사항에 대한 견해가 이해관계자 등록부에 기록된다.

• 도구와 기법 Tools and Techniques

범위 정의 프로세스에서 사용되는 도구 및 기법은 전문가 판단, 데이터 분석, 의사결정, 대인관계 및 팀 스킬, 제품 분석(product analysis) 등 5가지이다. 먼저 전문가 판단은 이전에 유사한 프로젝트를 수행한 경험이 있는 전문가로부터 도움을 받는 방법이다. 이들 전문가들은 요구사항으로부터 범위를 정의하는 것을 도와줄 수 있다.

두 번째, 데이터 분석의 예는 대안 분석이다. 대안 분석은 프로젝트 헌장에서 식별된 요구사항과 목표들을 충족시키기 위한 다양한 방법들을 평가하는 데 사용된다.

세 번째, 이 프로세스에서 주로 사용되는 의사결정 기법은 다중기준 결정분석이다. 이 분석 기법은 프로젝트 혹은 제품 범위를 구체화하기 위해 요구사항, 일정, 예산, 자원 등과 같은 기준을 설정하는데 사용할 수 있는 체계적인 분석 방식이다.

네 번째, 대인관계 및 팀 스킬 중 진행(facilitation)은 이 프로세스에서 주로 사용되는 스킬 중 한 가지이다. 진행은 주요 이해관계자와 워크샵이나 워킹 세션을 함께 할 때 중요하다. 목표는 프로젝트 산출물나 프로젝트/제품 경계에 대해 부서를 뛰어 넘어 공통으로 이해하고자 하는 것이다. 경계는 범위에 포함되는 항목과 범위에 포함되지 않는 제외 항목을 구분한다.

다섯 번째, 제품 분석은 일반적으로 제품에 대한 질문을 하고 제조될 제품의 용도, 특성 및 기타 관련 측면을 설명하기 위한 답변을 형성하는 것을 의미하는 범위를 정의하는 기법이다. 각 응용 분야에는 상위레벨의 제품 또는 서비스 설명을 의미 있는 산출물로 변환하기 위해 허용되는 방법들이 있다. 요구사항은 상위레벨에서 캡처되고 최종 제품을 설계하는 데 필요한 상세수준으로 분해된다. 제품 분석 기법에는 제품분할, 요구사항 분석, 시스템 분석, 가치 분석 등의 방법이 있다.

A4 작업분할구조 작성 Create the WBS

작업분할구조(Work Breakdown Structure, WBS)는 프로젝트에서 완료해야 하는 모든 산출물 혹은 결과물에 대한 설명이다. WBS를 만들면 팀이 프로젝트의 목표를 달성하기 위해 무엇을 해야 하는지 정확히 알 수 있게 된다. 따라서 WBS는 프로젝트의 목표를 팀원들이 실제로 수행할 수 있는 실제 업무로 전환하는 첫 번째 단계로서 프로젝트 범위를 명확하게 하고 그 범위를 전체 작업 단위로 분할하는 데 도움을 준다.

WBS 작성은 프로젝트 산출물과 프로젝트 작업을 더 작고 관리하기 쉬운 구성 요소로 분해하는 프로세스로서 고객에게 전달해야 하는 최종 산출물에 대한 구조화된 비전을 제공한다. 여기서 분해(decomposition) 혹은 분할은 프로젝트 산출물을 더 작은 조각으로 세분화하는 것을 말하는데 WBS를 만들기 위한 주요 기법이다. WBS 작성은 모든 프로젝트에서 필수적이다. 앞서 설명한 요구사항 수집 프로세스에서 최종 요구사항 목록이 도출되면 이를 바탕으로 범위 정의 프로세스에서 범위 명세서의 주요 항목인 산출물이 식별된다. 이들 주요 산출물은 다시 WBS 작성 프로세스에서 하위 수준으로 내려가면서 더 작은 산출물로 나누어지다가 최종적으로 개별 작업 패키지(work package)로 분해되어 WBS가 된다. 여기서 작업 패키지는 WBS의 가장 낮은 수준에 있는 작업 즉, 더 이상 분해될 수 없는 작업을 의미한다.

요구사항과 산출물 그리고 WBS의 관계를 설명하기 위해 빌딩에 대한 건축 청사진 작성 과정을 생각해 보자. 설계 팀이 처음부터 최종 산출물인 완성된 빌딩의 상세 도면이나 청사진을 바로 그려 나가지는 않는다. 먼저 건평이 몇 평이 되어야 하는지 몇 층짜리 빌딩을 지어야 하는지 지하 주차장은 몇 대의 차를 주차시킬 수 있게 할 건지 등의 니즈에 맞추어 기초 공사를 계획하고 건물 구조에 대한 구조적 요소를 정의한다. 이러한 내용을 담은 기초 도면 작성은 요구사항을 도출하고 우선순위를 정하는 작업과 같다. 다음에 지붕, 벽, 바닥과 같은 연결 구조로 건물을 하나의 공간으로 만들 수 있도록 좀 더 상세한 청사진을 준비하면 건물 전체에 모양이 부여된다. 산출물은 건축 도면에서 이러한 수준의 상세한 청사진과 같다. 산출물을 보면 어떤 모양의 빌딩이 건설될 지 짐작할 수 있듯이 프로젝트 팀이 개발해야 하는 제품의 모습을 파악할 수 있다. 마지막으로, 가구나 인테리어 등을 포함한 각 공간 내부의 상세한 도면이 준비되면 완성된 빌딩의 모습이 자세하게 드러난다. 이러한 도면은 건축 청사진의 가장 상세한 수준의 최종적인 청사진이 될 것이며 WBS는 이처럼 프로젝트에서 만들어야 할 최종 제품의 모습을 하부 수준까지 자세하게 나타낸 청사진으로 이해하면 된다.

WBS가 무엇인지 알아야 하는 것처럼 WBS가 아닌 것을 이해하는 것도 매우 중요하다. 일반적으로 WBS는 조직도처럼 보이며 최상위 수준은 가장 큰 구성 요소이고 최하위 수준은 가장 작은 구성 요소 또는 작업 패키지이다. 그러나 WBS는 순서도가 아니므로 실제로 프로젝트를 수행하는 방법을 보여주지 않는다. 다른 비유를 사용해보면 WBS는 음식의 재료와 같은 것이다. 실제로 레시피를 보고 요리를 만들려면 재료 목록 뿐만 아니라 함께 혼합하는 방법 등에 대한 지침이 필요하다. WBS는 단지 재료일 뿐이며 음식을 만드는 방법은 또 다른 지식 영역인 일정 관리의 주제이다. WBS는 일정 생성을 위한 인풋 중 하나이지만 일정 자체는 아니다. 왜냐하면 WBS의 최하위 수준인 작업 패키지가 활동으로 분해되고 이 활동 목록이 나중에 프로젝트 일정을 수립하는데 사용되기 때문이다. 따라서 WBS는 프로젝트 활동, 비용 견적, 자원 할당, 활동 종속 관계와 같은 일정이나 비용 관련 정보가 포함되지 않는다.

PMBOK에 따르면 WBS는 프로젝트 팀이 수행할 작업에 대한 산출물 중심의 계층적 분할(a deliverable-oriented hierarchical decomposition of the work)이라고 정의된다. 산출물 중심(deliverable-oriented)과 계층 구조가 의미하는 것은 바로 WBS가 아티팩트(artifact) 즉, 결과물이며 이 결과물은 분해될 수 있다는 뜻이다. 다시 말해 WBS는 프로젝트 목표를 달성하고 필요한 결과물을 생성하기 위해 프로젝트 팀이 수행하는 전체 작업 범위를 계층적으로 분해한 것이다. 프로젝트를 수행하면 무엇이 만들어지는가? 만약 이러한 질문을 받는다면 WBS 산출물이라고 답해도 된다.

WBS를 작성할 때 어떻게 활동이 아닌 산출물에만 초점을 맞출 수 있을까? 가장 간단한 방법은 WBS에 포함된 모든 요소는 동사가 아닌 명사임을 기억하는 것이다. 만약 WBS를 분해하는 과정에서 더 이상 세분화된 명사를 기술하지 않고 산출물이 어떻게 생성될 것인지를 표현하는 동사를 사용하는 것으로 바뀌기 시작한다면, WBS는 가장 낮은 분해 수준에 있다는 것을 명심해야 한다. 물론 WBS의 모든 산출물은 향후 일정관리의 다른 프로세스에서 궁극적으로 각 산출물을 생성하기 위해 수행할 활동 목록으로 분해된다. 하지만 이것은 일정을 수립하기 위한 작업이며 범위관리에서의 WBS 작성은 가장 낮은 수준인 작업 패키지 레벨에서의 산출물을 도출하면 끝이 난다.

WBS에서 올바른 산출물 계층 구조를 구성하거나 묘사하는 방법은 여러 가지가 있을 수 있지만 효과적인 WBS를 생성하려면 다음과 같은 지침을 따라야 한다.

- 산출물을 생성하는 활동(동사)과 비교하여 산출물(명사)에 초점을 둔다.
- 계층 구조를 사용하여 프로젝트 범위에 대한 산출물의 관계를 설명한다.
- 궁극적으로 프로젝트 산출물을 생산할 팀원들과 협력하여 WBS를 작성한다.
- 각 WBS 가지에 있는 산출물이 다른 가지의 산출물과 겹치지 않아야 한다. 즉, 동일한 산출물이 반복되어 나타나지 않도록 해야 한다.
- 이해관계자가 WBS에 포함되지 않은 산출물 요소를 프로젝트의 일부로 자연스럽게 알 것이라고 가정하지 말아야 한다.
- WBS를 하위 수준으로 분해해 나갈 때는 100% 규칙을 따라야 한다. 100% 규칙은 분해를 할 때 어떤 수준에서든 하위 산출물 요소들이 상위 산출물을 100% 포함해야 한다는 의미이다.
- 일반적으로 WBS에는 약 3 레벨 정도의 세부 정보가 포함되어야 한다.
- 모든 작업 패키지는 책임지는 개인(work package owner)에게 할당되어야 한다.
- 작업 패키지는 8 시간 이상의 노력이 필요하지만 80 시간 즉, 10일을 넘지 않아야 한다.

• WBS 예시

프로젝트 결과는 제품, 서비스 또는 프로세스로 제공될 수 있다. 제품을 생산하는 프로젝트에서는 WBS가 제품의 모든 구성 요소를 기록한다. 소프트웨어, 건물, 자동차, 교육

과정 등을 만드는 프로젝트가 여기에 해당된다. 서비스를 제공하는 프로젝트에서 WBS는 고객이 경험할 수 있는 서비스와 관련된 요소들을 포함한다. 웨딩 플래닝, 청소, 감사, 수리 서비스 등을 제공하는 프로젝트를 생각하면 된다. 마지막으로 프로세스를 정의하는 프로젝트에서는 WBS가 프로세스의 모든 구성 요소를 담는다. 이런 유형의 프로젝트는 소프트웨어 개발 프로세스 혹은 작업장 재배치 프로세스와 같이 현업이나 특별한 유형의 프로젝트에서 여러 번 사용될 수 있는 프로세스가 최종 결과물이다. 앞에서 제시한 지침에 따라 각 유형별로 효과적인 WBS를 작성해 보자.

▣ 제품 WBS

제품 WBS를 살펴보기 위해 새로운 교육과정을 만드는 프로젝트를 상상해 보자. 그림 4-5에서 보듯이 WBS의 시작점은 계층구조에서 레벨 1이며, 이는 교육과정이라는 최종 산출물을 만들기 위해서 프로젝트가 교육 자료, 시설, 인적자원, 홍보, 교육 행정관리 산출물 등을 개발 혹은 준비해야 한다는 것을 알 수 있다. 하지만 레벨 1 산출물만 알아서는 이것들이 무엇을 포함하는지 파악하기 어려우며, 솔루션 제공업체가 이 제한된 양의 정보로 교육과정을 구축하는 것은 바람직하지 않다. 대부분의 WBS 분해 노력은 WBS를 최소 3개 수준으로 드릴다운(drill down)해야 하지만 3개 이상의 수준은 매우 복잡하고 많은 설명이 필요한 특정 산출물에 대해서만 추가한다. WBS 레벨 2는 계층 구조의 맨 위에 있는 각 상위 요소에 대한 산출물 구성 요소를 보여준다. 예를 들어, 교육 자료는 교재 및 콘텐츠로 구성되고 시설에는 교육장, 주차장, 전산장비, 멀티미디어 산출물 등이 포함된다. 레벨 2 산출물에 대해 더 자세한 정보가 필요한 경우에만 레벨 3 이상으로 분해하면 된다. 가상교육 과정을 지원하기 위해 여러 유형의 전산장비가 구비되어야 하는 것을 알아야 하겠지만 메모리, 드라이브, 배선 등과 같이 모든 컴퓨터 구성 요소를 나열하기에는 정보가 너무 많을 수 있다. WBS를 분해할 때 항상 100% 규칙을 적용해야 한다는 것을 명심하고 새로운 세부 산출물이 상위 산출물을 구성하는 모든 것을 나타내는지 계속해서 질문을 던지고 답하는 것이 필요하다.

▣ 서비스 WBS

서비스를 최종 결과물로 생산하는 프로젝트 역시 WBS에 포함되어야 할 산출물을 가진다. 즉, 프로젝트 결과물의 본질은 수행할 서비스를 배치하는 것이지만 WBS에 포함되는 것은 서비스 이행과 관련되거나 서비스 이행의 결과로 제공되는 특정 산출물이다. 이러한 유형의 WBS는 고객에게 제공될 수 있는, 서비스를 구성하는 산출물 체크리스

[그림 4-5] 교육과정 WBS

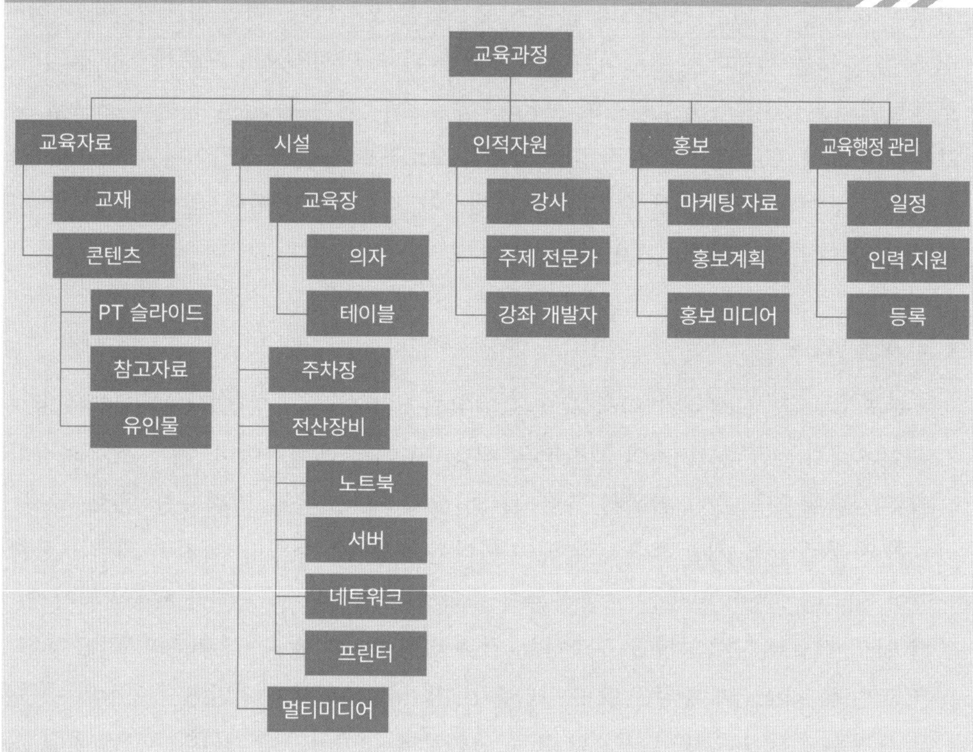

트로 사용되거나 서비스 제공과 관련된 중간 산출물이다.

그림 4-6은 웨딩 플래닝 서비스의 WBS를 보여준다. 레벨 1에 나타나는 최상위의 웨딩 플래닝 서비스 산출물은 웨딩 복장, 의식, 식사, 메이커업, 사진 및 촬영, 여행, 교통 등이다. 만약 고객이 사용 가능한 모든 서비스를 선택하면 이들 서비스와 관련된 모든 WBS 산출물이 결혼식 일정 및 예산에 포함된다. 하지만 고객이 일부 서비스(예: 교통 서비스)를 사용하지 않기로 결정하면 이 서비스와 관련된 WBS 산출물은 해당 결혼식을 위해 준비된 WBS에서 제거되고 프로젝트 일정 및 예산에서도 제외될 것이다. 의식 산출물에 있는 주례 산출물을 보자. 사람이라도 제공되는 서비스 산출물의 일부라면 그 범주에 포함될 수 있다. 만약 주례가 WBS에서 제외되었다면 주례를 참여시키는 활동 또한 마지막 순간까지 결혼식 계획 및 예산에서 빠져 있을 것이다. 이러한 실수는 향후 결혼식 일정 및 비용에 대한 변경 요청을 야기할 것이다.

[그림 4-6] 웨딩 플래닝 서비스 WBS

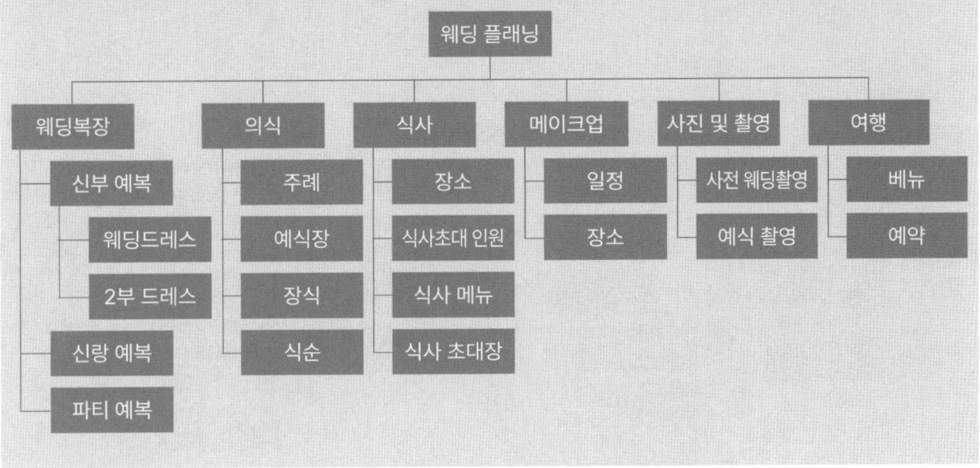

▣ 프로세스 WBS

작업장 재배치 프로젝트는 반복 가능한 프로세스 또는 방법론을 나타내기 위해 미리 수립된 WBS를 사용하는 프로젝트의 한 예시이다. 프로젝트 결과는 유형의 제품이 아닌 재배치된 직원이겠지만, 이 프로젝트는 직원을 이동시키기 위한 유형의 방법론 산출물에 의존하게 된다. 프로세스 WBS는 프로세스를 수행할 때 포함될 수 있는 모든 종류의 산출물을 이상적으로 보여주는 청사진이다. 프로세스가 활용되는 각 프로젝트에 대해 이들 프로젝트의 범위가 어떤 프로세스 결과물을 포함하는지 어떤 것을 포함하지 않는지 좌우한다. 프로젝트별로 WBS를 커스터마이징 하는 접근 방식은 실수로 프로세스 산출물을 간과할 가능성을 줄이고 프로젝트 간에 프로세스를 일관되게 수행하도록 한다.

그림 4-7에 나타나듯이 자업장 재배치 프로세스에는 현재 위치, 목표 위치, 재배치 직원, 전환 계획, 자금조달 결과물 등과 같은 WBS 레벨 1 산출물이 식별된다. 이 예에서 레벨 2 산출물 중 일부는 레벨 3으로 분해된 반면 나머지는 더 이상 드릴다운 되지 않은 것을 볼 수 있다. 이러한 현상은 WBS를 분해하기 위한 브레인스토밍 활동의 결과로서 흔히 발생하며 특히 분해 중 초기에 복잡하고 까다로운 산출물이 식별될 때에도 나타난다. 그림 4-7에 나타난 WBS는 완전히 분해된 WBS가 아니라고 가정하는 것이 좋다. 왜냐하면 다른 많은 레벨 2 산출물이 본질적으로 너무 주관적이기 때문이다.

[그림 4-7] 작업장 재배치 프로세스 WBS

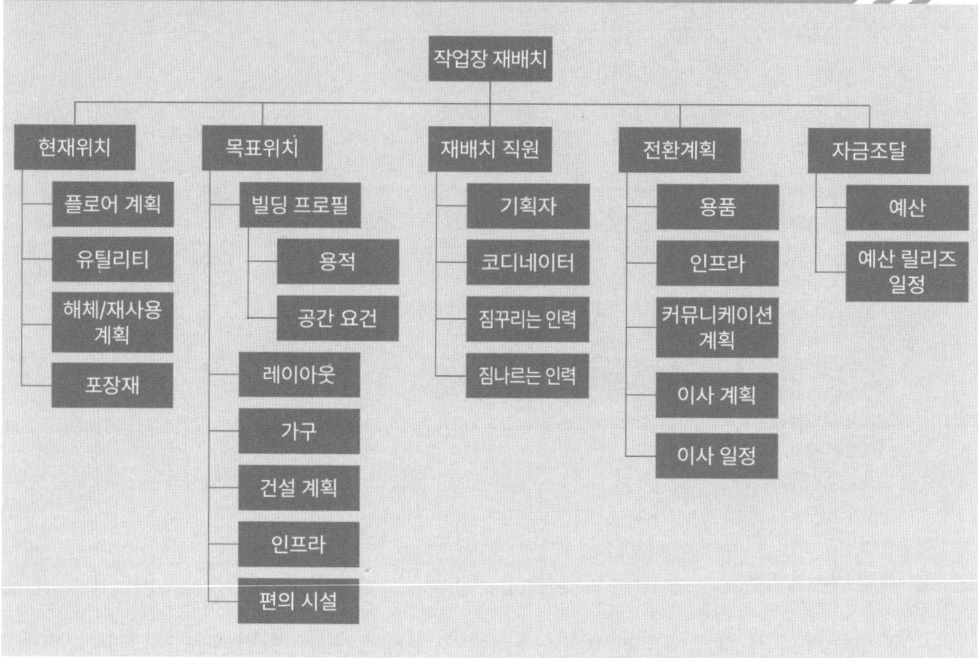

모든 WBS에는 최종 제품이나 서비스 또는 프로세스 산출물에 대한 상세 산출물이 계층적으로 나타나지만(이를 계층 레그(hierarchy legs)라고 함), 프로젝트 관리 산출물에 대한 계층 레그도 포함될 수 있다. 어떤 프로젝트 팀은 프로젝트 솔루션 WBS와 별도로 분리된 WBS에 프로젝트 관리 산출물을 나타내기도 한다. 특히 프로젝트 방법론 산출물을 포함하는 WBS의 경우, 이해관계자들은 대개 독립적인 WBS를 만들어 이것이 솔루션 WBS를 보완하길 원한다. 그림 4-6 작업장 재배치 프로세스 WBS는 자금 조달과 관련된 두 가지 프로젝트 관리 산출물인 예산 및 예산 릴리스 일정을 포함하고 있다.

• 인풋 Input

WBS 작성 프로세스의 인풋은 프로젝트 관리 계획, 프로젝트 문서, 기업 환경 요인, 조직 프로세스 자산 등 4가지이다. 첫 번째, 프로젝트 관리 계획은 그 구성요소 중 범위관리 계획이 주요 인풋이다. 범위관리 계획은 프로젝트 범위 명세서로부터 WBS가 생성되는 방법을 문서화한다.

두 번째, 프로젝트 문서 중에는 프로젝트 범위 명세서와 요구사항 문서가 중요한 인풋이다. 프로젝트 범위 명세서는 수행될 작업과 제외되는 작업을 설명한다. 요구사항 문서는 개별 요구사항이 프로젝트에 대한 비즈니스 요구사항을 어떻게 충족하는지 보여준다.

세 번째, 기업 환경 요인에는 산업 특화된 작업분할구조 표준이 포함된다. 이는 작업분할구조를 생성하기 위한 외부 참조 소스 역할을 할 수 있는 프로젝트의 특성과 관련된 표준이다.

네 번째, 조직 프로세스 자산에는 WBS에 대한 정책, 절차 및 템플릿, 이전 프로젝트의 프로젝트 파일, 이전 프로젝트에서 배운 교훈 등이 포함된다.

• 아웃풋 Output

이 프로세스의 아웃풋은 범위 기준선과 프로젝트 문서 업데이트이다. 먼저, 범위 기준선(scope baseline)은 범위와 관련하여 기준선을 제공하는 문서인데 하나의 문서가 아니라 세 개의 개별 문서가 결합된 것임에 주의해야 한다. 즉, WBS 작성 프로세스에서 만들어지는 WBS와 WBS 사전, 그리고 범위 정의 프로세스에서 생성된 범위 명세서가 범위 기준선을 구성하는 3개의 문서이다. 범위는 여러 세부 레이어가 포함된 일련의 청사진이라고 생각할 수 있다. 이 청사진은 요구사항(빌딩의 구조적 요소), 산출물(빌딩의 모양을 구성하는 벽, 천장, 바닥 등), WBS(가구, 인테리어 등의 상세 도면)로 구성되어 있다. 범위 명세서는 프로젝트 범위에 대한 설명, 주요 산출물, 범위를 둘러싼 경계를 설정하는 가정 및 제약 조건을 포함하므로 청사진의 두 번째 세부수준과 유사하다고 할 수 있다. WBS는 전체 작업 범위를 프로젝트의 요구사항(첫 번째 세부수준)을 충족하는 산출물(두 번째 세부수준)을 만들기 위해 수행해야 하는 작업 패키지(세 번째 세부수준)로 분류해 놓았다. WBS 사전은 WBS의 각 항목, 즉 수행해야 하는 작업에 대해 비용, 일정, 리소스 및 수행에 필요한 기타 요소에 대한 정보를 포함한다.

두 번째 아웃풋은 프로젝트 문서 업데이트인데 가정로그(프로젝트 헌장 작성 프로세스의 아웃풋)와 요구사항 문서(요구사항 수집 프로세스의 아웃풋)가 이 프로세스에서 업데이트 된다.

• 도구와 기법 Tools and Techniques

WBS 작성에 필요한 주요 기법은 전문가 판단과 분해(decomposition)이다. WBS 작성도 예외없이 프로젝트 팀은 전문가, 특히 유사한 프로젝트에서 작업한 사람들로부터 조언을 받는 것이 중요하다. WBS의 참조모형을 찾는 가장 좋은 장소는 이 프로세스에 대한 인풋인 조직 프로세스 자산 중 하나인 WBS에 대한 절차와 템플릿이다. WBS의 내용에 대해 가장 잘 볼 수 있는 곳은 프로젝트 파일과 이전 프로젝트에서 배운 교훈, 그리고 이 프로세스에 입력되는 일부 조직 프로세스 자산이다. 그리고 이러한 문서를 만든 사람들은 특정 프로젝트에 대한 WBS 생성을 위한 컨설턴트 역할을 할 수 있는 훌륭한 전문가이다.

두 번째 기법인 분해는 이 프로세스를 위한 단 하나의 주요 도구 및 기법이다. 분해는 프로젝트 범위 명세서(범위 정의 프로세스의 아웃풋)에 포함된 산출물 수준에서 비용과 기간을 합리적으로 추정하고 관리할 수 있는 작업분류체계의 가장 낮은 수준인 작업 패키지라고 하는 더 작고 관리하기 쉬운 부분으로 프로젝트 범위를 나누는 과정이다. 분해하는 과정은 다음과 같다.

- 조직에서 WBS를 수행하는 방법에 대한 지침은 범위관리 계획을 참조한다.
- 조직에서 사용할 수 있는 작업분할구조에 대한 템플릿을 찾는다. 이 템플릿을 사용하여 범위관리 계획에 포함된 지침에 따라 작업분할구조를 생성한다.
- 프로젝트 범위 명세서에 제시된 산출물을 찾는다.
- WBS를 만든다. 최상위 레벨은 프로젝트 자체의 이름이다.
- 제품 및 프로젝트 산출물은 관련된 요구사항에 따라 구성할 수 있는 다음 수준의 분해이다. 이들은 프로젝트의 복잡성에 따라 "주요 결과물"과 "산출물"로 더 세분화될 수 있다.
- 산출물은 작업 패키지의 가장 낮은 수준에 도달할 때까지 더 세분화한다.
- 결과물의 분해가 적절하게 확인되면 식별 코드를 만들어 WBS의 구성 요소에 할당한다. 여기서 첫 번째 레벨은 1.0, 두 번째 레벨은 1.1, 1.2, 1.3 등으로, 그리고 세 번째 수준에는 1.1.1, 1.1.2, 1.1.3 등으로 식별코드를 붙이면 된다. 이것은 특정 구성요소를 찾기 위한 레벨과 특정 구성요소의 "부모" 구성요소를 식별한다. 부모는 하위 수준에서 하위 구성요소로 분해되는 구성요소이다.
- 작업 패키지가 모두 고유하게 식별되면 연관된 작업 패키지 그룹과 연결된 "통제 계정"을 추가할 수 있다. 이는 모니터링 및 통제 단계에서 사용되며 해당 작업 패키지 그룹에 사용되는 비용, 일정 및 리소스의 계층적 요약을 포함한다.
- 즉시 완료되지 않았거나 일정, 비용 또는 리소스에 대한 자세한 추정이 아직 없는 작업 패키지의 경우 본질적으로 "향후 결정됨"(TBD, To Be Determined)을 의미하는

계획 패키지를 만들 수 있다.

• 각 작업 패키지에 대한 추가 정보는 WBS 사전에 편집된다. 이들 정보는 WBS에 포함된 각 항목에 대한, 다른 지식영역의 다른 프로세스에서 생성된 정보이다.

A5 범위 검증 Validate Scope

범위 검증은 이해관계자가 완성된 프로젝트 범위를 공식적으로 수용하는 것이다. 여기서 수용(acceptance)은 고객의 검사 후 주요 산출물에 서명하여 이루어진다. 흥미로운 것은 범위 검증이 다음 절에 설명되는 범위 통제 프로세스보다 먼저 제시되어 있다는 점이다. 왜냐하면 실제 현장에서는 범위 검증 프로세스가 일반적으로 프로젝트 종료 전 수행할 마지막 프로세스이기 때문이다. 범위를 검증하기 위해서는 완성된 산출물을 받아야 하며 프로젝트 작업이 완료된 후 최종 산출물을 수용하면 프로젝트가 완료되는 것이다. 그 다음은 통합관리의 프로젝트 종료 프로세스로 넘어가게 된다.

만약 범위 검증에서 산출물을 수용하지 않으면 최종 산출물이 고객 또는 후원자의 수용기준을 충족하도록 범위를 변경해야 한다. 이 경우, 두 가지 상황을 고려해야 하는데 먼저 재작업을 해야 하는 상황이라면 범위 검증 프로세스에서 변경 요청이 만들어지고 이것이 통합변경통제 수행 프로세스로 들어가서 변경에 대한 수용 여부를 판단한 후 프로젝트 작업 지시 및 관리 프로세스로 들어간다. 재 작업 후 다시 품질 통제 프로세스에서 범위 확인을 한 후 범위 검증을 하게 될 것이다. 두 번째 상황은 산출물을 재작업 하는 것이 아니라 범위 기준선 자체가 잘 못 되어 이를 변경해야 하는 상황 즉, 계획이 비현실적임이 판명된 경우이다. 이런 경우, 범위 기준선을 변경할 수 있는 범위 통제 프로세스로 넘어가서 변경요청이 만들어질 것이고 수정 작업 후 고객이 최종 산출물을 다시 검증할 수 있도록 한다. 이와 같이 범위 검증에서 산출물이 수용되지 않는 상황에서는 범위 통제가 범위 검증 후에 수행된다. 결국 산출물이 올바르게 완성되었느냐 아니냐에 따라 범위 검증이 마지막 프로세스가 될지 아니면 통제 프로세스 이전 프로세스가 될지 결정된다. 다만 프로젝트 과정 중에 완료될 수 있는 중간 결과물의 경우, 범위 검증 프로세스 동안 지속적으로 고객이 검증할 수 있다. 따라서 범위 검증은 일반적으로 마지막에 수행될 프로세스이지만 산출물이 완성되면 프로젝트 전반에 걸쳐 그 때마다 간헐적으로 수행될 수도 있는 프로세스이다.

범위 검증 프로세스는 최종 산출물에 대한 수용과 거부, 이 2가지 결과만 있을 뿐이다. 어떤 결과가 나오든 수용된 산출물 목록과 거부된 산출물 목록이 거부 이유와 함께 만들어진다. 보통 이를 작업 성과 정보(work performance information)라 부른다. 그리고 승인된 최종 산출물은 프로젝트 혹은 단계 종료 프로세스로 넘기고 거부 결과가 나온 문서에 대해서는 변경 요청서가 만들어져서 통합변경통제 프로세스로 전달될 것이다.

▣ 확인(verification)과 검증(validation)

산출물을 확인(verification)하는 것과 검증(validation)하는 것은 어떻게 다를까? 확인은 산출물이 바르게 만들어졌는지(producing deliverables CORRECTLY?) 살펴보는 것인데 반해 검증은 올바른 산출물을 만들었는지(producing CORRECT deliverables?) 검사하는 것이다. 확인은 완성된 산출물이 프로젝트 초기에 설정된 수용 기준과 일치하고 명세서를 충족하는지 살펴보는 것으로 프로젝트 팀 내부에서 실시한다. 확인이 되면 산출물이 올바르게(correct) 되었다고 하며 바로 이러한 작업의 정확성(correctness)은 품질관리에서 다루어진다. 검증은 프로젝트 팀 내부적으로 확인을 마친 산출물을 고객에게 전달하여 고객의 원하는 것이 잘 만들어졌는지 검사하는 것으로 고객의 실제 니즈와 개발자가 파악한 고객의 니즈가 일치하는지를 보는 것이다. 이 프로세스에는 프로젝트 팀이 관여하지 않고 일반적으로 프로젝트 관리자가 고객 또는 기타 이해관계자와 함께 이 기능을 수행한다. 검증이 되면 산출물이 완전하다(complete)라고 하며 이러한 작업의 완전성(completeness)은 범위관리에서 다루어진다. 확인이 잘 된 산출물이 반드시 검증을 통과하는 것은 아니다. 만약 개발자들이 명세서를 충족시키는 산출물을 만들었더라도 고객이 원하는 것과 차이가 나는 명세서를 바탕으로 작업을 했다면 궁극적으로 고객이 원하는 것이 아닐 것이다. 이러한 경우, 확인 절차는 통과하더라도 검증 절차는 통과하지 못하게 된다.

지금까지 설명한 확인(verification)과 검증(validation)에 관해 예를 들어보자. 200km 도로를 건설하는 프로젝트가 있다. 작업을 시작하고 품질통제 전문가를 임명한다. 원자재, 도로 수준, 회전 경사, 보도 정렬 등 각 단계의 산출물을 체크한다. 공정이나 제품의 변형을 발견하면 필요한 시정조치를 취한다. 이러한 작업은 확인을 통한 품질통제 프로세스이다. 이제 200km의 도로 중 50km를 완성했다. 고객을 초대하여 완성된 도로를 검사하고 수용할지 요청한다. 만약 수용이 되면 공사비를 받게 된다. 고객은 도로의 너비가 올바른지, 보도가 제대로 정렬되어 있는지, 길이가 올바른지 확인하면서 자신들이 원하는 것이 만들어져 있는지 검사한다. 고객이 만족하면 수용 문서에 서명하고 프로젝트 팀은 완료된 작업분에 대해 지급을 받는다. 이것은 범위 검증 프로세스이다.

요약하면 확인(verification)과 검증(validation)은 둘 다 산출물을 검사(inspection)한다. 그러나 목적은 다르다. 확인은 처음에 올바른 제품을 만드는 데 도움이 되고 검증은 고객으로부터 공식 승인을 얻는다. 이 둘은 서로 보완하며 고품질 제품을 제공하는 데 도움이 된다.

• 인풋 Input

범위 검증 프로세스의 인풋은 범위 검증을 위한 승인 기준(acceptance criteria)을 설명하는 프로젝트 시작 시 생성된 문서가 될 것이며, 품질관리 프로세스를 통해 막 확인되고 고객 또는 스폰서에 의해 검증된 산출물이 될 것이다. 구체적으로 이 프로세스에는 프로젝트 관리 계획, 프로젝트 문서, 확인된 산출물(verified deliverables), 작업성과 데이터 등 4가지 인풋이 있다.

첫 번째 인풋은 프로젝트 관리 계획인데 이는 단일 계획이 아니라 지식영역 관리 계획, 보조관리 계획 및 범위, 일정, 비용 등에 관한 기준선 등을 포함한 계획 문서의 모음이다. 따라서 이 프로세스에는 범위관리 계획, 요구사항관리 계획, 범위 기준선 등 세 가지 범주의 계획 문서가 모두 인풋으로 포함된다. 범위관리 계획에는 범위 검증을 수행하는 방법에 대한 지침이 포함되어 있다. 특히, 계획에는 완료된 프로젝트 산출물의 공식 승인을 얻는 방법이 포함되어야 한다. 요구사항관리 계획은 요구사항에 특히 중점을 둔 보조관리 계획 중 하나이다. 범위는 먼저 요구사항이 설정되고(요구사항 수집 프로세스의 아웃풋), 그 다음 해당 요구사항을 충족하는 결과물이 정해지면(범위 정의의 아웃풋인 범위 명세서), 그 산출물을 작업 패키지라고 하는 보다 관리하기 쉬운 구성 요소로 분해하여 완성된다(WBS와 WBS 사전). 따라서 범위 검증은 요구사항을 추적 검증하는 방법이 인풋으로 제공되어야 한다. 범위 기준선은 프로젝트 범위 명세서와 WBS 및 WBS 사전(작업 패키지 형태로 가장 세부적인 수준의 범위 포함)으로 구성된다. 고객 또는 스폰서는 여기에서 제시된 산출물과 실제 결과 즉, 확인된 산출물을 비교하여 범위를 검증한다. 그 결과는 다음 두 가지 중 하나가 된다. 공식적으로 결과물을 수락하면 프로젝트는 프로젝트 또는 단계 종료 프로세스에서 공식적으로 종료된다. 만약 특정 산출물이 거부되면 고객이나 스폰서가 원래 요청한 것과 일치하도록 산출물을 만들기 위해 변경 요청이 이루어진다.

두 번째 인풋은 프로젝트 문서인데 교훈 등록부, 품질 보고서, 요구사항 문서 등이 대표적이다. 범위 검증은 프로젝트 전반에 걸쳐 중간 산출물에 대해 수행되기 때문에 산출물 검증 프로세스와 관련하여 프로젝트 초기에 파악된 모든 교훈은 프로젝트의 후반 단계에 적용되어 최종 산출물에 대한 검증 프로세스가 순조롭게 진행될 수 있도록 해야 한다. 이러한 교훈이 정리된 교훈 등록부는 중요한 인풋이 된다. 품질 보고서는 고객에게 인도되기 전에 산출물의 품질을 내부적으로 확인한 결과를 담고 있어 범위 검증에 유용한 자료이다. 요구사항 추적 매트릭스를 포함한 요구사항 문서는 요구사항이 충족되고 있는지 산출물을 검증하기 위해 필요하다.

세 번째 인풋인 확인된 산출물은 품질관리내의 품질통제 프로세스에서 내부적으로 품질을 확인한 프로젝트 팀이 완성한 산출물을 뜻한다. 여기서 산출물의 품질을 확인한다는 것은 완성된 산출물을 요구사항 수집 및 범위 정의 프로세스에서 설정된 승인 기준(acceptance criteria)과 비교하는 것을 의미한다. 이 프로세스에서는 이렇게 내부적으로 확인된 산출물에 대해서만 고객이 검증한다.

마지막으로 네 번째 인풋인 작업성과 데이터는 통합관리내 프로젝트 작업 지시 및 관리 프로세스의 활동 중에 수행된 원시 관찰 및 측정자료이다. 작업성과 데이터는 생산된 산출물이 요구사항에 부합하는 정도와 해당 요구사항에 대한 부적합 사항이 식별된 경우를 나타낸다.

결론적으로 확인된 산출물, 작업성과 데이터, 품질 보고서, 승인 기준 등이 마련되면 범위 검증을 실시할 준비가 된다.

• 아웃풋 Output

범위 검증의 아웃풋은 수용된 산출물(accepted deliverables), 작업성과 정보(work performance information), 변경요청, 프로젝트 문서 업데이트 등 4가지이다. 첫 번째 아웃풋은 수용된 산출물로서 최종 산출물이 완료되어 고객이 해당 산출물을 수용하기로 결정했다는 의미이다. 고객이 산출물을 수용한 경우 수용을 확인하는 공식 문서가 통합관리내 마지막 프로세스인 프로젝트 또는 단계 종료 프로세스로 전달된다.

두 번째 아웃풋은 작업성과 정보로서 어떤 산출물이 수용되었는지 또는 수용되지 않았는지에 대한 정보와 그 이유를 설명하고 이해관계자에게 전달된다.

세 번째 아웃풋은 변경 요청으로 완성된 산출물 중 공식적으로 수용되지 않은 것이 있는 경우 해당 산출물이 수용되지 않은 이유에 대한 문서를 사용하여 결함 수리에 대한 변경 요청을 생성한다. 이렇게 만들어진 변경 요청은 통합관리내 통합변경제어 수행에 들어가 실제 구현여부를 결정한다. 산출물이 수용 기준에 맞게 수정되면 다시 범위 검증 프로세스에 제출된다.

네 번째 아웃풋은 프로젝트 문서 업데이트인데 주로 교훈 등록부와 요구사항 문서가 변경된다. 교훈 등록부에는 범위 검증 프로세스에서 어떤 문제가 발생했는지 산출물 검증에 어떤 접근 방식이 효과적이었는지 등의 정보가 업데이트 된다. 요구사항 문서에는 요구사항에 대한 범위 검증 프로세스의 결과가 기록된다. 요구사항을 검증하기 위해 어떤 방법이 사용되었으며 검증 프로세스의 결과는 무엇이었는지, 실제 결과가 요구 사항을 충족했는지, 고객이나 후원자가 면제한 요구사항이 있는지 등의 정보가 업데이트 될 수 있다.

• 도구와 기법 Tools and Techniques

범위 검증에서 가장 중요한 기법은 검사(inspection)로 산출물의 특성을 측정하고 살펴보고 비교하여 프로젝트 초기에 도출된 요구 사항 및 제품 수용기준을 충족하는지 여부를 파악한다. 따라서 제품 수용기준은 측정 가능하고 객관적이어야 한다. 이래야만 산출물이 해당 기준을 충족하는지 여부에 대한 잠재적 부동의의 여지가 적어진다. 일부에서는 검사를 제품 리뷰(product review) 또는 워크스루(walkthrough)라고도 부른다.

범위 검증에서 사용할 수 있는 두 번째 기법은 의사결정이다. 검사 과정이 중요한 만큼 특히 수용 기준을 미리 결정하는 것이 매우 중요하다. 누가 결정을 내릴 것인지, 어떤 방식으로 결정할 지 등을 정해야 하며 이런 과정에서 의사결정 기법, 특히 투표가 유용하게 사용될 수 있다.

A6 범위 통제 Control Scope

범위 통제는 프로젝트 범위에 대한 변경을 통제하는 프로세스다. 시간이나 비용과 같은 다른 제약 조건에 대한 조정 없이 프로젝트 범위가 계속 늘어나는 현상을 범위 확장(scope creep)이라 하는데 바로 이것 때문에 범위 통제 프로세스가 필요하다. 범위 통제의 기본 철학은 범위 변경이 불가피하지만 다른 제약 조건을 고려하여 통제된 방식으로 수행되어야 한다는 것이다. 범위 통제 프로세스에서는 다음 3가지 질문이 핵심이다. 첫 째, 계획이 무엇인가? 둘 째, 프로젝트가 계획에 따라 진행되는가? 셋 째, 어떻게 프로젝트를 계획한대로 다시 되돌릴 수 있는가? 처음 두 질문은 모니터링 부분과 관련이 있으며 마지막 질문은 통제 부분과 관련이 있다.

범위 통제 프로세스의 주요 아웃풋으로 작업 성과 정보(work performance information), 변경 요청(change requests), 프로젝트 문서 업데이트가 있다. 먼저, 작업 성과 정보는 차이분석과 경향분석을 사용하여 만들어지는데 두 번째 질문 즉, 프로젝트가 계획에 따라 진행되는가에 대한 답을 제공하며 만약 아니라고 하면 그 이유에 대한 심도있는 분석을 가능하게 한다. 범위 통제 프로세스의 또 다른 주요 아웃풋은 변경 요청이다. 변경 요청은 세 번째 질문인 프로젝트를 계획으로 되돌리려면 어떻게 해야 하는가에 대한 답이다. 변경 요청은 계획에 맞게 프로젝트 범위를 다시 수정하거나 계획이 비현실적임이 판명된 경우 프로젝트 범위에 맞게 계획을 변경해야 할 때에 행해진다. 마지막으로 프로젝트 문서 업데이트는 변경 요청의 결과 다양한 프로젝트 문서가 업데이트 될 필요가 있음을 나타낸다. 범위 변경은 산출물과 작업 패키지 뿐만 아니라 요구사항 자체를 변경해야 할 만큼 심각할 수 있으며 이런 경우 요구사항 문서도 업데이트해야 한다. 변경 요청이 승인되면 범위 기준선이 변경될 수 있으며, 아예 범위 기준선이 비현실적이라고 판단되어도 범위 기준선을 변경해야 할 수 있다.

변경 요청에는 결함 수리(defect repair), 시정 조치(corrective action) 및 예방 조치(preventive action)의 세 가지 유형이 있다. 결함 수리는 부적합 제품 또는 제품 구성요소를 수정하기 위한 의도적인 활동으로 필요에 따라 결함 부품을 즉각적으로 수리하거나 교체하는 프로세스이다. 즉, 결함 수리는 산출물에서 불일치를 발견하고 요구 사항에 맞지 않다는 것을 발견했을 때 결함을 수정할 수 있으면 즉시 수정하고 그렇지 않은 경우 산출물을 교체한다. 현장에서는 수정 혹은 재작업이라고도 한다. 예를 들어 10미터 길이의 막대를 제조한다고 가정해 보자. 검사하는 동안 막대 하나의 길이가 10.5미터이고 이 제품은 허용되지 않는다는 것을 안다. 결함 수리는 로트(lot)에서 이 막대를 제거하고 다른 올바른 막대로 교체한다.

시정 조치는 결함 수리에서 추가적으로 미래에 대한 대응을 하는 것으로 향후 오류가 다시 발생하지 않도록 하는 조치이다. 즉, 결함이 있는 구성 요소를 찾아 수정하고는 그것으로 끝내는 것이 아니라 문제의 근본 원인을 찾아 솔루션을 개발하고 이 솔루션을 프로세스에 적용하여 결함이 다시 발생하지 않도록 하는 것이다. 10미터 길이의 막대를 제조하는 앞의 예에서 일부 막대의 길이가 다른 것을 알았을 때 시정 조치는 그 근본 원인을 조사한다.

만약 컴퓨터 프로그램에서 버그가 있어 제조 공정의 결함을 유발하고 있음을 발견하였다면 기계 공급업체에 연락하여 코드 수정을 요청하여 기계가 올바른 길이의 막대를 생산하도록 하는 것이 시정 조치이다.

예방 조치는 프로젝트 작업의 미래 성과가 프로젝트 관리 계획과 일치하도록 하는 의도적인 활동으로 미래의 결함을 방지하는 활동이다. 문제에 직접 대응하는 결함 수리 및 시정 조치가 수동적이라면 예방 조치는 문제가 발생하지 않도록 사전 예방하는데 목적이 있으므로 능동적인 조치이다. 유의해야 할 점은 시정 조치와 예방 조치 둘 다 미래의 결함을 방지하고자 노력하기 때문에 개념이 혼란스러울 수 있다. 두 조치의 차이점은 문제의 발생 여부이다. 즉, 시정 조치에서는 문제가 이미 발생했고 그 문제가 다시 일어나지 않도록 조치를 취하는 것이라면 예방 조치는 문제가 아직 발생하지 않았지만 그러한 문제가 결코 발생하지 않도록 조치를 취하는 것이다. 예를 들어 막대 생산을 시작할 예정이지만 이전 회사에서 유사한 프로세스에 대한 코드 문제에 직면했다는 것을 기억하고 사전적으로 회사 프로그래머에게 코드를 확인하도록 요청한다. 다행이 어떤 프로그램 버그도 없다는 것을 확인하였다면 이는 오류가 발생하지 않도록 예방 조치를 적절히 취한 사례가 된다.

• 인풋 Input

범위 통제 프로세스의 인풋은 프로젝트 관리 계획, 프로젝트 문서, 작업성과 데이터, 조직 프로세스 자산 등 4가지이다. 첫 번째, 프로젝트 관리 계획과 관련해서 인풋으로 필요한 구성 요소는 다음 질문에 따라 세 그룹으로 나눌 수 있다. 첫 번째 질문은 범위와 관련한 계획이 무엇인가이다. 범위와 관련한 계획은 범위관리 계획, 요구사항관리 계획, 범위 기준선, 요구사항 문서 등이나. 또 다른 질문은 프로젝트는 계획대로 진행되고 있는가이다. 만약 작업이 계획대로 수행되지 않고 있는 것으로 표시되면 성과측정 기준선(performance measurement baseline)이 필요하다. 이는 프로젝트의 세 가지 주요 제약 조건인 범위, 일정 및 비용에 대한 측정치를 결합하여 프로젝트의 전체 성과를 측정한 것이다(획득가치 분석에 대한 자세한 내용은 비용 관리에 나와 있다). 여기서 중요한 점은 획득가치 분석이 일정보다 앞서 있는지 또는 일정보다 뒤처져 있는지, 그리고 예산 범위 내에 있는지 또는 예산을 초과하는지 여부를 알려준다는 것이다. 마지막 질문은 프로젝트를 계획에 맞게 되돌리려면 어떻게 해야 하는가이다. 여기서 변경 요청이 들어온다. 변경관리 계획(세 가지 보조 관리 계획 중 하나)은 변경통제 프로세스를 처리하는 방법을 보여준다. 형상관리 계획은 변경요청이 수락된 경우 모든 사람이 이전 버전이 아닌 현재 버전의 프로젝트에서 작업할 수 있도록 프로젝트 관련 문서를 지정해 준다.

두 번째 프로젝트 문서인데 교훈 등록부가 대표적이다. 교훈 등록부에 기록된 변경 요청과 관련한 프로젝트 초기에 학습한 내용은 프로젝트가 진행됨에 따라 프로세스를 보다 원활하게 진행하는 데 도움이 된다.

세 번째, 작업성과 데이터에는 마지막 보고 기간 동안 프로젝트 범위에서 수행한 실제 작업이 포함된다. 이것은 계획된 작업량과 비교될 것이다. 수신된 변경요청 수와 수용된 변경요청 수에 대한 데이터는 변경 로그에서 얻을 수 있다.

마지막으로 네 번째 인풋은 조직 프로세스 자산인데 범위 통제 프로세스에 영향을 미칠 수 있는 것은 범위 모니터링에 사용할 템플릿 및 보고 방법, 범위를 통제하기 위한 기존 정책, 절차 및 지침 등이 있다.

• 아웃풋 Output

이 프로세스의 아웃풋은 작업성과 정보, 변경 요청, 프로젝트 관리 계획 업데이트, 프로젝트 문서 업데이트 등 4가지이다. 첫 번째 아웃풋은 작업성과 정보인데 인풋으로 들어온 작업성과 데이터를 계획과 비교하고 맥락을 고려하여 분석한 결과물이다. 작업성과 정보는 통합관리내 프로젝트 작업 모니터링 및 제어에 인풋으로 들어간다.

두 번째 아웃풋은 변경 요청인데 프로젝트를 계획으로 되돌리기 위해 하는 작업이다. 실제 작업이 계획된 작업과 차이가 발생한다면 계획에 맞게 프로젝트 범위를 다시 수정하거나 계획이 비현실적임이 판명된 경우 프로젝트 범위에 맞게 계획을 변경해야 한다. 변경 요청은 전자에 해당하는 결과물로서 결함 수리, 수정 조치 및 예방 조치의 세 가지 유형이 있다. 변경 요청은 통합관리내 통합변경통제 수행 프로세스에 대한 입력으로 들어가고 변경이 실제 구현될지는 거기에서 결정된다.

세 번째 아웃풋은 프로젝트 관리 계획 업데이트인데 이는 실제 작업과 계획된 작업사이에 차이가 발생했을 때 그 원인이 계획의 비현실성에 있을 때 나타나는 결과이다. 범위관리 계획과 범위 기준선이 주요 대상이 된다. 다만 범위 기준선이 비현실적이라고 결정되면 범위 기준선뿐만 아니라 일정 기준선 및 비용 기준선도 변경해야 할 수 있다. 이는 향후 성과측정 기준선의 변경을 야기한다.

마지막으로 네 번째 아웃풋은 프로젝트 문서 업데이트인데 교훈 등록부와 요구사항 문서가 대상이 된다. 교훈 등록부는 범위 통제 프로세스 자체를 개선할 필요가 있을 때 그 내용을 기록할 문서이다. 때때로 범위 변경을 권장하는 변경 요청이 있고 이러한 변경이 승인되면 범위 기준선이 변경되어야 한다. 그러나 이 때, 범위의 차이가 너무 커서 산출물과 작업 패키지가 도출된 요구사항의 변경이 필요한 경우가 있다면 이러한 경우 요구사항 문서도 업데이트해야 한다.

• 도구와 기법 Tools and Techniques

범위 통제에서 사용할 수 있는 주요 기법은 데이터 분석 관련 기법들인데 특히 차이분석(variance analysis)과 경향분석(trend analysis)이 대표적이다. 차이분석이란 계획된 성과와 실제 성과의 차이를 비교하는 것으로 범위 통제에서는 범위 기준선으로부터 획득한 특정기간 동안 프로젝트 범위에서 수행해야 하는 작업과 작업 성과 데이터로부터 얻은 같은 기간에 실제로 수행한 작업을 비교한다. 만약 둘 사이에 차이가 있다고 파악되면 어떻게 할 것인가? 이 때에는 편차가 프로젝트 시작 시 설정된 임계값을 초과하는지 확인하여 임계값을 초과하는 경우, 스폰서와 같은 해당 이해관계자에게 알려야 할 수도 있다. 그리고 범위의 차이가 일정이나 비용에 어떻게 영향을 미치는지 분석한다. 마지막으로 기준선에서 벗어난 범위를 기준선으로 되돌리기 위해 요구사항 문서나 범위 기준선 정보를 사용해서 결함 수리 또는 수정 조치가 필요한지 파악해야 한다.

경향분석은 과거 데이터(historical data)를 이용하여 미래 결과나 패턴에 대해 예측하려는 기법이다. 범위 통제에서는 현재 성과를 성과측정 기준선(6장에서 설명하는 획득가치관리법에 의해 도출됨)과 비교하여 성과가 개선되거나 악화되는 경향이 있는지 파악한다. 만약 악화되고 있다면 그 추세를 역전시키기 위해 예방 조치가 필요한지 파악해야 한다.

이번 장에서 학습한 내용 생각해 보기

IT 프로젝트에서 프로젝트 범위 관리가 어려운 이유는 무엇인가?

당신이 프로젝트 관리자라면 프로젝트에서 범위 확장(scope creep)을 방지하기 위해 무엇을 할 것인가?

핵심 용어

검사 inspection

관찰 observation

데이터 표현 data representation

리버스 엔지니어링 reverse engineering

문서 분석 document analysis

범위 scope

범위 기준선 scope baseline

범위 명세서 scope statement

범위 확장 scope creep

벤치마킹 benchmarking

분해 decomposition

브레인스토밍 brainstorming

산출물 deliverable

수용된 산출물 accepted deliverables

요구사항 requirement

요구사항관리 계획 requirements management plan

요구사항 추적 매트릭스 requirements traceability matrix (RTM)

작업분할구조 work breakdown structure (WBS)

작업 패키지 work package

차이 variance

컨텍스트 다이어그램 context diagram

프로젝트 범위관리 project scope management

프로토타입 prototypes

확인 verification

검증 validation

WBS 사전

제5장 프로젝트 일정관리

이번 장을 통해서 학습하게 될 내용들

- 프로젝트 성공을 위해 올바른 프로젝트 일정 관리의 중요성
- 프로젝트 일정관리를 구성하는 프로세스
- 네트워크 다이어그램 및 종속 관계를 활용하는 방법
- 일정 수립을 위한 다양한 도구와 기법
- 주경로 분석법과 주사슬 스케쥴링의 활용법
- 프로젝트 일정 변경을 통제하고 관리하는 방법

제 5장 프로젝트 일정관리

미니 사례

이팀장은 P 컨설팅 회사의 PM이다. 삼정식품은 2023년 상반기 신제품 출시에 맞추어 3월 1일까지 온라인 쇼핑몰을 완성해 달라고 P 컨설팅 회사와 계약했다. 2022년 상반기 신제품을 출시하기 위해 몇 년 전부터 준비해온 삼정식품 입장에서 온라인 쇼핑몰 구축 프로젝트는 매우 중요한 프로젝트이어서 이 계약에는 3월 1일 까지 완성되지 않을 경우 위약금을 지불한다는 조항이 있다. P 컨설팅 회사는 이팀장과 팀원들에게 3월 1일까지 프로젝트 완료시 보너스를 지급하기로 하였다. PM인 이팀장의 가장 큰 도전은 일정을 지키면서 범위, 비용, 품질 목표를 충족시키는 것이다. 그러기 위해서 이팀장과 팀원들은 상세한 일정 계획을 수립하고 네트워크 다이어그램을 만들기 시작했다. 이팀장에게 가장 큰 이슈는 일정을 유연하게 수립하여 일정 지연을 야기하는 모든 위험요소에 대비하는 것이다. 이팀장은 2023년 3월 1일까지 온라인 쇼핑몰을 성공적으로 구축 완료하기 위해 일정 관점에서 확인해야 할 체크리스트를 만들어 보기로 결심했다. 이팀장 입장에서 일정에 영향을 줄 수 있는 요인들을 식별하고 이에 대한 대책을 함께 제시해 보자.

프로젝트 일정의 중요성

프로젝트와 관련하여 모든 이해관계자들이 가장 중요하게 여기는 것 중의 하나가 바로 일정이다. 프로젝트 관리자는 일정 준수를 생명과 같이 중요하게 여겨야 한다. 프로젝트 관리에서 일정에 집중해야 하는 이유는 비용과 바로 연결되기 때문이다. 예를 들어 계약 일정까지 프로젝트가 완료되지 않으면 잘못된 일정 관리로 인해 추가 인력이 투입되어 비용이 초과될 수 있으며 고객사에게는 위약금을 지불할 수 도 있다. 프로젝트 관리자에게 일정 관리가 도전적인 이유는 시간에 유연성이 없기 때문이다. 어떤 상황이든 시간은 그냥 흘러 가는 것이다. 누구도 시간을 통제할 수 없고 주어지는 것일 뿐이다. 프로젝트가 진행되어 가면서 대부분의 주요 갈등의 원인은 바로 일정과 관련되어 있다. 적절한 일정계획을 수립하고 이에 맞추어 프로젝트를 진행시켜 목표 일정 안에 프로젝트가 종료되도록 관리하는 일정 관리가 특히 중요한 이유이다.

일정 관련한 갈등은 일하는 방식의 차이에 기인하기도 한다. 어떤 사람들은 일정을 따르고 마감일을 지키는 것을 선호하지만 다른 사람들은 그렇지 않다. MBTI (Meyers-Briggs Type Indicator) 조사 중에 마감일에 대한 사람들의 태도를 살펴보는 항목이 있다. 작업 완료나 종결을 선호하는 사람들(Judgment 유형)과 항상 사안을 오픈해 놓고 유연하게 진행하는 사람들(Perception 유형)은 일정과 관련하여 갈등을 가져올 수밖에 없다. 심지어는 문화와 국가별 관습 차이에 따라 일정에 대한 태도가 다르기도 한다. 2004년 아테네 올림픽 준비는 너무 천천히 진행되어 여러 시설이 제 시간에 완공 안되어 올림픽 개최에 차질이 생길 것이라 많은 사람들이 가슴을 졸였지만 결과는 정반대였다. 그리스의 매우 성공적인 준비와 일정 준수로 많은 세계인들이 놀랐던 것을 잘 기억한다. 반면에 2014년 러시아 소치에서 개최된 동계 올림픽 준비는 예상외로 어려움을 많이 겪었고 올림픽 역사상 가장 비싼 경기 준비로 평가되었다.

프로젝트 일정관리 프로세스

프로젝트 일정관리는 간단히 말해서 프로젝트를 적시에 종료시키는데 필요한 프로세스들을 포함하는데 다음과 같은 6개의 작업들로 구성되어 있다.

- 일정관리 계획 (Plan Schedule Management)

• 활동 정의 (Define Activities)

• 활동 순서화 (Sequence Activities)

• 활동 기간 추정 (Estimate Activity Durations)

• 일정 수립 (Develop Schedule)

• 일정 통제 (Control Schedule)

프로젝트 일정관리 계획은 프로젝트 일정을 계획하고 이를 실행하며 통제하는데 사용할 정책이나 절차, 문서화 방법 등을 결정한다. 활동 정의는 프로젝트 산출물을 만들어 내기 위해 프로젝트 팀원과 이해관계자가 수행해야 하는 특정 활동(activity) 혹은 작업(task)을 파악하는 것을 의미한다. 활동 순서화는 프로젝트 활동 간의 관계를 파악하고 문서화하는 작업이다. 활동 기간 추정은 개별 활동을 완료하는 데 필요한 작업 기간을 추정한다. 일정 수립은 활동 순서와 활동 기간 추정치를 분석하여 프로젝트 스케줄을 작성한다. 마지막으로 일정 통제는 프로젝트 일정에 관한 변경을 통제하고 관리한다.

이들 6개 프로세스를 프로젝트 관리 프로세스 그룹의 관점에서 살펴보면 표 5-1과 같이 처음 5개의 프로세스는 계획 프로세스 그룹에 속하며 마지막 하나는 모니터링 및 통제 프로세스 그룹에 속한다. 일정관리 프로세스들도 범위관리처럼 프로젝트 관리 프로세스 그룹의 5개 프로세스 중에 오직 계획 프로세스 그룹과 모니터링 및 통제 프로세스 그룹과 관련한 활동이 있을 뿐이다.

[표 5-1] 프로젝트 관리 프로세스 그룹과 일정관리 맵핑

지식 영역	착수 프로세스 그룹	계획 프로세스 그룹	실행 프로세스 그룹	모니터링 및 통제 프로세스 그룹	종료 프로세스 그룹
일정관리		일정관리 계획 활동 정의 활동 순서화 활동기간 추정 일정 수립		일정 통제	

다음 그림 5-1은 프로젝트 일정관리의 입력물, 도구와 기법, 산출물을 보여준다.

[그림 5-1] 프로젝트 일정관리 개요

Project Schedule Management

Plan Schedule Management

Inputs
-Project Charter
-Project Management Plan
-Enterprise Environmental Factors
-Organizational Process Assets

Tools & Techniques
-Expert Judgment
-Data Analysis
-Meetings

Outputs
-Schedule Management Plan

Define Activities

Inputs
-Project Management Plan
-Enterprise Environmental Factors
-Organizational Process Assets

Tools & Techniques
-Expert Judgment
-Decomposition
-Rolling Wave Planning
-Meetings

Outputs
-Activity List
-Activity Attributes
-Milestone List
-Change Requests
-Project Management Plan Updates

Sequence Activities

Inputs
-Project Management Plan
-Project Documents
-Enterprise Environmental Factors
-Organizational Process Assets

Tools & Techniques
-Precedence Diagramming Method
-Dependency Determination and Integration
-Leads and Lags
-Project Management Information System

Outputs
-Project Schedule Network Diagrams
-Project Documents Updates

Estimate Activity Durations

Inputs
-Project Management Plan
-Project Documents
-Enterprise Environmental Factors
-Organizational Process Assets

Tools & Techniques
-Expert Judgment
-Analogous Estimating
-Parametric Estimating
-Three-Point Estimating
-Bottom-up Estimating
-Data Analysis
-Decision Making
-Meetings

Outputs
-Duration Estimates
-Basis of Estimates
-Project Documents Updates

Develop Schedule

Inputs
-Project Management Plan
-Project Documents
-Agreements
-Enterprise Environmental Factors
-Organizational Process Assets

Tools & Techniques
-Schedule Network Analysis
-Critical Path Method
-Resource Optimization
-Data Analysis
-Leads and Lags
-Schedule Compression
-Project Management Information System
-Agile Release Planning

Outputs
-Schedule Baseline
-Project Schedule
-Schedule Data
-Project Calendars
-Change Requests
-Project Management Plan Updates
-Project Documents Updates

Control Schedule

Inputs
-Project Management Plan
-Project Documents
-Work Performance Data
-Organizational Process Assets

Tools & Techniques
-Data Analysis
-Critical Path Method
-Project Management Information System
-Resource Optimization
-Leads and Lags
-Schedule Compression

Outputs
-Work Performance Information
-Schedule Forecasts
-Change Requests
-Project Management Plan Updates
-Project Documents Updates

A1 일정관리 계획수립 Plan Schedule Management

프로젝트 일정관리에서 가장 먼저 해야 하는 작업은 프로젝트 전 기간 동안 일정을 어떻게 수립하고 관리할 것인가 계획을 수립하는 일이다. 프로젝트 일정은 프로젝트를 처음 착수시키는 기본 문서들로부터 비롯된다. 일정관리 계획은 범위관리 계획처럼 프로젝트의 필요에 따라 비공식적이고 광범위하거나 공식적이고 세부적일 수 있다.

• 인풋 Input

일정관리 계획 프로세스의 인풋은 프로젝트 헌장, 프로젝트 관리 계획, 기업 환경 요인, 조직 프로세스 자산 등 4가지이다. 먼저, 프로젝트 헌장은 요약 마일스톤 일정을 포함하고 있고 여기에는 가장 중요한 일정인 예상 완료일을 포함하여 일정에 대한 주요 제약 조건이 요약되어 있다.

두 번째, 일정관리와 관련된 프로젝트 관리 계획의 구성요소에는 범위관리 계획과 프로젝트 수명주기 설명 및 개발 접근방식(예측, 반복, 증분, 적응형, 혼합형)이 있다. 범위관리 계획은 범위정의 프로세스에서 생성된 상세 WBS에서 일정 생성을 위한 첫 번째 프로세스인 활동정의 프로세스로 이동하는 방법을 보여준다. WBS는 그 자체로 수행할 작업 목록을 보여준다. 일정관리 계획 프로세스는 어떻게 해당 작업을 완료할지에 대한 계획을 제공한다. 이건 음식 조리법인 레시피와 유사하다. 재료 목록(WBS)과 해당 재료를 완성된 요리로 어떻게 바꿀지에 대한 안내(일정) 모두가 필요하다. 또한 프로젝트 수명주기는 일정을 추정, 개발 및 통제하는 방법에 영향을 미치므로 중요한 인풋이다.

세 번째 인풋은 기업 환경 요인인데 일정관리와 관련하여 필요한 요소로 조직의 표준 프로세스 및 절차를 특정 프로젝트에 맞추기 위한 지침, 응용분야 및 산업에 대한 표준화된 추정 데이터, 스케줄링 소프트웨어, 일정 관련한 자원 할당이나 의사결정 방식을 결정하는 조직 문화 및 구조, 조직 내 인적 자원 및 물리적 자원의 가용성 등이 있다.

마지막 인풋은 조직 프로세스 자산으로 일정의 개발, 관리 및 통제와 관련된 정책, 절차 및 지침, 템플릿, 양식, 모니터링 및 보고 도구, 이전의 유사한 프로젝트에서 얻은 교훈 저장소 등이 사용될 수 있다.

• 아웃풋 Output

이 프로세스에는 일정관리 계획(Schedule Management Plan)이라는 하나의 아웃풋만 있다. 이 문서는 기본적으로 일정관리와 관련된 다른 프로세스를 수행하는 방법에 대한 지침을 제공한다. 일정관리의 각 프로세스를 위해 일정관리 계획에 포함되는 구성요소들을 살펴보면 다음과 같다. 먼저, 활동 정의 프로세스를 위해 조직절차 링크(organizational procedures links)가 포함된다. 이는 WBS의 워크 패키지를 활동(activity)으로 어떻게 더 분해하는지를 설명한다. 두 번째, 활동 순서화 프로세스를 위해 프로젝트 일정 모형을 개발하는 데 사용할 일정 방법론(예: Critical Path Method) 및 일정 도구(예: Microsoft Project)가 지정된다. 세 번째, 활동기간 추정 프로세스를 위해 정확도 수준(level of accuracy) 및 측정 단위(units of measure)가 포함되며 이는 일정 예측치가 어느 정도 정확해야 하는지 그리고 시간 측정을 위한 측정 단위(시간, 일, 월 등)를 무엇으로 할지 등을 결정한다. 네 번째, 일정 수립 프로세스를 위해 수명주기에서 확정해야 할 기간에 대한 결정을 한다. 예를 들어, 애자일 수명주기인 경우 릴리스 및 반복 기간이 지정되어야 한다. 다섯 번째, 일정 통제 프로세스를 위해 일정모형에서 프로젝트의 상태를 업데이트하고 기록하는 과정을 설명하는 일정모형 유지관리, 일정 성과를 모니터링 하기위해 지정해 놓은 분산 임계값(variance thresholds)인 통제 임계값(예를 들어 +- 10%), 일정 보고서의 형식과 빈도를 결정하는 보고형식 등을 포함한다. 그 외에도 완료 작업 비율을 추적할 경우 그 비율을 결정하는 방법인 성과 측정 규칙을 포함한다.

• 도구와 기법 Tools and Techniques

이 프로세스에서 사용되는 도구와 기법 역시 대부분의 계획 프로세스와 같이 기본적으로 계획을 작성하기 위해 누구와 상의해야 하는지(전문가 판단), 계획을 작성하기 위해 인풋에서 데이터를 어떻게 분석하는지(데이터 분석), 일정관리 계획이 어디에서 만들어지는(회의) 등에 관해서이다. 먼저, 전문가 판단을 위해 일정 소프트웨어(예: Microsoft Project) 사용을 포함하여 특정 산업의 일정수립에 대한 전문 지식이 있거나 이전에 유사한 프로젝트의 일정을 만든 경험이 있는 개인의 전문성이 고려되어야 한다.

두 번째, 일정관리 계획(일정 자체를 만드는 것이 아니라 계획을 세우는 것)을 작성할 때 주로 사용하는 데이터 분석 기법은 대안분석이다. 예를 들어, 계획의 세부 수준을 고려할 때 이전에 수행된 것과 유사한 프로젝트의 경우, 프로젝트 시작 시 일정을 높은 수준으로 세부적으로 계획하는 것이 합리적일 수 있다. 반면에 조직이 이전에 수행한 것과 완전히 다른 새로운 프로젝트인 경우, 롤링 웨이브 계획을 수행하는 것을 포함하여 더 반복적이거나 점진적인 모델을 따르는 것이 합리적일 수 있다. 해야 할 일에 가까워질수록 일정을 더 자세히 설명할 수 있는 지식을 얻게 되기 때문이다. 초기에 프로젝트를 너무 자세하게 다루다 보면 아직 알려지지 않은 요소가 많은 상황에서 모니터링과 통제 과정에서 일정을 수정하느라 시간을 허비하게 될 수도 있다. 따라서 프로젝트를 수행하는 조직 뿐만 아니라 프로젝트 유형(완전히 새롭거나 과거에 수행한 프로젝트와 유사한 프로젝트)에 따라 일정 방법론을 조정할 수 있다.

세 번째, 회의는 일정관리 계획을 수립하기 위한 계획이 이루어지는 곳으로 프로젝트 스폰서, 프로젝트 관리자, 선택된 프로젝트 팀원, 특히 일정 계획 또는 실행을 담당하는 팀원, 선택된 이해관계자, 그 외 일정 관련 기본 제약에 대한 정보가 있는 사람들(즉, 이정표 날짜를 제안할 수 있는 사람들)이 참여한다. 그 외에도 필요에 따라 다른 사람, 특히 계획 중인 프로젝트와 유사한 이전 프로젝트의 프로젝트 관리자나 팀 구성원도 참여할 수 있다.

A2 활동 정의 Define Activities

일정관리 계획을 수립한 후 가장 먼저 해야 하는 작업은 프로젝트에서 실제로 수행해야 하는 활동(Activity)을 정의하는 것이다. 이 프로세스는 범위관리의 WBS 작성 프로세스의 결과물인 WBS를 인풋으로 가져와서 일정을 수립해 가는 첫 번째 단계이다. 특히 WBS의 최하위 수준인 작업 패키지(work package)를 취하여 이를 생산하는데 필요한 활동을 식별하는 것이 주 목적이다. 작업 패키지와 활동의 차이점을 생각하는 한 가지 방법은 작업 패키지가 달성되어야 하는 것이므로 명사이고 활동은 작업 패키지를 만드는 방법을 나타내기 때문에 동사라고 인식하는 것이다.

활동은 예상 작업시간, 비용, 자원 요구사항 등의 정보를 가지고 프로젝트 작업을 추정, 일정 수립, 실행, 감시 및 통제하는 기준이 된다. 활동 정의 프로세스의 이해를 돕기 위해 예를 들어보자. 여러분이 시험 준비를 시작하면서 일정표를 수립한다고 가정할 때 가장 먼저 하는 작업이 무엇일까? 시험에서의 고득점이란 결과를 내기위해 대상 과목이 무엇인지 살펴볼 것이다. 국어, 영어, 수학 과목이 대상 과목이라 할 때 각 과목에서의 고득점을 위해 단순하게 오늘은 국어, 내일은 영어, 모레는 다시 국어와 같은 식으로 일정 계획을 세우게 되면 시험공부는 실패할 확률이 높아진다. 오히려 여러분은 시간을 할당할 수 있도록 해야 할 활동을 상세하게 식별할 것이다. 즉, 영어 고득점을 위해 영어 단어 암기, 영어 문법 학습, 영어 독해력 연습 등과 같이 해야 할 활동을 상세하게 정의할 것이다. 이와 같이, 각 과목별로 또는 각 과목의 세부 분야별로 고득점(작업 패키지)을 위해 해야 할 활동을 구체화(활동 정의)하여 이후 이들 활동들을 일정에 연결시키는 작업이 시험 공부를 위한 일정 수립인 것이다.

• 인풋 Input

활동 정의 프로세스의 인풋은 프로젝트 관리 계획, 기업 환경 요인, 조직 프로세스 자산 등 3가지이다. 먼저, 인풋으로 투입될 프로젝트 관리 계획의 구성 요소는 일정관리 계획과 범위 기준선이다. 일정관리 계획은 범위 기준선의 일부인 WBS로부터 활동을 도출하는 방법을 제시한다. 범위 기준선은 범위 명세서(고객 요구사항으로부터 이를 충족할 산출물로 세분화한 범위 정보를 포함한 문서), WBS(범위, 즉 산출물을 작업 패키지 수준으로 분해한 작업분할구조), WBS 사전(각 작업 패키지와 관련된 제약 조건 또는 기타 중요한 세부 사항에 대한 정보를 포함)으로 구성되어 있으므로 활동 정의를 위한 WBS를 제공한다.

두 번째, 기업 환경 요인에는 조직 문화 및 구조, 상업용 데이터베이스에서 게시된 상업 정보(commercial information), PMIS(프로젝트 관리 정보 시스템) 등이 포함된다. 조직 문화 및 구조는 프로젝트에 사용할 일정 방법론 및 일정 관련 결정 방법에 영향을 미칠 수 있으며 상업용 데이터베이스에서 게시된 상업 정보는 작업 패키지로부터 작업 중인 프로젝트 유형 및 산업에 대한 표준 활동 목록을 만드는 데 도움이 된다. 그 외, PMIS(프로젝트 관리 정보 시스템)를 통해 활동 목록 및 속성 등을 관리할 수 있다.

세 번째, 조직 프로세스 자산에는 템플릿, 표준화된 프로세스 및 일정 계획과 관련된 정책, 절차 및 지침, 일정 수립 방법에 대해 학습한 내용을 포함한 교훈 저장소, 유사한 이전 프로젝트의 활동 목록과 같은 과거 정보 등이 포함된다.

• 아웃풋 Output

이 프로세스의 아웃풋은 활동 목록, 활동 속성, 마일스톤 목록, 변경요청, 프로젝트 관리 계획 업데이트 등 5가지이다.

먼저 활동 목록은 WBS의 작업 패키지를 분해(decomposition)한 결과이다. 작업 패키지는 유형이든 아니든 사물(thing)이며 따라서 명사이며 활동은 이러한 작업 패키지를 완료하는 데 필요한 작업이며 마찬가지로 동사이다. 따라서 활동 목록은 프로젝트 일정에 포함될 모든 활동이 나열된 목록이다. 활동 목록에는 활동 식별자 또는 번호, 활동 명, WBS ID(각 활동과 관련된 작업 패키지의 식별자), 활동에 대한 간단한 설명 등이 나타난다.

두 번째, 활동 속성(Activity Attributes)은 활동에 관한 추가 정보를 보여준다. 일반적인 속성으로는 선행 작업, 후속 작업, 논리적 관계, 리드 및 래그(leads and lags), 자원 요구사항, 제한 조건, 부과 날짜, 활동과 관련된 가정 등이 있다. 많은 경우, 활동 목록과 활동 속성을 하나로 표현하기도 한다. 참고로 리드(lead)는 후속 활동의 가속을 허용하는 논리적 관계의 변경을 뜻하며 래그(lag)는 후속 활동의 지연을 지시하는 논리적 관계의 변경을 의미한다. 예를 들어 리드가 10일인 Finish-to-Start 종속관계는 선행 활동이 완료되기 10일 전에 후속작업을 시작할 수 있다는 뜻이다. 반면 10일 래그가 있는 Finish-to-Start 종속관계는 선행 활동이 완료된 후 10일까지는 후행 활동을 시작할 수 없다는 의미이다. 예에서 보듯이 음의 리드는 양의 래그와 같다.

세 번째 아웃풋은 마일스톤 목록(milestone list)이다. 마일스톤은 일반적으로 지속 시간이 없는 중요한 이벤트를 뜻한다. 마일스톤에는 대개 목적하는 날짜와 목적하는 상태에 대한 서술이 필요하고, 이것을 체크할 수 있는 여러 가지 세부항목들의 체크 리스트들로 구성될 수 있다. 마일스톤을 활용하는 주된 이유는 일정 목표를 설정하고 진행 상황을 모니터링하기 위해서이다. 때문에 마일스톤은 내년 2월에 제품을 출시하려면 적어도 올해 말까지 베타버전을 완료해야 하고, 올해 말에 베타버전을 완료하기 위해서는 적어도 올해 여름까지 기획서가 나와야 된다는 식의 후진적 사고(backward thinking) 방식이 도움이 된다. 올 여름 시점에서 기획서가 나오지 않는다면 그만큼 제품 출시가 늦어지게 될 것이라는 것을 예상할 수 있고, 이를 피하기 위해 해결책을 찾아야 하는 것이다. 마일스톤은 이정표라는 사전적 의미처럼 프로젝트의 단계별 업무승인 과정이나 각 종 의사결정을 할 때 체크포인트 역할을 함으로써 보다 체계적인 프로젝트 수행이 가능하도록 도와준다. 프로젝트의 큰 그림(big picture)을 보고자 하는 경영진이나 고객사 등에게 프로젝트의 주요 활동에 대한 개요를 대략적으로 제시해 주고자 할 때에도 유용하게 이용할 수 있다.

마일스톤으로 활용되는 주요 항목들은 다음과 같다.

- 프로젝트의 시작일과 종료일
- 중요한 산출물의 완료일

• 프로젝트 일정에 영향을 미치는 요인에 대한 완료일

• 주요 의사결정 시점

• 고객 또는 경영자에게 보고해야 하는 주요 사안 일정

• 프로젝트 단계별 중요한 이벤트 시점

네 번째, 변경요청은 범위관리에서 작성된 WBS를 수정하고 프로젝트 관리 계획서를 업데이트 하기 위한 활동 정의 프로세스의 결과물이다.

다섯 번째, 프로젝트 관리 계획 업데이트는 기준선의 갱신을 의미한다. 먼저 작업 패키지로부터 활동이 식별될 때 초기에 식별된 활동 외에 추가 활동이 식별되면 초기 일정 기준선이 변경되어야 할 수 있다. 또한 활동 목록에 추가 활동이 추가되면 이러한 활동과 관련된 비용도 비용 기준선의 변경을 야기할 수 있다.

• 도구와 기법 Tools and Techniques

활동 정의 프로세스에서 사용되는 주요 도구 및 기법으로 전문가 판단, 분할, 롤링웨이브 계획 (rolling wave planning), 미팅 등이 있다.

먼저, 전문가 판단은 유사한 과거 프로젝트에서 작업한 개인 또는 그룹의 도움을 받아 각 작업 패키지를 만드는데 필요한 활동을 도출하는 기법이다.

두 번째, 분할(decomposition)은 분해라고도 불리며 WBS 작성 프로세스에서 사용된 것과 동일한 기법이다. 분할은 큰 산출물을 보다 작은 산출물로 나누거나 큰 활동을 더 작은 활동으로 나누는 것을 의미한다. 하위 레벨의 요소들을 합하면 바로 위 레벨의 요소가 되어야 하며 더 이상 나누어 질 수 없을 때까지 분할은 가능하다. 다만 활동 정의에서의 분할은 각 작업 패키지를 완성하는 데 필요한 노력 즉, 활동을 찾아내는 것으로 너무 상세한 레벨로 분할하는 것 보다 일정관리에 적합한 수준에서 멈추는 것이 적절하다.

세 번째, 롤링 웨이브 계획은 단기에 수행할 작업을 상세히 계획하되 미래 작업은 더 상위 레벨에서 계획하는 반복적 계획 기법이다. 애자일 또는 폭포수 방식을 사용할 때 작업 패키지, 계획 패키지 및 릴리스 계획에 적용할 수 있는 점진적 정교화의 한 형태이다. 따라서 작업은 프로젝트 수명주기의 위치에 따라 다양한 세부 수준에서 존재할 수 있다. 정보가 덜 정의된 초기 전략 계획 중에 작업 패키지는 알려진 상세 수준만큼 분해될 수 있다. 하지만 가까운 시일 내에 다가오는 이벤트에 대해 더 많은 것을 알게 되면 작업 패키

지는 활동으로 분해될 수 있다.

네 번째 기법은 회의이다. 모든 계획 활동은 팀으로 수행하는 것이 가장 좋으며, 특히 분해와 같은 기술을 다룰 때 회의가 계획 도구로 사용된다.

A3 활동 순서화 Sequence Activities

활동을 정의한 다음 해야 할 일은 활동들을 순서화 하는 것이다. 활동 순서화는 활동을 검토하고 관계를 결정하는 일이다. 관계(relationship) 또는 종속 관계(dependency)는 프로젝트 활동이나 태스크의 선후 관계를 의미한다. 활동 순서화가 중요한 이유는 다음 예를 보면 알 수 있다. 수학 시험을 준비할 때 여러분들은 수학공식을 먼저 외우고 그 다음 이를 적용해 볼 교과서 연습문제를 풀고 최종적으로 응용 문제들을 풀어볼 것이다. 수학공식을 외우고 바로 연습문제를 풀어보지 않고 국어 문법 공부로 가는 것은 합리적이지 않다. 왜냐하면 전혀 연관성이 없는 주제를 연속해서 하려고 하는 것이기 때문이다. 활동의 순서를 정할 때도 같은 방법을 사용한다. 그것은 각 활동의 연관성을 찾아내어 배열을 하는 것이다. 따라서 활동 순서화에서 중요한 것은 각 활동의 연관성을 찾는 것이다.

• 인풋 Input

활동 순서화 프로세스의 인풋은 프로젝트 관리 계획, 프로젝트 문서, 기업 환경 요인, 조직 프로세스 자산 등 4가지다. 먼저, 활동 순서화에 사용되는 프로젝트 관리 계획의 두 가지 구성 요소는 범위관리 계획과 범위 기준선이다. 범위관리 계획에는 스케줄링 방법론(예, CPM)과 프로젝트 일정 모델을 개발하는 데 사용할 일정 도구(예, MS Project)가 지정되어 있다. 참고로 PMI가 프로젝트 일정 모델에 대해 이야기할 때 프로젝트 일정을 생각하면 된다. "모델"이라는 단어는 PMI에서 추가한 단어로 변경될 수 있음을 의미한다. 즉, 이것을 만들 때의 가정이 프로젝트에 관하여 새로 발견되거나 최근에 변경된 정보를 기반으로 변한다면 모델도 변경될 수 있다는 뜻이다. 범위 기준선은 범위명세서, WBS, WBS 사전으로 구성되어 있으며 활동 목록의 원천 정보들이다.

두 번째 인풋은 프로젝트 문서인데 활동 목록, 활동 속성, 마일스톤 목록 등이 포함된다. 이들은 대부분 이전 활동 정의 프로세스의 아웃풋이지만 프로젝트 헌장이 만들어질 때 생성된 문서인 가정 로그도 프로젝트 문서에 포함될 수 있다. 활동 목록은 활동정의 동안 작업 패키지에 대해 수행된 분해 프로세스를 기반으로 프로젝트에 필요한 모든 활동을 식별해 놓은 목록인데 이 활동들이 순서화 대상이 된다. 활동 속성은 활동 간에 명확하게 정의된 선행 또는 후속 관계나 활동 간의 지정된 리드 또는 래그 정보, 활동 간의 지정된 논리적 관계 활동에 대한 정보 등을 의미하는데 대부분은 향후 프로세스 중에 지속적으로 도출되지만 이 정보 중 하나라도 이미 알려진 경우에는 인풋으로 포함된다. 마일스톤은 프로젝트 헌장 초기에 지정할 수 있지만 활동정의 프로세스의 결과로 구체적으로 지정할 수도 있다. 가정 로그는 프로젝트 헌장을 작성할 때 생성할 수 있는데 이러한 가정은 활동이 순서화되는 방식에 영향을 미칠 수 있다.

세 번째, 기업 환경 요인에는 PMIS, 작업 권한부여 시스템, 정부 또는 업계 표준 등이 포함된다.

네 번째 인풋은 조직 프로세스 자산인데 향후에 프로젝트 활동의 네트워크를 만드는 데 사용할 템플릿이나 활동 간의 논리적 관계를 개발하기 위한 정책, 절차 및 지침, 그리고 유사한 이전 프로젝트의 경험 등이 포함된다.

• 아웃풋 Input

활동 순서화 프로세스의 가장 중요한 산출물은 프로젝트 일정 네트워크 다이어그램(project schedule network diagram)이며 그 외에도 활동 목록이나 활동 속성, 변경 요청 등과 같은 관련 프로젝트 문서들의 업데이트가 주요 산출물이다. 먼저, 프로젝트 일정 네트워크 다이어그램은 활동의 순서를 보여주기 위해 사용되는 도구이다. 프로젝트 활동들 사이에 논리적 연관 관계와 종속 관계를 한눈에 파악할 수 있게 해준다. 프로젝트에서 네트워크 다이어그램이 왜 중요하게 사용될까? 많은 활동들의 연관성을 말로 표현하려면 복잡하고 이해하기도 어렵지만 네트워크 다이어그램은 한눈에 파악이 가능한 그림으로 표현되기 때문이다. 네트워크 다이어그램의 예시와 작성 방법은 도구와 기법 절을 참조하자.

이 프로세스의 또 다른 아웃풋인 프로젝트 문서 업데이트는 활동 목록과 활동 속성, 가정 로그 및 마일스톤 로그의 갱신을 뜻한다. 활동 목록 갱신은 활동 순서화 프로세스를 수행하면서 이전 프로세스에서 도출한 활동의 수정이 필요할 때 수행한다. 또한 이 프로세스 후에 새로 활동 속성들이 추가될 수 있는데 의무적 종속성 여부, 활동 간의 정의된 선행 또는 후임 관계, 활동 사이에 정의된 리드 또는 래그 등이 포함된다. 가정 로그에 포함된 프로젝트 일정에 영향을 미치는 가정 및 제약 조건은 이 프로세스 동안 지정된 활동 간의 관계 변경에 의해 영향을 받을 수 있다. 예를 들어 의무적 종속성은 재량적 종속성과 달리 변경할 수 없으며 내부 종속성은 외부 종속성과 달리 더 쉽게 변경할 수 있다. 프로젝트의 특정 마일스톤에 대해 지정된 날짜 중 일부는 이 프로세스 중에 지정된 활동 간의 관계 변경으로 인해 영향을 받을 수 있고 따라서 마일스톤 로그의 갱신이 이루어질 수 있다.

• 도구와 기법 Tools and Techniques

활동 순서화 프로세스의 도구와 기법은 PDM (precedence diagramming method), 종속관계 결정 및 통합(dependency determination and integration), 리드와 래그(leads and lags), PMIS 등 4가지이다. 먼저 PDM은 활동 순서화의 중요한 도구인 네트워크 다이어그램을 작성하는 기법 중 하나이다. 현장에서는 PDM을 주로 사용하지만 네트워크 다이어그램을 작성하는 방법으로 PDM 외에 ADM (Arrow Diagramming Method) 방식도 있다. 이들을 함께 살펴보자.

▣ ADM (Arrow Diagramming Method)

ADM은 AOA (Activity On Arrow)라고도 불리는데 이 명칭이 의미하듯 모든 활동들은 화살표로 표현되고 원 모양을 한 연결된 포인트를 노드(node) 또는 접속점이라고 부른다. 노드는 단순히 활동의 시작과 끝을 의미할 뿐 다른 특별한 의미가 없으며 간혹 활동으로 착각하기 쉬우니 주의해야 한다. 화살표의 촉(방향)은 활동들 사이에서 순서 또는 관계를 표현한다. 예를 들어 그림 5-2는 1일 소요되는 A 활동이 끝나면 4일 소요되는 D 활동을 수행해야 한다는 것을 보여준다. 또한 D 활동과 E 활동은 H 활동 이전에 둘 다 완료되어야 한다는 것을 알 수 있다. 이와 같이 화살표는 활동을 나타내면서 동시에 순서를 나타낸다.

ADM 다이어그램을 그리는 방법을 살펴보면 먼저 노드 1에서 시작하는 모든 활동을 찾는다. 그 다음, 종료 노드를 그린 후 노드 1과 해당 종료 노드 사이에 화살표를 그리고 활동 명과 기간 추정치를 관련 화살표에 기입한다. 이후 왼쪽에서 오른쪽으로 작업하면서 네트워크 다이어그램을 계속 그려 나간다. 활동들 관계에서 버스트(burst) 또는 병합(merge)이 나타나는지 잘 찾아서 표현해야 한다. 단일 노드에서 둘 이상의 활동이 나올 때 버스트라고 부르며 두 개 이상의 노드가 단일 노드보다 앞에 있을 때 병합이라고 부른다. ADM 네트워크 다이어그램은 종속 관계가 있는 모든 활동이 다이어그램에 포함될 때까지 계속해서 그린다. 일반적으로 모든 화살촉은 오른쪽을 향해야 하며 화살

[그림 5-2] ADM 예시

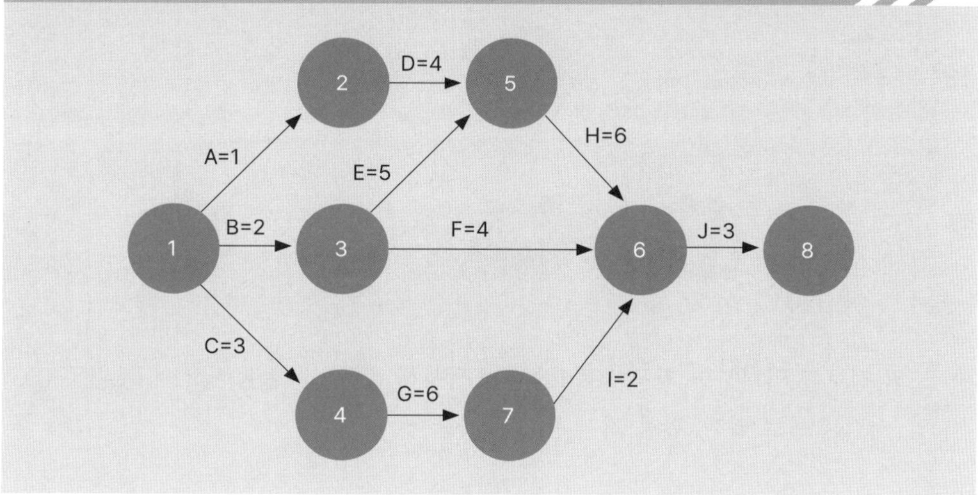

표는 다이어그램에서 교차하지 않아야 한다.

ADM은 직관적으로 보기 쉽고 경로 분석을 용이하게 하는 장점이 있지만 몇 가지 단점으로 인해 현장에서는 많이 사용되지 않는다. 먼저 ADM은 완료-시작 종속 관계(finish-to-start dependencies)만을 표시할 수 있고 그 외 3가지의 작업 종속 관계 유형은 나타낼 수 없다. 또 다른 단점은 일부 병합 관계를 나타내기 어려운 점이다. 만약 그림 5-3에서 D 활동이 A 활동과 B 활동이 모두 끝나야 시작할 수 있는 병합 관계라면 어떻게 표현할 수 있을까? 아마 여러분은 3번 노드를 2번 노드에 겹치게 하지 않는 이상 방법이 없다는 것을 파악할 것이다. 이런 경우 아래 그림에서 점선 화살표로 나타낸 것과 같이 가상 활동(dummy activity)을 포함시키는 것만이 유일한 방법이다. 가상 활동은 기간과 자원을 필요로 하진 않지만, 때때로 ADM 네트워크 다이어그램에서 활동간의 논리적 연관 관계를 보여주기 위해 필요한 활동이다.

▣ PDM (Precedence Diagramming Method)

PDM은 활동을 상자로 표시하고 화살표는 활동 사이의 관계만을 보여줌으로써 네트워크 다이어그램을 구성하는 방법이다. 대부분의 프로젝트 관리 소프트웨어 패키지에 의해 지원되는 방법이며 ADM보다 널리 사용되고 있다. PDM은 프로젝트 활동들 간에 나타날 수 있는 모든 종류의 종속 관계를 잘 나타낸다. 그림 5-4는 PDM의 한 예시이다. 마이크로 소프트사의 프로젝트 관리 소프트웨어인 Project는 그림 5-4처럼 각 노

[그림 5-3] 점선 화살표로 표시된 가상 활동(dummy activity) 예시

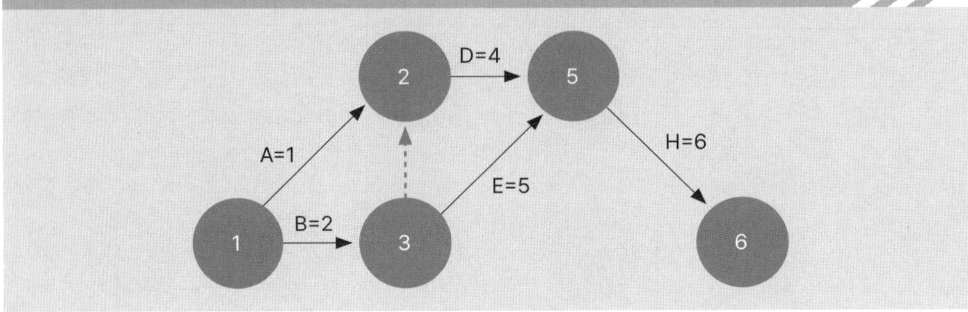

드의 정보를 입력하면 자동으로 PDM을 생성해 준다. 각 활동 박스에는 활동 ID, 활동명, 시작과 종료 날짜, 활동 기간 등이 나타난다.

[그림 5-4] PDM 예시

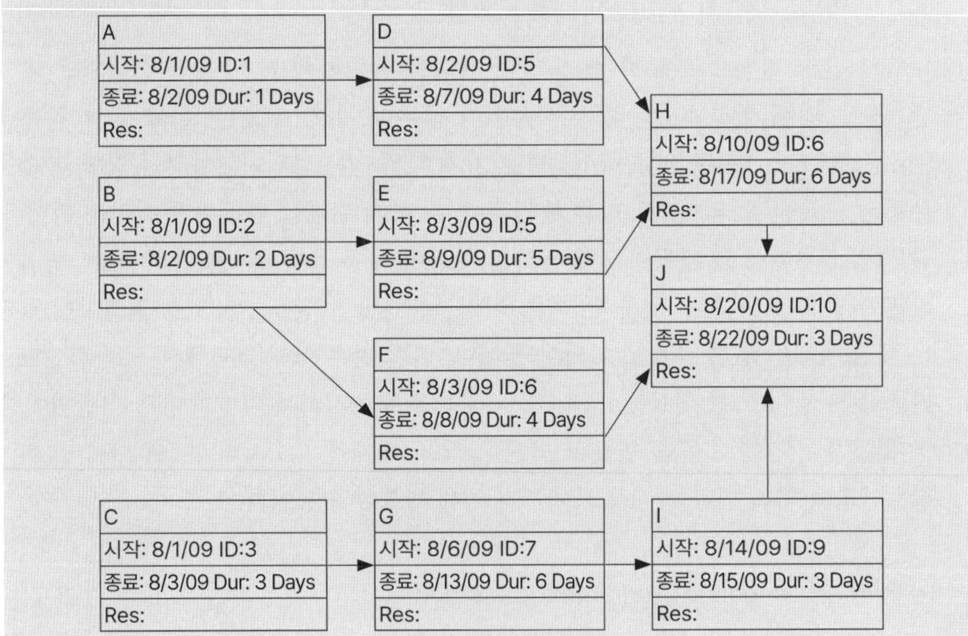

두 번째 기법은 종속관계 결정 및 통합(dependency determination and integration)이다. 활동 순서화 프로세스는 활동들 사이의 논리적인 관계를 식별하고 문서화한다. 나중에 현실적이고 달성 가능한 프로젝트 일정을 수립하기 위해서는 활동들이 적

절한 선후행 관계 및 리드 앤 래그를 갖도록 논리적으로 연결하여야 한다. 활동의 전과 후를 서로 연결하기 위해서는 연결 고리가 있어야 하는데 이것이 종속 관계이다. 활동 순서를 결정하는 종속 관계는 그 본질에 따라 의무적 종속성(Mandatory Dependencies), 재량적 종속성(Discretionary Dependencies), 외부적 종속성(External Dependencies) 등 3가지 형태로 나눌 수 있다. 의무적 종속성은 프로젝트에서 수행되는 작업 속성에 내재되어 있는 종속 관계를 의미하며 하드 로직(hard logic)이라고도 한다. 예를 들어 코딩과 테스트 작업 간에는 의무적 종속 관계가 있다. 작업 속성상 코딩이 끝나야만 테스트를 할 수 있기 때문이다. 한편 재량적 종속성은 프로젝트 팀에 의해 활동들의 선후행 관계가 정의될 때 이를 재량적 종속 관계라고 부른다. 소프트 로직(soft logic)이라고도 하며 나중에 일정과 관련한 선택의 폭을 제한 할 수 있으므로 주의해서 결정해야 한다. 예를 들어 프로토타이핑(prototyping)이나 사인 오프(sign off) 활동은 프로젝트 팀에서 재량껏 다른 활동 사이에 배치시킬 수 있다. 마지막으로 외부적 종속성은 프로젝트와 비 프로젝트 활동 간의 관계를 의미한다. 비 프로젝트 활동 중에는 프로젝트와 직접적으로 관련이 없는 것처럼 보이지만 이들 활동이 지연되면 프로젝트 일정에 영향을 미치는 경우가 있다. 이런 경우 외부적 종속 관계가 존재하게 된다. 예를 들어, 테스트 환경을 구축하기 위해 외부로부터 테스트 서버를 임차하기로 했다고 가정하자. 서버가 일정에 맞게 도착하지 않아 테스트 환경 구축이 지연되면 사실상 프로젝트 일정이 영향을 받는다. 비록 외부로부터 서버가 늦게 도착하는 것은 우리 프로젝트의 직접적 개발 범위에 들어가지 않지만 이러한 비 프로젝트 활동이 프로젝트 일정에 영향을 미칠 수 있는 것이다.

종속 관계는 작업을 수행해야 하는 순서를 나타내므로 프로젝트에서 가장 빠른 경로를 제공하여 최적의 작업 순서를 파악할 수 있게 한다. 종속 관계가 잘못되면 일반적으로 지연이 발생한다. 따라서 프로젝트에서 종속 관계를 모니터링하고 이에 대해 소통하는 것이 중요하다. 작업 순서를 나타내는 작업 종속 관계(task dependency)의 일반적 유형은 표 5-2에 나타나듯이 4가지가 있다.

세 번째 기법은 리드와 래그(leads and lags)이다. 리드는 후속 활동의 가속을 허용하는 논리적 관계의 수정을 의미하므로 선행 활동과 관련하여 후속 활동이 먼저 진행될 수 있는 시간을 뜻한다. 예를 들어 리드가 10일인 Finish-to-Start 종속관계는 선행 활동이 완료되기 10 일 전에 후속작업을 시작할 수 있다. 물론 음의 리드는 양의 래그와 같다. 한편 래그는 후속 활동의 지연을 지시하는 논리적 관계의 수정을 의미하므로 선

[표 5-2] 작업 종속관계의 4가지 유형

종속 관계	설명	예시
F-S (Finish-to-Start)	A가 끝난 후 B가 시작되는 관계	A가 끝나고 2일 후 B시작 
S-S (Start-to-Start)	A가 시작하고 나면 B가 시작되는 관계	A가 시작하고 1일 후 B 시작 
F-F (Finish-to-Finish)	A가 끝난 후 B가 끝나는 관계	A가 끝나고 2일 후 B가 끝남 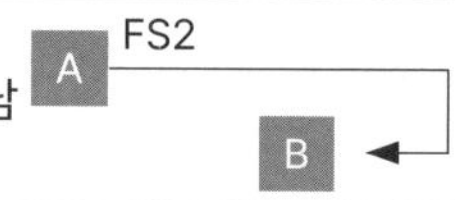
S-F (Start-to-Finish)	A가 시작하고 나면 B가 끝나는 관계	A가 시작하고 1일 후 B가 끝남 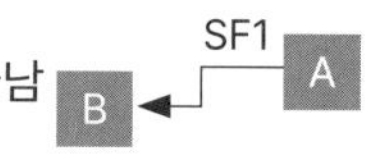

행 활동에 비해 후속 활동이 지연될 수 있는 시간을 뜻한다. 예를 들어, 10일 래그가 있는 Finish-to-Start 종속관계는 선행 활동이 완료된 후 10일까지는 후행 활동을 시작할 수 없다.

네 번째 기법은 프로젝트 관리 정보시스템으로 활동의 순서를 정하는 데 사용하는 일정 소프트웨어의 사용을 의미한다.

A4 활동기간 추정 Estimate Activity Durations

프로젝트에서 각 활동이 얼마나 걸릴지 파악하는 것이 활동 기간 추정이다. 프로젝트팀은 각 활동에서 필요로 하는 자원을 먼저 산정한 후 그 활동을 수행하는데 필요한 기간을 예측한다. 활동 소요시간을 예측하는데 있어서 활동의 특성과 활동에 투입되는 자원의 양과 질을 파악하는 것이 중요하다. 예를 들어, 어떤 활동에 경험 많은 고급 개발자 한 명을 투입한다면 초급 개발자를 투입할 때 보다 소요기간이 짧아질 것이고, 반대로 고급 개발자가 필요한 고 난이도의 활동에 초급 개발자와 중급 개발자를 총 3명 투입하더라도 활동이 지연될 가능성이 높아진다. 이렇게 활동의 특성과 조직이 보유하고 있는 자원(인력, 장비, 재료)에 따라 활동 기간은 변화할 수 있기 때문에 계속해서 갱신이 필요하다.

활동 기간을 추정할 때에는 활동의 범위, 필요한 자원의 유형, 산정된 자원의 양, 자원 가용성을 보여주는 자원 달력(resource calendar)의 정보를 사용한다. 따라서 활동 기간 추정은 특정 활동의 성격을 잘 알고 있는 경험 많은 프로젝트 팀원이 해야하며 점진적으로 구체화 된다.

기간(duration)을 추정할 때에는 실제 일한 시간에 경과시간(elapsed time) 혹은 흘러간 시간을 합쳐서 생각해야 한다. 이 말은 노력이 아닌 시간 추정치에 기초해야 한다는 뜻이다. 우리는 일반적으로 실제 활동을 위해 투입된 노력(effort)에 초점을 맞추고 그 노력을 들인 시간만 고려하는 경향이 있는데 이럴 경우 우리의 기간 추정은 과소 추정(underestimation)이 될 가능성이 매우 높다. 실제 일한 시간외에도 결제를 받기 위해 기다리거나 다른 팀의 의사결정을 기다려야 하는 상황이 생길 수 있으며 이러한 경과 시간들도 모두 포함시켜야만 활동의 시작에서 종료까지의 시간을 완전하게 추정할 수 있게 된다.

• 인풋 Input

활동기간 추정 프로세스의 인풋은 프로젝트 관리 계획, 프로젝트 문서, 기업 환경 요인, 조직 프로세스 자산 등 4가지다. 먼저, 활동기간 추정에 사용되는 프로젝트 관리 계획의 구성 요소는 일정관리 계획과 범위 기준선이다. 일정관리 계획에는 실제 활동 기간 추정치를 결정하는 데 사용되는 허용 범위인 정확도 수준과 시간 측정을 위한 측정 단위와 같은 정보가 포함된다. 범위 기준선은 범위명세서, WBS, WBS 사전으로 구성되어 있으며, 특히 WBS 사전은 기간 추정에 영향을 미칠 수 있는 제약 또는 사용 가능한 자원에 대한 정보를 제공할 수 있다.

두 번째 인풋은 프로젝트 문서인데 활동 목록, 활동 속성, 가정로그, 자원분할구조, 자원 달력 등이 포함된다. 활동 목록은 기간 추정의 대상이 되는 프로젝트에 필요한 모든 활동을 포함한다. 활동 속성은 활동 간의 선행 및 지연 정의나 기간 추정에 영향을 줄 수 있는 기타 조건 등의 정보를 포함한다. 가정 로그는 프로젝트 일정에 영향을 줄 수 있는 프로젝트 가정에 대한 정보가 포함된다. 자원분할구조는 프로젝트에 잠재적으로 사용 가능한 자원을 자원 범주 및 유형별로 분류하여 표시한다. 이것은 활동자원 추정 프로세스의 아웃풋이다. 자원 달력은 식별된 프로젝트 자원을 이 특정 프로젝트에서 사용할 수 있는 시기와 기간을 식별한다. 자원분할구조가 잠재적으로 사용 가능한 자원을 보여주지만 실제 가용한지는 프로젝트 중에 달라질 수 있다. 왜냐하면 그 자원들이 다른 프로젝트나 운영 작업에서도 사용될 수 있기 때문이다. 자원 달력 또한 활동자원 추정 프로세스의 또 다른 아웃풋이다.

세 번째, 기업 환경 요인에는 업계에서 수행되는 표준 작업에 대한 기간 추정치에 대한 상업 정보, 프로젝트에서 수행된 활동에 대한 예상 기간이 포함된 참조 데이터베이스, 생산성 측정항목 등이 포함된다.

네 번째 인풋은 조직 프로세스 자산인데 다른 유사 프로젝트의 예상 기간 및 프로젝트 캘린더, 기간 추정치를 계산하는 방법과 관련하여 다른 유사한 프로젝트에서 얻은 교훈 저장소, 기간 추정을 위한 정책, 스케줄링 방법론 등이 포함된다.

• 아웃풋 Output

이 프로세스의 아웃풋은 기간 추정치(duration estimates), 추정의 근거(basis of estimates), 프로젝트 문서 업데이트 등 3가지이다. 먼저, 기간 추정치는 활동 목록에 있는 활동을 완료하는 데 필요한 기간을 예측한 예상기간이다. 추정치는 특정 값이 아니라 범위가 될 수 있다. 이러한 범위는 예를 들어 1주 플러스 마이너스 2일과 같은 용어로 표현되거나 신뢰 구간, 즉 1주일이 걸릴 확률이 85% 등으로 표현될 수 있다.

두 번째, 추정의 근거는 기간 추정치를 산정할 때의 여러 근거 및 가정을 보여준다. 예를 들어, 3포인트 추정을 할 때 가장 가능성이 높은 추정치를 취하기 위해 가정을 해야 한다. 이러한 가정은 이 프로세스에 대한 입력으로 제공된 가정 로그에서 올 수도 있고 프로세스 자체에서 개발될 수도 있다.

세 번째, 프로젝트 문서 업데이트는 주로 활동 속성, 가정로그, 교훈 등록부에 대한 갱신을 의미한다. 활동 속성 문서는 이 프로세스의 결과에 따라 활동 기간 추정치가 업데이트 된다. 가정 로그에는 이 추정 프로세스 중에 개발된 모든 가정이 추가된다. 교훈 등록부에는 활동 기간 추정치를 개발하는 데 효율적이고 효과적인 것으로 입증된 모든 기법이 추가된다.

• 도구와 기법 Tools and Techniques

활동기간을 추정하기 위해 전문가 판단, 유사 추정법(analogous estimating), 모수 추정법(parametric estimating), 3점 추정법(three-point estimating), 상향식 추정법(bottom-up estimating), 데이터 분석, 의사결정, 회의 등 8가지 기법을 사용한다.

먼저, 전문가 판단은 과거 경험과 기간 추정에 대한 전문적 지식을 가지고 있는 전문가의 판단을 활용하는 것을 말한다. 전문지식을 사용할 수 없으면 기간 추정치의 불확실성과 위험성은 커진다.

두 번째, 유사 추정법은 과거 실행되었던 유사 프로젝트의 실제 소요기간 정보를 새로운 프로젝트의 활동 기간 추정에 기초 자료로 활용하는 것을 의미한다. 이 방법은 초기 단계에 구체적인 정보가 많지 않을 때 프로젝트 기간 선정에 자주 활용된다.

세 번째, 모수 추정법은 유사 추정법과 유사하지만 더 정확하다. 이를 사용하려면 필요한 단위 수에 단위를 생산하는 데 걸리는 시간을 곱한다. 추정을 완료하려면 유사한 활동에 대한 과거 정보가 필요하다. 모수 추정법은 확장 가능하다. 즉, 과거 데이터에 따르면 한 사람이 한 단위를 생산하는 데 한 시간이 걸린다면 작업에 세 명의 작업자를 할당하면 한 시간 안에 세 단위를 완료할 수 있다고 합리적으로 추정할 수 있다. 이 방법을 사용할 때는 활동에 영향을 미치는 모든 작업을 고려하는 것이 중요하다. 예를 들어, 작업자가 재료 준비에 시간의 일부를 보낸다면 그 시간을 추정에 포함해야 한다.

네 번째, 3점 추정법은 낙관치(optimistic), 최빈치(most likely), 비관치(pessimistic)의 3가지 값을 추정한다. 낙관치는 가장 긍정적인 시나리오에 근거해서 추정한 값으로 발생 확률은 낮고 추정 기간은 짧다. 최빈치는 발생할 확률이 가장 높다고 생각하는 기간 값이며 비관치는 가장 부정적인 시나리오에 근거해서 추정한 값으로 발생 확률은 낮지만 추정 기간은 길다. 물론 이 3가지 값도 전문가나 가장 경험이 많은 팀원에게 자문을 통해 알아낸다. 3가지 추정치는 PERT 혹은 몬테 카를로(Monte Carlo) 시뮬레이션에 사용된다.

다섯 번째, 상향식 추정법은 다른 기법과 달리 바닥에서 시작되며 가장 상세한 레벨에서 기간을 추정하여 점차 상위레벨로 올라가며 이를 합산하여 가는 방법이다. 작업 기간을 추정할 때는 먼저 각 작업 패키지에 대한 각 활동의 기간을 합산한 다음, 전체 프로젝트에 대한 총 추정치를 얻을 때까지 WBS 수준을 롤업하여 각 작업 패키지에 대한 소계를 합산한다. 이 기법의 장점은 정확도이지만 시간이 많이 걸린다는 단점이 있다.

여섯 번째 기법은 데이터 분석인데 활동기간 추정치를 분석하는 데 사용되는 대표적인 방법으로 대안분석과 예비분석(reserve analysis)이 있다. 대안분석은 활동을 수행하기 위한 다양한 옵션 뒤에 있는 가정에 대한 분석이다. 이러한 가정은 위에서 설명한 3점 추정법을 수행할 때 많이 사용된다. 예비 분석은 위험관리에서 사용하는 접근 방식이며 우발 상황(contingency)이라고도 한다. 이 방법은 특정 활동을 수행할 때 발생할 수 있는 모든 위험과 그러한 위험이 모든 활동 완료에 미치는 영향을 고려한다. 이러한 위험의 예로는 재작업, 오류, 기술적인 어려움, 자원 가용성 등이 있다. 이러한 위험 분석을 기반으로 하여 비상 기간(contingency amount)이 활동에 추가된다. 예를 들어, 재작업이 필요할 것이며 추가 5시간 작업이 발생하는 것으로 결정된 경우 더 많은 자원이 활동에 추가되거나 기간이 하루 더 늘어난다. 위험관리는 모든 프로젝트 전반에 걸쳐 진행 중인 활동이므로 중요하지만 이러한 예비분석 시간추가는 프로젝트 전체에 걸쳐 검토되고 프로젝트 수명 동안 더 많은 정보가 수집됨에 따라 적절하게 수정되어야 한다.

일곱 번째, 의사결정의 가장 대표적인 방법은 투표이다. 물론 투표는 주어진 활동 기간에 대한 대안이 있는 경우 결정을 내리는 한 가지 방법이다.

여덟 번째, 그룹 결정을 내려야 할 때 사용하는 방법은 대면 회의나 가상 회의이다.

A5 일정 수립 Develop Schedule

일정 수립은 지금까지의 여러 일정 관리 프로세스의 결과를 활용하여 프로젝트 활동들의 시작 및 종료 날짜를 결정하는 작업이다. 일정 수립의 궁극적인 목표는 시간 관점에서 프로젝트 진행 상황을 모니터링 하기 위한 기준이 되는 현실적인 프로젝트 일정을 만드는 것이다. 일정 수립은 프로젝트의 여러 작업이 진행되면서 프로젝트 관리 계획이 변경되며 예상된 위험이 발생하거나 소멸하고 또 새로운 위험이 나타나는 등으로 인해 프로젝트 기간 동안 지속적으로 일어난다.

• 인풋 Input

일정수립 프로세스의 인풋은 프로젝트 관리 계획, 프로젝트 문서, 계약, 기업 환경 요인, 조직 프로세스 자산 등 5가지다. 먼저, 일정수립에 사용되는 프로젝트 관리 계획의 두 가지 구성 요소는 일정관리 계획과 범위 기준선이다. 일정관리 계획에는 사용된 스케줄링 방법(스케줄 네트워크 분석, 중요 경로 방법, 자원 최적화 등), 일정을 만드는 데 사용되는 도구(예: MS Project), 일정을 계산하는 방법, 애자일 수명주기를 사용할 경우 릴리스 및 반복 길이 등이 지정되어 있다. 범위 기준선은 범위명세서, WBS, WBS 사전으로 구성되어 있으며 일정 수립의 골격이 되는 활동 목록의 원천 정보들이다.

두 번째 인풋은 프로젝트 문서인데 가정로그, 교훈 등록부, 활동 목록과 활동 속성, 마일스톤 목록, 프로젝트 일정 네트워크 다이어그램, 추정의 근거(basis of estimates), 기간 추정치(duration estimates), 자원 요구사항, 자원달력, 프로젝트 팀 할당, 위험 등록부 등이 포함된다. 가정로그는 프로젝트 중에 발견된, 일정에 영향을 미칠 수 있는 모든 새로운 가정을 포함하고 있고 추가적으로 발견되는 가정은 갱신된다. 교훈 등록부는 프로젝트 초기에 일정 모델을 개발하는 것과 관련하여 배운 교훈이 포함되어 있고 이 프로세스에서 갱신된다. 활동 목록과 활동 속성은 일정 수립을 위한 핵심 정보이다. 마일스톤 목록에는 활동정의 프로세스에서 만들어진 구체적인 마일스톤을 포함하고 있으며 일정 수립시에 참고된다. 프로젝트 일정 네트워크 다이어그램 또한 선행 및 후속 활동의 논리적 관계를 보여줌으로 일정수립시 중요한 참고자료이다. 추정의 근거(basis of estimates)와 기간 추정치(duration estimates)는 활동을 완료하는 데 필요한 예상 기간에 대한 참고 정보를 제공한다. 자원 요구사항은 일정 모델 생성에 사용되는 각 활동에 필요한 자원의 유형과 수량을 식별한다. 자원 달력은 프로젝트 중 자원의 가용성 정보를 포함한다. 프로젝트 팀 할당은 일정 모델 생성에 사용되는 각 활동에 할당되는 자원을 지정한다. 위험 등록부는 일정 모델에 영향을 미칠 수 있는 식별된 위험이 있는지 확인하는 데 사용되며 예비 일정(schedule reserve)(프로젝트의 예상 또는 예상치 못한 지연에 사용되는 버퍼)을 만드는 데 중요하다.

세 번째 인풋은 계약인데 일부 프로젝트 작업을 수행하거나 프로젝트 제품에 들어갈 구성 요소를 만드는 공급업체가 있는 경우 해당 구성 요소의 공급 또는 작업이 적시에 이루어질 수 있도록 계약서를 확인해서 일정을 작성해야 한다. 그렇지 않으면 전체 프로젝트 작업에 지연을 일으킬 수도 있다.

네 번째, 기업 환경 요인에는 일정 모델링을 위한 정부 또는 산업 표준과 조직 내 의사소통 채널 등이 포함된다.

다섯 번째 인풋은 조직 프로세스 자산인데 일정모델 개발을 권장하는 정책을 포함한 일정 수립 방법론과 둘 이상의 프로젝트에서 작업하는 자원에 영향을 줄 수 있는 다른 프로젝트의 일정 등이 포함된다.

• 아웃풋 Output

일정 수립 프로세스의 아웃풋은 일정 기준선(schedule baseline), 프로젝트 일정, 일정 데이터, 프로젝트 달력(project calendars), 변경 요청, 프로젝트 관리 계획 업데이트, 프로젝트 문서 업데이트 등 7 가지이다.

먼저, 일정 기준선은 일정 모델의 승인 버전을 의미한다. 여기서 일정 모델은 우리가 일반적으로 생각하는 일정이라고 보면 된다. 인풋이 변경되면 일정도 변경될 수 있다는 사실을 강조하기 위해 "모델"이라는 용어가 사용되었다. 일정 기준선은 일정통제 프로세스에서 실제 일정과 비교하여 변동이 있는지 여부를 결정한다. 일정을 변경하는 변경요청이 있는 경우 새로운 버전이 새 일정 기준선이 된다.

두 번째, 프로젝트 일정은 일정 소프트웨어 도구로 생성한 일정 모델의 아웃풋으로 서로 연결되고 지속 기간이 있는 활동과 이러한 활동을 수행할 자원과 같은 속성을 표시한다. 마일스톤으로 알려진 특별 주요 날짜는 이해관계자가 특히 관심이 많은 날짜이기 때문에 일정의 일부이기도 하다. 활동 간의 연결은 프로젝트 일정 네트워크 다이어그램에 표시된다. 일정 모델은 엑셀과 같은 스프레드시트를 이용하여 표 형식으로 표시할 수 있지만 간트(Gantt) 차트라고 하는 막대 차트를 이용하여 그래픽으로 표시할 수도 있다.

참고로 일정 기준선과 프로젝트 일정의 근본적인 차이점은 일정 기준선은 프로젝트 관리 계획의 구성요소인 반면 프로젝트 일정은 프로젝트 문서라는 점이다. 일단 승인되면 일정 기준선은 승인된 변경요청으로만 수정할 수 있다. 하지만 프로젝트 일정은 프로젝트가 진행됨에 따라 지속적으로 진화해 나갈 것이다. 기본적으로 일정 기준선은 한번 승인이 나면 정적(static)인데 반해 프로젝트 일정은 동적(dynamic)이다. 프로젝트 일정은 일정 기준선과 비교하여 차이를 식별하고 프로젝트 일정을 계획과 일치하도록 조정한다.

▣ 간트 차트 Gantt Chart

간트 차트는 프로젝트 일정을 한 눈에 보여주는 가장 알려진 도구로서 프로젝트 활동과 시작 및 종료 날짜를 달력 형식으로 나열하여 프로젝트 일정 정보를 표시하는 표준 형식을 제공한다. 초기 버전은 프로젝트 활동이나 작업들을 왼쪽에 세로로 나열하고, 월 달력과 시간 단위를 오른쪽으로 나열하였다. 달력 단위 아래에 있는 수평 막대는 활동들이 시작하고 끝나는 시점을 보여주었다. 그러나 이러한 초기 버전의 간트 차트는 네트워크 다이어그램이 보여주는 프로젝트 활동들 간의 관계를 보여주지는 못하였다. 오늘날 좀더 정교하면서 활동간 종속 관계도 나타낼 수 있고 쉽게 정보를 갱신할 수 있는 고도화된 간트 차트를 만들기 위해 대부분의 프로젝트 팀에서는 전문적인 프로젝트 관리 소프트웨어를 사용한다. 그림 5-5는 소프트웨어를 이용하여 작성한 정교한 간트 차트의 예이다.

간트 차트에서 사용되는 심볼은 4가지이다. 먼저, 두꺼운 검은 가로 막대는 가장 상위 작업을 나타내며 하위 작업들을 합한 일정을 보여주기 때문에 요약 작업(summary task)이라고도 부른다. 두 번째, 연한 가로 막대는 개별 작업(individual task)의 작업

[그림 5-5] 간트 차트 예시

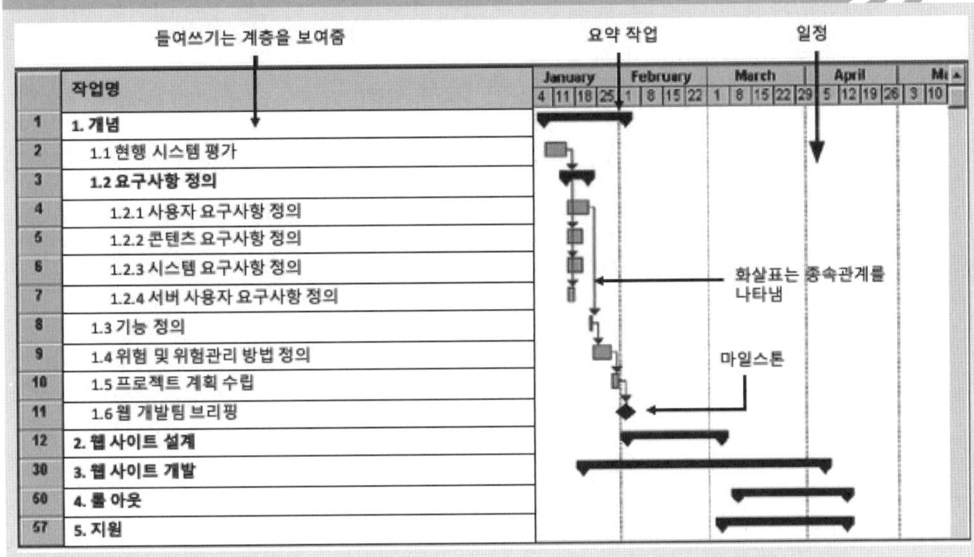

기간을 나타내며 요약 작업의 하위에 들여쓰기 된다. 세 번째, 화살표는 작업 간의 종속 관계를 보여준다. 마지막으로 검은 다이아몬드는 마일스톤을 나타낸다.

세 번째, 일정 데이터는 일정이 어떻게 작성되고 개발되었는지를 뒷받침하는 정보이다. 일정 템플릿이 있는 경우, 여기에 포함될 수 있다. 간단히 말해 일정 데이터는 이 프로세스에서 사용되는 모든 인풋이 포함될 수 있다.

네 번째, 프로젝트 달력(project calendars)은 예정된 활동에 사용할 수 있는 근무일의 부분을 보여준다.

다섯 번째, 변경 요청은 이 프로세스의 결과로 제안된 일정에 대한 변경이 필요한 경우 만들어지며 승인 또는 거부를 위해 통합변경통제 프로세스로 전송된다.

여섯 번째 아웃풋은 프로젝트 관리 계획 업데이트인데 일정관리 계획이 주 대상이다. 일정관리 계획은 일정수립 방식의 변경이 있을 때 이를 반영하기 위해 갱신된다.

일곱 번째 아웃풋은 프로젝트 문서 업데이트인데 가정로그, 교훈 등록부, 기간 추정치, 자원 요구사항, 위험 등록부 등이 포함된다. 가정로그는 일정수립 결과로 밝혀진 가정을 업데이트 한다. 교훈 등록부는 일정을 개발하는 데 효율적이고 효과적인 기법들을 업데이트 한다. 기간 추정치는 활동기간을 지속적으로 업데이트 하는데 이는 자원 평준화 분석(resource leveling analysis)에 필요하다. 자원 요구사항은 필요한 자원의 유형 및 수량에 대한 추정치를 업데이트 하며 이 또한 자원 평준화 분석에 사용된다. 위험 등록부는 스케줄링 가정에 대한 분석 과정에서 밝혀진 기회 또는 위협을 업데이트 한다.

• 도구와 기법 Tools and Techniques

일정수립 프로세스에서 사용될 도구와 기법은 일정 네트워크 분석(schedule network analysis), 주경로 분석(critical path method), 자원 최적화(resource optimization), 데이터 분석, 리드와 래그(lead and lag), 일정 압축(schedule compression), 프로젝트 관리 정보시스템, 애자일 릴리즈 계획(agile release planning) 등 8가지이다. 먼저, 일정 네트워크 분석은 실제로 일정을 만드는 데 사용되는 일련의 기법을 의미하며 다음에 설명하는 여러 가지 기법들을 통칭한다.

두 번째, 주경로 분석은 본 장의 마지막에 따로 상세히 설명한다.

세 번째, 자원 최적화는 자원 평준화(resource leveling)와 자원 평활화(resource smoothing), 두 가지 기법이 있다. 상세한 내용은 다음 섹션을 참고하자.

네 번째, 데이터 분석은 다양한 프로젝트 위험이 일정에 미치는 영향을 나타내는 시나리오 분석을 의미하는데 What-if 시나리오 분석과 시뮬레이션이 대표적인 방법이다. What-if 시나리오 분석은 "시나리오 X가 발생하면 일정이 어떻게 영향을 받을까?"라는 질문을 함으로써 그러한 상황이 발생할 경우 해당 상황의 영향을 해결하기 위한 대응 계획을 만드는 데 도움이 될 수 있다. 시뮬레이션은 실제로 실행하기 어려운 실험을 간단히 행하는 모의실험이다. 시뮬레이션은 모델을 사용하여 실제 프로세스 또는 시스템의 작동을 모방한다. 모델은 선택한 프로세스 또는 시스템의 주요 동작과 특성을 나타내는 반면 시뮬레이션은 시간이 지남에 따라 다양한 조건에서 모델이 어떻게 발전하는지 나타낸다. 가장 일반적인 시뮬레이션 기술은 특정 프로젝트 위험이 발생할 경우 일정에 대한 가능한 영향을 계산하는 몬테 카를로(Monte Carlo) 분석이다. 결과는 예를 들어 특정 날짜의 프로젝트 마감일을 달성할 확률이 90%라는 확률 분포이다.

다섯 번째는 리드와 래그(leads and lags)이다. 리드는 후속 활동의 가속을 허용하는 논리적 관계의 수정을 의미하므로 선행 활동과 관련하여 후속 활동이 먼저 진행될 수 있는 시간을 뜻한다. 예를 들어 리드가 10일인 Finish-to-Start 종속관계는 선행 활동이 완료되기 10 일 전에 후속작업을 시작할 수 있다. 물론 음의 리드는 양의 래그와 같다. 한편 래그는 후속 활동의 지연을 지시하는 논리적 관계의 수정을 의미하므로 선행 활동에 비해 후속 활동이 지연될 수 있는 시간을 뜻한다. 예를 들어, 10일 래그가 있는 Finish-to-

Start 종속관계는 선행 활동이 완료된 후 10일까지는 후행 활동을 시작할 수 없다.

여섯 번째, 일정 압축은 일정 네트워크 분석을 완료했는데 허용할 수 없는 프로젝트 완료 날짜가 표시되면 프로젝트 완료를 단축시키기 위해 사용할 수 있는 기법이다. 일정 압축에는 공정 압축법(crashing)과 공정 중첩 단축(fast tracking), 이 두 가지 방법이 있는데 각각은 프로젝트의 다른 제약 조건 중 하나에 잠재적으로 부정적인 영향을 미치므로 사용할 때 주의해야 한다. 공정 압축법은 작업을 더 빨리 완료하기 위해 더 많은 자원을 추가한다. 이것은 물론 비용 제약에 부정적인 영향을 미친다. 일반적인 공정 압축법 기법은 초과 근무를 승인하거나 추가 자원을 가져오기 위해 비용을 지불하는 것이다. 공정 중첩 단축은 연속적으로 수행되는 두 가지 활동을 택해서 그 중 하나의 활동을 옮겨서 일정 시간 다른 활동과 병행하여 수행하도록 한다. 이는 혼란을 야기하고 일부 작업을 다시 수행해야 하기 때문에 품질 위험 측면에서 잠재적으로 부정적인 영향을 미친다.

일곱 번째, 프로젝트 관리 정보시스템은 일정 수립에 사용할 수 있는 소프트웨어를 의미한다.

여덟 번째, 애자일 릴리즈 계획은 당연히 애자일 방법론을 사용하는 경우에만 사용된다. 애자일 방법론에서 프로젝트는 릴리스로 분류되며(일반적으로 3~6개월), 각 릴리스에는 2주~4주마다 계획된 일련의 반복(스프린트)이 있다. 각 반복에는 기능개발 일정을 잡는 계획이 있다. 여기에서 기능은 사용자 스토리에 따라 우선 순위가 지정되고 사용자 스토리는 작업으로 분류된다.

▣ 자원 평준화(resource leveling)와 자원 평활화(resource smoothing)

자원 평준화(resource leveling)는 자원에 대한 수요와 공급의 균형을 맞추기 위해 자원 제약에 따라 시작 날짜와 종료 날짜를 조정하는 기술이다. 즉, 자원 평준화는 작업을 지연시켜 자원 충돌을 해결하는 기법으로 자원 사용을 보다 원활하게 분배하고 초과 할당을 줄이는 것을 목적으로 한다. 인적 자원과 물적 자원 모두에 대해 사용할 수 있으며 공유해야 하거나 또는 매우 중요한 자원이 정해진 시간이나 제한된 수량으로 가용하거나 또는 초과 할당(over-allocation) 되어 있을 때 활용할 수 있다. 여기서 초과 할당이란 주어진 시간에 작업을 수행하기 위해 사용 가능한 것보다 더 많은 자원이 할당됨을 의미한다.

자원 평준화는 주로 어떤 활동에 대해 특정 중요 자원이 하루에 특정 양만큼만 사용 가능한 경우에 나타난다. 예를 들어, 월요일로 예정된 활동이 있고 이 활동은 팀원들의 초과 근무를 필요로 한다. 하지만 상사는 팀원들이 하루에 최대 8시간만 일하고 마치지 못한 작업은 다음 날로 이동하기를 원한다. 이런 경우, 자원 평준화가 일어난다. 또한 프로젝트 자원이 둘 이상의 프로젝트에서 시간을 분할하는 경우에도 자원 평준화가 발생할 수 있다. 예를 들어, 팀원 한 명이 한 번에 두 개의 프로젝트를 진행하고 있는데 그 사람이 한 프로젝트에 할애할 수 있는 최대 시간이 하루 4시간이라고 가정하자. 이 사람은 다른 사람으로 대체될 수 없는 전문가인데 월요일에 8시간 동안 프로젝트에서 작업하도록 예정되어 있는 경우 해당 작업의 4시간을 다음 날로 옮겨야 한다. 이런 경우, 자원 평준화가 하루에 허용되는 최대 시간이란 관점에서 작업 규칙을 수용하기 위해 프로젝트 작업에 추가 일수를 더하게 된다. 자원 평준화가 완료되면 자원 평활화를 통해 추가 자원 이동이 가능하다.

자원 평활화(resource smoothing)는 자원에 대한 요구사항이 미리 정의된 어떤 자원 제한을 초과하지 않도록 일정 모형의 활동을 조정하는 기법이다. 자원 A가 주중에 8시간 동안 활동을 해야 한다고 가정해 보자. 활동이 금요일에 완료되어야 한다면 8시간의 작업을 모두 월요일에 완료해야 할 이유는 없다. 작업은 월요일과 화요일에 4시간씩 분산되어 자원 A가 다른 프로젝트 또는 운영 작업에 시간을 할애할 수 있다. 자원의 작업 선호도를 수용하기 위해 4일의 프리 플로우트(free float) (금요일까지 완료될 필요가 없기 때문에) 내에서 하는 이러한 종류의 지연이 자원 평활화가 달성하는 것이다.

자원 평준화와 자원 평활화의 차이를 정리해보면 자원 평활화는 시간 제약이 우선할 때 사용되며 목표는 자원 수요의 최고점과 최저점을 피하면서 필요한 날짜까지 작업을 완료하는 것이다. 주경로를 변경하지 않으며 균일한 자원 활용을 목표로 한다. 따라서 자원 평활화를 시간 제한 자원 스케줄링(time limited resource scheduling)이라고도 한다. 반면에 자원 평준화는 자원 가용성에 대한 제한이 가장 중요한 경우에 사용되며 단순히 "사용 가능한 자원으로 작업이 언제 완료되는가?"라는 질문에 답한다. 주경로도 변경될 수 있으며 자원의 수급 균형을 목표로 한다. 따라서 자원 평준화를 자원 제한 스케줄링(resource limited scheduling)이라고도 한다.

▣ 주경로 분석법 Critical Path Method (CPM)

주경로 분석법은 총 프로젝트 기간을 예측하는 데 사용되는 네트워크 다이어그램 기법이다. 여기서 주경로란 네트워크 다이어그램 상에서 가장 긴 경로(longest path)를 의미한다. 그림 5-2에서 본 ADM 다이어그램을 복사해 놓았는데 이 그림에서 주경로

[그림 5-6] 자원 평준화와 자원 평활화 예시

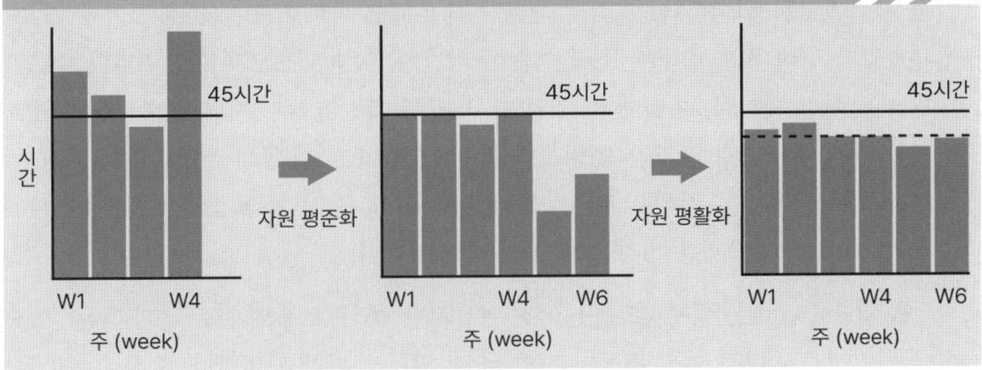

를 파악해 보자. 모든 기간은 일(day)을 표시한다고 가정한다.

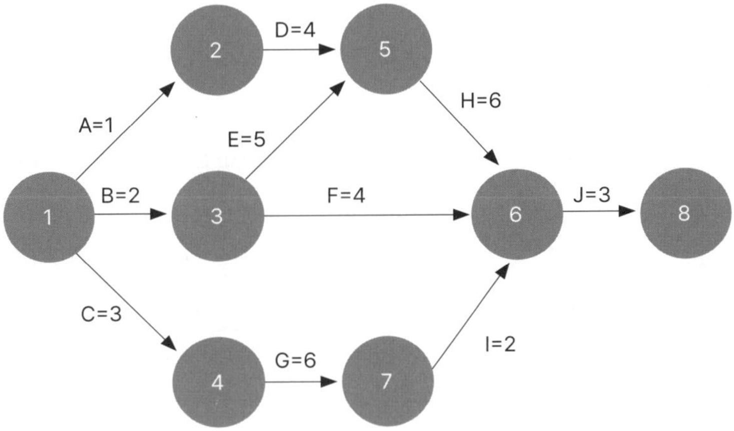

먼저 이 네트워크 다이어그램에서 존재하는 모든 경로를 식별해 보면 총 4개의 경로가 있음을 알 수 있다. 이들 경로에 대해 총 예상 기간을 구해보자.

- 경로 1: A-D-H-J 길이 = 1+4+6+3 = 14일
- 경로 2: B-E-H-J 길이 = 2+5+6+3 = 16일
- 경로 3: B-F-J 길이 = 2+4+3 = 9일
- 경로 4: C-G-I-J 길이 = 3+6+2+3 = 14일

네트워크 다이어그램에서 가장 긴 경로가 주경로라고 했으므로 경로 2 즉, B-E-H-J가 주경로가 된다. 주경로인 경로 2가 나타내는 의미는 무엇일까?

주경로는 프로젝트를 완료하는데 필요한 최소한의 기간을 보여주는 일련의 활동들로 구성된 경로를 의미한다. 위의 예제에서 네트워크 다이어그램 상에서 가장 긴 경로인 주경로가 나타내는 기간은 16일인데 이 기간이 사실은 프로젝트를 완료할 수 있는 최단 기간이란 뜻이다. 우리에게 16일 보다 많은 기간이 주어지면 프로젝트를 완료하는 것이 전혀 문제되지 않지만 16일보다 짧은 15일 혹은 14일이 주어진다면 우리 계획상 하루 혹은 이틀이 부족해 프로젝트를 완료할 수 없게 된다. 결국 프로젝트를 완료할 수 있는 기간 중 가장 짧은 기간은 바로 16일인 것이다.

슬랙(slack) 혹은 플로우트(float)는 여유시간 즉, 프로젝트 완료 날짜 혹은 후행 활동을 지연시키지 않고 어떤 활동이 지연 될 수 있는 시간을 의미한다. 주경로는 바로 슬랙 혹은 플로우트가 없거나 최소인 경로를 의미한다. 따라서 주경로에 있는 하나 이상의 활동이 계획보다 오래 걸리면 프로젝트 관리자가 수정 조치를 취하지 않는 한 전체 프로젝트 일정이 지연되게 된다. 주경로가 16일인 위의 예에서 주경로 작업 중 어느 하나라도 하루가 지연되면 프로젝트 완료를 위해 16일에서 하루 더 시간이 필요하다는 의미이다.

사람들은 프로젝트에서 명칭 때문에 주경로의 의미를 오해하기도 한다. 주(critical)라는 용어로 인해 주경로가 매우 중요한 활동으로 구성되어 있는 경로로 이해한다. 하지만 주경로는 작업의 중요성 관점이 아니라 시간적 관점에서 이해해야 하므로 모든 중요한 활동을 모아 놓았다는 의미가 아니라 단지 여유시간이 전혀 없는 활동들로 구성된 경로라는 뜻이다. 미국 플로리다에 있는 디즈니 애니멀 킹덤(Disney's Animal Kingdom)을 만들 때 주경로 상에 있던 활동 중의 하나가 잔디 키우기였다는 사실은 놀랍지 않다.

프로젝트에서 주경로가 하나 이상일 수 있을까? 둘 이상의 경로가 동일한 가장 긴 기간을 가진다면 주경로가 하나 이상이 될 수도 있다. 주경로는 한 번 정해지면 변경되지 않는 것인가? 그렇지 않다. 주경로는 프로젝트가 진행되면서 활동이 지연되거나 추가되면서 얼마든지 변경될 수 있다. 주경로였던 경로가 더 이상 주경로가 아니거나 일반 경로가 다시 주경로로 결정될 수 있다.

슬랙 혹은 플로우트는 프리 슬랙(free slack)과 토탈 슬랙(total slack)으로 구분된다. 프리 슬랙은 프리 플로우트라고도 하며 특정 활동 바로 다음 활동을 지연시키지 않고 그 활동을 지연시킬 수 있는 여유시간을 의미한다. 반면에 토탈 슬랙은 토탈 플로우트라고도 하고 계획된 프로젝트 완료 날짜를 지연시키지 않고 특정 활동을 지연시킬 수 있는 여유 시간을 뜻한다. 결국 프리슬랙과 토탈슬랙의 차이는 여유시간을 바로 다음 활동까지 고려할 것인지 아니면 프로젝트 종료 시점까지 고려할 것인지 이다.

슬랙이나 플로우트를 계산하기 위해서는 전진 패스(forward pass)와 후진 패스(backward pass)를 이해해야 한다. 일반적으로 네트워크 다이어그램상에서 전진 패스는 가장 빨리 시작할 수 있는 날과 가장 빨리 끝날 수 있는 날을 결정하는 반면 후진 패스는 가장 늦게 시작해도 되는 날과 가장 늦게 종료할 수 있는 날을 결정하는 방법이다. 우리는 두 값의 차이를 통해 슬랙이나 플로우트 즉, 여유시간을 계산한다. 아래에 보여지듯이 박스가 활동을 나타내는 다이어그램에서 왼쪽 상단에 가장 빨리 시작할 수 있는 날을, 그리고 오른쪽 상단에 가장 빨리 끝날 수 있는 날을 표시한다. 반면 왼쪽 하단에는 가장 늦게 시작해도 되는 날을 표기하고 오른쪽 하단에 가장 늦게 종료할 수 있는 날을 표기한다.

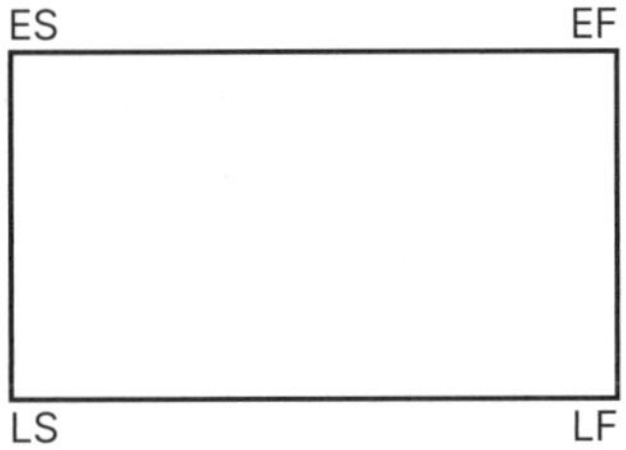

- ES(Early start day) = 가장 빨리 시작할 수 있는 시각
- EF(Early finish day) = 가장 빨리 종료할 수 있는 시각
- LS(Late start day) = 가장 늦게 시작할 수 있는 시각
- LF(Late finish day) = 가장 늦게 종료할 수 있는 시각

그림 5-7에 나타나는 간단한 네트워크 다이어그램은 AC와 BC, 2개 경로를 나타내고 있다. 우리는 AC가 작업기간이 9일로 주경로임을 쉽게 알 수 있다. 작업 A는 6일, 작업 B는 2일, 그리고 작업 C는 3일이 소요된다고 예측되었기에 만약 1월 1일부터 작업을 시작한다고 가정할 때 전진 패스에 따르면 작업 A는 1월 1일 시작하여 1월 6일 끝나야 하며 작업 B는 1월 1일 시작하여 1월 2일 끝난다. 그리고 작업 C는 1월 7일 시작하여 1월 9일 종료하게 된다. 작업 B가 1월 2일 완료되더라도 1월 3일에 작업 C를 시작할 수 없다. 왜냐하면 작업 A가 진행 중이기 때문이다.

후진 패스에 따르면 작업 B의 일정은 달라진다. 작업 B는 작업 C가 1월 7일 시작하는데 문제가 없도록 1월 6일까지 종료하기만 하면 된다. 즉, 가장 늦게 종료할 수 있는 날이 1월 6일인 것이다. 그리고 작업 B의 소요 기간이 2일이므로 1월 5일 시작하기만 한다면 일정에 아무런 차질이 없게 된다. 물론 작업 A와 C는 후진 패스로 보더라도 시작과 종료 기간이 전진 패스 관점과 동일한데 그 이유는 주경로이기 때문에 하루라도 늦게 시작하거나 종료하면 전체 일정이 지연되기 때문이다. 결국 후진 패스에 따른 작업 일정은 작업 A와 작업 C는 그대로이지만 작업 B의 시작 가능일이 1월 5일이며 종료일이 1월 6일로 파악된다.

[그림 5-7] 전진과 후진 패스에 대한 이해

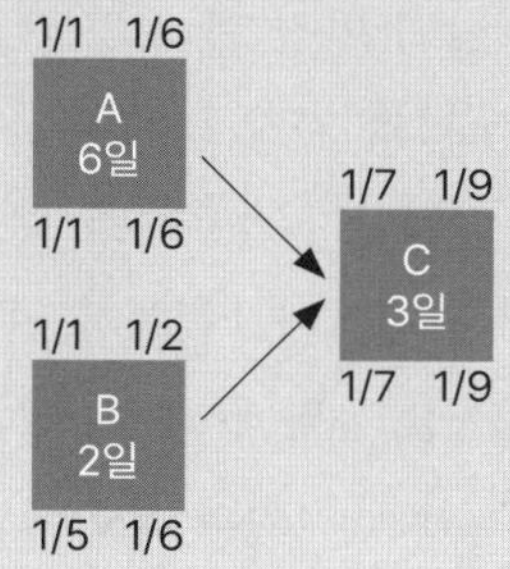

이제 각 작업의 슬랙을 파악해 보자. 이 그림은 워낙 단순하여 프리 슬랙과 토탈 슬랙을 구별할 필요가 없다. 작업 A와 C는 ES와 LS 혹은 EF와 LF가 모두 같으므로 0이 된다. 하지만 작업 B의 ES와 LS의 차이는 EF와 LF의 차이와 마찬가지로 4일이며 따라서 슬랙은 4일이 된다. 이 말은 작업 A와 C가 여유 시간이 전혀 없는데 비해 작업 B는 일정 지연을 초래하지 않고도 4일간의 여유시간을 가질 수 있다는 뜻이 된다.

그림 5-2에서 살펴 본 네트워크 다이어그램을 다시 보면서 각 활동별 프리 슬랙과 토탈 슬랙을 계산해 보자.

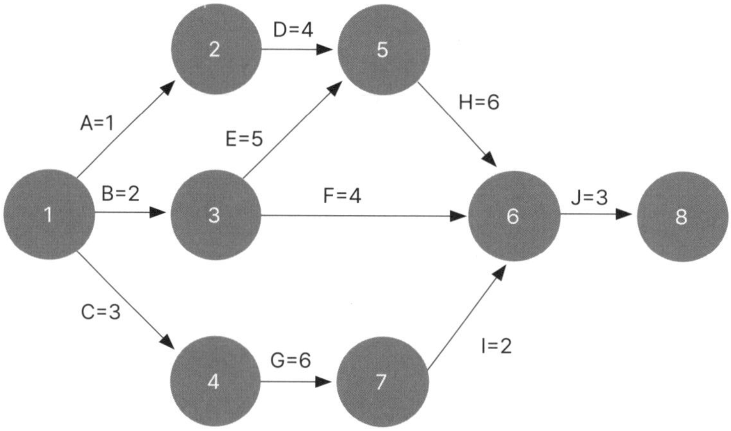

작업 A를 예를 들어 생각해 보면 바로 뒤에 작업 D가 따라오는데 작업 A가 하루라도 지연되면 작업 D의 출발일도 하루 늦춰질 수 밖에 없다. 따라서 전진 패스와 후진 패스가 같다는 것을 알 수 있고 작업 A의 프리 슬랙은 0일이 된다. 하지만 토탈 슬랙은 다르다. 작업 A가 속한 경로는 주 경로에 비해 2일의 여유가 있으며 따라서 작업 A가 2일이내 지연되면 전체 프로젝트의 종료 일정에 지장을 주지 않는다. 따라서 작업 A의 토탈 슬랙은 2일이 된다. 한편 작업 B는 어떨까? 작업 B는 하루라도 지연되면 바로 다음 활동이나 프로젝트 종료일이나 모두 지연되게 된다. 바로 주경로상의 활동이기 때문이다. 모든 활동에 대해 프리 슬랙과 토탈 슬랙을 구해보자. 정답은 아래 표에 있다.

[표 5-3] 그림 5-2 활동에 대한 프리 슬랙과 토탈 슬랙

작업	시작일	종료일	LS	LF	프리슬랙	토탈슬랙
A	8/3	8/3	8/5	8/5	0 d	2 d
B	8/3	8/4	8/3	8/4	0 d	0 d
C	8/3	8/5	8/5	8/7	0 d	2 d
D	8/4	8/7	8/6	8/11	2 d	2 d
E	8/5	8/11	8/5	8/11	0 d	0 d
F	8/5	8/10	8/14	8/17	7 d	7 d
G	8/6	8/13	8/10	8/17	0 d	2 d
H	8/12	8/19	8/12	8/19	0 d	0 d
I	8/14	8/17	8/18	8/19	2 d	2 d
J	8/20	8/24	8/20	8/24	0 d	0 d

프로젝트를 진행하다 보면 일정 단축이 매우 중요한 이슈로 부상할 때가 있다. 이때 주경로 개념을 잘 이해하고 있으면 프로젝트 일정을 단축시키기 위한 여러 가지 기법을 쉽게 사용할 수 있다. 하나의 기법은 주경로 상에 있는 작업에 초점을 맞추어 이들 작업들의 기간을 줄이는 방법이다. 이를 위해 주경로 작업에 더 많은 자원을 집중적으로 추가하거나 그 작업들의 범위를 변경한다. 전문가들의 의견에 따르면 합리적인 프로젝트 일정을 25% 이상 줄이는 것은 극히 어려운 일이라고 한다. 그럼에도 불구하고 프로젝트 관리자 입장에서는 추가 자원 요청과 범위 변경 외에 크래싱(crashing)과 패스트 트래킹(fast tracking)과 같은 일정관리 기법을 사용하여 일정 단축을 위해 노력할 수 있다. 크래싱은 공정 압축법이라 부르기도 하는데 비용과 일정간의 균형분석을 통해 최소

비용의 증가로 최대한 일정 압축을 끌어내는 방법이다. 따라서 비용대비 효과가 큰 작업을 우선 대상으로 삼아야 하며 자원 투자가 실제 프로젝트의 단축에 효과가 큰 경우에 적합하다. 항상 실행 가능한 대안이 제시되는 것이 아니며 원치 않는 수준의 비용 상승이 발생될 수 있는 위험이 있다. 패스트 트래킹은 공정 중첩 단축법으로 불리기도 하며 몇 가지 작업을 동시에 병행하여 수행하는 방법이다. 당연히 동시에 이루어 질 수 있는 작업들에 대해 적용 가능한 방법이다. 예를 들어, 상세설계 작업이 완료되기 전에 일부 코딩 작업을 시작하는 것에 대해 고려할 수도 있다. 패스트 트래킹은 비용의 증가를 가져오지 않지만 작업들을 일찍 시작함으로써 종종 재작업이 발생할 수 있어 프로젝트 위험을 높이는 결과를 가져올 수 있다. 참고로 크래싱과 패스트 트래킹 역시 주경로 작업에 대해 사용해야 그 효과를 극대화 할 수 있음을 잊지 말아야 한다.

일정 목표를 달성하기 위해 프로젝트 일정 정보를 주기적으로 업데이트 하는 것이 중요하다. 실제 시작 및 종료 날짜를 입력하다 보면 주경로가 변경 되기도 한다. 따라서 최신 일정 정보를 바탕으로 주경로를 식별하고 관리할 수 있도록 주의해야 한다. 주경로 분석법을 활용한다고 프로젝트가 지연되지 않는 것은 아니다. 프로젝트가 지연될 것 같으면 적절한 시기에 프로젝트 스폰서와 협상을 해서 어떻게 해결해 나갈지를 결정하는 것이 매우 중요하다.

애플사의 프로젝트 팀은 현재 주경로 작업을 수행하고 있는 사람의 작업 칸막이 위에 고릴라 인형를 둔다고 한다. 어떤 의미일까? 주경로 작업의 일정이 지연되면 프로젝트 전체 일정이 지연되므로 고릴라 인형이 놓여진 곳에서 일하는 팀원을 절대 방해하면 안 된다는 싸인이다. 주경로 분석법이 암시하는 핵심 내용이 바로 이것이다. 프로젝트 일정 관리에서 프로젝트 관리자가 집중해서 관리하고 챙겨야 하는 작업은 바로 주경로 상에 있는 작업들이며 이들 작업들이 원할하게 진행되도록 지원해야 한다는 뜻이다.

▣ 주사슬 스케쥴링 Critical Chain Scheduling

주사슬 스케쥴링은 프로젝트 일정을 만들 때 제한된 리소스를 고려하고 프로젝트 완료 날짜를 보호하기 위한 버퍼(완충 기간)를 포함하는 일정 수립 방법이다. 주사슬 스케쥴링은 제약조건 이론(Theory of Constraints)에 기초하고 있다. 제약조건 이론이란 어떤 관리 시스템도 매우 작은 수의 제약조건 혹은 제약 요인으로 인해 목표를 달성하는데 제한적일 수 밖에 없다고 보는 경영 패러다임이다. 사슬은 가장 약한 연결부분 보다 더 강할 수 없다(A chain is no stronger than its weakest link.)는 서양 속담이 있는데 제약조건 이론을 가장 쉽게 설명하는 말이다. 가장 약한 부분을 강화하지 않고서는 강해질 수 없다는 의미이다. 프로세스나 조직이 취약할 수 밖에 없는 이유는 가장 약한 인력이나 팀이 조직에 해를 가하거나 성과에 나쁜 영향을 미치기 때문이다. 모든 조직이나 프로세스에는 최소한 하나의 제약조건이 있게 마련이며 이를 파악하고 이것을 중심으로 조직이나 프로세스를 재구조화하는 것은 성과 향상을 위해 매우 중요하다.

버퍼(buffer)는 작업완료를 위한 추가 시간을 뜻한다. 예비용 시간이다. 일정관리에서 제약조건 이론에 따라 가장 약한 부분을 보완하는 방법 중 하나는 작업에 버퍼를 주는 방법이다. 일반적이면서 가장 쉬운 방식은 모든 작업에 버퍼를 조금씩 추가하고 필요하든 안하든 버퍼를 사용하게 하는 것이다. 하지만 이러한 방식은 매우 비효율적이다. 파킨슨의 법칙(Parkinson's Law)에 따르면 빈 시간을 채우기 위해 작업이 확장된다고 한다. 즉, 버퍼가 일단 주어지면 꼭 필요치 않더라도 이 추가 시간이 사용되어 소멸된다는 것이다. 추가 시간을 사용할 합당한 일이 없으면 새로운 일을 만들어서라도 이 시간을 사용하는 것이다. 머피의 법칙(Murphy's Law)은 어떤 것이 잘못 될 수 있다면 실제 그렇게 된다는 것을 나타낸다. 우리는 흔히 우산을 가지고 오면 비가 안 오다가 한 번 우산을 안 가지고 왔을 때 비가 와서 낭패를 본 경험을 가지고 있다. 이럴 때 머피의 법칙을 생각하곤 한다. 프로젝트 일정 관리에서도 버퍼를 준비해 놓으면 추가 시간이 필요치 않다가 꼭 버퍼가 없으면 추가 시간이 필요한 상황이 생기곤 한다. 파킨슨의 법칙과 머피의 법칙을 모두 감안하여 버퍼를 활용할 가장 좋은 방법은 개별 작업의 버퍼를 제거하고 대신 프로젝트 버퍼(project buffer) 및 피딩 버퍼(feeding buffer)를 만드는 것이다. 프로젝트 버퍼는 프로젝트 마감일 이전에 더해진 추가 시간을 의미하며 피딩 버퍼는 주경로 상의 작업 앞에 더해진 추가 시간을 뜻한다.

다중작업처리(multitasking)는 일반적으로 2개 이상의 작업을 동시에 수행한다는 뜻이다. 하지만 좀 더 논리적으로 정의해 보면 다중작업처리는 추가적인 자원 지원이 없다면 일을 분할하여 수행한다는 의미이다. 모든 조직은 자원의 희소성을 경험하게 된다. 자원이 원하는 만큼 무한하게 지원되지 않는다. 이러한 경우 다중작업처리 방식은 그 효과를 십분 발휘할 수 없게 된다.

그림 5-8에서 보듯이 순차적 작업처리를 하면 10일이면 작업 1을 완료하고 20일째 작업 2를 완료하고 마지막 30일차에 모든 작업을 완료하게 된다. 하지만 다중작업처리를 하면 20일차에 겨우 작업 1을 완료하고 25일차에 작업 2, 그리고 30일차에 모든 작업을 완료한다. 주어진 자원하에서 다중작업처리는 순차적 작업처리에 비해 비효율적

[그림 5-8] 다중작업처리와 순차적 작업처리 비교

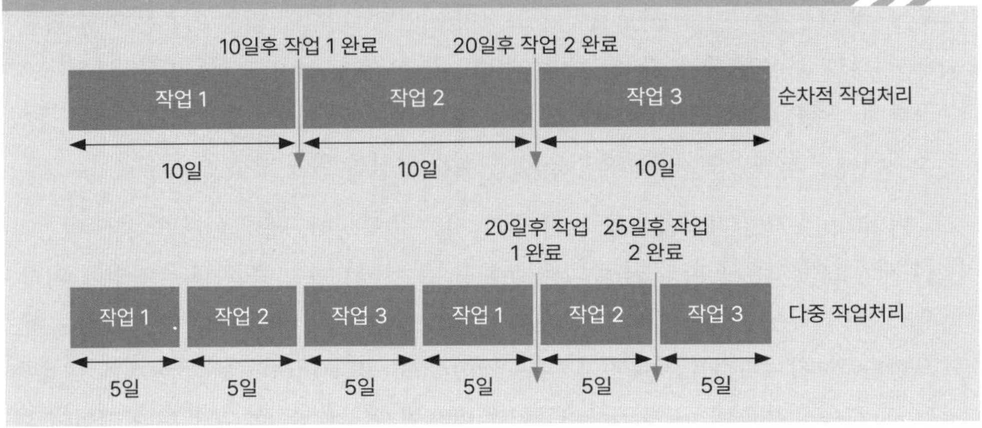

이다. 결국 다중작업처리를 최소화 하는 것이 작업을 더 빨리 완료할 수 있는 길이라는 것을 알 수 있다.

주사슬 스케쥴링은 주경로 분석법에 지금까지 논의한 버퍼를 주는 방식과 자원의 희소성을 고려한 다중작업처리 최소화 방식을 모두 적용한다. 8개의 조각으로 구성된 그림 5-9는 주사슬 스케쥴링 수립 방법을 보여준다.

(1) 먼저 3개의 경로와 9개의 작업 그리고 6명의 인력이 있다고 가정하자. 작업은 박스로 나타내고 인력은 색으로 표현한다. 따라서 6개의 서로 다른 색이 있고 총 9개의 박스가 있다.

(2) 위 그림에서 후진 패스에 따른 LS (Late Start)와 LF (Late Finish)를 찾고 이에 따라 네트워크 다이어그램을 수정해 보자. 수정된 다이어그램은 두 번째 그림과 같다.

(3)세 번째 그림에서 푸른색은 같은 인력이므로 다중작업처리를 해야 한다는 뜻이다.

(4) 다중작업처리를 해야 하는 부분을 순차적 작업처리 방식으로 바꾸기 위해 위쪽 푸른색 인력이 하는 작업을 먼저 처리하도록 일정을 당겨보자. 결과는 네 번째 그림에 나타난다.

(5) 다섯 번째 그림에서 다시 붉은색 인력이 다중작업처리를 해야 하는 상황에 놓여 있다.

(6) 다중작업처리를 해야 하는 부분을 순차적 작업처리 방식으로 바꾸기 위해 맨 아

래 붉은색 인력이 하는 작업을 먼저 처리하도록 일정을 당겨보자. 그리고 2개의 인위적인 연결 화살표를 추가해서 푸른색 인력과 붉은색 인력이 선행 작업을 마친 후 각 각 어떤 후행 작업을 하는지 연결시켜 보자. 결과는 여섯 번째 그림에 나타난다.

(7) 현 상태에서 주경로를 파악해 보자. 일곱 번째 그림에서 보여지듯이 2개의 선으로 표시된 박스들로 구성된 경로가 주경로이다.

(8) 이제 주경로 상에 있는 작업들 사이에 피딩 버퍼를 끼워 넣고 가장 마지막 작업 뒤에 프로젝트 버퍼를 배치하면 주사슬 스케쥴링이 완성된다. 최종 주사슬 스케쥴링 모습은 마지막 그림에 나타난다.

▣ PERT (Program Evaluation and Review Technique)

PERT는 개별 활동 기간 추정치에 대한 불확실성이 높을 때 프로젝트 기간을 추정하는데 사용되는 네트워크 분석 기법이다. PERT는 확률적 시간 추정을 사용하기 때문에 앞서 설명한 3점 추정치에 기초한다. 3점 추정치는 낙관적 추정치, 가장 가능성이 높은 추정치(최빈치), 그리고 비관적 추정치 등 3가지를 의미한다. PERT는 3점 추정치에 기반하여 활동 시간을 예측하는데 아래의 공식을 이용한다.

PERT 가중 평균 = (낙관치 + (4*최빈치) + 비관치) / 6

예를 들어 작업 A를 완료하는데 낙관적 관점에서 8일, 일반적으로 10일, 비관적 관점에서는 24일 소요된다고 추정한다면 PERT 가중 평균값은 8+(10*4)+24) / 6 = 12일이 된다. 따라서 네트워크 다이어그램에서 작업 A의 기간 추정치는 10일이 아닌 12일을 사용한다.

A6 일정 통제 Control Schedule

일정 통제는 통합변경통제의 일부로서 일정 상태(status of the schedule)를 파악하고 일정 변경을 유발하는 요인들을 관리하고 일정이 변경되었는지 확인하여 변경이 발생하면 관리하는 것이 주요 목적이다.

일정 통제에 있어서 중요한 사항은 먼저 일정이 현실적인지 확인하는 것이다. 많은 정보

[그림 5-9] 주사슬 스케쥴링 수립 방법

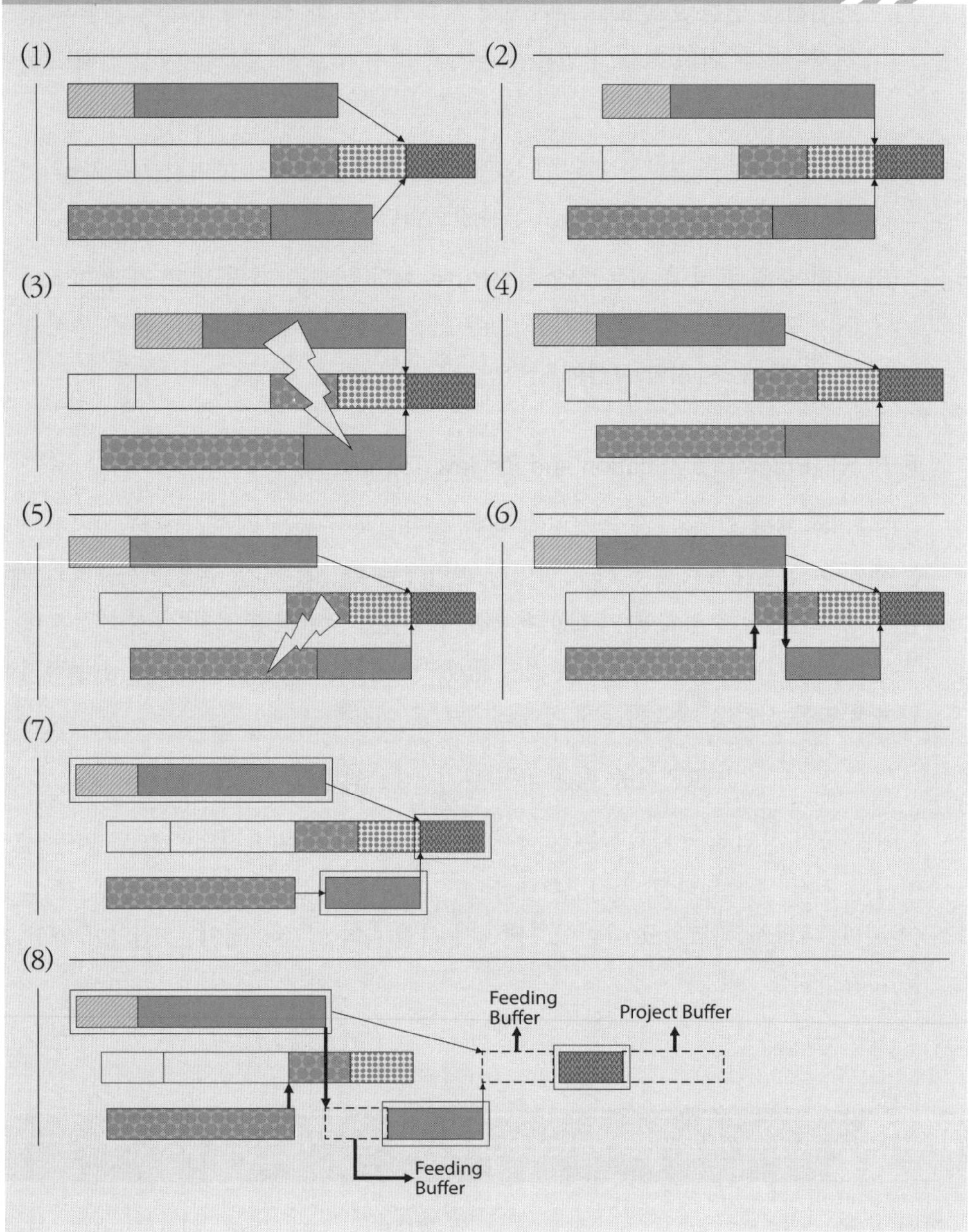

기술 프로젝트에서 일정 계획이 비현실적으로 수립되는 경우가 있는데 비현실적인 일정은 지키는 것 자체가 매우 힘들기 때문이다. 일정의 현실성 체크는 일반적으로 프로젝트 헌장에 포함된 초안 일정을 검토하는 것에서 시작한다. 프로젝트 팀은 상세 일정을 준비하고 이해관계자와 진행 회의를 통해 현실성 체크를 하고 최종적으로 이해관계자의 승인을 받는다. 이를 통해 모든 팀원, 최고 경영진, 고객, 그 외 다양한 이해관계자의 참여와 지원 약속을 얻는 것도 중요하다. 물론 프로젝트 일정을 따르고 지키는 것이 왜 중요한지 이해시키는 것은 기본이다. 프로젝트 관리자는 훈육(discipline)과 리더십을 사용해서 팀원들의 일정에 대한 태도를 잘 만들어 놓아야 한다.

비록 다양한 도구와 기법들이 프로젝트 일정을 관리 하도록 사용되지만 프로젝트 관리자는 사람들과 관련된 이슈들을 관리해야 한다. 대부분의 프로젝트는 도구나 기법을 잘못 사용해서 실패하기 보다는 사람들과 관련된 이슈 때문에 실패하는 경우가 많다. 프로젝트 관리자는 프로젝트 일정에 대한 변화 관리를 지원할 수 있도록 현실적으로 점검하여야 하며 다양한 기법들을 활용하여 인적 이슈와 일정을 변경하는 사람들을 통제하여야 한다. 즉 프로젝트 관리자는 단지 변경이 발생하길 기다리는 것이 아니라 변경을 초래할 것을 찾아 영향력을 행사하여야 한다.

• 인풋 Input

일정통제 프로세스의 인풋은 프로젝트 관리 계획, 프로젝트 문서, 작업성과 데이터, 조직 프로세스 자산 등 4가지다. 먼저, 일정통제에 사용되는 프로젝트 관리 계획의 구성요소는 일정관리 계획, 일정 기준선, 성과측정 기준선, 범위 기준선 등이다. 일정관리 계획에는 프로젝트 일정모델 유지관리, 성과측정 규칙, 통제 임계값, 보고 형식 등과 같은 일정통제 프로세스를 수행하는 방법에 대한 지침이 포함되어 있다. 일정 기준선은 실제 결과와의 차이가 있는지 비교하는 데 사용된다. 성과측정 기준선은 프로젝트가 얼마나 잘 수행되고 있는지 측정치를 계산할 수 있나. 범위 기준선은 예상 기간과 같은 작업 패키지에 대한 정보가 포함되어 있어 이 프로세스의 일부로 모니터링에도 사용된다.

두 번째 인풋은 프로젝트 문서인데 교훈 등록부, 일정 데이터, 프로젝트 일정, 프로젝트 달력, 자원 달력 등이 포함된다. 교훈 등록부는 프로젝트 초기에 배운 다양한 교훈을 포함하고 있으며 이러한 정보는 일정통제 프로세스를 개선한다. 일정 데이터, 특히 일정 모델에 대한 입력(예: 일정이 잡힌 활동 및 해당 속성)은 이 프로세스의 결과로 업데이트 될 수 있다. 이는 프로젝트 관리 성보시스템에서 처리되어 프로젝트 일정을 생성한다. 프로젝트 일정은 일정 기준선과 비교 분석되는 모니터링 대상이다. 프로젝트 달력은 프로젝트에서 작업할 자원이 있을 때 근무 교대조를 표시하는 달력이다. 자원 달력은 프로젝트에 사용될 물리적 및 인적 자원의 가용성을 보여준다.

세 번째, 작업성과 데이터는 통합관리내 프로젝트 작업 지시 및 관리 프로세스의 아웃풋으로 해당 보고기간 동안의 성과를 보여준다. 주로 어떤 활동을 시작했는지, 활동 진행 상황(지금까지의 실제 기간, 남은 기간 및 완료율 등), 어떤 활동을 완료했는지 등이 포함된다. 작업성과 데이터는 편차가 있는지 확인하기 위해 일정 기준선과 비교되며 이 비교의 결과는 프로젝트 팀에 유용한 작업 성과 정보가 된다.

네 번째 인풋은 조직 프로세스 자산인데 일정관리 관련 정책, 절차 및 지침, 회사에서 개발한 일정관리 도구(다른 회사에서 만든 MS Project와 같은 소프트웨어 프로그램은 기업 환경 요소로 간주됨), 사용할 모니터링 및 보고 방법 등이 포함된다.

• 아웃풋 Output

일정통제 프로세스의 아웃풋으로는 작업성과 정보, 일정 예측(schedule forecasts), 변경요청, 프로젝트 관리 계획 업데이트, 문서 업데이트 등 5가지이다. 먼저, 작업성과 정보는 마지막 보고기간에 실제로 수행된 작업 정보인 작업성과 데이터를 일정 기준선과 비교한 결과로서 일정 성과지수(schedule performance index) 또는 일정 편차(schedule variance)와 같은 측정값을 포함한다.

두 번째, 일정 예측은 프로젝트를 완료하는 데 걸리는 시간을 예측하는 것인데 획득가치관리법을 활용할 수 있다. 예를 들어, 10주가 소요되어야 하는 프로젝트의 절반을 완료했다고 가정해 보자. 일정 성과지수가 0.9이면 프로젝트가 90% 수준의 효율성으로 작업되고 있음을 의미한다. 즉, 대략적으로 말하면 동일한 속도로 작업할 경우 프로젝트를 완료하는 데 10/0.9= 11.1주가 걸린다는 것을 의미한다. 작업성과 정보 뿐만 아니라 이러한 일정 예측은 통합관리 내의 프로젝트 작업 모니터링 및 통제 프로세스에 대한 인풋이 되며, 이해관계자에게 유용한 작업성과 보고서로 전환된다.

세 번째 아웃풋은 변경요청인데 모든 지식영역의 통제 프로세스와 같이 일정통제 프로세스도 결함 수리, 시정조치, 예방조치, 계획 갱신 등과 같은 형식을 취할 수 있는 변경 요청을 가능한 아웃풋으로 가지고 있다.

네 번째, 프로젝트 관리 계획 업데이트는 일정관리 계획과 일정 기준선의 갱신을 의미한다. 일정관리 계획은 일정관리 방법에 변경 사항이 있는 경우 갱신될 수 있다. 또한 일정 기준선은 변경요청이 승인되면 일정 기준선에 변경 사항이 반영된다. 물론 이 경우, 비용 및 성능 측정과 같은 추가 기준선도 영향을 받을 수 있다.

다섯 번째, 문서 업데이트는 교훈 등록부, 가정로그, 추정의 근거, 일정 데이터, 프로젝트 일정, 자원 달력, 위험 등록부 등이 포함된다. 교훈 등록부에는 이 프로세스에서 일정을 모니터링하거나 변동의 원인을 발견하는 효과적인 기법이 발견되면 이러한 내용이 추가된다. 가정 로그에는 일정 계획과의 차이의 원인이 발견되면 일정에 영향을 주는 가정이 갱신될 수 있다. 추정의 근거는 이 프로세스에서 일정 추정치의 수정 사항이 발견되면 갱신될 수 있다. 일정 데이터와 관련하여 이 프로세스의 결과로 권장되는 일정에 수정 사항이 있는 경우 프로젝트 일정 네트워크 다이어그램을 변경해야 할 수 있다. 프로젝트 일정은 일정 데이터의 변경이 일정 모델에 반영되어 프로젝트의 예측 완료 날짜가 변경되어야 할 때 갱신된다. 자원 달력은 자원 최적화 및 일정 압축과 같은 일부 기법으로 인해 변경될 수 있다. 위험 등록부는 공정 중첩 단축(fast tracking)과 같은 기법을 사용할 때 재작업 위험이 증가되므로 이러한 위험을 반영하기 위해 갱신되어야 한다.

• 도구와 기법 Tools and Techniques

일정 통제 프로세스에서 사용될 수 있는 기법은 데이터 분석, 주경로 분석법, 프로젝트 관리 정보시스템, 자원 최적화, 리드와 래그, 일정 압축 등 6가지 이다.

먼저, 일정 통제에서 사용할 수 있는 데이터 분석 기법에는 획득가치 분석, 번다운 차트(burndown chart), 성과 검토(performance review), 추세 분석, 차이 분석 등의 다양한 방법이 있다. 획득가치 분석은 범위, 시간, 비용의 3가지 제약을 측정하는 기법으로 일정 변차나 일정 성과 지표의 경우 프로젝트가 예정보다 앞서고 있는지, 뒤처져 있는지, 아니면 계획대로 가는지 파악할 수 있는 방법이다. 번다운 차트(burndown chart)는 애자일 방법론에서 사용하는데 스프린트 백로그에서 완료해야 하는 남아있는 작업을 차트로 표시하고 추세선은 남은 작업을 기반으로 완료일을 예측하기 위해 계산된다. 이 차트는 애자일 환경에서 사용되는 차이분석 및 추세분석의 한 형태로 획득가치 분석을 대체한다. 성과 검토(performance review)는 일정 기준과 비교한 프로젝트 성과에 대한 검토이다. 추세 분석(trend analysis)은 시간 경과에 따른 프로젝트 성과를 검토하여 개선되고 있는지 또는 악화되고 있는지 확인한다. 프로젝트가 지금 일정에 뒤처지지 않았더라도 부정적인 추세가 계속된다면 미래의 어느 시점에 일정 지연이 발생할 수 있으며, 이런 경우 예방조치가 권장될 수 있다. 차이 분석(variance analysis)은 실제 수행한 작업과 완료 예정된 작업 간의 차이를 감지하는 것뿐만 아니라 차이가 있는 경우 해당 차이의 원인을 조사한다. 이는 프로젝트를 예정대로 되돌리기 위한 가능한 시정 조치를 제안할 것이다.

두 번째, 주경로 분석법은 앞서 일정 수립 프로세스에서 자세히 설명하였다. 다만 일정 통제시 주의할 점은 활동이 일정에 비해 지연되는 경우 활동이 주경로(critical path)에 있는지 확인하는 것이 중요하다. 만약 그렇다면 프로젝트 일정이 지연될 위험이 있으며 주경로 상의 활동을 일정 모델과 일치시키는 것이 매우 중요하다.

세 번째, PMIS와 같이 일정을 만드는 데 사용되는 소프트웨어는 필요한 경우 일정을 변경하는 데 사용할 수도 있는 도구이다.

네 번째, 자원 최적화는 자원 평준화 및 자원 평활화 방법을 사용하여 작업장과 개인의 제약 조건에 맞게 활동 기간을 조정하는 기법이다. 따라서 시정조치 또는 예방 조치로 활동을 조정해야 하는 경우 자원 최적화 기법을 고려할 수 있다.

다섯 번째, 리드와 래그는 후속 활동을 선행시키거나 지연시키는 방법이다. 두 가지 활동이 차례로 발생하고 기간을 단축할 필요가 있는 경우, 후속 활동의 시작 날짜를 당기는 것이 가능할 수 있다. 이러면 선행 활동이 계속 진행되는 동안 후속 활동이 시작한다. 이것은 실제로 일정압축 기법이며 작업을 일정대로 되돌리기 위한 시정 또는 예방 조치로 사용할 수 있다.

여섯 번째 기법은 일정 압축으로 특정 작업 패키지와 관련된 일부 활동이 지연되는 경우 필요한 시정 조치 중 하나가 나머지 활동의 기간을 단축하는 것인데 이 때 사용할 수 있는 기법이다. 일정 압축은 공정 압축법(활동에 자원을 추가함) 또는 공정 중첩 단축(후임 활동의 시작 날짜를 앞당겨서 선행 활동과 부분적으로 병렬로 진행되도록 함)을 통해 이러한 목표를 수행한다.

이번 장에서 학습한 내용 생각해 보기

여러분은 대학의 통합정보시스템 구축 프로젝트의 프로젝트 관리자로 임명되었다. 일정 수립을 위해 어떤 방법을 활용하고자 하며 왜 그렇게 생각하는지 토론해 보자.

핵심 용어

가상 활동 dummy activities

간트 차트 Gantt chart

관계 relationship

기간 duration

네트워크 다이어그램 network diagram

노드 node

노력 effort

늦은 시작일 late start date

늦은 종료일 late finish date

다중작업처리 multitasking

마일스톤 milestone

머피의 법칙 Murphy's Law

빠른 종료일 early finish date

빠른 시작일 early start date

버스트 burst

버퍼 buffer

병합 merge

슬랙 slack

시작-종료 종속관계 start-to-finish dependency

시작-시작 종속관계 start-to-start dependency

외부적 종속성 external dependencies

의무적 종속성 mandatory dependencies

일정 기준선 schedule baseline

자원분할구조 resource breakdown structure

작업 task

핵심 용어

재량적 종속성 discretionary dependencies

전진 패스 forward pass

제약조건 이론 Theory of Constraints (TOC)

종료-종료 종속관계 finish-to-finish dependency

종료-시작 종속관계 finish-to-start dependency

종속 관계 dependency

주경로 critical path

주경로 분석법 critical path method (CPM) or critical path analysis

주사슬 스케쥴링 critical chain scheduling

크래싱 crashing

토탈 슬랙 total slack

파킨슨의 법칙 Parkinson's Law

패스트 트래킹 fast tracking

프로젝트 버퍼 project buffer

프로젝트 일정관리 project time management

프리 슬랙 free slack

플로우트 float

피딩 버퍼 feeding buffers

활동 목록 activity list

활동 속성 activity attributes

후진 패스 backward pass

ADM arrow diagramming method

PERT Program Evaluation and Review Technique

PDM precedence diagramming method

3점 예측 three-point estimate

제6장 프로젝트 비용관리

이번 장을 통해서 학습하게 될 내용들

- 프로젝트 성공을 위해 올바른 프로젝트 비용관리의 중요성
- 기본적인 프로젝트 비용관리 원칙, 개념 및 용어
- 비용관리 계획 프로세스
- 다양한 유형의 비용 견적 및 이를 준비하는 방법
- 예산 결정 프로세스
- 비용 통제를 위한 획득가치관리(EVM) 기법

제 6장 프로젝트 비용관리

미니 사례

K 시스템의 개발 엔지니어인 홍 대리는 프로젝트 관리자가 되는 게 목표다. 마침 신규 프로젝트 발주에 앞서, 지하철 건설본부에서는 지하철 운행 통합관리 시스템을 발주하기 위해 전문가들을 회의에 소집 하였다. 홍 대리는 이 팀장과 함께 회의에 참석하게 되었다. 회의 내용은 거의 프로젝트 비용과 관련된 내용이었다. 홍 대리는 발표자가 보여주는 많은 차트의 내용을 이해하지 못하였다. 홍 대리는 이 회의를 통해 프로젝트 관리에서 안정적인 비용관리 계획과 산출된 비용이 활동 흐름에 따라 잘 유지되는지 통제하는 것이 모든 사람들의 관심사라는 것을 깨닫게 되었다. 홍 대리는 프로젝트 관리자가 되기 위해 기술적인 부분만을 강조해서는 안된다는 것을 알게 되었다. 그럼 홍 대리가 앞으로 반드시 알아야 하는 비용관리에 대한 내용은 어떤 것이 있을까?

프로젝트 비용관리의 중요성

비용관리는 범위관리 및 일정관리와 더불어 프로젝트 성과를 평가하는 중요한 영역이다. 하지만 불행하게도 많은 정보기술 프로젝트는 예산 목표를 충족시키는데 결코 좋은 성과를 보여주지 못하였다. 2011년 하버드 대학에서 발간하는 Harvard Business Review 에 게재된 연구는 꽤 오래전 조사이긴 하지만 역대 최대 규모의 조사로서 매우 의미 있는 시사점을 제공한다. 총 1500개의 프로젝트가 조사되었고 프로젝트 평균 비용이 약 1700억원, 가장 큰 프로젝트 비용이 3조3천억원 이었다. 이 연구에서 프로젝트들은 평균적으로 약 27%의 비용 초과(cost overrun)를 경험하였다. 여기서 비용 초과란 실제 비용이 예상액을 초과하는 추가 백분율 또는 금액을 의미한다. 우리가 특히 눈여겨봐야 할 연구 결과는 아주 큰 액수의 비용 초과가 나타난 프로젝트가 꽤 많았다는 점과 프로젝트 6개 중 1개는 “검은 백조”와 같은 특성을 지녔다는 점이다. 검은 백조 이론은 2007년 탈렙(Nassim Nocholas Taleb)[1] 이 소개한 것으로 놀랍고 큰 영향을 미치는 사건이면서 종종 지나고 나서 보니 부적절하게 합리화 된 사건을 묘사하는 은유로 사용된다. 유럽에서는 1697년 호주 대륙에서 검은 백조가 발견되기 전까지 백조는 흰색이라고 생각했다. 그때까지 발견된 백조가 모두 흰색이었기 때문이다. 이후 검은 백조는 매우 귀하거나 절대로 존재하지 않을 것이라고 생각했으나 실제 발생하거나 발견되는 현상들을 뜻하게 됐다. 2011년 조사결과, 흔하지 않고 예측할 수는 없지만 되돌아보면 불가능하지 않은 영향이 큰 “검은 백조” IT 프로젝트들을 6개 중 하나 꼴로 목격하게 되는데 이들의 평균 비용 초과가 200%, 일정 초과는 70 %였다니 놀라지 않을 수 없다.

2011년 조사는 우리들에게 비용관리에서 매우 주의해야 할 부분이 있다는 것을 알려준다. 우리가 일반적으로 주변의 프로젝트들을 살펴보거나 연구결과들을 볼 때 모두 평균 비용 초과에 초점을 맞춘다. 하지만 좀 더 면밀히 살펴보면 오히려 비정상적으로 많은 비율의 프로젝트가 막대한 비용 초과를 초래한다는 것이다. 즉 불균형한 수의 검은 백조가 있다는 뜻이다. 대부분의 프로젝트 관리자는 더 많은 피해를 주는 이상치(outlier) 대신 평균에 초점을 맞춤으로써 실제 문제를 놓치는 경우가 많았다는 점을 상기해야 한다. 영국 보건부(National Health Service)의 정보기술 현대화 프로젝트는 26조원의 비용 초과가 일어난 역사상 최악의 실패 프로젝트로 남아있다. 시스템의 호환성 이슈, 의사들의 사용 거부 및 개

1) Nassim Nicholas Taleb, The Black Swan: The Impact of the Highly Improbable, Random House Publishing Group, 2007

발 업체간 책임 전가 등의 문제로 2002년에 시작된 프로젝트가 결국 2011년 중도 포기되었다. 검은 백조 프로젝트의 전형이었다.

프로젝트 비용관리 프로세스

비용은 특정 목표를 달성하기 위해 희생되거나 포기된 자원을 뜻하며 일반적으로 화폐 단위로 측정된다. 프로젝트 비용관리는 승인된 예산 내에서 프로젝트를 완료하기 위해 필요한 프로세스들을 포함하는데 총 4개로 구성되어 있다.

- 비용관리 계획 (Plan Cost Management)
- 비용 예측 (Estimate Cost)
- 예산 수립 (Determine the Budget)
- 비용 통제 (Control Costs)

비용관리 계획은 프로젝트 비용을 기획, 실행 및 제어하는데 사용될 정책, 절차 및 문서를 결정하는 프로세스이다. 비용 예측은 프로젝트를 완료하는데 필요한 자원의 비용 예측치 혹은 대략치를 개발한다. 예산 수립은 성과 측정을 위한 기준선을 설정하기 위해 개별 작업 항목에 전체 비용 추정치를 할당하는 프로세스이며 비용 통제는 프로젝트 예산 변경에 대한 통제를 하는 프로세스이다.

이들 4개 프로세스를 프로젝트 관리 프로세스 그룹의 관점에서 살펴보면 표 6-1과 같이 처음 3개의 프로세스는 계획 프로세스 그룹에 속하며 마지막 하나는 모니터링 및 통제 프로세스 그룹에 속한다. 비용관리 프로세스들도 범위관리와 일정관리처럼 프로젝트 관리 프로세스 그룹의 5개 프로세스 중에 오직 계획 프로세스 그룹과 모니터링 및 통제 프로세스 그룹과 관련한 활동이 있을 뿐이다.

[표 6-1] 프로젝트 관리 프로세스 그룹과 비용관리 맵핑

지식 영역	착수 프로세스 그룹	계획 프로세스 그룹	실행 프로세스 그룹	모니터링 및 통제 프로세스 그룹	종료 프로세스 그룹
비용관리		비용관리 계획 비용 예측 예산 수립		비용 통제	

다음 그림 6-1은 프로젝트 비용관리의 입력물, 도구와 기법, 산출물을 보여준다.

[그림 6-1] 프로젝트 비용관리 개요

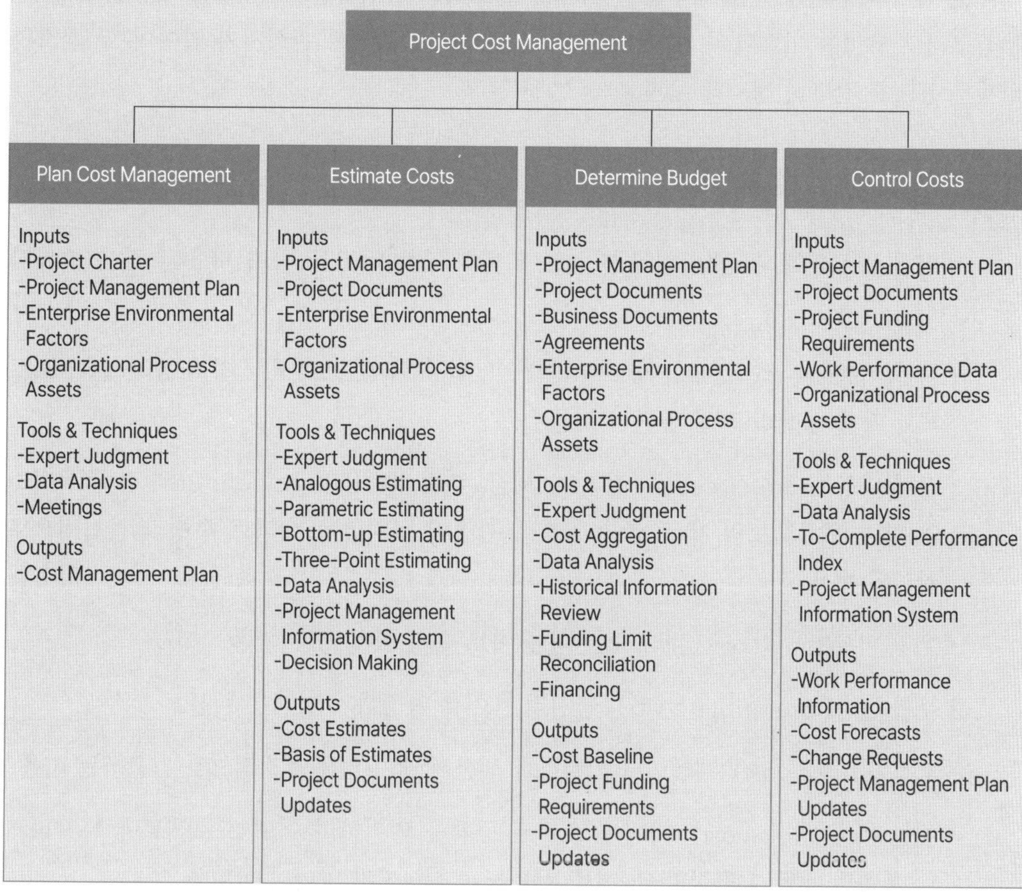

비용관리 원칙

다수의 프로젝트에서 IT 전문가들이 회계와 재정 원칙의 중요성을 이해하지 못해 시작부터 어려움을 겪는 경우가 많다. 여러분이 집을 수리하는데 예산을 세운다면 쉬운 일이다. 무엇을 고쳐야 할 지 알기 때문에 대략 얼마의 비용이 들지 추정할 수 있다. 그런데 IT 프로젝트는 제품이 눈에 보이지 않고 개발과정이 복잡하기 때문에 비용이 얼마나 들지 한 눈에 쉽게 파악하기 어렵다. 프로젝트 관리자는 이러한 상황을 개선하기 위해 작업에 필요한 자원을 구체적으로 정리하고 비용을 고려하여야 한다. 또한 프로젝트 관리자는 상대하는 많은 이해관계자들이 주로 경영진이며 IT 용어보다 재무 용어를 더 잘 이해하고 더 관심이 있으므로 프로젝트 관리자 역시 재무 용어를 잘 이해할 수 있고 사용할 수 있어야 한다. 순 현재가치 분석, 투자수익률, 원금회수분석 외에도 프로젝트 관리자는 여러 다른 비용관리 원칙, 개념 그리고 용어를 이해할 수 있어야 한다. 지금부터 프로젝트 관리자가 알아야 할 최소한의 재무 용어를 간단히 정리해 보자.

▣ 비용(Costs)

비용은 프로젝트 활동의 현금 가치를 말한다. 원가라고도 하며 다음과 같은 종류가 있다.

- 직접 비용(direct costs): 재료비, 인건비, 팀 교육비, 프로젝트 경비 등과 같이 프로젝트 제품 생산과 직접 관련된 비용
- 간접 비용(indirect costs): 전기료, 세금, 부수 혜택(fringe benefits), 잡일 서비스와 같이 프로젝트의 제품 생산과 직접 관련이 없지만 프로젝트 수행과 간접적으로 관련된 비용
- 유형 비용(tangible costs): 금전적 용어로 측정 할 수 있는 비용
- 무형 비용(intangible costs): 금전적 용어로 측정하기 어려운 비용
- 고정비(fixed cost): 제품이나 서비스를 생산해 내기 위해 고정적으로 지출하는 비용
- 매몰 비용(sunk cost): 과거에 소비된 금액을 의미하며 어떤 프로젝트에 투자하거나 계속할 것인지 결정할 때 매몰 비용을 포함시키지 않아야 한다.
- 기회 비용(opportunity cost): 하나의 대안 선택 시 다른 대안을 포기함으로써 상실하는 가치를 의미한다.
- 품질 비용(cost of quality): 품질을 확보하기 위해 소요되는 기획, 보증, 통제, 보수 비용

▣ 수익(Profits)과 수익 마진(Profit Margin)

수익은 수입에서 지출을 뺀 것이다. 일반적으로 수익 증가를 희망하는 기업은 수입을 늘리던지 아니면 지출을 감소시킨다. 대부분의 기업 경영진들은 어떤 이슈보다도 수

익에 민감하다. 새로운 정보시스템에 투자했을 때에도 수익을 얼마나 늘릴 수 있는지가 최우선 관심사이다. 투자를 정당화 하려면 수입과 지출을 통해 수익이 얼마나 크게 날 수 있는지 산출해 보아야 한다. 수익의 의미를 알았으면 수익 마진(Profit Margin)의 의미도 알아야 한다. 수익 마진은 수익을 수입으로 나눈 값이다. 예를 들어 10만원 수입에 2만원 수익을 얻었다면 20%의 수익 마진을 가지는 셈이다. 반대로 회사가 10만원 수입 당 2만원을 손해 봤다면 -20%의 수익 마진이 된다.

▣ 수명주기 비용(Lift Cycle Costing)

수명주기 비용은 프로젝트의 총 소유 비용을 파악하는 방법으로 개발 비용뿐만 아니라 개발후 운영시 필요한 여러 가지 지원비용을 포함한다. 수명주기 원가계산은 제품이 개발되어 사용되다가 폐기될 때가지의 총 수명주기 동안의 비용을 고려하므로 프로젝트의 재정적인 이윤을 정확하게 보는데 도움을 준다. 예를 들어 생명보험 회사에서 고객관리시스템(CRM)을 2년에 걸쳐 도입하였다. 그리고 이 시스템을 10년 동안 운영하면서 지속적인 비용과 이윤이 발생한다. 이럴 때 여러분은 개발 기간에 투입된 비용과 함께 10년간의 운영 및 유지 보수기간에서 발생한 모든 비용을 함께 고려하여 의사결정 해야 한다. 일반적으로 프로젝트 관리자와 경영자들은 재정적인 의사결정을 할 때 프로젝트의 수명주기 비용을 필수적으로 고려한다.

▣ 현금흐름 분석(Cash Flow Analysis)

현금흐름 분석은 프로젝트의 예상 연간 비용과 편익 그리고 이로 인해 나타나는 연간 현금 흐름을 결정한다. 프로젝트 관리자는 순 현재가치(net present value: NPV)를 파악하기 위해 현금흐름 분석을 수행한다. 모든 소비자들도 기본적인 현금 흐름의 개념을 알고 있다. 원하는 제품을 구매하기 위해서는 사려는 시점에 필요한 만큼의 현금이 있어야 한다는 것을 안다. 기업의 경영진은 투자할 프로젝트를 선택할 때에 현금흐름 이슈를 고려한다. 같은 해에 너무 많은 현금을 지불해야 하는 여러 프로젝트를 동시에 추진하고자 한다면 이들 프로젝트를 모두 적절히 지원하지 못하게 되거나 기업의 수익성이 악화될 수 있을 것이다. 현금흐름 분석에서 중요한 것은 시점을 명확히 하는 것이다. 만약 2년전 추정치를 기초로 모든 비용을 분석한다면 현재나 미래의 비용이나 편익을 예측할 때 적절한 기간 차이만큼의 인플레이션이나 다른 요인들을 고려해야 할 것이다.

▣ 학습곡선 이론(Learning Curve Theory)

학습곡선 이론은 하나의 제품이 반복적으로 생산될 때 더 많은 단위가 생산될수록 해당 제품의 단가가 규칙적인 패턴으로 감소한다는 이론이다. 예를 들어 새로운 기술로 위성을 통한 네비게이션 기능을 가진 1000개의 휴대용 장치를 생산한다고 가정하자. 처음 하나의 휴대용 장치를 만드는 비용보다 1000개를 만들 때 개당 비용이 훨씬 적게 든다. 생산량이 많을수록 가격이 떨어지는 것으로 학습의 결과라고 볼 수 있다. 학습곡선 이론은 작업에 걸리는 시간을 분석할 때에도 적용가능하다. 예를 들면 처음 특정 작업을 수행할 때 걸리는 시간보다 나중에 유사한 업무를 오랫동안 수행한 후 걸리는 시간은 훨씬 적을 것이다. 이러한 관점에서 학습곡선 이론은 많은 작업을 통해 산출물을 도출해야 하는 프로젝트에도 많이 응용할 수 있는 이론이다.

▣ 준비금(Reserves)

준비금은 예비비라고도 불리며 예측하기 어려운 미래 상황을 고려해 비용 위험을 완화하기 위해 비용 견적에 포함된 금액이다. 준비금은 비상준비금(contingency reserve)과 관리준비금(management reserve)로 나눌 수 있다. 비상준비금은 부분적으로 계획된 미래 상황을 위한 것으로 프로젝트 비용 기준선에 포함된다. 비상준비금은 발생할지 안할지 모르지만 혹시 발생한다면 조치를 취하기 위해 필요한 비용으로 해석하면 된다. 사전에 발생 가능성이 있는 위험 항목들을 예측해야 하고 따라서 그 대책에 대한 비용 산정은 가능하다. 예를 들어 기존 업무에 사용하던 서버를 신시스템 개발 프로젝트에서 테스트용 서버로 사용하기로 하였다. 하지만 이 서버의 성능이 미흡하여 테스트가 적절히 이루어지지 않을 가능성이 있다. 만약 기존 서버가 테스트에 충분하지 않다면 새로운 서버를 구매해야 할 것이며 이 때 새로운 서버 구매 비용은 비상준비금으로 예산에 포함되어 있어야 할 것이다. 발생할지는 모르지만(unknown) 위험 항목들을 예측(known)한다는 측면에서 비상준비금을 known unknowns 라고도 한다.

관리준비금은 예측할 수 없는 미래 상황을 위한 금액이다. 어떤 위기 상황이 올지 전혀 예측 못한 상황에서 위기가 닥쳤을 때 대응하기 위한 예산이 관리준비금이다. 일반적으로 전체 예산의 몇 %와 같은 방식으로 예산을 잡아 놓게 된다. 발생할지 모르지만(unknown) 위험 항목들을 예측하지도 못한다(unknown)는 측면에서 관리준비금을 unknown unknowns 라고 부르기도 한다.

A1 비용관리 계획수립 Plan Cost Management

프로젝트 비용관리에서 가장 먼저 해야 하는 작업은 프로젝트 전 기간 동안 비용을 어떻게 관리할 것인가 계획을 수립하는 일이다. 프로젝트 비용은 일정처럼 프로젝트 헌장과 같은 프로젝트를 처음 착수시키는 기본 문서들로부터 비롯된다. 비용관리 계획은 범위관리 계획이나 일정관리 계획과 같이 프로젝트의 필요에 따라 비공식적이고 광범위하거나 공식적이고 세부적일 수 있다.

• 인풋 Input

다른 지식영역의 계획 프로세스와 마찬가지로 비용관리 계획 프로세스의 인풋 역시 프로젝트 헌장, 프로젝트 관리 계획, 기업 환경 요인, 조직 프로세스 자산 등 4가지이다. 먼저, 프로젝트 헌장은 상세한 프로젝트 비용이 산출될 수 있는 사전 승인된 재정 정보를 포함하고 있다.

두 번째 인풋은 프로젝트 관리 계획인데 특히 비용관리에 영향을 미치는 프로젝트 관리 계획의 구성요소에는 일정관리 계획과 위험관리 계획이 있다. 예를 들어, 활동 기간의 추정치를 줄이기 위해 일정을 압축하면 일반적으로 해당 활동에 대한 예상 비용이 증가하는 효과가 있다. 공정압축법(crashing)은 활동을 더 빨리 완료하기 위해 자원을 추가하는 것을 의미하고 이러한 추가 자원은 해당 활동 비용에 추가되기 때문이다. 위험관리에도 비용 추정 및 관리에 영향을 미칠 수 있는 프로세스와 통제가 있다. 위험대응 계획의 경우, 프로젝트에 대한 위험 감소에 의해 정당화되는 추가 비용을 유발할 수 있다. 예를 들어, 특정 데이터가 회사에 중요한 경우 해당 데이터를 사용하기 위한 새로운 시스템을 개발할 때 원본 데이터가 손실되거나 파괴되지 않도록 항상 "미러 서버"(mirror server)에 대한 추가 비용이 발생할 수 있다. 이 추가 비용은 해당 데이터 손실의 부정적인 영향이 프로젝트에 치명적이기 때문에 정당화된다.

세 번째 인풋은 기업 환경 요인인데 조직 문화와 구조, 시장 상황, PMIS, 자원 비용에 대한 공개된 상업 정보 등이 포함된다. 조직 문화와 구조 관련하여 프로젝트가 기능적, 매트릭스 또는 프로젝트형 조직구조 여부는 프로젝트 비용과 관련하여 결정이 내려지는 방식에 영향을 미친다. 시장 상황은 프로젝트에 의해 생성되도록 제안된 것과 유사한 제품, 서비스 또는 결과의 비용을 설명하고 따라서 가격에 대한 벤치마크를 설정한다. 프로젝트 예산을 생성하는 도구로 사용되는 소프트웨어로서 PMIS는 주요 기업 환경 요인이다. 자원 비용에 대한 공개된 상업 정보는 프로젝트에서 일반적으로 사용되는 자원에 대한 표준 비용을 제공한다.

마지막 인풋은 조직 프로세스 자산으로 조직의 재정관리 절차(프로젝트 등의 비용을 추적할 때 어떤 회계 코드를 사용해야 하는지), 유사 프로젝트에서 얻은 과거 정보 및 교훈 저장소, 비용 추정 및 예산 책정을 위한 정책, 절차 및 지침 등이 사용될 수 있다.

• 아웃풋 Output

이 프로세스에는 비용관리 계획(Schedule Management Plan)이라는 하나의 아웃풋만 있다. 이 문서는 기본적으로 비용관리와 관련된 다른 프로세스를 수행하는 방법에 대한 지침을 제공한다. 비용관리 계획에는 다음과 같은 내용이 포함된다.

- 측정 단위: 예를 들어 근무 시간으로 비용을 산정할지 일자로 할지 등을 결정
- 정확도 수준(level of accuracy): 현실적인 비용 추정치를 결정하기 위해 일반적으로 플러스 또는 마이너스 백분율로 표시되는 허용 가능한 범위
- 정밀도 수준(level of precision): 비용 추정치를 반올림 또는 내림하는 방법
- 조직내 회계 절차와의 연결: 각 통제 계정에 종종 조직의 회계 시스템에서 사용되는 고유 코드를 할당해 놓아야 함. 프로젝트 팀은 이러한 코드를 올바르게 이해하고 사용해야 함
- 통제 임계값: 조치를 취하기 전까지 얼마만큼 차이가 발생하는 것을 허용할 것인가를 결정. 예를 들어 비용기준선의 10%
- 성과 측정 규칙: 실제 비용은 얼마나 자주 추적하며 어느 정도의 세부 수준까지 할 것인가를 결정
- 보고 형식: 비용 보고서의 형식과 빈도
- 프로세스 설명: 모든 비용관리 프로세스를 어떻게 실행하는지 설명

• 도구와 기법 Tools and Techniques

비용관리 계획 프로세스에서 사용되는 도구와 기법 역시 대부분의 계획 프로세스에서 사용될 수 있는 일반적인 것으로 전문가 판단, 데이터 분석, 회의 등이 포함된다. 먼저, 전문가 판단을 위해 일반적으로 응용분야에서 사용되는 비용추정 및 예산책정 기법이나 획

득가치 관리법에 대한 전문 지식이 있거나 이전에 유사 프로젝트의 예산작성 경험이 있는 개인이 고려되어야 한다.

두 번째, 데이터 분석 기법은 프로젝트 자금 조달을 위해 조직의 전체 예산에서 자체 자금으로 조달할지 아니면 자기 자본으로 자금 조달할지 또는 부채로 자금 조달하는 방법 중 어떤 옵션이 고려되는가와 같은 질문에 사용하는 방법이다. 이 중 대안 분석은 조직에 가장 적합한 옵션과 프로젝트 자원을 획득하는 방법을 결정하는 데 도움이 된다.

세 번째 기법은 회의인데 전문가를 초대하여 프로젝트 팀에서 개최해야 한다. 이러한 회의는 팀이 비용관리 계획을 작성하는 데 도움이 되도록 데이터 분석 기법의 사용을 용이하게 한다.

A2 비용 예측 Estimate Costs

비용 예측은 프로젝트에서 사용되는 모든 자원과 활동들에 소요되는 비용이 얼마인지를 추정하는 작업이다. 각 활동에 필요한 자원 원가, 그 활동을 하는데 필요한 시간 정보와 함께 기타 고려해야 할 모든 요소들을 찾아 비용을 알아내야 한다. 만약 자원이 누락되면 예산 초과의 원인이 된다. 집을 수리하기 위해 비용을 예측한다고 가정해보자. 거실과 작은방은 확장 공사를 하고 다른 공간은 도배와 바닥 공사를 한다고 할 때 먼저 각 활동에 투입되는 인건비와 자재 비용을 따져서 비용이 얼마나 드는지 산정할 것이다. 비용 예측의 정확도는 얼마나 자세하게 자재 비용을 예측하고 투입 공수와 인건비를 산정하는가에 달려있다. 경험 있는 전문가의 조언을 무시하고 자신이 임의로 비용을 예측하였다면 향후 예산이 턱없이 부족하여 비용 초과 현상이 발생할 것이다. 예산 제한 내에서 프로젝트를 완료하려면 프로젝트 관리자는 비용 견적을 매우 신중하게 해야 한다. 이를 위해 프로젝트 관리자는 자원요구목록(resource requirements list)을 상세히 잘 만들어야 하며 이들 자원에 대한 몇 가지 형태의 비용 예측을 해야 한다. 프로젝트 관리자는 비용 예측 유형, 비용 예측 방법, IT 비용 예측과 관련된 일상적인 이슈들을 종합적으로 이해하는 것이 중요하다.

• 비용 예측 유형

IT 프로젝트에서 흔히 사용하는 비용 예측 유형은 3가지로 나눌 수 있다. 표 6-2에 나타나듯이 첫 번째는 대략(rough order of magnitude: ROM) 예측치인데 프로젝트 수명주기상 매우 초창기 즉, 프로젝트 종료 3-5년전에 만들어지는 예측값이다. 기본적으로 프로젝트의 선정 여부를 위해 이 예측값을 활용한다. 물론 이러한 예측치의 정확도는 매우 낮으며 실제 비용이 -50%에서 +100%사이에 놓인다. 두 번째는 예산용(budgetary) 예측치로서 비교적 초기 즉, 프로젝트 종료 1-2년전에 만들어지는 예측값이다. 이 비용 예측값은 예산 계획을 수립하는데 사용되므로 예측치의 정확도도 비교적 높으며 실제 비용이 -10%에서 +25%사이에서 나타난다. 마지막 유형은 확정적(definitive) 예측치인데 프로젝트 후반기 즉, 종료 1년 미만 시점에서 결정된다. 프로젝트 수행 중 발생하는 각 종 구매를 위한 상세 정보를 제공하고 실제 비용을 예측하는데 활용한다. 명칭에서 알 수 있듯이 최종적이며 매우 정확한 비용 추정을 제공하여 실제 비용이 -5%에서 +10%사이에서 나타난다.

[표 6-2] 비용 예측 유형

예측 유형	언제	왜	정확도
대략 예측치 (ROM)	프로젝트 종료 3-5년 전	프로젝트 선정	-50% ~ +100%
예산용 예측치 (Budgetary)	프로젝트 종료 1-2년 전	예산 계획 수립	-10% ~ +25%
확정적 예측치 (Definitive)	종료 1년 미만 시점	구매 위해 실제 비용 예측	-5% ~ +10%

비용 예측 유형은 응용 분야에 따라 다르기도 한데 예를 들어 AACEI(The Association for the Advancement of Cost Engineering International)는 건설 프로젝트에서 사용할 수 있는 5 가지 유형의 비용 예측치를 제시하기도 한다. 이들은 대략적(order of magnitude), 개념적(conceptual), 초기(preliminary), 확정적(definitive), 통제용(control) 예측치 등이다. 비용 예측은 보통 프로젝트의 여러 단계에서 수행되며 시간이 지남에 따라 더 정확해야 한다. 총 프로젝트 비용의 많은 부분이 주로 인건비이므로 프로젝트 관리자는 인건비를 잘 추정하고 추적해야 한다.

• 인풋 Input

비용 예측 프로세스의 인풋은 프로젝트 관리 계획, 프로젝트 문서, 기업 환경 요인, 조직 프로세스 자산 등 4가지다. 먼저, 비용 예측에 사용되는 프로젝트 관리 계획의 세 가지 구성 요소는 비용관리 계획, 범위 기준선, 품질관리 계획 등이다. 비용관리 계획에서는 측정 단위, 정밀도 수준, 정확도 수준 등과 같은 특정 지침이 사용된다. 범위 기준선은 세 가지 개별 문서가 있는데 프로젝트 범위 명세서는 예산에 영향을 미칠 전반적인 재정적 가정과 제약이 포함될 수 있으며 WBS 사전은 이 프로세스를 거치면서 작업 패키지의 예상 비용이 업데이트 된다. 품질관리 계획에는 품질비용에 대한 정보가 포함되며 이는 프로젝트에 대한 품질관련 활동의 비용 영향을 평가하는 데 사용할 수 있다.

두 번째 인풋은 프로젝트 문서인데 교훈 등록부, 프로젝트 일정, 자원 요구사항, 위험 등록부 등이 포함된다. 교훈 등록부는 비용 추정의 정확성과 정밀성을 개선하는 데 도움이 될 교훈이 있는 경우 이 프로세스의 결과로 업데이트 된다. 프로젝트 일정은 활동의 기간 추정치를 나타내는데 이는 비용 추정치를 생성하는 데 사용된다. 자원 요구사항은 각 활동에 필요한 자원의 유형과 수량을 식별하는데 이것은 각 활동의 비용 추정치를 생성하는 데 사용된다. 위험 등록부에는 특히 낙관적 및 비관적 가정을 포함하는 3점 추정치를 얻을 때 비용을 추정하는 데 사용할 수 있는 정보가 포함되어 있다.

세 번째, 기업 환경 요인에는 프로젝트에 사용될 수 있는 자원의 표준 비용을 결정하는 시장조건과 특정 응용 분야에 대해 프로젝트에 사용될 수 있는 자재 및 장비에 대한 표준 인력 비용 및 기타 표준 비용을 포함하는 게시된 상업 정보 등이 포함된다.

네 번째 인풋은 조직 프로세스 자산인데 유사 프로젝트에서 얻은 과거 정보 및 교훈 저장소와 비용 추정 정책 및 템플릿 등이 포함된다.

• 아웃풋 Output

비용 예측 프로세스의 산출물은 비용 추정치(견적), 추정의 근거(basis of estimates), 프로젝트 문서 업데이트 등 3가지이다. 먼저, 비용 추정치는 각 활동에 대한 작업 수행의 예상 비용을 나타낸다. 비용 추정치에는 노동, 자재, 장비 및 프로젝트 활동에 대한 기타 직접 비용이 포함될 수 있다. 활동 자원 및 기간 추정치를 기반으로 비용 견적은 일반적으로 화폐 금액으로 프로젝트 작업을 완료하는 비용을 나타낸다.

두 번째, 추정의 근거는 비용 추정치를 산정할 때의 여러 근거 및 가정을 보여준다. 예를 들어, 보육 센터의 식당 가구에 대한 비용 견적 산정을 생각해 보자. 한 번에 최대 30명의 어린이가 식사할 수 있어야 하며 모든 어린이가 동일한 크기의 테이블과 의자를 사용하고 테이블은 6명의 어린이가 편안하게 앉을 수 있어야 한다. 그런 다음 테이블과 의자 가격에 대한 조사를 수행한다. 어린이 인원수 및 구성 정보는 가정 또는 추정의 근거이고, 테이블과 의자 비용은 추정치이다. 가정이나 추정의 근거를 변경하면 비용이 변경된다. 또한 고정 비용과 변동 비용을 추정의 근거에 표시할 수 있다.

세 번째, 프로젝트 문서 업데이트는 주로 가정로그와 교훈 등록부에 대한 갱신을 의미한다. 가정 로그에는 이 프로세스 중에 식별된 모든 가정이 추가된다. 교훈 등록부에는 비용 견적을 산정하는데 효율적이고 효과적인 것으로 입증된 모든 기법이 추가된다.

• 도구와 기법 Tools and Techniques

비용 예측치를 산정하기 위해 전문가 판단, 유사 추정법 (analogous estimating), 모수 추정법(parametic estimating), 상향식 추정법(bottom-up estimating), 3점 추정법(three-point estimating), 데이터 분석, PMIS, 의사결정 등 8가지 기법을 사용한다. 먼저, 전문가 판단은 전문가의 경험과 지식을 사용하여 프로젝트 비용을 추정하는 기법이다. 이 기법은 프로젝트에 특정한 고유한 요소를 고려할 수 있지만 편향될 수도 있어 주의해야 한다.

두 번째, 유사 추정법은 과거의 유사한 프로젝트 비용과 비교하여 현재 프로젝트에 대한 실제 비용을 추정하는 것을 말한다. 유사 추정법은 프로젝트에 대한 정보가 제한적일 때, 즉 프로젝트의 초기단계에서 많이 사용한다. 전문가 조언에 의지하게 되며 비용이 적게 드는 반면에 정확도가 떨어질 수 있다. 만약 과거 유사 프로젝트가 상세 레벨까지 비슷하다면 신뢰도가 높아질 수도 있다. 하향식(top-down) 예측 혹은 전문가 판단이라고도 불리며 과거 유사 프로젝트가 현재 프로젝트의 신기술을 반영하지 못한다면 과소 예측(underestimation)이 될 가능성이 높다.

세 번째, 파라미터 모델링이라고도 불리는 모수 추정법은 수학적 모델에서 프로젝트 특성 값을 사용하여 프로젝트 비용을 예측하는 방법이다. 파라미터 모델링은 모델 수립시 사용된 과거 정보(historical information)가 정확하거나 모델에서 사용된 파라미터를 쉽게 정량화 할 수 있는 경우, 그리고 모형이 확장 가능하여 작은 프로젝트 뿐만 아니라 큰 프로젝트에서도 잘 적용할 수 있는 경우 신뢰할 수 있는 기법이다. 여러 파라미터 모델링 기법 중 최근 활발하게 사용되는 방법은 기능점수(function point)법이다.

기능점수법은 소프트웨어의 기능을 정량화하여 규모를 예측하고 개발비용을 산정하는 방법이다. 소프트웨어 기능은 크게 무엇(what)에 해당하는 데이터 기능(data function)과 어떻게(how)에 해당하는 트랜잭션 기능(transaction function)으로 나누어 진다. 데이터 기능은 정적인 데이터의 양을 평가하는 것으로 객체관계 다이어그램(Entity

Relationship Diagram, ERD)로부터 도출되며 다시 내부논리파일(Internal Logical File, ILF)과 외부연계파일(External Interface File, EIF)로 나눌 수 있다. 내부논리파일은 측정대상 시스템이 직접 보유하는 하나의 데이터 그룹이나 파일을 뜻하며 외부연계파일은 외부 시스템이 보유하고 있는 하나의 데이터 그룹이나 파일이며 측정대상 시스템은 단지 내부적으로 이들 데이터나 파일을 참조만 하는 것을 의미한다. 따라서 개발하고자 하는 시스템에 저장되는 데이터베이스나 파일은 ILF로 계산하고 외부 연동 시스템을 통해 사용하거나 업데이트 해야 하는 데이터베이스나 파일은 EIF로 계산한다.

트랜잭션 기능은 데이터 기능에서 파악한 데이터들을 어떻게 얼마나 많이 사용하는가를 측정하는데 화면정의서와 같은 동적인 기능을 통해 파악할 수 있다. 트랜잭션 기능은 외부 입력(External Input, EI), 외부 조회(External Query, EQ), 외부 출력(External Output, EO) 등의 3가지 기능으로 구분되는데 먼저 외부 입력은 경계 밖에서 들어오는 데이터나 제어정보를 처리하는 단위프로세스로 입력, 수정, 삭제가 일어나는 건수를 측정하면 된다. 반면 외부 조회는 데이터나 제어정보를 경계 밖으로 보내는 단위 프로세스로 데이터나 제어 정보를 단순 검색하여 사용자에게 정보를 제공하는 것이다. 외부 출력은 외부 조회에 추가적인 처리 로직을 포함하여 데이터나 제어 정보를 경계 밖으로 보내는 단위 프로세스로 처리 로직은 하나 이상의 수학적 계산이나 공식을 포함하거나 파생 데이터를 생성한다. 외부 조회와 외부 출력을 쉽게 구분해 보면 외부 조회는 내부논리파일이나 외부연계파일에서 데이터를 읽어와서 그대로 출력하는 것이라면 외부 출력은 데이터를 읽어와서 내부에서 처리를 한 번 이상 추가로 한 다음에 출력한다고 생각하면 된다.

데이터 기능과 트랜잭션 기능의 수를 합치면 미조정 기능점수가 되며 여기에 조정인자인 기술적 복잡도를 고려하면 조정기능점수가 된다. 기능점수를 정밀하게 산정하기 위해 국제 표준 매뉴얼 및 가이드라인을 참조하면 된다. 국내에서 기능점수를 활용하기 위한 기능점수당 단가는 한국소프트웨어산업협회에서 공표하는 소프트웨어사업 대가산정 가이드를 참고하면 된다.

네 번째, 상향식 추정법은 개별 작업 항목 또는 활동을 추정하고 합산하여 프로젝트 총 비용을 예측하는 방식이다. 때때로 활동기준원가계산(Activity-Based Costing, ABC)으로 불리기도 한다. 아주 상세한 분할된 작업 리스트(WBS)가 있다면 프로젝트 관리자는 각 작업 패키지(work package)별로 담당자에게 비용을 예측해 달라고 부탁할 수 있다. 물론 담당자가 비용 예측이 어려우면 요구되는 자원 양을 예측하면 된다. 그러면 재무 담당자가 각 자원에 대한 비용 즉, 인건비나 재료비 단가를 제공하고 프로젝트 관리 시스템에서 각 작업 패키지별 비용을 계산할 수 있게 되고 이들을 합산해 나가면 작업 분할 구조의 각 레벨에서의 합산 비용이나 프로젝트 전체 비용을 구할 수 있다. 상향식 예측에서는 작업이 상세하게 분할되어 있을수록 정확성은 높아지지만 시간이 더 걸리고 비용은 증가한다. 다시 말해, 상향식 예측은 하향식 예측 보다 시간 집약적인 활동이지만 예측의 신뢰성은 높다. PMBOK에서는 상향식 산정을 가장 정확한 산정방법으로 설명하고 있다.

활동별 산정된 비용을 통제 계정(control accounts)으로 합치는 것을 비용 집계(cost aggregation)라고 한다. 아래 그림 6-2에서 보듯이 활동 비용 예측치들을 WBS상에 있는 통제 계정으로 계산하여 합치면 프로젝트의 각 작업 패키지에 비용이 얼마나 소요되는지 쉽게 알 수 있다.

[그림 6-2] 비용 집계 (cost aggregation)

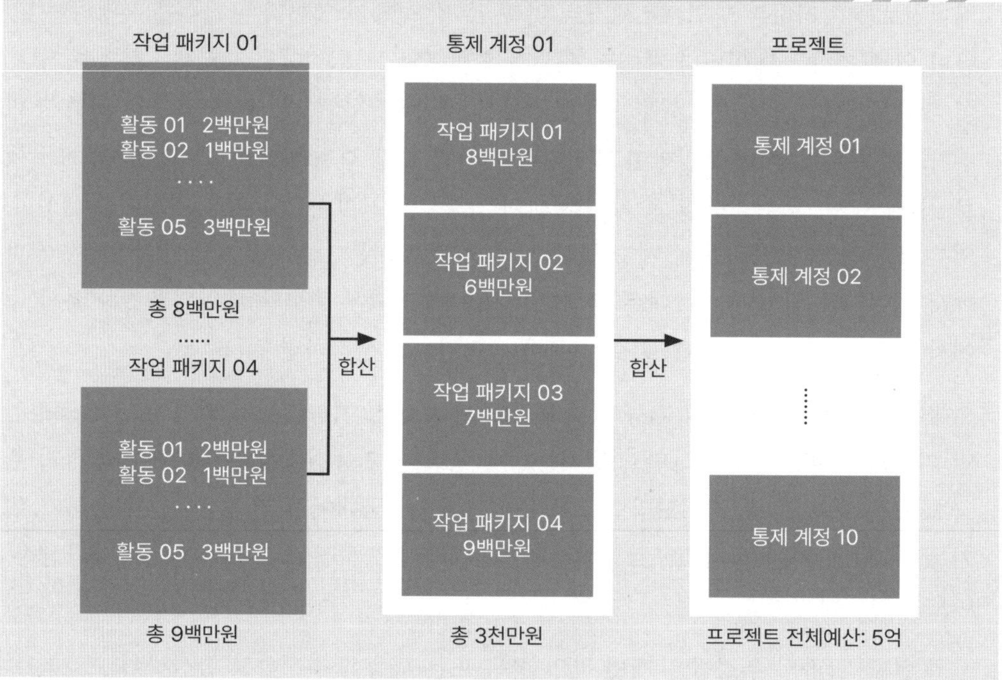

다섯 번째, 일정을 예측할 때 사용했던 3점 추정법을 비용 예측에도 활용할 수 있다. 이 방법은 불확실성이 높을 때 더 효과적이다. 비용관점에서 낙관치(optimistic), 최빈치(most likely), 비관치(Pessimistic)의 3가지 비용 예측값을 식별하고 PERT 가중 평균 공식을 이용하여 최종 예측치를 결정하면 된다.

여섯 번째 기법은 데이터 분석인데 비용 예측치를 분석하는 데 사용되는 대표적인 방법으로 대안분석과 예비 분석(reserve analysis)이 있다. 대안 분석은 프로젝트 작업을 실행하고 수행하는 데 사용할 옵션이나 접근 방식을 선택하기 위해 식별된 옵션을 평가하는 데 사용된다. 대안 분석은 정의된 제약 조건 내에서 프로젝트 활동을 수행하기 위한 최상의 솔루션을 제공하는 데 도움이 된다. 예비 분석은 불확실성에 대처하기 위한 방법이며 우발 상황(contingency)에 대비한 예비비에 대한 분석이다. 예비 분석은 각 비용을 과대평가하는 대신 계획되지 않았지만 통계적으로 예측 가능한 비용 증가를 처리하기 위한 예산을 책정한다. 이 목적을 위해 할당된 자금을 비상준비금(contingency reserve)이라고 한다. 비상준비금은 식별되고 수용된 위험을 완화하기 위한 비용 기준선의 일부이다. 또한 알려지지 않은 위험에 대해서는 관리준비금(management reserve)이라고 하는 금액을 추정해야 하는데, 이것은 비용 기준선에 포함되지 않는 전체 프로젝트 예산의 일부이다. 불확실한 사건에 대처하기 위해 예비 예산을 유지하는 것이 중요하며 비상 준비금은 프로젝트 관리자 권한 하에 있지만 관리 준비금은 프로젝트 관리자가 스폰서의 승인을 받아야 사용 가능하다.

일곱 번째, PMIS는 비용 추정 프로그램이나 시뮬레이션 응용 프로그램 등을 포함한다. 이러한 소프트웨어는 비용 추정 대안을 찾는 데 특히 유용하다.

여덟 번째, 의사결정에서는 작업을 수행할 사람들의 참여를 강조한다. 왜냐하면 이들의 참여는 더 정확한 추정을 가능하게 함과 동시에 참여자들의 지원과 헌신을 받아 내기가 용이하다. 프로젝트의 특성에 따라 이러한 기법을 함께 적용하거나 몇 가지 기법을 조합하여 프로젝트 비용을 추정할 수 있다.

참고로 비용 예측을 위한 여러 도구와 기법을 사용할 때 자원비용단가 결정(determine resource cost rates)에 관해 숙지해야 한다. 이는 단가를 결정하기 위해 일반적으로 활동 단위의 단가가 얼마인지 알아야 함을 의미한다. 예를 들어 인건비를 산정하기 위해서도 1인당 1일 작업했을 때의 기준 단가가 있어야 일한 기간을 곱해 인건비가 계산되기 때문이다. 프로젝트 관리자는 표준 단위 원가를 참고하거나 가격 일람표의 정보를 참조하여 비용 단가를 구한다. 국내에서는 일반적으로는 소프트웨어사업 대가산정 가이드에서 제공하는 표준 단가를 많이 활용한다.

A3 예산 수립 Determine Budget

비용 예측 다음 작업은 예산 수립으로 프로젝트 비용 추정치를 시간이 지남에 따라 개별 작업 항목에 할당하는 일이다. 작업분할구조(WBS)는 작업 항목을 정의하므로 예산 수립 프로세스에 필요한 인풋이다. 예산 수립은 개별 활동 또는 작업 패키지의 예측된 비용을 합산하여 프로젝트 성과를 측정하기 위한 비용 기준선(cost baseline)을 만든다. 즉, 예산 수립의 중요한 목표가 비용 기준선을 수립하는 것이다. 여기서 비용 기준선이란 승인된 예산 계획과 승인된 예산 변경사항을 합친 것이며 다른 의미로는 프로젝트 관리자가 비용 성과를 측정하고 모니터링 하는데 사용하는 시간대별 예산(time-phased budget)이다. 범위관리에서 생산되는 프로젝트 범위 명세서(scope statement)도 요약된 예산 정보를 제공한다. 하지만 이것은 전체 금액만 보여줄 뿐이며 각 활동 또는 작업 패키지의 비용 예측치는 상세한 예산 요청과 작업 승인 이전에 준비되어야 한다.

프로젝트는 승인이 되면 작업을 시작하기 위한 자금이 있어야 한다. 프로젝트가 자금을 받는 방법에는 여러 가지가 있는데 일부 프로젝트는 필요한 모든 자금을 미리 받고 프로젝트 관리자가 프로젝트 수명 주기 동안 자금을 신중하게 관리한다. 다른 많은 프로젝트에서는 마일스톤을 달성하는 프로젝트 단계에 따라 점진적으로 자금을 받는다. 프로젝트 팀과 스폰서는 프로젝트 자금을 할당하고 식별된 준비금을 통합하는 가장 효과적인 방법을 결정해야 한다. 프로젝트 자금 요구사항(project funding requirement)은 예산 수립 프로세스의 또 다른 주요 아웃풋으로 비용 기준선과 관리 준비금에 있는 자금을 합친 총 자금을 기간별로 그리고 항목별로 나누어 놓은 것이다. 따라서 자금 요구사항은 비용 기준선으로부터 도출된다. 프로젝트를 관리하기 위해 계획된 시점에서 예산을 승인 받을 때 정확하게 계획된 비용만 승인 받는 것이 아니라 초과해서 예산을 받는 경우가 많다. 그 이유는 계획보다 일이 빨리 마무리되면 후속 작업에 바로 들어가기 위해 추가 비용을 확보하기 위해서거나 예측하지 못한 문제를 처리 하다 예산을 초과했을 때를 대비하기 위해서이다. 그림 6-3은 12개월간 약 15.2억을 투입하는 프로젝트의 비용 기준선을 나타내는 예시이다.

• 인풋 Input

예산수립 프로세스의 인풋은 프로젝트 관리 계획, 프로젝트 문서, 비즈니스 문서, 계약, 기업 환경 요인, 조직 프로세스 자산 등 6가지다. 먼저, 예산수립에 사용되는 프로젝트 관리 계획의 구성 요소는 비용관리 계획, 자원관리 계획, 범위 기준선 등 세 가지이다. 비용

[그림 6-3] 비용 기준선 예시

WBS 항목	1	2	3	4	5	6	7	8	9	10	11	12	합계
1. 프로젝트 관리													
프로젝트 관리자	8,000	8,000	8,000	8,000	8,000	8,000	8,000	8,000	8,000	8,000	8,000	8,000	96,000
프로젝트 팀원	12,000	12,000	12,000	12,000	12,000	12,000	12,000	12,000	12,000	12,000	12,000	12,000	144,000
하청회사		6,027	6,027	6,027	6,027	6,027	6,027	6,027	6,027	6,027	6,027	6,027	66,300
2. 하드웨어													
휴대기기				30,000	30,000								60,000
서버				8,000	8,000								16,000
3. 소프트웨어													
상용 소프트웨어				10,000	10,000								20,000
소프트웨어 개발		60,000	60,000	80,000	127,000	127,000	90,000	50,000					594,000
4. 테스팅			6,000	8,000	12,000	15,000	15,000	13,000					69,000
5. 교육 및 지원													
교육비									50,000				50,000
출장비									8,400				8,400
프로젝트 팀원							24,000	24,000	24,000	24,000	24,000	24,000	144,000
6. 준비금				10,000	10,000	30,000	30,000	60,000	40,000	40,000	30,000	3,540	253,540
총 액	20,000	86,027	92,027	172,027	223,027	198,027	185,027	173,027	148,427	90,027	80,027	53,567	1,521,240

관리 계획은 예산수립 방법에 대한 지침을 제공한다. 자원관리 계획은 전체 프로젝트 예산을 추정하는 데 필요한 자원 비용에 대한 정보를 제공한다. 범위 기준선의 WBS 사전은 각 작업 패키지의 비용 추정치와 관련한 여러 제약 정보를 포함한다.

두 번째 인풋은 프로젝트 문서인데 추정의 근거, 프로젝트 일정, 비용 추정치, 위험 등록부 등이 포함된다. 추정의 근거는 특히 간접 비용인 경우 이러한 비용이 예산에 포함되어야 하는지 여부에 영향을 미칠 수 있는 활동 관련된 가정을 포함한다. 프로젝트 일정은 활동에 대한 계획된 시작 및 종료일 정보가 포함되는데 이는 어떤 달력 기간에 프로젝트 비용이 발생하는지 알 수 있게 해준다. 각 활동에 대한 비용 추정치는 이후 각 작업 패키지에 대한 비용 견적을 얻기 위해 사용된다. 위험 등록부에는 위험 대응 비용에 대한 정보가 포함되어 있다.

세 번째, 비즈니스 문서는 비즈니스 분석가가 생성한 착수(initiation) 프로세스에서 만들어진 문서이다. 그 중 비즈니스 케이스는 프로젝트의 재정적 성공 요인을 포함하고 있으며 편익관리 계획(benefit management plan)은 순 현재 가치 또는 투자 수익으로 측정되는 목표 편익 정보가 사용될 수 있다.

네 번째 인풋은 계약인데 회사가 프로젝트 또는 프로젝트의 구성 요소로 통합될 제품을 만들 때 사용할 자원을 제공하는 공급업체와 맺은 법적 문서이며 비용정보를 담고 있다.

다섯 번째, 기업 환경 요인에는 환율 정보가 포함될 수 있다. 여러 통화로 여러 해에 걸쳐 수행되는 대규모 프로젝트의 경우, 환율을 참조하여 해당 환율의 변동을 향후 예산 수립 프로세스에서 고려하도록 해야 한다.

여섯 번째 인풋은 조직 프로세스 자산인데 이전의 유사한 프로젝트에서 얻은 과거 정보 및 교훈 저장소, 기존 예산 관련 정책 및 지침, 비용 예산 도구, 보고 방법 등이 포함된다.

• 아웃풋 Output

예산수립 프로세스의 아웃풋은 비용 기준선(cost baseline), 프로젝트 자금 요구사항(project funding requirements), 프로젝트 문서 업데이트 등 3 가지이다. 먼저, 비용 기준선은 프로젝트 관리자가 비용 성과를 측정하고 모니터링 하는데 사용하는 시간대별 예산을 의미한다. 이는 주어진 시간에 프로젝트의 실제 비용을 알 때 비용에 대한 프로젝트의 실제 성과를 측정하는 기준이 된다. 예산 수립의 중요한 목표는 바로 이 비용 기준선을 수립하는 것이다.

두 번째 아웃풋은 프로젝트 자금 요구사항인데 프로젝트 관리자는 프로젝트를 시작하기 전에 자금 요구사항이 정확히 무엇인지 알아야 한다. 자금 요구사항에는 총 자금(total funding) 요구사항과 기간 자금(period funding) 요구사항 두 가지 유형이 있다. 총 자금 요구사항은 비용 기준선에서 식별된 비용으로 정의되며 관리 준비금도 포함된다. 기간 자금 요구사항은 연간 및 분기별 지불로 정의된다. 두 가지 자금 요구사항 모두 비용 기준선에서 파생된다. 자금은 프로젝트 관리에서 증분 금액으로 발생할 수 있다. 또한 고르게 분포되지 않을 수도 있다. 프로젝트 자금 요구사항은 비용 기준선을 분석하여 프로젝트 자금의 조달시기와 그 시기마다 조달해야 하는 자금 총액에 관한 정보를 포함한다. 또한 조달 금액, 자금 출처, 현재 확보된 예산과 프로젝트에 필요한 예산과의 차이 등도 포함해야 한다.

세 번째 아웃풋은 프로젝트 문서 업데이트인데 프로젝트 일정과 위험 등록부 등이 포함된다. 프로젝트 일정은 정기적인 프로젝트 자금 요구사항의 필요성에 맞게 조정될 수 있으므로 그 내용이 업데이트 된다. 위험 등록부에는 비용 추정치가 비상 준비금을 반영하도록 조정될 때 이러한 정보가 업데이트 될 수 있다.

• 도구와 기법 Tools and Techniques

예산수립 프로세스에서 사용될 도구와 기법은 전문가 판단, 비용 집계(cost aggregation), 데이터 분석, 과거 정보리뷰(historical information review), 자금한도 조정(funding limit reconciliation), 자금조달(financing) 등 6가지이다.

먼저 전문가 판단은 프로젝트에 대한 정확한 비용 견적을 제공하기위해 개인의 지식과 경험을 사용하는 기법이다. 프로젝트 예산은 개별 견적을 기반으로 구성되기 때문에 이것이 특히 중요하다.

두 번째 기법은 비용 집계이다. 지금까지 비용은 일반적으로 프로젝트 내에서 가장 낮은 비용관리 수준인 활동 수준에서만 추정되었지만 그러한 비용을 작업 패키지 수준으로 집계하거나 합계를 구하는 것이 중요하다. 이는 모든 비용이 처음에 측정된 다음 프로젝트 전체에 걸쳐 작업 패키지 수준에서 관리 및 통제되기 때문이다. 비용을 집계해야 하는 프로젝트 내에 다른 수준이 있을 수 있으며 여기에는 WBS, 내부 또는 외부 회계 부서, 또는 전체 프로젝트 수준에서의 회계 노드 포인트가 포함될 수 있다.

세 번째, 데이터 분석 기법에서 특히 유용한 방법은 예비비 분석(reserve analysis)이다. 이것은 위험 예산을 할당하는 방법이며 여기에는 비상준비금과 관리준비금이 있다. 이 예산은 발생하는 프로젝트 위험의 일부 또는 전체에 대한 대응이 되며 예산수립 프로세스에서 전체 비용의 일부를 구성한다. 예비 분석은 백분율 기준으로 계산되거나 위험이 높은 활동 또는 작업 패키지에만 적용될 수 있다.

네 번째, 과거 정보리뷰는 과거 데이터를 기반으로 하는 매개변수 추정을 나타낸다. 이것은 프로젝트 활동 비용을 고려하고 현재 활동의 비율에 따라 이를 곱하여 구현된다. 예를 들어, 우리가 100 킬로미터의 도로를 건설해야 되는데 이전의 유사한 프로젝트에서 건설 비용이 킬로미터당 1억원이라면 현재 프로젝트의 비용은 길이에 따라 결정될 수 있다.

다섯 번째, 자금한도 조정은 프로젝트 활동의 범위와 일정을 조정하여 자금한도와 예상 비용을 비교하고 조정하는 것이다. 이것은 자금 지출이 프로젝트의 자금한도와 조정되어야 한다는 것을 의미한다. 계획된 지출과 자금한도와의 차이는 지출율을 충족하기 위해 작업 일정을 다시 조정하도록 만든다. 자금한도 조정은 특정 작업 활동의 날짜 제약을 프로젝트 일정에 둠으로써 행해진다. 대부분의 조직은 일반적으로 프로젝트 자금을 조달할 수 있는 자원이 제한되어 있으며 이는 조직 전체의 현금 흐름에 영향을 미친다. 대부분의 경우 자금 조달은 매 분기 또는 회계 연도를 기준으로 한다. 프로젝트 예산이 자금한도 조정에 의해 부과된 제약 조건을 따르는 것이 중요하다. 예를 들어, 프로젝트 관리자가 프로젝트의 일부를 아웃소싱 하기로 하고 공급업체가 1분기에 작업을 제공하더라도 2분기에 지불을 계획했다면 프로젝트 관리자는 공급업체가 제공한 서비스에 대해 1분기에 지불할 자금이 없다. 따라서 자금한도 조정은 프로젝트 관리자가 공급업체에 지불할 수 있도록 프로젝트 자금 지출의 큰 변동을 방지하는 데 사용된다. 이 기법은 종종 일정 수정과 자원 할당으로 이어진다. 따라서 예산은 비용 뿐만 아니라 작업 범위와 일정에도 영향을 미친다.

여섯 번째, 자금조달은 특히 장기 프로젝트의 경우 단순히 프로젝트에 필요한 자금을 확보하는 것을 의미한다. 일반적인 자금조달 방법은 자본(equity)을 통한 방법과 부채(debt)를 통한 방법이 있다.

A4 비용 통제 Control Costs

비용 통제는 다른 통제 프로세스처럼 비용 계획 대비 실적을 비교 분석하여 수정 조치를 하거나 변경을 요청한다. 비용 통제는 비용 성과에 대한 모니터링 외에도 적절한 프로젝트 변경 사항을 수정된 비용 기준선에 포함되도록 하고 비용에 영향을 줄 수 있는 승인된 변경 사항을 프로젝트 이해관계자에게 알리는 것도 포함한다.

프로젝트 비용 통제는 다음을 포함한다.

- 원가 기준선에 변경을 일으키는 요소에 영향력을 행사
- 변경 요청에 대한 합의 도출
- 실제 변경 사항이 발생했을 때 관리
- 잠재적 비용 초과가 주기적으로 그리고 합산해서 승인된 자금을 초과하지 않도록 보장
- 비용 기준선에 대한 모든 적절한 변경사항을 정확하게 기록

• 보고된 비용 또는 자원 사용량에 올바르지 않거나 부적절하거나 승인되지 않은 변경 사항이 포함되는 것을 방지

• 승인된 변경을 적절한 이해관계자에게 통보

• 수용 가능한 한도 내에서 예상되는 비용 초과가 일어나도록 조치

• 인풋 Input

비용통제 프로세스의 인풋은 프로젝트 관리 계획, 프로젝트 문서, 프로젝트 자금 요구사항, 작업성과 데이터, 조직 프로세스 자산 등 5가지이다. 먼저, 비용통제에 사용되는 프로젝트 관리 계획의 구성요소는 비용관리 계획, 비용 기준선, 성과측정 기준선 등이다. 비용관리 계획에는 성과측정 규칙, 통제 임계값, 보고 형식 등과 같은 비용통제 프로세스를 수행하는 방법에 대한 지침이 포함되어 있다. 일정 기준선은 예산수립 프로세스의 아웃풋인데 계획에 따른 예산을 나타낸다. 이는 실제 결과와의 차이가 있는지 비교하는 데 사용된다. 성과측정 기준선은 획득가치 분석에 사용되며 범위, 일정 및 비용의 세 가지 제약조건을 취하고 이를 결합하여 일정 및 비용 측면에서 실제 결과를 비교할 기준선을 만든다. 비용관리의 경우 사용되는 측정치는 비용 성과지수(cost performance index)와 비용 편차(cost variance)이다.

두 번째 인풋은 프로젝트 문서로 교훈 등록부가 대표적인 문서이다. 교훈 등록부는 비용관리를 개선할 수 있는 프로젝트 팀에서 수행한 절차가 있는지 확인하고 이러한 교훈은 향후 프로젝트에서 사용하기 위해 교훈 등록부에 저장된다.

세 번째 인풋은 프로젝트 자금 요구사항인데 예산수립 프로세스의 또 다른 아웃풋이다. 프로젝트 예산에 대한 자금이 모 조직에서 한꺼번에 제공되지 않고 프로젝트 팀에서 증분으로 사용할 수 있도록 공급되는 경우 필요하다. 이 경우 기간별 자금한도가 설정되어 있으므로 프로젝트 관리자는 기간별 지출이 기간별 자금한도 금액을 초과하지 않는지 확인하는 것이 중요하다.

네 번째 인풋은 작업성과 데이터인데 통합관리내 프로젝트 작업 지시 및 관리 프로세스의 아웃풋이다. 이 프로세스와 관련된 데이터에는 프로젝트에서 수행된 활동에 대해 승인, 발생, 청구 및 지불된 실제 비용이 포함된다.

다섯 번째, 조직 프로세스 자산은 비용과 관련된 정보를 모니터링, 통제 및 보고하는 방법을 포함하여 비용 관리와 관련된 정책, 절차 및 지침과 비용통제 도구가 포함된다. 주의

할 점은 Microsoft Project의 경우와 같이 외부 회사에서 만든 프로젝트 관리 정보시스템은 조직 환경 요소로 간주되는데 만약 도구가 독점이고 프로젝트를 수행하는 조직에서 만든 경우에는 조직 프로세스 자산이다.

• 아웃풋 Output

비용 통제의 아웃풋은 작업성과 정보, 비용 예측(cost forecasts), 변경요청, 프로젝트 관리 계획 업데이트, 문서 업데이트 등 5가지이다. 먼저, 작업성과 정보는 마지막 보고 기간에 수행된 활동과 관련된 실제 비용(작업성과 데이터)을 가져와 프로젝트 예산의 일부로 예상한 비용(비용 기준선)과 비교하여 파악된 편차와 원인에 대한 예비결정을 의미한다. 작업성과 정보는 프로젝트 팀이 이를 수정하기 위해 어떤 변경요청을 구현할지 결정하는 데 사용할 수 있다.

두 번째, 비용 예측은 비용통제 프로세스에서 사용되는 데이터 분석 기법중의 하나인 추세 분석 및 예측 기법의 결과로서, 프로젝트를 완료하기 위해 현재 비용이 얼마나 들 것인지에 대한 추정치이다. 비용 예측은 완료시 추정치(estimate at completion) 또는 EAC라고 불리며 이해관계자에 대한 보고서에 포함된다.

세 번째, 변경요청은 실제 비용과 제안된 비용 간의 차이가 이 프로세스에서 밝혀지면 이러한 차이를 수정하고 비용을 계획 또는 예산에 맞추기 위해 변경요청이 제안될 수 있다. 이러한 변경요청은 다른 지식 영역의 모든 변경요청과 마찬가지로 통합변경통제 수행 프로세스에 입력된다.

네 번째, 프로젝트 관리 계획 업데이트는 비용관리 계획과 비용 기준선 및 성과측정 기준선의 갱신을 의미한다. 비용관리 계획은 프로젝트 비용을 보고할 때 관련 이해관계자의 피드백으로부터 통제 임계값 또는 지정된 정확도 수준을 포함하여 비용통제 프로세스에 대한 지침을 조정하기 위해 업데이트 될 수 있다. 비용 기준선은 이 프로세스의 결과로 발견된 비용 추정치에 대한 변경 사항이 있는 경우 변경요청에 따라 갱신해야 할 수 있다. 성과측정 기준선은 비용 기준선에서 승인된 변경사항이 있는 경우 업데이트 될 수 있다. 예를 들어, 주어진 활동에 대한 비용 추정치가 변경되면 해당 활동의 계획 가치(planned value)가 변경될 수 있으며 해당 활동이 완료되면 해당 가치의 획득 가치(earned value)도 변경될 수 있다. SPI, SV, CPI, CV와 같은 획득가치 관리법의 모든 측정치는 획득가치에 의존하기 때문에 파생된 가치에도 영향을 미친다. 성과측정 기준선에 대한 영향이 크면 전체 프로젝트 예산(budget at completion, BAC) 및 지출할 나머지 예산(estimate to completion, ETC)을 다시 계산해야 할 수 있다.

다섯 번째, 문서 업데이트는 교훈 등록부, 비용 추정치(cost estimates), 추정의 근거 등이 포함된다. 교훈 등록부에는 이 프로세스에서 비용통제 절차나 기법을 개선할 수 있는 사항이 식별되면 이러한 내용이 추가된다. 비용 추정치는 현행 정보를 반영하기 위해 업데이트 될 수 있다. 추정의 근거는 비용 추정치가 조정되면 그 근거 또한 업데이트 되어야 한다.

• 도구와 기법 Tools and Techniques

비용통제 프로세스에서 사용될 수 있는 기법은 전문가 판단, 데이터 분석, 완료까지의 성과지수(To-complete performance index, TCPI), 프로젝트 관리 정보시스템(PMIS) 등 4가지이다.

먼저, 전문가 판단은 획득가치 관리, 차이 분석, 추세 분석 및 예측, 재무 분석 등의 영역에 깊은 지식이 있는 전문가의 도움을 받는 기법이다.

두 번째, 데이터 분석 기법은 작업 성과 데이터에서 얻은 실제 결과가 계획에 있는 것(특히 비용 기준선)과 얼마나 차이가 나는지를 분석하는 방법인데 획득가치 관리(EVM), 차이 분석, 추세 분석, 예비비 분석(reserve analysis) 등과 같은 다양한 방법들을 포함한다.

획득가치 관리 기법은 범위, 시간 및 비용 데이터를 통합하는 프로젝트 성과측정 기법이다. 자세한 설명은 본 장의 마지막에 따로 제공된다.

차이 분석은 실제와 계획과의 차이를 파악하는 기법으로 EVM의 PV, EV 및 AC의 구성요소를 사용하여 실제 결과(EV 및 AC로 표시됨)와 계획에 있는 것(PV로 표시됨) 간의 차이를 계산할 수 있다. 따라서 EVM은 구성요소를 다양하게 조합한 여러 유형의 차이분석을 세부적으로 수행하고 그 결과 일정 편차(SV), 일정 성과지수(SPI), 비용 편차(CV), 비용 성과지수(CPI) 등을 생성해 낸다.

추세 분석은 차이 분석 측정치가 프로젝트의 현재 성과에 대한 스냅샷을 보여주는 것과 달리 시간이 지남에 따라 이러한 동일한 측정치를 비교하여 프로젝트 성과의 추세에 대한 아이디어를 얻는 방법이다. 현재 비용 성과지수 또는 CPI가 1.0 미만인 경우 CPI를 1 이상으로 만드는 시정 조치를 취할 수 있다. 그러나 지난 몇 개월 동안 CPI가 1 이상이지만 현재 추세가 계속된다면 2개월 이내에 1 미만이 될 것이라는 것을 알게 되면 예방 조치를 취하여 CPI가 미래에 1 아래로 떨어지지 않도록 할 수 있다.

예비비 분석은 활동과 관련하여 식별된 위험이 있는 경우 가능한 위험 대응을 위한 자금을 해당 활동에 대한 비상 준비금(contingency reserve)에 포함시키는 기법이다. 따라서 해당 활동에 대한 예산 금액에는 활동에 대한 실제 비용과 가능한 위험 대응을 위한 비상 준비금이 포함된다. 활동이 완료되고 식별된 위험이 발생하지 않는다면 사용되지 않은 비상 준비금은 다른 프로젝트에 사용할 수 있도록 프로젝트 예산에서 제거될 수 있다. 물론 프로젝트 수행 과정에서 초기에 식별되지 않고 따라서 위험 등록부에도 포함되지 않은 위험이 나타나면 프로젝트 예산에 추가 준비금을 요청해야 할 수도 있다.

세 번째, 완료까지의 성과지수(to-complete performance index, TCPI)는 획득가치 분석법을 이용한 실제 예측 도구이다. TCPI는 지금부터 할당된 예산 내에서 프로젝트를 완료하기 위해 CPI가 얼마가 되어야 하는지를 계산한다. 즉, 남아있는 작업(BAC - EV)을 예산 잔액(BAC - AC)으로 나누어 계산한다. 할당된 예산이 충분하지 않을 경우 TCPI의 대체 버전을 사용할 수 있다. 프로젝트를 완료하는 데 소요될 새 예측치(estimate at completion, EAC)를 얻은 다음 나머지 작업(BAC - EV)을 가져와 수정된 예산 예측치의 나머지 비용(EAC - AC)으로 나누어 먼저 계산한다. 지금까지 CPI가 1.0 미만인 상태에서 프로젝트를 실행한 경우 프로젝트를 완료하려면 CPI가 1.0보다 높아야 한다(비용 효율성이 높아야 한다는 뜻). 마찬가지로, 지금까지 CPI가 1.0보다 큰 상태에서 프로젝트를 실행했다면 이제부터 CPI가 1.0보다 작아도 프로젝트를 완료하는 것이다. 물론 TCPI는 프로젝트가 끝날 때 "균형"을 유지하기 위해 해당 CPI 금액이 얼마인지 정확히 알려줄 것이다.

네 번째, 프로젝트 관리 정보시스템은 비용통제 프로세스에서 사용될 도구이며, 특히 획득가치 분석에 사용되는 세 가지 기본 측정치인 계획 가치(PV), 획득 가치(EV), 실제 비용(AC)을 모니터링하고 추세 분석 및 예측을 지원하는 소프트웨어 시스템이다.

비용 통제 프로세스에서 가장 주된 방법 중 하나인 획득가치 관리(Earned Value Management, EVM)에 대해서 이제 설명해 보자.

• 획득가치관리 Earned Value Management (EVM)

아래 그림 6-4의 계획과 실적을 비교해 보자. 만약 3개월 시점에서 실적데이터를 분석한다면 일정이 지연되었다는 것은 금방 알 수 있다. 하지만 이 그림만으로 비용 측면에서 좋고 나쁨을 파악하거나 특히 얼마나 그러한가 분석하는 것은 매우 어렵다. 분석 시점까지의 실제 사용된 비용을 파악하고 있더라도 활동 C의 작업량 중에서 3개월 시점까지 어느 정도 완료 되었는지를 정확하게 알아야 하기 때문이다. 결국 우리가 직면하는 문제는 비용 측면에서 얼마나 좋고 나쁜가 어떻게 계량화할 것인가 하는 점이다. 획득가치관리(EVM)는 비용과 일정을 따로 보지 않고 이를 통합하여 프로젝트를 통제할 수 있게 하기 위해 만들어 졌다. 따라서 EVM은 범위, 시간 및 비용 데이터를 통합하는 프로젝트 성과 측정 기법으로 기준선(원래 계획과 승인된 변경 사항)이 주어지면 프로젝트가 목표를 얼마나 잘 달성하고 있는지 판단한다.

[그림 6-4] 계획 대비 실적 예시

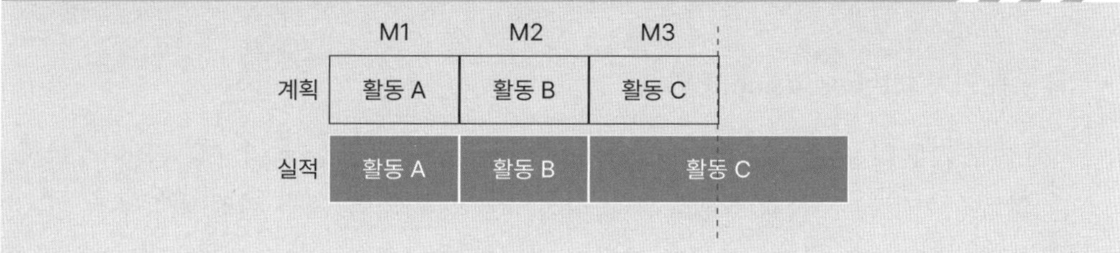

프로젝트 관리 계획서에는 어떤 활동을 어떻게 수행할 것인지, 월 기준으로 집행할 비용이 얼마 인지를 포함하고 있다. 하지만 완료된 업무량과 일정, 그리고 비용은 일반적으로 따로 관리되기 쉽다. 예를 들어 시스템 개발 프로젝트에서 요구사항 정의 활동은 요구사항 건수가 얼마인지, 프로그램 코딩 활동은 프로그램 수 또는 라인 단위 코드수가 얼마인지를 가지고 평가하며 이러한 경우 각 활동 마다 측정 단위가 달라 통합하여 비교 분석하기가 쉽지 않다. 또한 비용은 비용대로 어느 기간 동안 얼마가 집행되었다는 정보만 집계된다. 이러한 문제점을 극복하기 위해 EVM 분석에서는 활동을 화폐단위로 측정하여 비용과 추진 실적의 통합관리를 가능하게 한다. 업무의 양을 화폐단위로 평가하게 됨으로 실제 비용과 측정 단위가 같아지게 되어 다양한 지표를 관리할 수 있게 된다. 이제부터 EVM 분석에서 사용하는 기본 용어에 대해 알아보자.

▣ 계획 가치 (Planned Value, PV)

계획 가치는 계획된 작업의 예산적 비용(budgeted cost of work scheduled, BCWS)이라고 불리는데 승인된 총 비용 추정치 중 일정기간 동안 활동에 소비되도록 계획된 비용을 의미한다. 좀 더 단순하게 설명하면 말 그대로 계획된 활동을 위해 배정된 예산을 의미한다. 예를 들어 작업 A를 완료하는데 8월 첫 주 1주일이 소요되며 인건비와 하드웨어, 소프트웨어 비용을 합쳐 총 1천만원이 비용이 필요하다고 계획되었다면 8월 첫 주의 계획 가치는 1천만원이다.

▣ 실제 비용 (Actual Cost, AC)

실제 비용은 수행된 작업의 실제 비용(actual cost of work performed, ACWP)이며 주어진 기간 동안 작업을 수행하는데 발생된 직접 및 간접 비용의 총계를 뜻한다. 만약 위의 작업 A를 실제 완료하는데 2주일이 소요되었고 비용이 2천만원이 들었다고 가정하자. 2천만원의 비용 중 1천5백만원은 첫 주에 사용되었고 나머지 5백만원은 둘 째 주에 사용되었다면 8월 첫 주의 실제 비용은 1천5백만원이다.

▣ 획득 가치 (Earned Value, EV)

수행된 작업의 예산 비용(budgeted cost of work performed, BCWP)이라고도 하는 획득 가치(EV)는 실제로 완료된 물리적 작업의 가치를 예산 관점에서 추정 한 것이다. 획득 가치는 프로젝트가 현재 얼마의 가치가 고객에게 인도되었는지 알아내는 기법으로 인도 되었어야 하는 계획과 비교하여 획득 가치를 계산할 수 있다. 만약 프로젝트가 우리의 계획대로만 진행된다면 획득 가치는 계획 가치와 같아질 것이다. 획득 가치는 프로젝트 또는 활동에 대한 원래 계획된 비용(계획 가치)과 팀이 작업을 완료한 비율, 즉 성과율(Rate of Performance, RP)을 곱하여 구해진다. 위의 예에서 작업 A는 2주가 소요되었다고 했는데 첫 주에 작업의 반, 그리고 두 번째 주에 나머지 작업의 반을 완료했다고 가정하자. 8월 첫 주의 성과율은 50%이며 따라서 획득 가치는 다음과 같다.

EV = PV * RP = 1천만원 * 50% = 5백만원

즉, 8월 첫 주 실제 작업한 양의 가치를 예산 관점에서 파악한 획득 가치는 5백만원인 것이다.

▣ 비용 차이 (Cost Variance, CV)

비용 차이는 프로젝트에서 계획된 비용과 실제 발생한 비용과의 차이를 알려준다. 따라서 예산이 얼마나 초과 사용 되었는지를 알고 싶다면 비용 차이를 계산하면 된다. 주의할 것은 계획된 비용을 계산할 때 단순히 예산을 고려하면 안되며 실제 작업량의 가치를 예산으로 파악한 획득 가치를 사용해야 한다는 점이다. 따라서 비용 차이의 계산식은 다음과 같다.

CV = EV - AC

만약 비용 차이가 음수 값이 나오면 획득 가치보다 실제 비용이 더 크다는 뜻으로 예산 초과 즉, 비용이 계획보다 많이 사용되었다는 것을 나타낸다. 앞의 예에서 8월 첫 주의 비용 차이는 - 1천만원이며 예산 초과 상황을 나타낸다.

CV = 5백만원 - 1천5백만원 = -1천만원

▣ 일정 차이 (Schedule Variance, SV)

일정 차이는 획득 가치와 계획 가치의 차이이다. 만약 계획대로 작업이 진행된다면 완료한 작업량은 계획의 100%일 것이며 획득 가치와 계획 가치는 같아질 것이다. 하지만 실제 작업량이 계획보다 부족하면 획득 가치가 계획 가치보다 작다는 의미가 된다. 이처럼 일정 차이는 비록 비용 관점에서 살펴보지만 실제 우리가 관찰하는 부분은 작업량이 계획대비 어떤가를 보는 것이며 이를 통해 일정 지연 가능성을 파악하는 것이다. 일정 차이의 계산식은 다음과 같다.

SV = EV - PV

앞의 예에서 8월 첫 주의 일정 차이는 - 5백만원이며 음수 값의 의미는 획득 가치보다 계획 가치가 더 크다는 뜻으로 완료한 작업량이 계획보다 작아서 이런 상황으로 프로젝트가 진행되면 일정이 계획보다 오래 걸려 스케줄이 뒤쳐지게 된다는 것을 나타낸다.

SV = 5백만원 - 1천만원 = -5백만원

▣ 비용 성과 지수 (Cost Performance Index, CPI)

비용 성과 지수는 프로젝트 완료 예상 비용을 추정하는 데 사용되는 지수로서 획득 가치와 실제 비용과의 비율로 계산한다. 만약 비용 성과 지수가 1보다 작으면 비용 초과가 예상된다. 앞선 예에서 비용 성과 지수를 계산하면 0.33 이다.

CPI = EV / AC = 5백만원 / 1천5백만원 = 0.33

▣ 일정 성과 지수 (Schedule Performance Index, SPI)

일정 성과 지수는 프로젝트 완료 시간을 예상하는 데 사용되는 지수로서 획득 가치와 계획 가치와의 비율로 계산한다. 만약 일정 성과 지수가 1보다 작으면 일정 초과 혹은 일정 지연이 예상된다. 앞선 예에서 일정 성과 지수를 계산하면 0.5 이다.

SPI = EV / PV = 5백만원 / 1천만원 = 0.5

▣ 완료시점 비용 예측치 (Estimate at Completion, EAC)

완료시점 비용 예측치란 지금까지의 성과를 고려할 때 프로젝트를 완료하는 데 얼마의 비용이 들 것인가를 예측한 금액을 의미하는데 완료시점 예산(Budget at Completion, BAC) 즉, 총예산을 비용 성과 지수로 나누어 구한다. 앞의 예에서 총 예산이 1억이라고 가정하면 완료시점에서 비용은 3억3백3십만원이 소요될 것으로 예측된다.

EAC = BAC / CPI = 1억원 / 0.33 = 3억3백3십만원

▣ 완료 예측 시간 (Estimated Time to Complete, ETC)

완료 예측 시간은 지금까지의 성과를 기반으로 프로젝트를 완료하는 데 드는 시간의 추정치로서 프로젝트 총 기간(Original Time Estimate, OTE)을 일정 성과 지수로 나누어 구한다. 앞의 예에서 프로젝트 기간이 12개월이라고 가정하면 완료 예측 시간은 24개월로 예측된다.

ETC = OTE / SPI = 12개월 / 0.5 = 24개월

PMBOK에서는 0.95~1.10 사이의 CPI 또는 SPI는 적절하다고 보고 있다. 다만 프로젝트에서 주의해야 할 사항은 0.95보다 작은 CPI와 SPI 이다. 이들 값들은 예산초과와 일정 지연에 대한 경고이므로 주의를 기울여야 한다. 지금까지 논의한 공식들을 정리하면 아래 표 6-3과 같다.

획득가치 차트(Earned Value Chart, EV Chart)는 프로젝트 기간과 비용을 두 축으로 하여 프로젝트의 진행 계획과 상황을 파악하기 쉽도록 만든 차트이다. 아래 그림 6-5의 획득가치 차트는 프로젝트 5개월이 지난 시점에서 작성되었다. 현재까지 수행된 성과를 바탕으로 EAC 위치를 파악해 보면 BAC 보다 우측 상단에 위치하고 있는데 이는 프로젝트가 계획보다 지연되고 비용이 초과 투입될 것으로 판단된다는 의미이다. 이처럼 획득가치 차트는 프로젝트 관리자에게 그 시점에서 프로젝트의 비용과 일정 관점에서 상태를 보여주고 수정 조치가 취해지지 않으면 종료 시점에 직면할 결과에 대한

[표 6-3] 획득가치관리의 용어와 공식

용어	공식
EV	PV * RP
CV	EV - AC
SV	EV – PV
CPI	EV / AC
SPI	EV / PV
EAC	BAC / CPI
ETC	OTE / SPI

예측 정보를 제공해 준다.

[그림 6-5] EV Chart

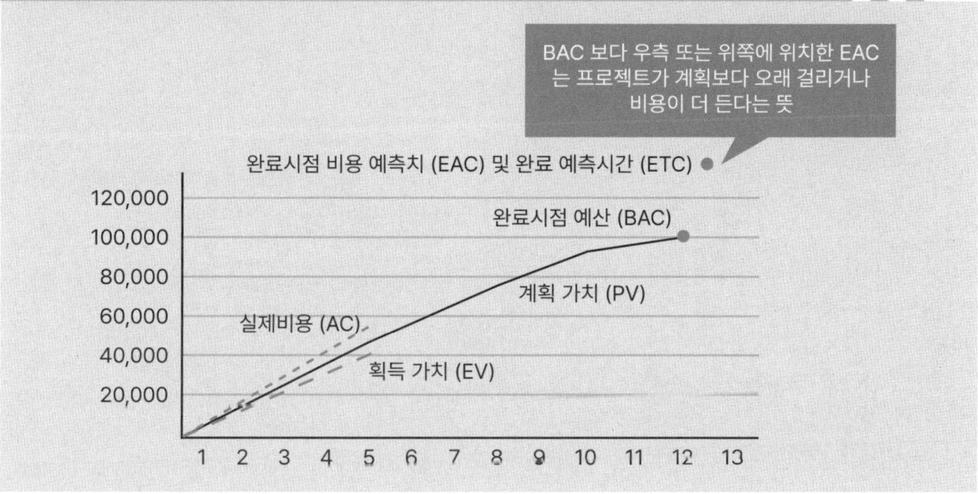

이번 장에서 학습한 내용 생각해 보기

대학의 모든 교직원이 사용하는 그룹웨어 시스템을 구축하는 프로젝트의 비용 견적을 준비해 달라는 요청을 받았다고 가정해 보자. 여러분은 어떻게 시작할 것인가? 어떤 유형의 견적을 준비하고 비용 견적을 만들기 위해 어떤 접근 방식을 사용하겠는가? 만약 여러분이 프로젝트 관리자라면 비용 초과를 방지하기 위해 무엇을 하겠는가?

핵심 용어

관리 준비금 management reserves

간접 비용 indirect costs

계획 가치 planned value (PV)

기능 점수 function points

기준선 baseline

대략 예측치 rough order of magnitude (ROM) estimate

매몰 비용 sunk cost

무형 비용 intangible costs

비상 준비금 contingency reserves

비용 기준선 cost baseline

비용 성과 지수 cost performance index (CPI)

비용 차이 cost variance (CV)

비용 초과 overrun

상향식 추정법 bottom-up estimates

성과율 rate of performance (RP)

수명주기 비용 life cycle costing

수익 profits

수익 마진 profit margin

실제 비용 actual cost (AC)

예산용 예측치 budgetary estimate

완료시점 비용 예측치 estimate at completion (EAC)

완료시점 예산 budget at completion (BAC)

유사 추정법 analogous estimates

유형 비용 tangible costs

일정 성과 지수 schedule performance index (SPI)

핵심 용어

일정 차이 schedule variance (SV)

준비금 reserves

직접 비용 direct costs

파라미터 모델링 parametric estimating

프로젝트 비용 관리 project cost management

학습 곡선 이론 learning curve theory

현금 흐름 분석 cash flow analysis

확정적 예측치 definitive estimate

획득 가치 earned value (EV)

획득가치관리 earned value management (EVM)

3점 예측 three-point estimate

제7장 프로젝트 품질관리

이번 장을 통해서 학습하게 될 내용들

- 프로젝트 품질의 중요성
- 품질 관리 정의 및 프로세스
- 품질 보증과 품질 통제
- 품질 비용
- 품질관리 도구 및 기법
- 식스 시그마

제 7장 프로젝트 품질관리

미니 사례

대형 의료기기 회사인 국민 메디컬은 회사의 새로운 경영자관리시스템(EIS, Executive Information System)을 막 개발 완료하였다. 많은 경영진이 새롭고 사용자 친화적인 EIS에 매료되었고 그들은 제품, 국가, 병원 및 영업 담당자별로 다양한 의료기기의 판매를 빠르고 쉽게 추적할 수 있는 새로운 EIS에 대해 많은 기대를 하였다. 여러 경영진과 함께 새로운 EIS를 성공적으로 테스트한 후 회사는 모든 수준의 경영진이 시스템을 사용할 수 있도록 하기로 결정했다. 몇 달 간의 작동 후에 새로운 EIS에 몇 가지 품질 문제가 발생했다. 사람들은 웹 기반 시스템에 들어갈 수 없다고 불평했으며 시스템은 한 달에 두어 번 다운되기 시작했고 응답 시간이 느려지고 있는 것으로 알려졌다. 사용자는 몇 초 안에 정보에 액세스할 수 없다고 불평했다. 몇몇 사람들이 원하는 정보를 찾는 화면을 잊어버려서 회사 헬프데스크에 전화하는 횟수가 늘어났다. 시스템의 일부 보고서가 일치하지 않는 정보를 제공한다는 불만도 제기되었다. 만약 여러분이 국민 메디컬의 EIS 개발 프로젝트의 프로젝트 관리자였다면 이러한 품질 문제를 극복하기 위해 어떻게 프로젝트를 이끌어 갔었을까 생각해 보자.

프로젝트 품질의 중요성

품질은 일반적으로 내재된 특성들이 요구사항을 충족시키는 정도로 정의된다. 하지만 좀 더 면밀히 살펴보면 품질에는 2개의 관점이 있는데 하나는 요구사항 준수이며 다른 하나는 사용의 적합성이다. 요구사항 준수 관점은 일반적인 품질 정의로서 프로젝트의 프로세스 및 제품이 문서화된 사양을 충족시키는 정도에 초점을 맞춘다. 한편 사용의 적합성 관점은 제품을 의도한 대로 사용할 수 있는지 여부에 초점을 맞춘다. 범위는 작업의 완전성(completeness)을 다루고 있지만 품질은 작업의 정확성(correctness)을 다루는 제약 조건이다. 품질은 무엇과 비교하여 정확해야 할까? 바로 사용자나 스폰서로부터 나오는 프로젝트의 맨 처음에 명시된 요구사항과 비교하여 정확해야 한다.

현장에서 가끔 품질(quality)과 등급(grade)을 혼용하여 사용할 때가 있다. 등급은 제품이 생산되는 성능 사양(performance specification)으로 기능적 용도는 같지만 기술적 특성이 다른 산출물에 할당된 범주를 의미한다. 품질과 등급을 모두 품질이라 부르기도 하면서 둘 다 프로젝트의 목표로 오인하곤 한다. 하지만 최고 품질이 목표여야 하는 것은 맞지만 최고 등급이 반드시 목표일 필요는 없다. 예를 들어, 어떤 장난감이 많은 기능을 갖추고 있어 최고 등급으로 평가 받을 수 있지만 만약 부품이 쉽게 부서진다면 그 품질 수준은 허용되는 수준이 아닌 것이다. 품질이 낮은 것은 항상 문제인 반면, 등급이 낮은 것은 문제가 되지 않을 수 있다. IT 프로젝트에서 고품질(결함 없음)인 저등급(제한된 기능)의 수용 가능한 소프트웨어가 생산될 수 있지만 품질이 낮고(많은 결함) 고등급(많은 기능)인 수용 불가능한 소프트웨어도 생산될 수 있다.

품질에 대한 정확한 인식과 이를 잘 관리하기 위한 노력은 프로젝트 성공에 매우 중요하다. 적절한 품질관리는 프로젝트를 보다 효율적으로 운영하고 고품질의 흠 없는 산출물을 만들어낸다. 이는 고객의 기대치를 충족하거나 오히려 초과하여 고객 만족을 높이는 결과로 이어지게 한다. 또한 불완전한 산출물로 인한 재작업 또는 후속 지원의 필요성을 줄이거나 없애어 비용을 절감한다. 마지막으로 오류를 만드는 실수로 인해 팀원들이 느끼는 좌절감을 방지하고 팀에 대한 자신감을 고취시킴으로써 프로젝트 팀원들을 동기부여 할 수 있다.

프로젝트 품질관리 프로세스

프로젝트 품질관리는 프로젝트의 목표를 충족시키기 위해 품질 정책, 목표 및 절차를 결정하는 모든 활동을 포함하는데 다음과 같은 3개의 작업들로 구성되어 있다.

- 품질관리 계획 (Plan Quality Management)
- 품질 관리 (Manage Quality)
- 품질 통제 (Control Quality)

프로젝트 품질관리 계획은 프로젝트와 관련된 품질 표준과 이를 충족시키는 방법을 도출한다. 품질 관리는 품질 관리 계획을 실행 가능한 품질 활동으로 변환한다. 즉, 품질 표준을 달성하기 위해 사용되는 프로세스를 감사(audit)한다. 마지막으로 품질 통제는 특정 프로젝트 결과를 모니터링하여 관련 품질 표준을 준수하는지 확인한다.

이들 3개 프로세스를 프로젝트 관리 프로세스 그룹의 관점에서 살펴보면 표 7-1과 같이 첫 번째 프로세스는 계획 프로세스 그룹에 속하며 두 번째 프로세스는 실행 프로세스 그룹에, 그리고 마지막 프로세스는 모니터링 및 통제 프로세스 그룹에 속한다. 품질관리 프로세스들은 이전 3개 핵심 지식영역과는 달리 프로젝트 관리 프로세스 그룹의 5개 프로세스 중에 계획 프로세스 그룹과 모니터링 및 통제 프로세스 그룹 외에도 실행 프로세스 그룹과 관련한 활동이 있다.

[표 7-1] 프로젝트 관리 프로세스 그룹과 품질관리 맵핑

지식 영역	착수 프로세스 그룹	계획 프로세스 그룹	실행 프로세스 그룹	모니터링 및 통제 프로세스 그룹	종료 프로세스 그룹
품질관리		품질관리 계획	품질 관리	품질 통제	

다음 그림 7-1은 프로젝트 품질관리의 인풋, 도구와 기법, 아웃풋을 보여준다.

[그림 7-1] 프로젝트 품질관리 개요

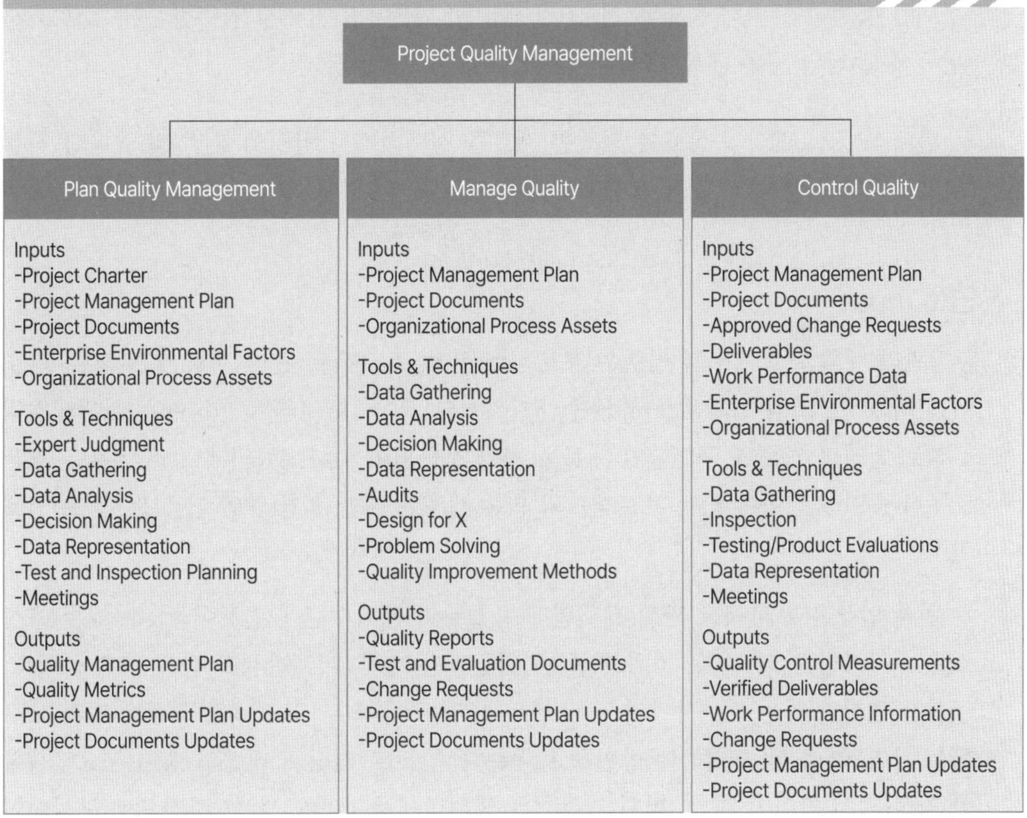

A1 품질관리 계획수립 Plan Quality Management

품질관리 계획수립 프로세스는 프로젝트 산출물과 제품을 총괄하는 품질 표준(quality standards)을 도출하고 프로젝트가 어떻게 해당 표준을 준수할 것인지를 결정한다. 많은 프로젝트에는 마치 건물에 대한 설계 표준과 같이 프로젝트에 직접 부여된 표준들이 있다. 그러나 명시적으로 언급되지는 않지만 준수되어야 한다고 기대되는 또 다른 표준들이 종종 존재한다. 프로젝트 관리자는 완전한 세트를 보장하기 위해 ASTM, IEEE 또는 ANSI와 같은 조직에서 해당 표준을 구입할 수 있다.

품질 표준은 제품이 목적에 맞다는 것을 보장하기 위해 일관되게 사용될 수 있는 요건, 사양, 가이드라인 등의 문서를 의미하는 반면 메트릭(metric)은 측정 표준을 뜻한다. 예를 들어 1분 이내의 피크타임 거래 처리시간이나 무정지 시스템과 같은 요건은 품질 표준에 해당하며 이를 측정하기 위해 평일 오전 10시에서 11시사이의 거래시간 측정이나 초로 표시한 일년 중 다운타임 등은 메트릭의 예시이다.

최근 현대적 품질 관리의 목표는 적절한 재료를 선택하거나 양질의 훈련 및 교육과 적절한 프로세스 기획을 통해 결함을 예방하는 것이다.

• 인풋 Input

품질관리 계획 프로세스의 인풋은 프로젝트 헌장, 프로젝트 관리 계획, 프로젝트 문서, 기업 환경 요인, 조직 프로세스 자산 등 5가지이다. 먼저, 프로젝트 헌장에는 상위레벨의 프로젝트 설명과 기술 요구사항인 제품 특성이 포함되어 있다. 그 외에도 고객 혹은 스폰서로부터 승인을 받아야 하는 프로젝트의 최종 제품에 대한 요건(승인 기준 등) 등도 있을 수 있다.

두 번째 인풋은 프로젝트 관리 계획인데 품질관리 계획수립에 인풋이 될 수 있는 구성요소는 요구사항 관리 계획, 범위 기준선, 위험관리 계획, 이해관계자 관리 계획 등이다. 요구사항 관리 계획은 요구사항 수집 프로세스의 아웃풋으로, 프로젝트 전반에 걸쳐 요구사항을 식별, 분석 및 관리하는 방법을 보여준다. 참고로 최상위 레벨의 범위는 요구사항이란 점을 잊지 말아야 한다. 범위 기준선은 범위명세서, WBS, WBS 사전으로 구성되어 있다. 요구사항은 프로젝트 범위 명세서의 산출물로 분류되며, 이는 차례로 WBS의 작업패키지 수준으로 분해된다. 위험관리 계획은 프로젝트 산출물을 성공적으로 제공하기 위해 품질관리 계획과 함께 사용된다. 품질은 결함 위험을 측정하는 메트릭으로 측정되며, 이러한 결함위험은 품질비용에서 고려된다. 따라서 어떤 수준의 결함 위험을 허용할 지 등의 결정을 하게 된다. 이해관계자 관리 계획에는 이해관계자의 요구와 기대치를 문서화하는 계획이 포함된다.

세 번째 인풋인 프로젝트 문서에는 가정로그, 요구사항 문서, 위험 등록부, 이해관계자 등록부 등이 포함된다. 가정로그에는 품질 요구사항과 관련된 가정 및 제약 사항이 포함될 수 있다. 요구사항 추적성 매트릭스를 포함한 요구사항 문서에는 프로젝트 및 제품 품질 요구사항과 이러한 요구사항을 확인하는 데 필요한 테스트가 포함될 수 있다. 위험 등록부에는 품질 요구사항에 영향을 미치는 위협 및 기회에 대한 정보가 포함될 수 있다. 이해관계자 등록부는 품질 요구사항에 특별한 관심이나 영향을 미치는 이해관계자를 식별하는 데 도움이 된다.

네 번째 인풋은 기업 환경 요인인데 안전에 관한 정부기관 규정이나 응용분야에 특정한 품질 관련 표준 등이 포함된다.

마지막 인풋은 조직 프로세스 자산으로 조직의 품질관리 정책, 절차 및 지침, 품질 관련 템플릿, 이전의 유사한 프로젝트에서 얻은 과거 데이터베이스 및 교훈 저장소 등이 포함된다.

• 아웃풋 Output

이 프로세스의 주요 아웃풋은 품질 표준을 지시하고 이러한 표준이 충족되는 방법과 품질 보증 및 품질 통제 활동을 설명하는 품질관리 계획이지만 그 외에도 품질 메트릭(quality metrics), 전체 프로젝트 관리 계획과 프로젝트 문서에 대한 업데이트도 있다. 특정 지식 영역과 관련된 계획 수립과 전체 관리 계획의 업데이트는 모든 계획 프로세스의 일반적인 아웃풋이지만 품질관리의 경우 해당 지식 영역에 고유한 특별한 아웃풋인 품질 메트릭이 있다.

먼저, 품질관리 계획에는 다른 모든 품질관리 프로세스를 수행하는 데 도움이 되는 지침이 포함되는데 특히 다음과 같은 항목들이 제시된다.

- 프로젝트에서 사용할 품질 표준
- 프로젝트를 위해 계획된 품질 관리 및 품질 통제 활동
- 품질 역할 및 책임 즉, 누가 품질 보증 및 품질 관리 활동을 수행할 것인가?
- 품질 통제 대상 산출물
- 품질 보증 대상 프로세스
- 프로젝트에서 사용할 품질 도구
- 결함수리 및 시정조치와 같은 부적합(non-conformance) 처리 절차와 지속적인 개선 절차

두 번째 아웃풋인 품질 메트릭은 하루에 식별된 결함 수, 코드 줄 당 발견된 오류, 고객 만족도 점수 등과 같이 프로젝트 또는 제품의 속성을 설명한다. 품질 통제 프로세스는 이 품질 메트릭을 준수하는지 확인한다.

세 번째, 프로젝트 관리 계획 업데이트에는 위험관리 계획과 범위 기준선의 갱신을 포함한다. 위험관리 계획은 품질관리 접근방식에 대한 결정에 따라 위험관리가 변경될 수

있으며 이러한 변경사항은 위험관리 계획에 기록된다. 범위 기준선의 WBS 사전은 개별 혹은 전체 작업 패키지와 관련된 품질 요구사항을 기록할 수 있다.

네 번째, 프로젝트 문서 업데이트에는 교훈 등록부, 요구사항 추적성 매트릭스, 위험 등록부, 이해관계자 등록부의 갱신이 포함된다. 교훈 등록부는 품질계획 프로세스에서 발생하는 모든 문제가 업데이트될 수 있다. 요구사항 추적성 매트릭스에는 이 프로세스에서 지정된 품질 요구사항이 업데이트 된다. 위험 등록부에는 이 프로세스 중에 식별된 모든 새로운 위험이 업데이트된다. 이해관계자 등록부에는 품질 문제에 대한 관심 또는 영향과 관련하여 기존 또는 신규 이해관계자에 대한 새로운 정보가 업데이트된다.

• 도구와 기법 Tools and Techniques

품질관리 계획 프로세스에서 사용되는 도구와 기법은 다른 부분의 계획 프로세스에서 사용되는 일반적인 도구와 기법 외에도 품질관리 영역에 특화된 다수의 기법이 있다. 여기에는 전문가 판단, 데이터 수집(data gathering), 데이터 분석, 의사결정, 데이터 표현(representation), 시험(test)과 검사(inspection) 계획, 회의 등이 포함된다. 먼저, 전문가 판단을 위해 품질과 관련된 모든 분야에서 전문성을 갖춘 전문가를 찾아야 한다. 예를 들어, 품질 프로세스가 올바르게 수행되었는지 확인하는 품질 보증 지식, 품질 결과가 프로젝트 기준을 충족하는지 확인하는 품질 관리 지식, 6 시그마와 같은 품질 개선 프로세스가 있는지 확인하는 품질 개선 지식 등을 갖추었는지 살펴볼 필요가 있다.

두 번째, 품질 계획 수립을 위한 데이터 수집(data gathering) 방법에는 벤치마킹, 브레인스토밍, 인터뷰 등이 있다. 벤치마킹은 프로젝트의 제안된 품질 표준들을 비교하거나 유사 프로젝트의 품질 표준과 비교하는 것을 의미한다. 이는 표준을 조직 자체에서 수행한 프로젝트 또는 동일한 응용 프로그램 영역 내에서 다른 조직에서 수행한 프로젝트와 비교하는 것을 의미할 수 있다. 브레인스토밍은 관련자나 전문가를 모아 짧은 시간에 아이디어 목록을 식별하는 것이 목적이다. 브레인스토밍은 아이디어 생성과 아이디어의 우선순위화로 나주어 질 수 있다. 아이디어 생성은 창의적 입력을 자극하기 위해 모든 아이디어에 대해 편견이 없는 토론의 "개방 모드"이고 아이디어의 우선순위화는 사전에 합의된 일련의 기준에 따라 순위가 매겨지는 분석 또는 토론의 "닫힌 모드"이다. 인터뷰는 아이디어를 생성하기 위해 모든 관련자나 전문가를 프로젝트 팀과 함께 모으는 브레인스토밍 기법 대신 프로젝트 팀 구성원이 전문가 및 이해관계자와의 개별 대화를 통해 그들의 프로젝트에 대한 적절한 품질 표준에 대한 견해를 얻도록 수행된다.

세 번째 기법은 데이터 분석으로 비용편익 분석(cost-benefit analysis)이나 품질 비용(cost of quality, COQ) 등의 방법이 포함된다. 이 두 가지 방법은 둘 다 동일하게 계획된 품질 활동이 비용 효과적인지 확인한다. 다시 말하면 품질표준에 대한 적합성 비용, 즉 결함의 예방 및 평가 비용이 부적합 비용, 즉 결함이 나타났을 때 발생하는 비용보다 작은지 확인하는 것이다. 이러한 부적합 비용에는 내부 실패비용, 즉 제품이 고객에게 출하되기 전에 발견된 결함을 수정(재작업 및 스크랩)하기 위해 발생한 비용과 외부 실패비용, 즉 고객에게 전달하기 전에 감지되지 않고 수정되지 않은 모든 오류와 관련된 비용(보증, 제품 책임 클레임 및 소송, 반복 업무 손실)이 포함된다.

네 번째, 의사결정은 주제 전문가 및 프로젝트 팀 구성원과의 회의에서 결정이 내려지는 방법에 관한 것이다. 브레인스토밍 및 인터뷰 중에 제시되는 다양한 대안을 취하고 사전에 결정된 기준에 따라 순위를 매길 수 있는 우선순위 매트릭스(prioritization matrices)와 같은 도구가 여기에 포함된다. 품질 메트릭의 우선 순위를 지정하는 이 객관적인 방법은 프로젝트에 적용할 메트릭을 결정하는 프로세스에 도움이 될 수 있다.

[그림 7-2] 우선순위 매트릭스 예시

당뇨 예방 프로그램

	진료	영양 및 운동 수업	개인 생활 코치	체중 감량 수업	합계	상대적 비중
진료		1/5	1	1/5	1.4	0.04
영양 및 운동 수업	5		10	5	20	0.61
개인 생활 코치	1	1/10		1/5	1.3	0.04
체중 감량 수업	5	1/5	5		10.2	0.31

총 합계 = 32.9

1=중요성이 같음 5=약간 더 중요함 10=많이 더 중요함 1/5=약간 덜 중요함 1/10=많이 덜 중요함

다섯 번째, 데이터 표현(representation) 기법에는 플로우차트(flowchart), 논리 데이터 모델(logical data model), 매트릭스 다이어그램(matrix diagram), 마인드 매핑(mind mapping) 등의 방법이 포함된다. 플로우차트는 한 프로세스에서 출력을 가져와 다른 프로세스에서 입력으로 사용하는 프로세스 맵인데 프로세스의 품질 비용을 이해하고 추정하는 데 유용하다. 논리 데이터 모델은 조직의 데이터를 시각적으로 표현한 것으로 품질 메트릭에 사용되는 데이터의 무결성과 관련된 문제를 식별하는 데 사용할 수 있다. 이러한

방식으로 프로젝트 관리자는 품질 메트릭이 프로젝트 품질에 대한 진정한 그림을 제공한다는 확신을 가질 수 있다. 매트릭스 다이어그램은 데이터 세트 간의 관계를 분석하고 표시하는 데 사용되는 새로운 관리계획 도구이다. 그림 7-3에 나타나듯이 매트릭스 다이어그램은 2개, 3개 또는 4개의 정보 그룹 간의 관계를 보여줄 수 있으며 다양한 개인이 수행하는 역할 또는 측정의 강도와 같은 관계에 대한 정보도 제공할 수 있다. 품질관리에서는 매트릭스의 행과 열에 나열된 다양한 요소 간의 강점을 찾고 프로젝트의 주요 품질 메트릭을 식별하는 데 유용하다. 마인드 매핑은 하나의 품질 개념을 빈 페이지 중앙에 넣고 해당 개념과 관련된 아이디어들을 거기에서 파생되게 배치하여 보여주는 방법이다. 프로젝트 품질 요구사항, 제약 조건, 종속성 및 관계를 신속하게 수집하는 데 도움이 된다.

여섯 번째, 시험(test)과 검사(inspection) 계획은 프로젝트 팀이 제품을 시험하거나 검사하는 방법과 시험 또는 검사를 수행하는 빈도를 결정한다. 적합성 비용 중 하나는 제품에 결함이 있는지 여부를 평가하는 비용, 즉 해당 제품을 시험하거나 검사하는 비용이므로 이에 대한 계획을 세우는 것이 중요하다.

일곱 번째, 회의는 모든 계획 프로세스에 사용되는 일반적인 기법이다. 품질관리의 경우 데이터 수집, 데이터 분석, 데이터 표현, 시험 및 검사 계획과 같이 위에 나열된 많은 다른 기법을 수행하는 데 사용된다. 프로젝트 스폰서, 품질 관련 프로세스를 수행할 팀 구성원, 품질에 관심이 있는 이해관계자를 포함할 수 있다.

A2 품질 관리 Manage Quality

품질관리 계획 프로세스에서 수립된 계획은 본 프로세스 동안 구현된다. 이 프로세스의 목표는 프로젝트가 품질 요구사항을 충족하는지 확인하고 프로세스를 개선할 방법을 찾는 것이다. 따라서 품질 관리는 적절한 품질 표준 및 운영 정의가 사용되었는지 확인하기 위해 품질 요구사항과 품질 통제 측정 결과를 감사하는 프로세스이다.

품질보증(quality assurance) 활동은 프로세스의 정확성(correctness)을 관리하는데 반해 품질통제 활동은 프로덕트 즉, 결과의 정확성을 관리한다. 따라서 품질보증은 항상 지속적인 개선을 기반으로 해야 하며 시스템이 올바르게 작동하는지 테스트 또는 확인하는 품질 감사는 품질 보증활동의 주요 기법이다. A2 품질 관리 프로세스는 바로 이 품질 보증을 다루고 있다.

[그림 7-3] 매트릭스 다이어그램 예시

T형 매트릭스 다이어그램: 제품-공장 위치-고객

● 대량○ 소량	모델 A	모델 B	모델 C	모델 D
경북 공장	●		○	○
경남 공장		●		○
충북 공장	○			●
충남 공장		○	●	
A 기업		●		
B 기업	○	○	○	●
C 기업			○	○
D 기업	●			●

X형 매트릭스 다이어그램: 공장 위치-제품-고객-운송회사

A 운송	B 운송	C 운송	D 운송	● 대량 ○ 소량	모델 A	모델 B	모델 C	모델 D
○		●	○	경북 공장	●		○	○
	○	●	●	경남 공장		●		○
		●	●	충북 공장	○			●
○	○		○	충남 공장		○	●	
		●	○	A 기업		●		
			●	B 기업	○	○	○	●
○	○			C 기업			○	○
	○	●		D 기업	●			●

• 인풋 Input

품질 관리 프로세스의 인풋은 프로젝트 관리 계획, 프로젝트 문서, 조직 프로세스 자산 등 3가지이다. 먼저, 이 프로세스에 영향을 미치는 프로젝트 관리 계획의 구성요소는 품질관리 계획인데 프로젝트 및 제품 품질의 수용 가능한 수준, 산출물 및 프로세스에서 이러한 수준의 품질을 보장하는 방법, 시행할 시정 조치를 포함하여 부적합 제품에 대한 조치 등에 대한 설명을 제공한다.

두 번째 인풋은 프로젝트 문서인데 교훈 등록부, 품질 메트릭(quality metrics), 위험 보고서(risk report) 등이 포함된다. 교훈 등록부에는 품질관리의 효율성과 효과성을 개선하는데 도움이 되는 교훈이 포함되어 있을 수 있다. 품질 메트릭은 산출물의 품질을 테스트하기 위한 지표이다. 품질통제 측정치는 품질통제 프로세스의 핵심 아웃풋으로 프로젝트 결과의 품질을 측정한 것이다. 이는 품질통제 측정치를 생성하는 프로세스의 품질을 평가하는 데 사용된다. 위험 보고서는 위험 식별 프로세스의 아웃풋으로 전체 프로젝트 위험의 출처를 식별하고 프로젝트의 품질 목표에 영향을 미칠 수 있는 위험 노출 요소를 식별하는 데 사용할 수 있다.

세 번째 인풋은 조직 프로세스 자산인데 품질에 관한 정책, 절차 및 지침을 포함하는 조직의 품질관리 시스템, 이 프로세스의 도구 및 기술과 함께 사용할 체크시트(check sheets), 추적가능성 매트릭스(traceability matrix), 테스트 계획 및 문서와 같은 품질 템플릿, 이전의 유사 프로젝트에서 수행된 품질보증 활동에 대한 정보가 포함된 교훈 저장소 등이 포함된다.

• 아웃풋 Output

품질 관리 프로세스의 산출물은 품질 보고서(quality report), 테스트 및 평가 문서(test and evaluation documents), 변경요청, 프로젝트 관리 계획 업데이트, 프로젝트 문서 업데이트 등 5가지이다. 먼저, 품질 보고서는 프로젝트 팀에서 프로세스 자체 또는 제품에 대한 시정 조치를 취하는 데 사용된다. 품질 보고서에 포함되는 정보는 프로젝트 팀에서 제기한 품질관리 이슈, 잠재적인 결함 가능성을 줄이기 위해 프로젝트 프로세스 또는 제품 자체에 대한 개선을 위한 권장사항(예방 조치), 결함을 감지(검사, 테스트 등)하거나 고객에게 제품이 전달되기 전에 결함을 수리(재작업)하기 위한 시정조치에 대한 권장 사항, 품질관리 프로세스의 결과 요약 등이다. 이러한 품질 보고서는 품질에 관심이 있는 모든 이해관계자 및 품질에 영향을 미치는 사람들에게 배포된다.

두 번째, 테스트 및 평가 문서는 품질통제 프로세스에 인풋으로 들어가는 문서인데 모든 프로세스가 올바르게 완료되었는지 확인하기 위한 체크리스트, 품질 표준에 부합하지 않는 결과를 문서화하기 위한 체크 시트, 측정하는 특정 요구사항에 대한 품질 메트릭을 추적하는 요구사항 추적성 매트릭스 등이 포함된다.

세 번째, 변경요청은 프로젝트 관리 계획(특히 품질관리 계획이나 범위, 일정 및 비용에 대한 기준선), 프로젝트 문서(특히 이슈로그, 교훈 등록부 또는 위험 등록부), 프로젝트 또는 제품관리 프로세스 등에 대한 변경 권장사항이 있을 수 있다.

네 번째, 프로젝트 관리 계획 업데이트는 주로 품질관리 계획, 범위 기준선, 일정 기준선, 비용 기준선 등에 대한 갱신을 의미한다. 품질관리 계획의 갱신은 계획이 비현실적이라는 것을 인지한 경우 실제 결과를 기반으로 품질관리에 대해 합의된 접근 방식을 수정해야 할 수도 있다는 의미이다. 범위 기준선의 갱신은 특정 품질관리 활동이 산출물 또는 작업 패키지를 변경할 수 있음을 의미한다. 일정 기준선의 갱신은 특정 품질관리 활동이 일정에 영향을 미칠 수 있으며 이 경우 일정 기준선을 변경해야 함을 뜻하며 비용 기준선의 갱신은 특정 품질관리 활동이 예산에 영향을 미칠 수 있으며, 이 경우 비용 기준선을 변경해야 함을 의미한다.

다섯 번째, 프로젝트 문서 업데이트는 주로 이슈로그, 교훈 등록부, 위험 등록부에 대한 갱신을 의미한다. 이슈로그는 품질보증 프로세스의 일부로 수행된 감사 결과 새로운 이슈들이 제기되어 이슈로그에 기록될 필요가 있다. 교훈 등록부에는 이 프로세스 동안 직면한 문제와 이러한 문제를 피할 수 있었던 방법 또는 품질 관리를 위해 잘 작동한 접근방식에 대한 정보가 추가된다. 위험 등록부에는 이 프로세스에서 식별된 새로운 위험에 대한 정보가 기록된다.

• 도구와 기법 Tools and Techniques

품질 관리 프로세스를 위한 도구와 기법으로 데이터 수집, 데이터 분석, 의사결정, 데이터 표현, 감사(audits), X를 위한 디자인(design for X), 문제 해결(problem solving), 품질개선 방법(quality improvement methods) 등 8가지가 있다. 먼저, 대표적인 데이터 수집 방법으로 품질 체크리스트가 있다. 이는 일련의 필수 단계가 수행되었는지 확인하거나 요구사항 목록이 충족되었는지 확인하는데 사용된다. 이러한 체크리스트는 일반적으로 범위 기준선의 한 구성요소인 범위 명세서에 포함된 승인기준(acceptance criteria)을 기반으로 한다.

두 번째, 데이터 분석 기법에는 대안분석, 문서분석, 프로세스 분석, 근본원인 분석(root cause analysis) 등이 있다. 대안분석은 품질과 관련하여 다양한 옵션 또는 접근방식을 식별한 다음 이 프로젝트에 사용하기에 가장 적합한 것을 선택하는 데 사용된다. 문서분석은 품질 보고서, 테스트 보고서, 실적 보고서, 차이분석 보고서 등과 같은 문서를 분석하여 통제 불능일 수 있는 프로세스를 찾아내는데 사용된다. 프로세스 분석은 프로세스에 대한 제약 조건이 있는지 확인하기 위해 프로세스 인풋을 검사하거나 그 프로세스에서 발생하는 비 부가가치 활동을 살펴보거나 그 외에도 문제를 식별하는 데 사용할 수 있는지 확인하기 위해 프로세스에 대한 아웃풋을 검사하여 프로세스 개선기회를 식별하는 데 사용된다. 근본원인 분석은 차이, 결함 또는 위험을 유발하는 기본적이며 근본적인 원인을 파악하는 데 사용되는 기법으로 이슈라고 하는 프로젝트 문제의 근본 원인을 식별할 때에도 사용된다.

세 번째, 의사결정은 논의 중인 대안이 있는 경우 이러한 대안 중에서 결정하기 위해 사용되는 기법이다. 의사결정에는 다양한 대안을 평가하여 프로젝트에 가장 구현 가능한 대안을 찾아 좁혀 나가도록 기준을 마련하는 것이 중요하다. 필요한 경우 프로젝트 팀 구성원 및 전문가 회의에서 투표로 최종 결정을 내릴 수 있다.

네 번째, 데이터 표현 방법에는 친화도(affinity diagram), 인과관계 다이어그램(cause and effect diagrams), 플로우차트(flowcharts), 히스토그램(histograms), 매트릭스 다이어그램(matrix diagrams), 산점도(scatter diagrams) 등이 있다. 이들은 주로 데이터 분석 기법과 함께 사용된다.

친화도 다이어그램은 많은 양의 아이디어를 관련 있는 것끼리 묶어서 그룹을 만드는 방법이다. 그룹화된 아이디어들은 이후에 분석과 리뷰를 진행하는데 사용되며, 조사 결과를 정리하는 기본 구조를 제공한다.

인과관계 다이어그램은 때때로 피쉬본 다이어그램(fishbone diagram) 또는 이시카와 다이어그램(Ishikawa diagram)으로도 불리며 문제의 근본 원인을 식별하는 데 사용된다. 이 다이어그램은 그림 7-4에 나타나듯이 문제의 잠재적 원인을 개별 분기로 분할한다.

플로우차트는 결함으로 이어지는 일련의 단계를 표시하는 데 사용된다. 또한 품질개선 방법을 사용하여 해당 프로세스를 개선할 수 있도록 결함을 일으키는 프로세스를 식별하기 위해 프로세스 분석과 함께 사용된다.

히스토그램은 과거 데이터에 대한 그래픽 표현이다. 히스토그램을 이용하여 품질관리에서 결과물당 결함 수를 표시할 수 있다. 그런 다음 가장 많은 결함이 있는 산출물을 식별하고 우선 순위로 작업할 수 있다.

매트릭스 다이어그램은 매트릭스를 구성하는 행과 열 사이에 존재하는 요인, 원인 및 목표 간의 관계의 강도를 보여준다. House of Quality(HoQ)는 매트릭스 다이어그램을 사용하는 한 예이다.

산점도는 두 변수 간의 관계를 보여주는 차트이다. 두 변수 사이에 관계가 없으면 다이어그램의 데이터 포인트 간에 식별 가능한 패턴이 없지만 만약 양의 상관관계가 있다면 데이터 포인트들은 우상향 패턴이 존재하고 음의 상관관계가 있는 경우 우하향 패턴이 있게 된다.

[그림 7-4] 인과관계 다이어그램 예시

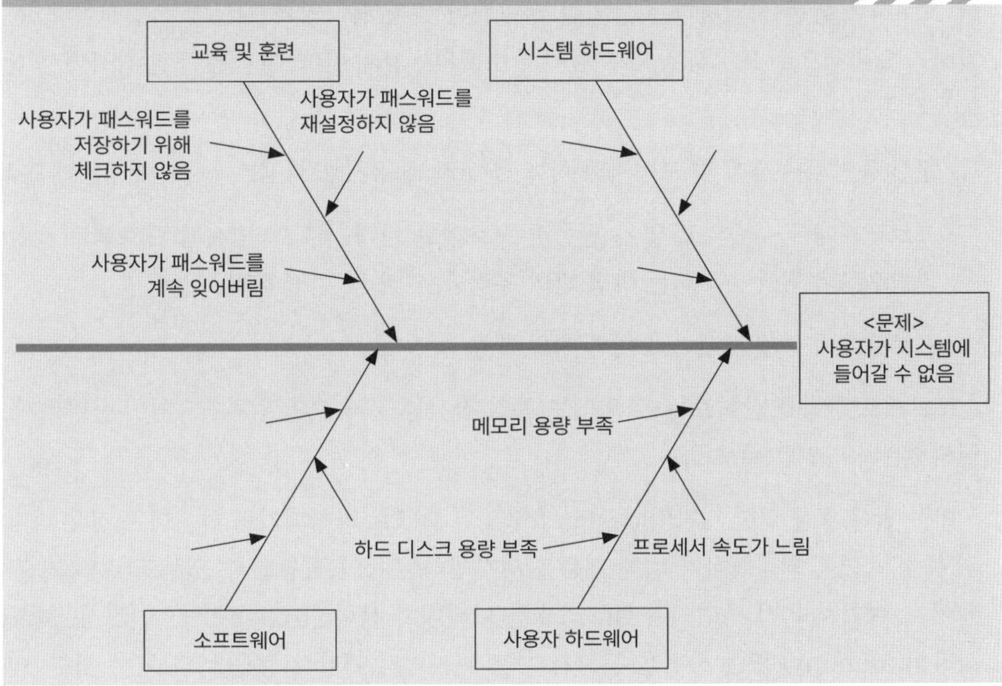

[그림 7-5] 산점도 예시

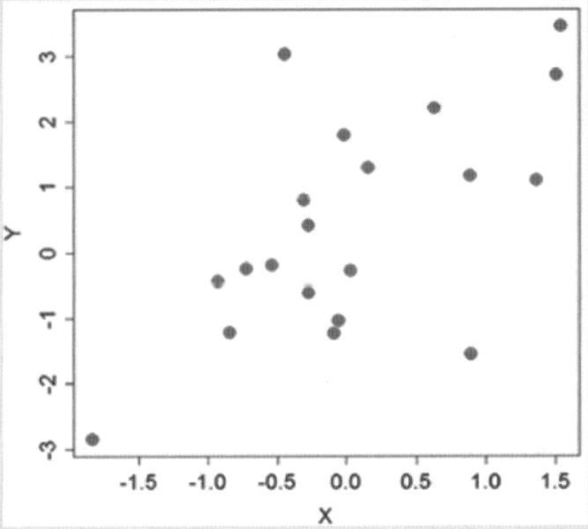

다섯 번째, 감사(audits)는 프로젝트 활동이 조직이나 프로젝트의 정책, 프로세스 및 절차를 준수하는지 확인하는 데 사용되는 구조화되고 독립적인 프로세스이다. 감사는 체크

리스트와 같은 일종의 조직화된 형식을 기반으로 수행되기 때문에 구조적이라고 하며 또한 프로젝트 활동을 담당하는 동일한 사람들이 수행하지 않기 때문에 독립적이다. 품질 감사가 일반적으로 프로젝트 외부 팀에서 수행되는 이유이다. 다음은 품질 감사에서 찾는 항목의 유형이다.

- 구현 중인 우수사례 및 모범사례 식별 및 조직 내 유사 프로젝트에서의 모범사례 공유
- 프로젝트에서 수행되고 있는 활동과 프로젝트 관리 계획에 명시된 프로젝트 절차를 기반으로 수행되어야 하는 방법 간의 부적합, 격차 및 결점 식별
- 프로세스 구현을 개선하기 위한 지원 제공

프로젝트 활동을 살펴보는 것 외에도 품질 감사를 통해 승인된 변경요청이 올바르게 구현되었는지 확인할 수도 있다.

여섯 번째, X를 위한 디자인(design for X)은 DfX로 약칭되기도 하는데 이것은 디자인의 특정 측면을 최적화하기 위해 제품을 디자인하는 동안 적용될 수 있는 일련의 기술 지침이다. 여기서 특정 측면이란 DfX의 X를 나타내며 신뢰성(reliability), 안전성(safety), 사용성(usability) 또는 중점을 두고자 하는 디자인의 기타 기능을 나타낼 수 있다. 이는 차후 검사를 통해 불량을 줄이려는 것이 아니라 애초에 불량이 발생하지 않도록 품질을 설계하는 PMI의 품질 트렌드 화두다.

일곱 번째, 문제 해결(problem solving)은 품질보증(quality assurance)과 품질개선(quality improvement)을 위해 필요한 기법인데 이는 결함의 원인(문제)을 찾고, 가능한 해결책을 도출하고, 그 해결책 중 하나를 선택하여 실행하고 최종적으로 해결책이 효과적인지 확인하는 것이다.

여덟 번째, 품질개선 방법(quality improvement methods)은 실행성과 분석에 대한 체계적이고 공식적인 접근 방식이며 성과 개선을 위한 노력이다. 데이터를 수집 및 분석하고 변경 사항을 테스트하는 데 도움이 되는 다양한 품질개선 방법이 있는데 식스 시그마도 많이 사용되는 방법 중 하나이다. 식스 시그마는 7장 마지막 섹션에서 자세히 설명한다.

A3 품질 통제 Control Quality

품질 통제는 성능을 평가하고 필요한 변경을 권장하기 위해 품질 활동을 실행한 결과를

모니터링하고 기록하는 프로세스이다. 간단히 말해서 산출물을 검사해서 결함을 찾는 것이다. 품질 통제를 수행하면 품질 표준에 맞지 않는 제품이나 서비스를 찾아내기 때문에 제품 또는 서비스에서 특정 수준의 품질을 보장하는 데 도움이 된다. 앞서 설명한 A2 품질 관리 프로세스는 프로젝트의 품질 관련 프로세스가 올바르게(correctness) 수행되는지 확인하는 품질 보증에 중점을 두고 있지만 품질 통제 프로세스는 프로젝트의 결과가 올바르게 만들어졌는지 확인한다. 여기서 correctness를 뜻하는 올바름 또는 정확성이란 무엇일까? 프로젝트 관리 언어에서 정확성은 프로젝트 산출물이 이해관계자가 특정한 요구사항을 충족하는 정도이다. 한 가지 주의 깊게 봐야 할 사항은 품질통제 프로세스가 품질 저하의 원인을 식별하고 이를 방지하거나 수정하기 위한 조치를 취할 수 있다는 것이다. 이는 A3 품질 통제의 아웃풋이 A2 품질 관리의 인풋이 될 수 있음을 보여준다.

• **인풋 Input**

품질통제 프로세스의 인풋은 프로젝트 관리 계획, 프로젝트 문서, 승인된 변경요청, 산출물, 작업성과 데이터, 기업 환경 요인, 조직 프로세스 자산 등 7가지이다. 먼저, 품질통제에 사용되는 프로젝트 관리 계획의 구성요소는 품질관리 계획이다. 특히, 프로젝트의 품질 목표, 계획된 품질통제 활동, 품질 역할 및 책임, 품질통제 대상 산출물, 프로젝트에서 사용할 품질도구, 결함수리 및 시정조치와 같은 부적합 처리 절차 등이 품질통제 프로세스에 사용할 수 있는 품질관리 계획의 특정 요소이다.

두 번째, 프로젝트 문서에는 교훈 등록부, 품질 메트릭, 테스트 및 평가문서(test and evaluation documents) 등이 포함된다. 교훈 등록부에는 프로젝트 초기에 이 품질통제 프로세스에서 배운 교훈이 입력되어 프로젝트 후반 단계에 품질통제를 개선하기 위해 적용할 수 있다. 품질 메트릭은 품질관리 계획 프로세스의 아웃풋으로 제품의 속성과 품질 통제 프로세스가 이들 품질 메트릭을 준수하는지 확인하는 방법을 추적한다. 테스트 및 평가 문서는 품질 관리 프로세스에서 생성되는데 품질통제 프로세스 동안 품질 목표의 달성 여부를 평가하는 데 사용된다.

세 번째, 승인된 변경요청은 통합관리내의 통합변경통제 수행 프로세스의 아웃풋이다. 품질통제 프로세스에서 발생된 변경요청 중 통합변경통제 수행 프로세스에서 거부된 변경요청은 거부된 이유와 함께 변경 로그에 기록되지만 승인된 변경요청은 실제 결함수리와 같은 필요한 작업이 진행된다. 따라서 품질통제 프로세스에서는 이러한 승인된 변경의 구현을 확인(verification)해야 한다.

네 번째, 산출물은 통합관리내 프로젝트 작업지시 및 관리 프로세스의 아웃풋으로 검사(inspection) 받고 프로젝트 범위 명세서와 품질관리 계획에 정의된 승인기준(acceptance criteria)과 비교된다. 범위는 작업의 완전성을 다루지만 품질은 작업의 정확성을 다룬다.

다섯 번째, 작업성과 데이터는 품질 메트릭 및 기술성능 측정치와 같은 제품 상태에 대한 데이터로서 제품이 해당 표준을 준수하는지 여부를 확인하기 위해 품질 표준과 비교되기 때문에 품질통제 프로세스에서 필요하다.

여섯 번째, 기업 환경 요인에는 PMIS와 응용분야에 특정한 규칙, 표준 및 지침 등이 포함된다. 주의할 점은 조직에서 사용하는 외부 회사에서 만든 소프트웨어는 기업환경 요인으로 분류하지만 해당 소프트웨어에 저장된 이전 프로젝트에 관한 데이터는 조직 프로세스 자산으로 간주한다.

일곱 번째, 조직 프로세스 자산에는 품질 표준 및 정책, 체크 시트나 체크리스트 등과 같은 품질 템플릿, 이슈 및 결함보고 절차 및 커뮤니케이션 정책 등이 포함된다.

• 아웃풋 Output

품질통제 프로세스의 아웃풋은 품질통제측정(quality control measurements), 확인된 산출물(verified deliverables), 작업성과정보(work performance information), 변경요청, 프로젝트 관리 계획 업데이트, 프로젝트 문서 업데이트 등 6가지이다.

품질 통제 프로세스의 목표는 산출물의 정확성(correctness)을 결정하는 것인데 여기서 정확성이란 프로젝트 시작 시 설정한 요구사항의 준수 여부를 의미한다. 이것을 파악하기 위해 품질 통제 프로세스에서는 다양한 도구와 기법을 이용해서 데이터 수집, 검사, 테스트 등의 활동을 한다. 이 결과는 문서화되는데 이를 품질통제측정(quality control measurements)이라 부르며 품질 통제 프로세스의 첫 번째 아웃풋이다. 발견된 모든 결함, 실행된 테스트 케이스 수, 적합 또는 부적합 등의 결과가 품질통제측정에 포함된다.

한편 적합으로 판명된 산출물은 확인된 산출물(verified deliverables)이라 부르며 두 번째 아웃풋이 된다. 이들은 따로 문서화되어 고객이 검증하도록 범위 검증 프로세스(범위관리 참조)로 넘겨진다.

적합 또는 부적합 결과는 품질 메트릭 또는 기술 성능 측정치 자료를 품질 표준과 비교하여 판단한다. 만약 차이가 허용수준 임계값을 넘어서면 부적합으로 판정될 것이며 이때 차이의 원인과 시정조치 권장사항 등이 문서화 된다. 이를 작업성과정보(Work Performance Information)라 부르며 세 번째 아웃풋이 된다.

부적합으로 판명된 산출물은 요구사항을 준수하도록 변경되어야 하며 작업성과정보에 나와 있는 시정조치 권장사항을 참조하여 변경요청이 만들어진다. 네 번째 아웃풋인 이 변경요청은 다시 통합변경통제수행(통합관리 참조) 프로세스로 넘겨져서 분석 후 승인 또는 거부된다.

때때로 프로젝트 관리 계획이나 프로젝트 문서에 대한 변경이 요청되는 경우도 있으며 그 결과 프로젝트 관리 계획 업데이트와 프로젝트 문서 업데이트가 아웃풋으로 나타난다. 다섯 번째 아웃풋인 프로젝트 관리 계획 업데이트는 주로 품질관리 계획의 업데이트를 의미한다.

여섯 번째, 프로젝트 문서 업데이트는 이슈로그, 교훈 등록부, 위험 등록부, 테스트 및 평가 문서 등을 포함한다. 이슈로그는 산출물이 품질 요구사항을 충족하지 않는 경우 이를 해결해야 할 이슈를 업데이트 한다. 교훈 등록부는 품질 결함의 원인과 이러한 결함을 피할 수 있는 방법 등의 정보를 업데이트한다. 위험 등록부는 품질 편차의 원인이 되는 새로운 위험이 식별된 경우 이를 업데이트 한다. 테스트 및 평가 문서는 향후 테스트를 보다 효과적으로 수행하기 위해 변경이 권장되면 업데이트 된다.

• 도구와 기법 Tools and Techniques

품질통제 프로세스에서 사용될 수 있는 기법은 데이터 수집, 데이터 분석, 검사(inspection), 테스팅/제품 평가(testing/product evaluation), 데이터 표현(data representation), 미팅 등 6가지이다. 먼저, 데이터 수집 기법에는 체크리스트(check list), 체크시트(check sheet), 통계적 샘플링(statistical sampling), 설문 및 서베이(questionnaires and surveys) 등이 포함된다. 체크리스트는 품질관리 활동이 균일하게 수행되는지 확인하기 위한 표준 운영절차를 보여준다. 체크시트는 점검표로도 불리며 속성 및 발견된 결함에 대한 데이터 수집을 위해 사용되는데 결함 수, 특정 유형의 결함, 결함이 발생한 날짜와 같은 정보를 제공한다. 따라서 여러 결함이 발생하기 시작하면 체크시트를 통해 원인을 정확히 찾아낼 수 있다. 통계적 샘플링은 검사할 관심 모집단의 일부를 선택하는 것을 포함하며 표본의 크기는 표본이 얼마나 대표성을 가지느냐에 따라 달라진다. 일반적으로 샘플링의 빈도와 샘플의 크기는 품질관리계획 프로세스에서 미리 결정된다. 설문지 및 서베이는 제품이 고객에게 출시된 후 제품 또는 서비스에 대한 고객 만족도 데이터를 수집하는 데 도움이 될 수 있다.

[그림 7-6] 체크시트 예시

불만 소스	요일							
	월	화	수	목	금	토	일	합계
이메일	III	IIII	I	II	I		I	12
문자	𝍸 II	IIII	𝍸 I	III	IIII	II	III	29
전화	I	II	I		II	I		8
합계	11	10	8	6	7	3	4	49

두 번째, 데이터 분석 기법에는 성과검토(performance review)와 근본원인 분석(root cause analysis)이 포함된다. 성과검토는 실제 결과와 품질관리 계획 프로세스 중에 설정된 품질 메트릭 사이에 나타나는 모든 차이를 측정, 비교 및 분석하여 프로젝트의 성능 품질을 측정하는 것이다. 근본원인 분석은 결함의 원인을 식별하는 데 사용된다.

세 번째, 검사는 문서화된 표준을 산출물이 준수하는지 결정하기 위해 작업 산출물을 물리적으로 조사하는 것이다. 검사는 단일 활동의 산출물에 대해서 할 수도 있고 최종 산출물에 대해서도 할 수 있다. 최종 산출물에 대한 품질 검사를 내부적으로 하면 확인(verification)이 되며 확인된 산출물은 범위 검증 프로세스로 넘어가서 고객에 의해 인수여부가 결정된다.

네 번째, 테스트/제품 평가는 제품 또는 서비스의 품질에 대한 객관적인 정보를 제공하기 위해 수행되는 조직화된 조사(investigation)이다. 산출물은 프로젝트 요구사항에 따라 테스트 된다. 테스트는 프로젝트의 다른 구성요소에 대해 프로젝트 전반에 걸쳐 수행될 수 있으며 프로젝트 종료 시 최종 결과물에 대해서도 수행할 수 있다.

다섯 번째, 데이터 표현 기법에는 인과관계 다이어그램, 통제 차트(control charts), 히스토그램, 산점도 등의 방법이 대표적이다. 인과관계 다이어그램, 히스토그램, 산점도는 앞 절에서 설명하였으므로 참조하면 된다. 통제 차트는 시간 경과에 따른 프로세스 결과를 나타내는 데이터의 그래픽 표시이다. 이는 프로세스가 안정적인지, 즉 예측 가능한 성능을 가지고 있으며 항상 동일한 결과를 생성하는지 확인하는 데 사용된다. 통제차트에는 공정이 사양한계(specification limit) 내에서 유지되도록 통제한계(control limit)를 설정하여 확인한다. 예를 들어, 고속도로의 차선 표시와 도로 측면의 가드레일을 생각해 볼 수 있다. 가드레일은 사양한계와 같다. 그 한계를 벗어나면 매우 위험한 상태가 되므로 확실히 피해야 하는 상황이다. 이러한 외부 한계를 쉽게 침범하지 않도록 하기위해 차선표시를 해 둔다. 차선표시는 통제한계에 해당한다. 차선 표시(통제한계) 내에 있도록 차량을 조종할 수 있다면 가드레일(사양한계)에 부딪힐 염려가 없다. 통제차트는 공정이 통제 상태에 있는지(즉, 변동이 랜덤 이벤트에 의해 생성되는지) 통제 밖에 있는 상태인지 확인하기 위해 세븐 런 규칙(seven run rule)을 활용한다. 세븐 런 규칙은 7개 데이터 포인트가 연속해서 모두 평균 이하, 평균 이상, 증가 또는 감소하는 경우 비 무작위(non-random) 문제에 대해 프로세스를 검사할 필요가 있다고 주장한다.

[그림 7-7] 세븐 런 규칙과 통제 차트 예시

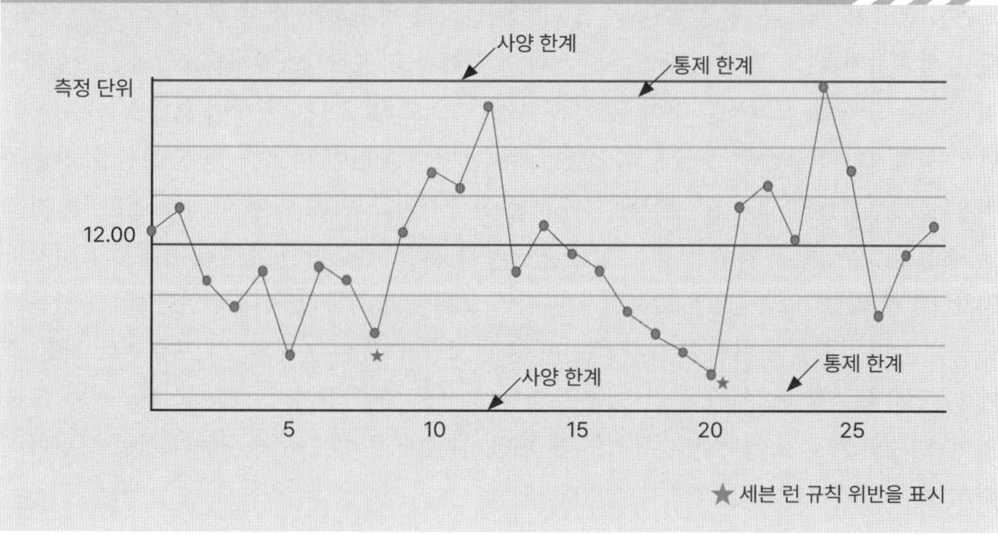

여섯 번째 기법은 회의이다. 다양한 품질통제 프로세스는 팀 구성원에 의해 개별적으로 수행될 수 있지만 품질과 관련된 특정 결정은 프로젝트 팀의 회의가 필요하다. 예를 들어, 승인된 변경요청 검토 회의는 승인된 변경이 테스트 또는 검사를 통해 승인된 대로 구현되었는지 확인한다. 또한 회고/교훈 회의가 정기적으로 개최되어 마지막 보고 주기에서 발생한 프로젝트 또는 단계의 성공적인 요소는 무엇인지, 다음 보고 주기에서 개선할 수 있는 요소가 있는지, 조직 프로세스 자산에 추가할 항목이 있는지 등을 논의한다.

품질 보증과 품질 통제 Quality Assurance and Quality Control

품질 보증과 품질 통제는 프로젝트 관리 프로세스와 밀접하게 관련되어 있다. 품질 통제는 산출물의 품질을 측정하기 위해 품질 보증으로부터 인풋을 받는 반면, 품질 보증은 방법을 개선하고 향후 오류를 방지하기 위해 품질 통제로부터 피드백을 받는다. 이처럼 품질 보증과 품질 통제는 밀접하게 연결되어 있어 프로젝트 팀이 고품질의 산출물을 만들어내고 프로젝트 프로세스의 지속적인 개선을 할 수 있다. 그러나 이 두 활동이 밀접하게 연결되어 있다 보니 이 둘을 혼용하거나 그 차이를 정확히 구별하지 못하는 경우가 있는데 주요 차이점은 다음과 같다.

먼저 목표가 다르다. 품질 보증은 결함을 예방하고 방지하는 것이 목표이다. 산출물의 결함을 방지하기 위해 정해진 작업을 완벽하게 실행하고 프로세스 개선을 위해 노력한다. 품질 통제는 결함을 식별하는 것이 목표다. 측정, 테스트 및 모니터링하여 오류를 신속하게 찾아 수정하거나 산출물의 품질을 확인한다. 두 번째는 초점이 다르다. 품질 보증은 산출물이 어떻게 생성되는지 그리고 설정된 기대치를 충족시키기 위해 어떤 단계를 취할 수 있는지에 초점을 둔다. 반면 품질 통제는 산출물 자체를 본다. 산출물이 설정된 기대치와 일치하는지? 그렇지 않다면 그것을 바로잡거나 미래의 오류를 방지하기 위해 무엇을 할 수 있는지에 초점을 둔다. 세 번째 차이점은 시점이다. 품질 보증과 품질 통제 둘 다 프로젝트 기간 중에 계속 해야하는 활동이지만 품질 보증은 능동적(사전 예방적)이며 산출물 작업 전과 도중에 일어난다. 반면 품질 통제는 수동적(사후 대응적)이며 결과 또는 산출물의 성공을 평가하기 위해 이미 작업이 완료된 후에 수행된다.

품질 보증과 품질 통제의 예를 들어보자. 소프트웨어 개발 프로젝트에서 표준화된 코드 모듈을 만들어 놓는 것은 품질 보증 활동이지만 개발자가 실제로 프로그램 코딩을 완성한 후 코드 테스트를 하는 것은 품질 통제이다. 품질 통제 중 코드에서 오류가 발견되면 품질 보증에 피드백을 제공하고 향후 오류를 방지하기 위해 코드가 업데이트 된다. 조립 라인에서 제품을 생산하는 또 다른 예를 보자. 계획을 세우고 조립 라인을 만들고 라인을 따라 작업자를 교육하는 것은 품질 보증 활동을 수행하는 것이다. 하지만 첫 번째 제품이 완성되면 결함을 확인하고 오류를 기록하며 표준에 맞지 않는 제품은 기각하는 등의 활동은 품질 통제이다.

품질 비용 Cost of Quality (COQ)

품질 비용은 고품질의 산출물을 보장하는 동안 발생하는 비용과 불완전한 산출물로 인해 발생하는 비용을 의미한다. 다시 말해 품질 비용은 산출물의 결함을 방지, 식별, 처리하는 데 필요한 총 비용을 측정한다. 프로젝트 관리에서 품질 비용은 종종 높은 등급의 재료나 부품을 사용하는 비용과 혼동된다. 사실 품질 비용은 품질 문제와 관련된 모든 비용을 다루기 때문에 품질 비용에 재료 비용이 포함될 수는 있다. 고급 재료에 투자하고 결함이 없는지 확인하면 나중에 품질 문제로 인한 비용을 예방할 수 있기 때문이다. 하지만 품질 비용이 재료 비용에 국한되면 안된다. 또 한 가지 주의할 점은 품질 비용이 프로젝트의 특정 단계에 제한되지 않는 점이다. 품질 비용은 프로젝트 시작부터 프로젝트 종료 이후인 고객 서비스 단계에 이르는 모든 활동과 관련이 있다.

프로젝트 중에 품질관리를 위해 투자해야 하는 비용과 오류를 예방하거나 포착하지 못했을 때 발생하는 미래 비용 간에 균형을 맞추는 것이 중요하다. 이는 적합 비용(costs of conformance)과 부적합 비용(costs of nonconformance)으로 알려져 있다. 적합성(conformance)이란 요구사항과 사용 적합성을 충족시키는 제품을 제공하는 것을 의미한다. 따라서 적합 비용에는 프로젝트 중 품질을 보장하기 위해 결함을 예방하고 평가하는 것이 포함된다. 부적합 비용은 실패 혹은 품질 기대치를 충족하지 못함에 대해 책임을 지는 것을 의미하는데 외부 및 내부 실패 비용을 포함한다. 적합 비용과 부적합 비용을 더하면 총 품질 비용이 된다.

품질 비용 = 적합 비용 + 부적합 비용

품질 비용을 이해하면 프로젝트 도중과 이후에 품질을 확보하기 위해 지출해야 하는 총 금액을 가늠하는 데 도움이 된다. 비용을 추정하고 예산을 적절하게 설정하려면 이 작업이 필수적이다.

• 적합 비용 costs of conformance

프로젝트 품질 요구사항을 충족하기 위해 결함을 예방하고 평가하기 위해 지출하는 모든 비용은 적합 비용에 해당한다. 간단히 말해 실패를 피하기 위해 프로젝트 중에 사용하는 비용이다. 대표적인 적합 비용으로 예방 비용(prevention cost)과 평가 비용(appraisal cost)이 있다. 예방 비용은 산출물이 오류가 없거나 허용 가능한 오류 범위 내에 있게 하기 위해 들어가는 프로젝트 계획 및 실행 비용을 의미한다. 이는 품질 보증과 관련되어 있으므로 장비 획득 및 유지 관리, 팀 계획, 교육, 적절한 문서 유지 등에 필요한 비용들이 포함된다. 평가 비용은 품질을 확인하기 위해 프로세스와 산출물을 평가하는 비용을 뜻한다. 따라서 프로젝트 중 산출물의 오류를 식별하거나 수정하는 데 사용되는 모든 리소스가 포함된다. 오류는 항상 예방될 수 있는 것이 아니고 언제든지 발생할 수 있으므로 평가 비용에는 오류가 발생했을 때 이를 포착하거나 수정하는 비용이 포함된다. 이러한 비용은 검사, 현장 테스트 및 기타 품질 통제 활동 중에 발생할 수 있다.

적합 비용은 이름 그대로 설정된 사양을 준수하기 위해 필연적으로 드는 약간의 비용이지만 일반적으로 나중에 오류를 수정하는 비용보다 훨씬 적다. 이러한 이유로 프로젝트 관리자는 검사보다 예방(Prevention Over Inspection)을 주장하고 처음부터 올바르게 수행(DIRFT, Do It Right the First Time)하는 것을 강조한다. 일반적으로 적합 비용에 일찍 투자할수록 그 투자금은 더 효과적이 되고 부적합으로 인해 발생하는 비용은 줄어든다.

• 부적합 비용 costs of nonconformance

결함이 있는 제품에 대한 수리, 재작업, 환불 및 고객 서비스는 모두 비용이 많이 드는 활동이다. 이러한 비용은 모두 산출물의 실패로 인해 프로젝트 중이나 후에 발생되는 비용으로 부적합 비용 또는 품질 저하 비용이라 부른다. 산출물이 프로젝트 품질 요구사항을 준수하지 않으면 낮은 품질을 수정하는 데 비용이 드는 것은 당연하다. 부적합 비용에는 내부 실패 비용과 외부 실패 비용의 두 가지 유형이 있다.

내부 실패 비용은 고객이 제품을 받기 전에 식별된 결함을 수정하기 위해 발생한 비용이다. 내부 실패 비용은 프로젝트 팀이 오류를 포착한다는 점에서 평가 비용과 유사하지만 품질 표준에 도달하지 못한 완성된 산출물을 처리한다는 점에서 차이가 있다. 산출물의 결함 수정이나 재작업에 드는 비용, 시간과 노력의 낭비로 인한 기회 비용, 산출물 혹은 그 구성요소의 거부 또는 폐기로 인해 발생하는 비용 등이 모두 내부 실패 비용에 포함된다.

외부 실패 비용은 고객에게 산출물을 인도하기 전에 감지하지 못하고 따라서 수정되지 않은 모든 오류와 관련된 비용을 의미한다. 간단히 말해서 산출물이 이미 고객이나 최종 사용자에게 도달한 후 실수를 수정하는 데 드는 비용이다. 고객은 결함을 식별하는 사람이며 프로젝트 팀 외부 사람이라는 의미에서 외부 실패 비용으로 불린다. 고객 환불, 보증 서비스 제공 또는 제품 회수로 인한 비용, 고객 서비스 제공 및 불만 처리에 드는 비용, 법적 또는 규제 요구사항을 충족하지 못함으로써 생기는 비용, 평판이나 미래 사업 기회를 잃어서 생기는 기회 비용 등이 모두 외부 실패 비용의 예이다.

부적합 비용은 산출물이 표준에 미치지 못할 때 발생한다. 품질이 낮을수록 부적합 비용이 높아지며 품질이 높을수록 부적합 비용을 더 많이 절약할 수 있다. 내부 및 외부 실패 비용은 적합 비용에 비해 더 많이 든다. 외부 실패는 특히 예측하기 어렵고 가장 큰 영향을 미친다. 이러한 잠재적인 품질 비용을 이해하고 값비싼 실수를 방지하기 위해 최선을 다하는 것은 훌륭한 프로젝트 관리에 매우 중요하다.

식스 시그마 Six Sigma

식스 시그마는 현재 프로세스에 얼마나 많은 결함이 있는지 측정하고 이를 체계적으로 제거하는 품질 개선을 위한 비즈니스 방법론이다. 1984년 Bill Smith라는 모토로라 엔지니어는 제품 결함을 유발하는 모토로라 전자 제조 프로세스의 변동을 줄이기 위해 식스 시그마 관리체계를 개발했다. 그 이후 식스 시그마를 지원하는 전략, 도구, 문화적 규범 등이 운영 우수성을 높이기 위해 다양한 산업에서 고위 경영진이나 프로젝트 팀에 의해 채택되었다. 이 과정에서 "결함"이라는 단어의 의미가 확장되어 기업이 고객의 요구를 충족시키지 못하는 비즈니스 프로세스의 모든 결함을 포함하게 되었다. 결국 식스 시그마는 고객 니즈에 대한 면밀한 이해, 사실과 데이터 및 통계 분석의 체계화된 사용, 비즈니스 프로세스의 관리 및 개선 그리고 재설계에 대한 깊은 관심을 통해 유니크하게 실시되는 프로세스 개선을 위한 일련의 기법과 도구를 총칭한다.

통계 분석에서 그리스 문자 시그마(σ)는 평균으로부터의 흩어짐을 나타내는 표준 편차를 의미한다. 1920년대에 통계적 프로세스 통제의 선구자 Walter Shewhart는 제조에서 평균으로부터 3 시그마 떨어진 포인트가 너무 많은 결함으로 인해 프로세스 개선이 필요함을 나타내는 티핑 포인트(tipping point)라고 주장했다. 따라서 표준 편차는 모집단에서 발견되는 허용 가능한 결함 단위 수를 결정하는 핵심 요소가 된다. Shewhart의 제안은 Bill Smith가 프로세스를 수정해야 하는 포인트를 6 시그마 위치로 옮기고 보다 세분화된 수준에서 데이터를 수집 및 분석할 것을 제안할 때까지 수년 동안 표준으로 받아들여졌다. 6 시그마는 결함이 발생할 수 있는 기회 100만 개당 3.4개의 결함을 허용하는 의미이지만 실제에서는 무결점(무한대 시그마로 알려진 개념)을 달성하는 것이 거의 불가능하기 때문에 기회 100만 개당 3.4개의 결함을 허용하는 것도 완벽이라는 목표를 의미한다. 식스 시그마 프로세스는 부품의 어떤 기능을 생성하는 모든 기회의 99.99966%가 통계적으로 결함이 없는 것으로 예상되는 프로세스를 뜻한다. 대조적으로, 3시그마는 백만 기회당 66,807개의 결함을 허용한다.

식스 시그마에서 수율(yield)은 공정 단계를 통해 올바르게 처리된 단위 수를 의미하며 결함은 제품이나 서비스가 고객 요구사항을 충족하지 못하는 경우를 뜻한다. 대부분의 제품 또는 서비스에는 여러 고객 요구사항이 있으므로 결함이 있을 수 있는 여러 기회가 존재하게 된다. 예를 들어, 회사가 고객 청구서의 오류를 줄이고 싶어하는 경우, 오류는 잘못된 이름, 주소, 날짜, 계산 오류 등과 같은 여러 오류 중 어느 하나 일 수 있다. 식스 시그마는 고객 청구서라는 단위 수를 기준으로 하지 않고 여러 오류를 각 기회로 간주하여 그 기회 수를 기준으로 결함을 측정한다. 이러한 이유로 앞에서 6 시그마를 설명할 때 결함이 발생할 수 있는 "기회" 100만 개당 3.4개의 결함 등과 같이 표현한 것이다. 한 가지 주의할 점은 식스 시그마 방법론의 허용 결함 개수와 일반 통계학자가 사용하는 정규분포상 표준편차 범위내의 데이터 분포 확률과는 다소 차이가 있음을 알고 있어야 한다. 실제 통계적으로 그림 7-8과 같은 정규 곡선을 사용하여 공정이 6 시그마 인 경우, 표 7-2에 나타나듯이 10억 개당 2개 이하의 결함 단위가 생성된다.

[그림 7-8] 정규 분포

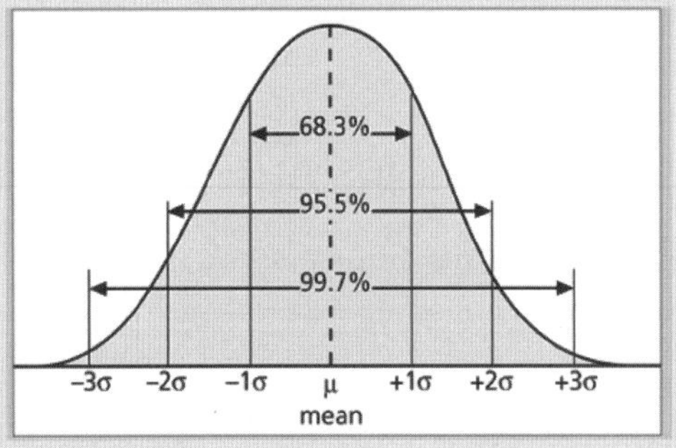

[표 7-2] 정규곡선에서 표준편차 범위 내의 데이터 분포 확률

시그마	모집단의 %	십억개 당 결함 수
1	68.27	317,300,000
2	95.45	45,400,000
3	99.73	2,700,000
4	99.9937	63,000
5	99.999943	57
6	99.9999998	2

하지만 식스 시그마에서는 표 7-3과 같은 변환표를 사용하는데 두 표를 비교해 보면 식스 시그마의 변환표가 실제 통계표 보다 좀 더 완화된 값을 가지고 있음을 알 수 있다.

[표 7-3] 식스 시그마 변환표

시그마	수율 (%)	백만 기회 당 결함 수
1	31.0	690,000
2	69.2	308,000
3	93.3	66,800
4	99.4	6,210
5	99.97	230
6	99.99966	3.4

식스 시그마 실무자들이 사용하는 표준 방법론은 DMAIC이다. 이는 사실에 기반한 지속적인 개선을 위한 체계적이고 폐쇄형 순환 프로세스이다. DMAIC은 Define 정의, Measure 측정, Analyze 분석, Improve 개선, Control 통제 단계의 앞 글자를 나타낸다. 이들 각 단계를 좀 더 상세히 설명하면 다음과 같다.

정의 단계는 문제나 기회, 프로세스 및 고객 요구 사항을 정의하는 단계로 고객중심 접근 방식에서 시작된다. 즉, 고객 관점에서 비즈니스 문제를 정의하고 목표를 설정한다. 무엇을 달성하고 싶은가? 목표를 달성하기 위해 사용할 자원은 무엇인가? 이러한 질문에 답하고 프로세스를 매핑하여 이해관계자와 함께 올바른 방향으로 가고 있는지 확인한다.

측정 단계는 측정치를 정의한 다음 데이터를 수집, 편집 및 표하는 단계로 프로젝트의 메트릭과 측정에 사용된 도구에 중점을 둔다. 먼저, 문제를 숫자로 측정하고 성과 기준을 정의한 다음 사용할 측정 시스템을 평가한다.

분석 단계는 영향을 미치는 변수를 발견하기 위해 프로세스를 분석한다. 먼저, 프로세스가 효율적이고 효과적인지 확인한다. 즉, 프로세스가 필요한 것을 달성하는 데 도움이 되는가를 살펴본다. 목표를 숫자로 수량화 하고(예를 들어, 불량품을 20% 줄이기), 과거 데이터를 사용하여 차이가 있는지 식별한다.

개선 단계는 문제 개선을 위한 솔루션 및 아이디어를 생성한다. 즉, 문제 해결과 예방을 위해 가능한 모든 개선안을 도출하고 테스트를 통해 최적 안을 도출한다. 최적안은 구현 계획 수립과 함께 체계적으로 실행한다.

통제 단계는 개선의 안정성과 솔루션의 예측 가능성을 추적 및 확인한다. 개선 프로세스의 성과를 지속적으로 유지할 수 있도록 관리하고 표준화 한다. 프로세스 성과에 영향을 미치는 여러 요인들은 주기적으로 확인하여 성과가 하락하면 다시 이전 단계를 순환식으로 밟아 나간다.

일반적으로 식스 시그마를 구현하여 회사가 최종 결과를 보기 시작하기까지 몇 년이 걸릴 수 있다고 한다. 따라서 프로젝트를 신중하게 선택하고 타당한 곳에 더 높은 품질을 적용하는 것이 중요하다. 그럼에도 불구하고 식스 시그마 지지자들은 공정 비용 절감, 주기 시간 개선, 자재 낭비 감소, 고객 요구 사항에 대한 더 나은 이해, 고객 만족도 및 가치 흐름 향상, 보다 안정적인 제품 및 서비스 등의 비즈니스 전략 이점이 있다고 주장한다. 식스 시그마는 조직 차원의 커밋먼트가 필요한 고객 중심의, 낭비를 줄이고 품질수준을 높이며 획기적으로 재무 성과를 향상하려는 운영 철학이므로 식스 시그마 조직은 오류를 줄이면서도 작업을 더 빠르게 수행하는 것과 같은 상반된 목표를 채택할 능력과 의지를 가지게 된다.

이번 장에서 학습한 내용 생각해 보기

품질통제 프로세스는 다른 지식영역의 프로세스들과 다이나믹하게 상호작용한다. 품질 통제 프로세스의 인풋과 아웃풋을 중심으로 통합관리와 범위관리의 어떤 프로세스들과 어떻게 상호작용하는지 정리해 보자.

핵심 용어

검사 inspection

결함 defect

내부실패 비용 internal failure cost

매트릭스 다이어그램 matrix diagram

부적합 비용 costs of nonconformance

성과검토 performance review

세븐 런 규칙 seven run rule

수율 yield

식스 시그마 six sigma

외부실패 비용 external failure cost

우선순위 매트릭스 prioritization matrices

인과관계 다이어그램 cause-and-effect diagram

적합 비용 costs of conformance

체크시트 check sheet

통제 차트 control charts

품질 quality

품질 감사 quality audit

품질 메트릭 quality metric

품질 보고서 quality report

품질 보증 quality assurance

품질 비용 cost of quality

품질 통제 quality control

품질통제 측정 quality control measurements

품질 표준 quality standard

확인된 산출물 verified deliverables

DMAIC

제8장
프로젝트 자원관리

이번 장을 통해서 학습하게 될 내용들

- 프로젝트 자원관리 정의 및 프로세스
- 자원관리와 관련된 다양한 조직 및 심리 이론
- 자원관리 계획과 프로젝트 조직도, 책임 할당 매트릭스 및 자원 히스토그램
- 활동자원 추정 방법
- 자원 할당, 자원 평준화와 관련된 자원획득과 관련된 문제
- 교육, 팀 빌딩 활동 및 보상 시스템으로 팀 개발 지원
- 프로젝트 팀 관리에 대한 일반적인 조언
- 자원 통제 프로세스

제 8장
프로젝트 자원관리

미니 사례

고속열차 프로그램 책임자인 오부장은 거의 30년 동안 회사에서 근무하였으며 말이 거칠고 매우 까다로운 것으로 유명하다. 회사는 업그레이드 키트가 제 시간에 전달되지 않아 고속열차 업그레이드 프로젝트에서 손실을 보고 있다. 정부는 계약서에 심각한 벌금을 부과하고 다른 고객들은 타 회사와 사업을 하겠다고 위협한다. 오부장은 자신의 직원들이 고속열차 업그레이드 프로젝트의 정보시스템에 직접 접근하여 고객 및 공급업체와 보다 효과적으로 협력할 수 있도록 하지 않은 IT 부서를 비난한다. 이 정보시스템은 회사에서 몇 명만이 사용법을 알고 있는 아주 오래된 기술을 기반으로 한다. 오부장 직원들은 필요한 정보를 얻는 데 며칠 또는 몇 주가 걸리는 경우가 많았다. 선임 프로그래머인 고차장은 내부 정보기술 비즈니스 분석가인 황과장과의 회의에 참석하기로 했다. 황과장은 오부장과 협업하기 위해 IT 부서에서 보낸 세 번째 전문가이다. 황과장은 30대 중반이었고 모든 유형의 사람들과 잘 어울리며 예리한 능력 덕분에 회사에서 빠르게 승진했다. 황과장의 임무는 고속열차 프로그램의 정보기술 지원의 실제 문제를 발견한 다음 오부장과 그의 팀과 함께 솔루션을 개발하는 것이다. 만약 황과장이 더 많은 정보기술 하드웨어, 소프트웨어 또는 직원에 투자할 필요가 있다고 판단하면 황과장은 이러한 투자를 정당화하는 비즈니스 케이스를 작성한 다음 고차장, 오부장 및 그의 그룹과 협력하여 제안된 솔루션을 가능한 한 빨리 구현할 것이다. 오부장과 그의 직원 3명이 회의실로 들어갔다. 오부장은 회의실에 오자 마자 책을 탁자 위에 던지고 고차장과 황과장에게 소리를 지르기 시작했다. 이때, 황과장이 오부장과 코를 맞대고 곧바로 그에게 소리를 지르기 시작했고 고차장은 그의 눈과 귀를 의심하지 않을 수 없었다. 황과장이 오부장에게 소리를 지르며 맞상대를 한 후, 오부장은 “당신이 내게 맞서는 용기를 가진 첫 번째 직원이군”이라고 말했다. 그 짧은 소동 후에 황과장, 오부장 및 다른 회의 참가자들은 고속열차 업그레이드 프로젝트에서 실제로 무슨 일이 일어나고 있는지에 대해 좋은 토론을 했다. 황과장은 오부장의 특수 소프트웨어를 받고 이전 시스템에서 주요 정보를 다운로드하여 프로젝트를 더 잘 관리할 수 있도록 지원하는 근거를 작성할 수 있었다. 황과장이 오부장과 코를 맞대고 그에게 소리쳤을 때, 황과장은 미러링이라는 라포를 형성하는 기법을 사용했다. 황과장은 결코 시끄럽고 불쾌한 사람이 아니었지만 오부장이 그러하다는 것을 알았고 그의 행동과 태도를 미러링 하기로 결정했다. 황과장은 잠시 동안 오부장의 입장이 되었고, 그렇게 하는 것은 회의에 참석한 황과장, 오부장 및 다른 사람들이 실제로 의사소통을 시작하고 문제를 해결하기 위해 팀으로 함께 일할 수 있도록 아이스 브레이킹(ice breaking) 하는데 도움이 되었다. 여러분은 황과장이 적절한 행동을 보였다고 생각하는가? 왜 그렇게 생각하는가?

프로젝트 자원관리의 중요성

프로젝트 자원관리는 사람, 도구, 장비, 기술 및 시설과 같은 프로젝트 자원을 가장 효율적인 방법으로 계획, 구성, 스케쥴링 및 관리하는 프로세스이다. 이는 조직의 자원을 최대한 활용하게 하여 프로젝트의 모든 구성 요소가 원활하고 효과적으로 실행되도록 한다.

자원관리 안에서도 인력관리는 필수 구성요소이다. 글로벌 IT 노동시장을 살펴보면 기복이 있었음에도 불구하고 항상 우수한 IT 직원이 필요하다. 조사에 의하면 2023년까지 ICT 지출은 거의 5.8 조 달러가 되며 IT 전문가를 필요로 하는 일자리는 2024년까지 약 12 % 증가할 것이라고 예상한다. 조금 지난 조사이긴 하지만 2014년의 CompTIA (Computing Technology Industry Association) 보고서는 시사하는 바가 크다. 이 조사의 핵심은 고용주가 원했던 기술과 IT 인력의 실제 기술 간에 차이가 존재한다는 것이다. IT 회사의 68 %가 새로운 직원을 찾는 데 매우 어려움을 겪고 있으며 기업의 58 %가 고용 가능한 IT 인재의 질과 양에 대해 우려한다. 인원부족 문제를 해소하기 위해 가장 많이 쓰는 방법은 근로자들로 하여금 더 많은 시간을 투입하도록 요구하는 것이다. 이러한 조사들은 양질의 IT 인력을 확보하여 프로젝트에 투입시키는 것이 얼마나 어려울 수 있는지 설명한다.

프로젝트 자원관리 프로세스

프로젝트 자원관리는 프로젝트를 성공적으로 완료하는 데 필요한 자원을 결정, 획득, 할당, 개발 및 모니터링할 수 있도록 하는 일련의 통합 프로세스를 말하는데 다음과 같은 6개의 작업들로 구성되어 있다.

- 자원관리 계획 (Plan Resource Management)
- 활동자원 추정 (Estimate Activity Resources)
- 자원 획득 (Acquire Resources)
- 팀 개발 (Develop Team)
- 팀 관리 (Manage Team)
- 자원 통제 (Control Resources)

프로젝트 자원관리 계획은 자원을 추정, 획득, 관리 및 사용하는 방법을 결정한다. 활동자원 추정은 모든 프로젝트 작업을 효과적으로 수행하는 데 필요한 자원을 추정하는 것을 의미한다. 자원 획득은 팀 및 물리적 자원을 포함하여 필요한 모든 자원을 얻는 프로세스이다. 팀 개발은 프로젝트의 진행, 생산성 및 결과를 향상시키기 위해 팀 구성원의 능력과 상호 작용을 개선하는 프로세스이다. 팀 관리는 다양한 팀 구성원의 성과를 모니터링하고 필요에 따라 개인 및 팀 성과를 향상시키기 위한 코칭이나 교육을 하고 지시한다. 마지막으로 자원 통제는 계획에 따라 자원이 프로젝트에 할당되었는지 확인하고, 실제 사용과 계획된 사용 간의 차이를 분석하고, 필요에 따라 시정 조치를 구현한다.

이들 6개 프로세스를 프로젝트 관리 프로세스 그룹의 관점에서 살펴보면 표 8-1과 같이 자원관리 계획과 활동자원 추정, 이 2개의 프로세스는 계획 프로세스 그룹에 속한다. 자원 획득, 팀 개발, 팀 관리 등 3개의 프로세스는 실행 프로세스 그룹에 속하며 마지막 자원 통제 프로세스는 모니터링 및 통제 프로세스 그룹에 속한다. 자원관리 프로세스들도 품질관리처럼 프로젝트 관리 프로세스 그룹의 5개 프로세스 중 계획 프로세스 그룹, 실행 프로세스 그룹, 모니터링 및 통제 프로세스 그룹 등 3개 프로세스 그룹에 걸쳐 있다.

다음 그림 8-1은 프로젝트 자원관리의 입력물, 도구와 기법, 산출물을 보여준다.

[표 8-1] 프로젝트 관리 프로세스 그룹과 자원관리 맵핑

지식 영역	착수 프로세스 그룹	계획 프로세스 그룹	실행 프로세스 그룹	모니터링 및 통제 프로세스 그룹	종료 프로세스 그룹
자원관리		자원관리 계획 활동자원 추정	자원 획득 팀 개발 팀 관리	자원 통제	

자원관리와 관련된 다양한 조직 및 심리 이론

많은 심리학자와 조직 이론가들이 조직에서 사람들을 관리하는 분야에 다양한 연구를 해왔으며 이러한 연구 결과는 프로젝트 관리자 입장에서도 성공적인 자원관리를 위해 반드시 이해하고 있어야 한다. 이번 절에서는 모든 프로젝트 관리 프로세스에서 특히 잘 인식하고 주의를 기울여야 하는 동기 이론(motivation theories), 영향력과 파워(influence and power), 효과성(effectiveness), 감성 지능(emotional intelligence) 등에 대해 정리해 보자.

• 동기 이론(Motivation Theories)

동기 이론은 동기부여에 영향을 미치는 요인이나 동기부여의 원천을 설명한다. 일반적으로 많이 알려진 동기 이론 중 하나는 동기를 본질적 동기(intrinsic motivation)와 외적 동기(extrinsic motivation)로 이해하는 것이다. 본질적 동기 이론에 따르면, 사람들은 자신의 즐거움을 위해 활동에 참여한다. 예를 들어 사람들은 기분이 좋아지기 때문에 독서하거나 글을 쓰거나 혹은 악기를 연주한다는 것이다. 반면 외적 동기 이론에 따르면, 사람들은 보상을 받거나 혹은 페널티를 피하기 위해 무언가를 한다. 예를 들어 어떤 어린이는 악기 연주를 원하지 않지만 보상을 받거나 처벌을 피하기 때문에 연주를 한다고 이해한다.

Maslow는 요구계층(Hierarchy of Needs) 개념을 개발하여 사람들의 행동이 일련의 니즈에 의해 유도되거나 동기 부여됨을 설명한다. Maslow는 동기부여의 원천인 니즈를 5가지로 나누었으며 가장 하위 니즈를 생리적(physiological)니즈로, 그리고 순서대로 안전(safety) 니즈, 사회적(social) 니즈, 존중(esteem) 니즈, 그리고 최상위 니즈를 자아 실현(self-actualization) 니즈로 정의한다. 생리적 니즈는 음식이나 물 등과 같이 인간이 삶을 영위하기 위한 가장 기본적인 것에 대한 요구이다. 안전 니즈는 물리적인 안전

[그림 8-1] 프로젝트 자원관리 개요

Project Resource Management

Plan Resource Management

Inputs
- Project Charter
- Project Management Plan
- Project Documents
- Enterprise Environmental Factors
- Organizational Process Assets

Tools & Techniques
- Expert Judgment
- Data Representation
- Organizational Theory
- Meetings

Outputs
- Resource Management Plan
- Team Charter
- Project Documents Updates

Estimate Activity Resources

Inputs
- Project Management Plan
- Project Documents
- Enterprise Environmental Factors
- Organizational Process Assets

Tools & Techniques
- Expert Judgment
- Bottom-up Estimating
- Analogous Estimating
- Parametric Estimating
- Data Analysis
- Project Management Information System
- Meetings

Outputs
- Resource Requirements
- Basis of Estimates
- Resource Breakdown Structure
- Project Documents Updates

Acquire Resources

Inputs
- Project Management Plan
- Project Documents
- Enterprise Environmental Factors
- Organizational Process Assets

Tools & Techniques
- Decision Making
- Interpersonal and Team Skills
- Pre-Assignment
- Virtual Teams

Outputs
- Physical Resource Assignments
- Project Team Assignments
- Resource Calendars
- Change Requests
- Project Management Plan Updates
- Project Documents Updates
- Enterprise Environmental Factors Updates
- Organizational Process Assets Updates

Develop Team

Inputs
- Project Management Plan
- Project Documents
- Enterprise Environmental Factors
- Organizational Process Assets

Tools & Techniques
- Co-location
- Virtual Teams
- Communication Technology
- Interpersonal and Team Skills
- Recognition and Rewards
- Training
- Individual and Team Assessments
- Meetings

Outputs
- Team Performance Assessments
- Change Requests
- Project Management Plan Updates
- Project Documents Updates
- Enterprise Environmental Factors Updates
- Organizational Process Assets Updates

Manage Team

Inputs
- Project Management Plan
- Project Documents
- Work Performance Reports
- Team Performance Assessments
- Enterprise Environmental Factors
- Organizational Process Assets

Tools & Techniques
- Interpersonal and Team Skills
- Project Management Information System

Outputs
- Change Requests
- Project Management Plan Updates
- Project Documents Updates
- Organizational Process Assets Updates

Control Resources

Inputs
- Project Management Plan
- Project Documents
- Work Performance Data
- Agreements
- Organizational Process Assets

Tools & Techniques
- Data Analysis
- Problem Solving
- Interpersonal and Team Skills
- Project Management Information System

Outputs
- Work Performance Information
- Change Requests
- Project Management Plan Updates
- Project Documents Updates

과 경제적 안정 등을 의미하며 사회적 니즈는 애정, 사랑, 수용, 소속감 등 사람과의 관계에서 생기는 요구이다. 존중 니즈는 인정, 명성, 위신, 신분 등에 관한 요구를 뜻하며 자아실현 니즈는 창의, 도덕, 지적인 욕구를 포함하여 자신을 발전시키기 위해 가지고 있는 잠재력을 깨우고 본인 성장에 관한 요구를 뜻한다. Maslow의 이론은 사람들의 니즈는 단계가 있으므로 하위 요구부터 순서대로 충족되어야 하며 이미 충족된 요구는 더 이상 동기부여의 동인이 되지 않는다고 설명한다.

Herzberg는 동기 2요소 이론(Motivation Two-Factor Theory)을 제안하며 근로자 동기 부여를 두 가지 요소로 구분한다. 첫 번째 요소는 동기요소(motivational factors)로 정신적으로 성장하고 자기실현을 추구하려는 욕구를 뜻하며 성취, 인정, 업무 자체, 책임, 발전 및 성장 등 직업 만족도 창출 요인들이다. 또 다른 한 가지는 위생요소(hygiene factors)로 불쾌감을 회피하려는 욕구를 의미하며 급여, 감독, 업무 환경 등이 그 예이다. Herzberg는 불쾌회피 욕구인 위생요소를 아무리 충족하여도 인간은 불만족감이 감소할 뿐이고 적극적 만족감이 증가되는 것은 아니며, 또한 자기실현 욕구인 동기요소를 충분히 충족시켜 주면 적극적 만족감이 증대되나, 가령 이 욕구가 충족되지 않아도 적극적 만족감이 감소될 뿐 결코 불만족감이 증가하지는 않는 것으로 생각한다. 결국 2요소 이론은 팀원을 동기부여 하기 위해서는 위생요소가 아닌 동기요소를 활용하여야 함을 제안한다.

McClelland의 획득 니즈 이론(Acquired-Needs Theory)에 따르면 특정 니즈는 시간이 지남에 따라 획득 또는 학습되며 인생 경험에 의해 형성된다. McClelland는 니즈를 성취(achievement), 소속(affiliation), 파워(power)로 나누고 세 가지 니즈가 모든 사람에게 존재하지만, 가장 큰 영향을 줄 특정 니즈가 항상 존재한다고 설명한다. 따라서 프로젝트 팀원이 선호하는 니즈를 알면 프로젝트 관리자가 팀원들의 동기를 부여하고 전반적인 성공을 달성하는 방법을 결정하는 데 도움이 된다고 주장한다. 예를 들어, 성취 욕구를 가진자는 달성 가능한 목표와 많은 피드백을 제공하는 도전적인 프로젝트를 선호하며 강한 소속 욕구를 가진 사람들은 조화로운 관계를 원하고 다른 사람들의 인정을 받아야 하므로 프로젝트 관리자는 협력적인 업무 환경을 조성하도록 노력해야 한다. 권력 욕구가 있는 사람들은 (좋지 않은) 개인의 파워 또는 (조직에 좋은) 제도적 파워를 원하는데 제도적 파워를 추구하는 자에게 관리 기회를 제공하는 것이 좋다.

McGregor는 경영에 대한 인간관계 접근방식을 대중화 하면서 이론 X(Theory X)와 이론 Y(TheoryY)를 제안한다. 이론 X는 사람은 일을 싫어하고 피한다고 가정하고 따라서 관리자는 강요, 위협 및 다양한 통제 체계를 사용하여 직원들이 목표를 달성하도록 해야 한다고 설명한다. 반면 이론 Y는 개인이 일을 놀이나 휴식만큼 자연스러운 것으로 생각하고 존중과 자아실현의 충족을 즐긴다는 이론이다. Ouchi는 일본의 노동자 동기부여 방법에 기초하여 McGregor 이론을 확장한 이론 Z(Theory Z)를 소개하는데 신뢰, 품질, 집단적 의사결정 및 문화적 가치를 강조한다. 이는 이론 Y에 일본식 조직 문화를 결합한 것으로 해석된다.

• 영향력(Influence)과 파워(Power)

영향력은 상황에 대한 다른 사람들의 인식을 바꾸는 능력으로 파워와는 달리 긍정적인 언어와 감지하기 힘든 행동을 사용하여 원하는 결과를 얻는 것이다. Thamhain and Wilemon은 프로젝트에 영향을 미치는 여러 가지 방법을 제시한다.

- 권위(authority): 명령을 내릴 정당한 계층적 권리
- 과제(assignment): 팀원의 향후 작업 과제에 영향을 미치는 능력
- 예산(budget): 재량적 예산 사용 권한
- 승진(promotion): 팀원의 지위를 향상시키는 능력
- 돈(money): 근로자의 임금과 수당을 증가시키는 능력
- 벌칙(penalty): 벌을 부과하는 능력
- 도전적 업무(work challenge): 도전적인 특정 과업을 할당하는 능력
- 전문성(expertise): 다른 사람들이 중요하다고 생각하는 특별한 지식
- 우정(friendship): 이해관계자와 친밀한 관계를 구축하는 능력

이러한 방법 중 전문성이나 도전적 업무를 이용하여 영향력을 행사할 때 프로젝트가 더 성공할 가능성이 높아지지만 권위나 돈 혹은 벌칙에 너무 많이 의존하면 오히려 프로젝트가 실패할 가능성이 높아진다.

파워는 사람들이 하지 않으려 했던 일을 하도록 행동에 영향을 줄 수 있는 잠재적 능력을 의미한다. 사람들의 행동을 바꾸도록 강요하는 데 종종 사용되기 때문에 파워는 영향력보다 훨씬 강하다. 파워는 순종 외에는 대안이 없다는 것을 암시하며 따라서 종종 두려움이나 강압을 통해 달성된다. 파워는 사람들이 과제를 완수하도록 강요하는 반면 영향력은 그 과제가 왜 필요한지를 이해하도록 도와준다. 파워의 종류는 강압적(coercive), 적법한(legitimate), 전문가(expert), 보상(reward), 존경심(referent) 등이 있다.

• 효과성(Effectiveness)

Stephen Covey는 그의 저서 The 7 Habits of Highly Effective People에서 효과성을 바람직한 결과를 얻는 것과 그러한 결과를 낳는 것을 돌보는 것의 균형이라고 정의한다. 이 정의를 이해하는데 가장 적절한 것은 이솝의 황금알을 낳는 거위의 우화이다. 황금알을 낳는 거위의 주인은 거위가 많은 황금알을 뱃속에 가지고 있다고 생각하고 더 많은 황금알을 한꺼번에 얻으려는 욕심에 거위의 배를 가르지만 결국 거위만 죽인다는 우화이다. Covey의 효과성은 P/PC 균형으로 표현할 수 있다. P(production)는 원하는 결과 즉, 황금 알의 생산을 나타내며 PC(production capability)는 생산 능력 즉, 황금 알을 생산하는 능력 또는 자산을 나타낸다. 프로젝트 관리에서도 P/PC 균형을 적용하는 것이 중요하다. 즉, 프로젝트 수행 과정에서 양 극단에 너무 많이 초점을 맞추는 것은 아닌지 항상 살펴봐야 한다. 혹시 결과물(황금알)에 대한 과도한 집중을 하는 것이 아닌가? 이렇게 단기적 성과만 중시한다면 어떻게 황금 거위를 키울 수 있을까? 이와 반대로 생산능력(거위)에 대한 지나친 집착을 한다면 어떻게 성과(황금알)에 집중할 수 있을까? 프로젝트 관리자는 적절한 P/PC 균형을 유지하는 것이 효과성의 정수라는 것을 잘 이해해야 한다.

프로젝트 관리자는 Covey의 7가지 습관을 적용하여 프로젝트 효과성을 향상시킬 수 있다. 이 습관들은 능동적으로 행동할 것, 끝을 염두에 두고 시작할 것, 중요한 것을 먼저 처리할 것, 윈윈(win-win)을 생각할 것, 먼저 상대방을 이해하도록 노력하고 이해를 구할 것, 시너지 효과가 나오도록 돕고 보완할 것, 톱을 갈 것(항상 준비되어 있을 것) 등이다. 처음 세 가지는 본인을 관리하는데 필요하며 다음 세 가지는 팀원들을 리드할 때 필요한 습관들이다. 마지막 한 가지는 잠재력의 촉발을 위한 것이다.

다섯 번째 습관인 상대방을 이해하도록 노력하고 이해를 구할 것과 관련하여 어떻게 이를 실행할 것인가? 가장 좋은 방법은 공감 청취(empathic listening)이다. 훌륭한 프로젝트 관리자는 공감하는 청취자이며 이들은 이해하려는 의도를 가지고 듣는다. Covey에 따르면 공감 청취는 이해할 때까지 경청하는 것이 아니라 상대방이 이해한다고 느낄 때까지 듣는 것이다. 라포(rapport)는 사람과 사람 사이에 생기는 상호 신뢰관계를 말하는 심리학 용어이다. 공감 청취는 상대방의 특정 행동과 일치시키는 기법인 미러링(mirroring)과 함께 라포를 확립하는 데 도움이 된다. 프로젝트 관리자는 다양한 이해관계자와 소통하고 관계를 개선하기 위해 공감 청취 및 기타 피플 스킬(people skills)들을 개발할 필요가 있다.

• 감성 지능(Emotional Intelligence)과 리더

완벽한 리더 하면 어떤 사람이 떠오르는가? 아무리 힘든 문제에 직면하더라도 자신의 화를 통제할 수 있는 사람을 떠올리는 사람이 있을 것이며 또는 직원을 완전히 신뢰하고 팀의 의견을 경청하며 소통을 잘 하며 항상 신중하고 정보에 입각한 결정을 내리는 사람을 생각하는 이도 있을 것이다. 지금 언급한 리더의 모습은 바로 높은 수준의 감성 지능(emotional intelligence, EI)을 가진 사람에 대한 묘사이다. 감성 지능이란 감정을 인지하고, 통제하고, 평가하는 능력을 의미한다. 감정을 표현하고 통제하는 능력도 중요하지만 다른 사람의 감정을 이해하고 해석하고 반응하는 능력도 중요하다. 친구가 슬퍼하거나 동료가 화를 낼 때 이해할 수 있어야 한다. 높은 수준의 감성 지능을 가진 사람들은 자신이 느끼고 있는 감정, 감정이 의미하는 바, 이러한 감정이 다른 사람들에게 어떻게 영향을 미칠 수 있는지 알고 있다. 일부 전문가들은 삶의 전반적인 성공에서 IQ보다 감성 지능이 더 중요할 수 있다고 주장한다. 프로젝트 관리자를 포함한 리더에게 감성 지능은 성공을 위해 필수적이다. 스트레스를 받을 때 팀에 소리를 지르는 프로젝트 관리자와 통제력을 유지하고 상황을 침착하게 평가하는 관리자 중 결국 누가 성공할 가능성이 더 높겠는가?

감성 지능의 대중화를 도운 심리학자 Daniel Goleman에 따르면 감성 지능에는 자기 인식, 자율 규제, 동기 부여, 공감, 사회적 기술과 같은 5가지 핵심 요소가 있다. 리더로서 이러한 각 영역을 더 많이 관리하고 향상시킬수록 감성 지능은 높아진다.

• PMI 재능 삼각형(Talent Triangle)

많은 업계 전문가를 인터뷰한 후 PMI는 대부분의 프로젝트 관리자가 기술적인 능력은 있지만 리더십과 비즈니스 전략 능력이 부족한 경우가 많다는 사실을 알게 되었다. 설문조사에서 기업이 리더십과 비즈니스 전략 능력을 갖춘 기술적으로 우수한 프로젝트 관리자를 찾고 있다는 사실도 발견했다. 이는 리더십과 비즈니스 전략 역량이 회사의 성장에 기여하는 장기적인 전략적 목표를 지원할 수 있기 때문이다. PMI는 재능 삼각형이라고 불리는 세 가지 영역 모두에 대한 지식을 갖춘 프로젝트 관리자에 대한 수요가 있다고 결론지었다. 재능 삼각형의 세 가지 영역은 기술적 프로젝트 관리(technical project management), 리더십, 전략 및 비즈니스 관리(strategic and business management)이다.

- 기술적 프로젝트 관리: 성공적인 프로젝트 관리자는 영역별 기술 노하우, 해당 산업에 대한 지식 및 프로젝트별 지식이 있어야 한다. 프로젝트 관리자가 필요로 하는 다른

스킬로는 프로젝트 수명주기 관리, 일정 관리, 비용 및 예산 추정, 위험 관리 등 지식 영역별 프로젝트 관리 스킬과 성과 관리 등이 있다.

- 리더십: 리더는 자신의 기술적 스킬을 적용할 뿐만 아니라 코치하고, 멘토링하고, 의사소통하고, 팀 빌딩 활동에 참여하고, 협상하고, 갈등을 관리하고, 영감을 주고, 동기를 부여해야 한다. 훌륭한 프로젝트 관리자는 좋은 리더여야 한다. 팀이 자신의 역할과 작업을 알고 이해하도록 도우며 능동적이고 문제 해결 능력이 있어야 한다. 프로젝트 관리자는 팀의 성공과 실패를 책임진다.
- 전략 및 비즈니스 관리: 프로젝트 관리자가 자신의 계획과 활동을 조직의 더 큰 목표와 연계시키고 기술적 지식을 효과적인 리더십과 함께 적용하면 프로젝트가 조직의 목표 달성에 기여할 수 있다. 프로젝트 관리자가 갖추어야 할 전략 및 비즈니스 관리 스킬은 비용편익 분석, SWOT 분석, 법규 준수, 시장 인식, 고객관계관리 등이다.

A1 자원관리 계획 Plan Resource Management

자원관리 계획 프로세스는 물리적 및 인적 자원을 추정, 획득, 관리 및 사용하는 방법과 프로세스를 정의한다. 자원관리 계획은 인적 자원관리 계획과 물리적 자원관리 계획으로 분리할 수도 있는데 특히 인적자원의 경우, 역할이나 책임, 스킬 및 보고 관계를 식별하고 문서화하는데 중점을 둔다.

• 인풋 Input

자원관리 계획 프로세스의 인풋은 프로젝트 헌장, 프로젝트 관리 계획, 프로젝트 문서, 기업 환경 요인, 조직 프로세스 자산 등 5가지이다. 먼저, 프로젝트 헌장은 프로젝트의 최종 제품 또는 결과에 대한 상위 수준 설명과 이것이 충족해야 하는 요구사항을 포함한다. 또한 주요 이해관계자 목록이 포함되어 있으며 때때로 프로젝트에 대해 사전 승인된 자원을 나열하는 데 사용할 수 있다. 따라서 프로젝트 스폰서는 프로젝트 관리자 외에 프로젝트를 잘 수행할 수 있다고 생각하는 특정 프로젝트 팀원을 지정할 수 있다. 이는 프로젝트 관리자가 해당 자원을 자원 획득 프로세스에서 훨씬 쉽게 얻을 수 있게 해 준다.

두 번째 인풋은 프로젝트 관리 계획인데 자원관리 계획수립에 인풋이 될 수 있는 구성

요소는 품질관리 계획과 범위 기준선이다. 품질관리 계획은 프로젝트의 품질 메트릭을 달성하고 유지하는 데 필요한 자원 수준을 정의하는 데 도움이 된다. 범위 기준선은 이 지식 영역에서 자원 관리가 요구되는 산출물을 식별한다.

세 번째 인풋인 프로젝트 문서에는 프로젝트 일정, 요구사항 문서, 위험 등록부, 이해관계자 등록부 등이 포함된다. 프로젝트 일정은 자원이 필요한 프로젝트의 일정을 보여준다. 요구사항 문서에서 요구사항은 프로젝트에 필요한 자원의 유형과 양에 대한 필요성을 도출한다. 위험 등록부는 자원계획에 영향을 줄 수 있는 위협 및 기회를 나타낸다. 이해관계자 등록부는 프로젝트에 필요한 자원에 대한 특정 관심 또는 영향을 가진 이해관계자를 식별한다.

네 번째 인풋은 기업 환경 요인인데 조직 문화 및 구조, 시설 및 자원의 시장상황 및 지리적 분포, 기존 자원역량 및 가용성 등에 관한 정보가 포함된다.

마지막 인풋은 조직 프로세스 자산으로 인적자원 정책 및 절차, 물리적 자원에 대한 관리정책, 절차 및 템플릿, 안전 및 보안 정책, 이전의 유사 프로젝트의 기록 정보 등이 포함된다.

• 아웃풋 Output

이 프로세스에는 자원관리 계획(resource management plan), 팀 헌장 (team charter), 프로젝트 문서 업데이트 등 3가지 아웃풋이 있다. 먼저 자원관리 계획은 기본적으로 자원관리와 관련된 다른 프로세스를 수행하는 방법에 대한 지침을 제공한다. 자원관리의 각 프로세스를 위해 자원관리 계획에 포함되는 구성요소들을 살펴보면 다음과 같다. 먼저, 활동자원 추정 프로세스를 위해 프로젝트에 필요한 팀 및 물리적 자원을 식별하고 수량화 하는 방법을 설명한다. 자원획득 프로세스를 위해 프로젝트를 위한 팀 및 물리적 자원 획득 방법에 대한 지침을 제공한다. 팀 개발 프로세스를 위해 프로젝트 팀의 다양한 구성원의 역할, 권한 수준, 책임 및 역량을 설명하고 프로젝트 팀 구성원 간의 보고 관계를 알려준다. 또한 팀 구성원을 위한 교육전략과 단순히 다수의 개인의 집합체에서 동일한 목표를 향해 일하는 응집력 있는 그룹으로 프로젝트 팀을 개발하는 방법에 대해 설명한다. 팀 관리 프로세스를 위해 프로젝트 팀 구성원을 어떻게 정의하고, 인력을 배치하고, 관리하고, 최종적으로 릴리스해야 하는지에 대한 지침(팀 자원 관리 방법)과 팀원들에게 어떤 표창과 보상을 언제 할 것인가에 대한 지침(표창 계획)을 제공한다. 마지막으로 자원통제 프로세스를 위해 필요에 따라 적절한 물리적 자원을 확보하는 방법을 설명한다.

여기에는 프로젝트 수명주기 전반에 걸쳐 재고, 장비 및 공급품 관리가 포함된다. 그 외에 아래 그림에서 나타난 프로젝트 조직도도 자원관리 계획에 포함된다. 프로젝트 조직도는 프로젝트 팀 구성원과 보고체계를 그래픽으로 표시한 것이다. 프로젝트의 필요에 따라 공식 또는 비공식, 그리고 매우 상세하거나 또는 개략적으로 만들어 질 수 있다.

[그림 8-2] IT 프로젝트팀 조직도 예시

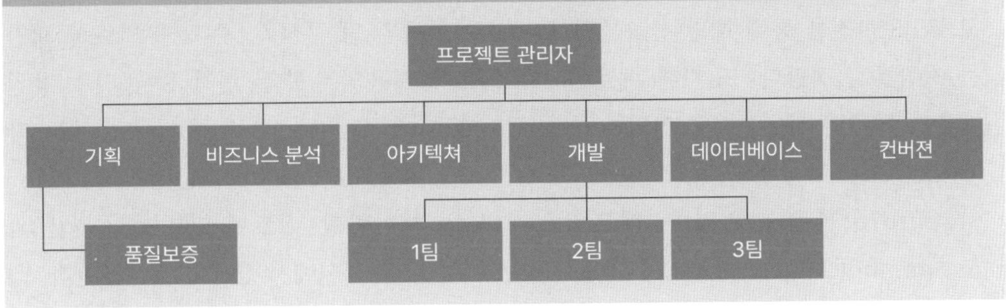

두 번째, 팀 헌장은 팀에 대한 팀 가치, 계약 및 운영 지침을 설정하는 문서이다. 헌장이라는 용어가 다소 어색하지만 이를 계약 또는 팀 구성원 간의 합의로 이해하면 적절하다. 팀 헌장은 팀이 자체적으로 개발하거나 개발에 기여할 수 있는 기회가 있을 때 가장 적합하다. 프로젝트 팀 구성원은 팀 헌장에 문서화된 규칙을 보장할 책임을 공유하며 헌장에 서명함으로써 해당 규칙을 준수하는 데 동의한다. 따라서 팀 헌장은 개별 커뮤니케이션이나 회의, 스탠드업 미팅 등과 같은 단체 상황에서 프로젝트 팀 구성원에게 허용되는 행동에 대한 명확한 기대치를 제공한다.

세 번째, 프로젝트 문서 업데이트에는 가정로그와 위험 등록부가 포함된다. 가정로그에는 물리적 자원의 가용성과 적시에 프로젝트에 이를 가져오기 위한 물류 요구 사항에 대한 가정이 업데이트 된다. 위험 등록부에는 팀 및 물리적 리소스의 가용성과 관련된 위험 항목이 업데이트 된다.

• 도구와 기법 Tools and Techniques

이 프로세스에서 사용되는 도구와 기법은 전문가 판단, 데이터 표현, 조직 이론, 회의 등이다. 먼저, 전문가 판단은 모든 계획 프로세스에서 사용하는 일반적인 기법으로 자원관리에서의 전문성은 프로젝트 목표를 달성하는 데 필요한 자원을 결정하고 이에 대한 획득, 보존 및 릴리스 계획과 관련된 위험을 식별하는 지식과 경험에 초점을 맞추는 것이 적절하다.

두 번째, 데이터 표현 기법은 모든 팀 구성원이 자신의 역할과 책임을 명확하게 이해할 수 있도록 팀 구성원의 역할과 책임을 문서화하는데 사용되는 방법으로 계층적 형식, 매트릭스 형식, 텍스트 기반 형식 등이 있다. 계층적 형식은 상위 수준 역할을 나타내는 데 사용할 수 있지만 텍스트 기반 형식은 자세한 책임을 문서화하는 데 더 적합할 수 있다. 계층적 형식의 대표적인 예는 작업분할구조(WBS)이다. 이는 프로젝트 산출물을 표시하고 WBS 사전을 통해 해당 산출물의 소유자로 지정된 팀 구성원, 즉 작업 완료를 책임지는 사람을 지정한다. 또 다른 예로서 프로젝트에 사용되는 모든 인적 및 물리적 자원의 계층적 목록인 자원분할구조(Resource Breakdown Structure, RBS)와 프로젝트 작업에 참여하는 각 부서나 팀의 계층적 목록인 조직분할구조(Organizational Breakdown Structure, OBS)가 있다. 매트릭스 형식은 책임할당 매트릭스(Responsibility Assignment Matrix, RAM)가 대표적이다. 이는 다음 섹션에서 상세하게 설명한다. 텍스트 기반 형식은 인적 자원의 책임, 권한 수준, 역량 및 자격을 나타내는 직위 설명에 가장 자주 사용된다.

세 번째, 조직 이론은 사람들이 팀과 조직에서 어떻게 행동하는지에 대한 통찰력을 얻고 팀원들에게 동기를 부여하는 방법을 배우는 데 유용하다. 앞의 자원관리와 관련된 다양한 조직 및 심리 이론 섹션에서 설명한 내용을 참조하면 된다.

네 번째, 회의는 모든 계획 프로세스에서 사용하는 일반적인 도구이다.

• 책임할당 매트릭스(Responsibility Assignment Matrix, RAM)

책임 할당 매트릭스(RAM)는 각 작업 패키지에 할당된 프로젝트 자원과 그 역할을 보여준다. 이 RAM의 유용한 형태 중 하나는 RACI 차트이다. 여기서 RACI는 Responsible(책임), Accountable(설명), Consult(자문), Informed(정보제공) 등의 역할을 의미한다. 그림 8-3는 RACI 차트의 예를 보여준다. 프로젝트에서 RACI 차트를 사용하면 단순한 작업 할당보다 더 세분화된 수준에서 누가 무엇을 하고 있는지 식별하여 혼란을 제거하는 데 도움이 된다.

RACI 차트의 4가지 역할을 좀 더 상세히 설명해 보면 우선 Responsible(책임)은 해당 팀 구성원이 작업을 완료하기 위해 직접 일을 한다는 뜻이다. 모든 작업에는 최소한 하나의 책임 당사자가 필요하지만 복수의 팀이나 인력을 할당해도 된다. Accountable(설명)은 해당 인력이 작업을 위임할 수 있으며 산출물이나 작업이 완료된 것으로 간주되기 전에

[그림 8-3] RACI 차트의 예

	차 소유자	샵 주인	기술자	부품 공급자
필요한 부품과 서비스 결정	C		A, R	C
부품 공급		C	C	A, R
부품 설치	I	A	R	
부품과 서비스에 대해 지불	A, R	C		

마지막으로 검토하는 일을 한다는 의미이다. Accountable 역시 책임으로 번역될 수 있는데 작업에 대해 최종적으로 책임을 지고 어떤 활동이나 의사결정에 대해서도 대답하고 설명할 수 있어야 한다는 의미에서 "설명"이라고 칭한다. 일부 작업에서는 책임 당사자가 설명 당사자 역할을 할 수도 있다. 다만 주의해야 할 점은 각 작업 또는 산출물에 대해 오직 한 명의 설명 담당자만 할당되어야 하는 점이다. Consult(자문)는 모든 산출물이 한 명 이상의 팀 구성원으로부터 검토나 자문을 통해 고도화된다는 관점에서 작업 패키지와 관련된 결정을 내리기 전에 의견을 제공하는 사람들이다. 이들은 산출물 자체에 대한 전문성이나 프로젝트 작업에 대한 전문성을 가지고 있는 구성원이다. Informed(정보제공)은 작업 패키지와 관련된 결정 후 진행 상황에 대한 정보를 받는 구성원을 의미한다.

앞에서 한 사람이 Responsible(책임) 담당자와 Accountable(설명) 담당자가 동시에 될 수 있다고 했는데 역할의 구체적인 차이점은 무엇인가? Responsible(책임)이란 실제로 작업을 완료하는 사람에게 적용되는 작업 지향적인 지정(task-oriented designation)이다. 공유될 수 있으며 작업 전후에 역할이 행해질 수 있다. 또한 전체 팀이 하나의 작업 실행을 책임질 수 있다. 반면 Accountable(설명)이란 상태(status)를 업데이트 하거나 산출물을 전달하는 경우에 작업에 대해 보고하는 한 사람에게 적용되는 결과 지향적인 지정(outcome-oriented designation)이다. 공유될 수 없으며 작업후에만 역할이 행해질 수 있다. 설명을 한다는 것은 산출물에 대한 답변 또는 서명을 완료하고 목표에 미치지 못하는 결과를 처리해야 하며 최종 권한을 가진다는 것을 의미한다.

기본적으로 RACI 차트는 프로젝트 역할 및 책임에 대한 명확한 기대치를 설정하는 데 도움이 된다. 이것은 팀 구성원이 자신의 작업에 대한 책임을 지도록 한다. RACI 차트는 거의 모든 프로젝트에 적합하지만 작업에 여러 자원이 필요하거나 동시에 실행되거나 다른 작업에 의존해야 할 때 특히 유용하다.

A2 활동자원 추정 Estimate Activity Resources

활동자원 추정은 프로젝트에 필요한 자원을 추정하고 덧붙여 도구, 장비, 원자재 및 공급품의 유형 및 수량을 예측한다. 이 프로세스는 일반적으로 프로젝트 수명주기 전반에 걸쳐 특정 시간 간격 후에 실행된다. 이를 통해 필요한 자원의 유형, 양, 특성 등을 정확히 파악할 수 있다.

프로젝트와 조직의 특성은 자원 추정에 영향을 미치므로 필요한 자원을 결정하는 사람들은 유사 프로젝트와 이를 수행한 경험과 전문 지식이 있어야 한다. 다음의 질문들은 적절한 자원 추정에 도움을 준다.

- 이 프로젝트에서 특정 활동은 얼마나 어려운 작업일까?
- 범위 명세서에 자원에 영향을 줄 수 있는 특별한 요건이 있나?
- 유사한 활동을 과거에는 어떻게 했는가?
- 필요한 자원이 조직 내에 있나?
- 조직은 작업을 수행하기 위해 더 많은 자원을 확보해야 하나?
- 이 작업을 아웃소싱 하는 것이 이치에 맞나?

• 인풋 Input

활동자원 추정 프로세스의 인풋은 프로젝트 관리 계획, 프로젝트 문서, 기업 환경 요인, 조직 프로세스 자산 등 4가지이다. 먼저, 프로젝트 관리 계획 중에는 자원관리 계획과 범위 기준선이 주요 인풋으로 사용된다. 자원관리 계획은 프로젝트에 필요한 팀 및 물리적 자원을 식별하고 수량화하는 방법을 설명한다. 범위 기준선은 프로젝트 및 제품 범위를 식별하는 데 필요하다. 이 프로세스의 목적은 프로젝트 범위를 완료하는 데 필요한 자원을 추정하는 것이므로 범위 기준선은 중요한 역할을 한다.

두 번째, 프로젝트 문서는 가정로그, 활동 목록, 활동 속성, 비용 예측치, 자원 달력, 위험 등록부 등을 포함한다. 가정로그는 자원 가용성 및 생산성 수준과 같은 자원 관련 가정을 설명한다. 활동 목록은 자원이 필요한 활동을 식별하며 활동 속성은 활동 목록의 각 활동에 필요한 자원에 대한 추정치가 표시되어 있다. 비용 예측치는 다양한 기술 수준을 가진 자원 비용에 따라 자원 선택에 영향을 줄 수 있다. 자원 달력은 특정 자원의 가용성을 식별할 수 있도록 조직의 일정을 식별한다. 위험 등록부는 자원 선택 및 가용성과 관련된 위험이 포함되어 있다.

세 번째, 기업 환경 요인은 자원 위치 및 가용성, 자원에 관한 공개된 예측 데이터, 시장 상황, 조직 문화 등이 포함되어 있다.

네 번째, 조직 프로세스 자산은 팀 자원 및 물리적 자원에 관한 정책 및 절차와 이전의 유사 프로젝트의 유사한 작업에 사용된 자원 유형에 관한 과거 정보를 포함한다.

• 아웃풋 Output

이 프로세스의 아웃풋은 자원 요구사항(resource requirements), 추정의 근거(basis of estimates), 자원분할구조(resource breakdown structure), 프로젝트 문서 업데이트 등 4가지이다. 먼저, 자원 요구사항은 각 작업 패키지 또는 활동에 필요한 자원의 유형과 수량을 식별한다. 참고로 자원 요구사항은 자원분할구조와 자원달력과 명확히 구별되어야 한다. 자원분할구조는 일반적으로 프로젝트 작업에 필요한 자원 유형을 나열하는 자원관리 계획 프로세스의 아웃풋인 예비 문서이다. 본 프로세스는 여기에 더해 자원 유형뿐만 아니라 필요한 수량도 나열한다. 자원달력은 각 특정 자원을 사용할 수 있는 작업일을 식별하는 달력이다. 이는 일반적으로 프로젝트 수준에서 수행되거나 본 프로세스의 결과로 업데이트 될 수 있다. 따라서 자원분할구조는 프로젝트에 필요한 자원에 관해서 "무엇"이라는 질문에 답하고, 자원 요구사항은 "얼마나"라는 질문에 대한 답변을 추가하고, 자원달력은 "언제"라는 질문에 대한 답변을 추가한다.

두 번째, 추정의 근거는 다른 두 가지 추정 프로세스인 활동기간 추정 프로세스 및 비용 추정 프로세스와 마찬가지로 추정이 어떻게 이루어졌는지 추적하여 자원 추정이 적절히 도출되었는지 명확하게 한다. 여기에는 다음과 같은 항목이 포함될 수 있다.

- 추정치를 개발하는 데 사용되는 방법(상향식 추정, 유사 추정, 모수 추정 등)
- 추정치를 개발하는 데 사용된 자원, 특히 이전의 유사한 프로젝트 정보
- 추정치와 관련된 가정(이는 가정 로그라는 프로젝트 문서에 포함)
- 알려진 제약(일정, 예산, 범위, 위험 등과 같은 다른 지식 영역에서)
- 추정 범위(보통 플러스 또는 마이너스 백분율로 표시)

• 추정치의 신뢰 수준(예: 주어진 비용 추정치 내에서 자원을 얻을 수 있는 90% 확률)

• 추정에 영향을 미치는 식별된 위험에 대한 문서화(위험 등록부에 기록됨)

세 번째, 자원분할구조는 일반적으로 프로젝트 작업에 필요한 자원 유형을 나열한다. 자원관리 계획 프로세스에서 만들어진 예비 문서를 이 프로세스에서 확정 짓는다. 이 프로세스에서는 자원 유형 뿐만 아니라 필요한 수량도 나열하여 자원 요구사항 문서로 만들어낸다. 이 두 문서는 자원 획득 프로세스에서부터 시작하여 향후 프로세스에서 자원을 획득하고 모니터링하는 데 사용된다.

네 번째, 프로젝트 문서 업데이트는 주로 활동 속성, 가정로그, 교훈 등록부에 대한 갱신을 의미한다. 활동 속성 문서는 이 프로세스의 결과에 따라 자원 요구사항이 업데이트 된다. 가정 로그에는 이 추정 프로세스 중에 개발된 필요한 자원의 유형 및 수량에 대한 가정이 추가된다. 교훈 등록부에는 자원 추정치를 개발하는 데 효율적이고 효과적인 것으로 입증된 모든 기법이 추가된다.

• 도구와 기법 Tools and Techniques

활동자원을 추정하기 위해 전문가 판단, 상향식 추정법(bottom-up estimating), 유사 추정법(analogous estimating), 모수 추정법(parametric estimating), 데이터 분석, PMIS, 회의 등 7가지 기법을 사용한다. 먼저, 전문가 판단은 팀 및 물리적 자원 추정에 대한 전문 지식이 있거나 유사한 이전 프로젝트에서 이러한 추정을 수행한 전문가의 조언을 받는 방법이다.

두 번째, 상향식 추정법은 각 활동에 필요한 자원을 추정한 다음 이러한 모든 추정치를 작업 패키지, 통제 계정 및 요약 프로젝트 수준으로 집계한다.

세 번째, 유사 추정법은 이전 유사한 프로젝트 자원에 대한 정보를 사용한다. 이 방법은 WBS의 상위 수준만 완료했을 때 예비 추정치로 사용하기에 유용하다. 보다 정확하지만 시간이 많이 소요되는 상향식 추정기법을 수행하려면 완전한 WBS가 필요하기 때문이다.

네 번째, 모수적 추정법 또한 이전의 유사한 프로젝트 자원에 대한 정보를 사용한다. 유사 추정법과의 차이점은 과거 데이터와 현재 프로젝트의 자원 추정에 적용하는 데 사용할 수 있는 기타 변수 사이에 통계적 관계를 찾아서 활용한다는 점이다. 예를 들어 어떤 지역에서 집을 짓는 데 필요한 자원 추정을 할 때, 그 지역에서 이전 주택을 짓는 데 필요한 자원에 대한 데이터를 보고 추정한다면 이것은 유사 추정법의 예가 된다. 그러나 이전에 지어진 주택에 관한 모든 데이터를 가져와서 100평당 얼마나 많은 자원이 필요한지 계산했다면 현재 프로젝트에 필요한 자원을 계산하는 데 사용할 수 있는 통계적 관계 또는 매개 변수를 갖게 된다.

다섯 번째, 이 프로세스에서 주로 사용되는 데이터 분석 기법은 대안 분석이다. 프로젝트에서 특정 활동을 수행하기 위해 여러 가지 옵션이 있을 수 있으며 이러한 옵션에 따라 자원의 역량이나 스킬 수준이 달라질 수 있다. 대안 분석은 정의된 제약 조건 내에서 프로젝트 활동을 수행하기 위한 최상의 솔루션을 결정한다.

여섯 번째, 프로젝트 관리 정보시스템(PMIS)에는 자원 풀을 계획, 구성 및 관리하고 자원 추정치를 개발하는 데 도움이 되는 자원관리 소프트웨어가 포함될 수 있다. 소프트웨어의 정교함에 따라 자원분할구조(RBS), 자원 가용성, 자원 요금 및 다양한 자원 달력을 정의하여 자원 활용을 최적화할 수 있다.

일곱 번째, 각 활동에 필요한 자원을 추정하는 데 도움이 되도록 기능 관리자들과 기획 회의를 개최할 수 있다. 회의에는 추정을 담당하는 프로젝트 팀 구성원, 추정 기술에 대한 지식이 있거나 유사한 프로젝트를 수행한 전문가 및 프로젝트 스폰서들도 참여할 수 있다.

A3 자원 획득 Acquire Resources

자원 획득은 프로젝트를 수행하는 데 필요한 다양한 인적자원, 시설, 도구 및 장비, 공급품 및 원자재를 확보하는 프로젝트 자원관리의 세 번째 프로세스이다. 이는 어떤 자원을 선택할지 설명하고 안내한 다음 특정 활동이나 작업에 해당 자원을 할당한다. 따라서 프로젝트 수명주기 전반에 걸쳐 주기적으로 수행되며 자원 부족을 방지하는 데 도움이 된다.

프로젝트에 필요한 자원은 프로젝트 수행 조직의 내부 뿐만 아니라 외부에 있을 수도 있다. 내부 자원은 기능 또는 자원 관리자로부터 획득 또는 할당된다. 외부 자원은 조달 프로세스를 통해 획득한다. 프로젝트 관리팀은 단체교섭 협약, 하청업체 직원의 활용, 매트릭스 프로젝트 환경, 내부 또는 외부 보고관계, 그 외 기타 이유로 인해 자원 선택에 있어서 직접 통제할 수도 있고 그렇지 못할 수도 있다.

자원 획득 프로세스에서 중요한 것 중 하나는 적시에 적합한 유형과 적절한 인원을 프로젝트에 배치하는 것이다. 우수한 프로젝트 관리자라도 적절한 스킬을 갖춘 유능한 인력을 필요시 잘 확보하지 못하는 경우가 많다. 우수한 인력을 확보하기 위한 방편으로 일부 회사는 채용을 돕는 직원에게 인센티브를 제공하기도 하며 채용 대상자에게 재택근무를 허용하기도 한다. IT 리더들은 필요한 기술을 갖춘 인력을 찾고 채용하고 보유하는 일이 스태핑 문제 중 가장 중요한 일이라 여긴다.

• 인풋 Input

자원 획득 프로세스에 사용되는 인풋은 프로젝트 관리 계획, 프로젝트 문서, 기업 환경 요인, 조직 프로세스 자산 등 4가지이다. 먼저, 프로젝트 관리 계획 중에는 자원관리 계획, 조달관리 계획, 비용 기준선 등이 주요 인풋이다. 자원관리 계획은 프로젝트를 위한 팀 및 물리적 자원을 확보하는 방법에 대한 지침이 포함된다. 조달관리 계획은 조달이 다른 프로젝트 작업 및 관련 이해관계자와 어떻게 통합되는지에 관한 정보를 포함한다. 비용 기준선은 프로젝트 활동에 대한 전체 예산을 제공한다.

두 번째, 프로젝트 문서는 프로젝트 일정, 자원 달력, 자원 요구사항, 이해관계자 등록부 등을 포함한다. 프로젝트 일정은 계획된 시작 및 종료 날짜와 함께 활동을 표시하여 자원을 사용할 수 있고 수락해야 하는 시기를 결정하는 데 도움이 된다. 자원 달력은 각 자원의 가용성과 일정 제약(예: 휴가)을 이해하는 데 도움이 된다. 자원 요구사항은 획득해야 하는 자원의 유형과 수량을 식별한다. 이해관계자 등록부는 특정 자원에 대한 이해관계자의 요구 또는 기대치에 대한 정보를 제공한다.

세 번째, 기업 환경 요인은 팀 자원에 대한 가용성, 역량 수준 및 이전 경험을 포함한 조직 자원에 대한 기존 정보나 조직 구조에 관한 정보를 포함한다. 이는 자원을 확보하기 위해 해야 할 수 있는 협상에 영향을 미친다.

네 번째, 조직 프로세스 자산은 프로젝트에 대한 자원 확보를 위한 정책, 절차 및 지침이나 이전의 유사한 프로젝트에서 얻은 역사적 정보 및 교훈 저장소 등을 포함한다.

• 아웃풋 Output

일정 수립 프로세스의 아웃풋은 물리적 자원 할당(physical resource assignment), 프로젝트 팀 할당(project team assignment), 자원 달력(resource calendars), 변경 요청, 프로젝트 관리 계획 업데이트, 프로젝트 문서 업데이트, 기업 환경 요인 업데이트, 조직 프로세스 자산 업데이트 등 8가지이다. 참고로 PMBOK는 자원을 물리적 자원(자재, 장비, 공급품, 로케이션 등)과 인적 자원 두 가지 유형으로 나눈다. 먼저 물리적 자원 할당은 프로젝트 동안 사용될 물리적 자원에 대한 할당을 정리한 문서이다.

두 번째, 프로젝트 팀 할당은 프로젝트 팀 구성원과 그들의 역할 및 책임을 기록한 팀 배정 문서로서 프로젝트 팀 디렉토리와 프로젝트 조직도가 포함될 수 있다.

세 번째, 자원 달력은 조직 전체의 정상 업무시간과 각 자원의 특정 일정(휴가일 등)을 고려하여 각 특정 자원을 사용할 수 있는 시간을 식별한다. 이러한 방식으로 프로젝트 관리자는 식별된 자원이 프로젝트 중에 언제 그리고 얼마나 오래 사용할 수 있는지 알 수 있다.

네 번째, 변경요청은 자원 획득 프로세스로 인해 일정에 영향을 주는 등의 변경이 발생하는 경우 프로젝트 관리자가 제출해야 하며 이 요청은 통합변경통제 수행 프로세스에서 처리된다. 자원관리 계획의 수정이 필요한 경우에도 변경 요청이 만들어져야 한다.

다섯 번째, 프로젝트 관리 계획 업데이트는 자원관리 계획과 비용 기준선이 주요 대상이다. 자원관리 계획은 이 프로세스로 인해 자원관리 계획 사항이 변경될 때 업데이트 되어야 한다. 또한 프로젝트에 대한 자원 획득이 비용 기준선에 영향을 미칠 수 있다.

여섯 번째 아웃풋은 프로젝트 문서 업데이트인데 교훈 등록부, 프로젝트 일정, 자원분할구조, 자원 요구사항, 위험 등록부, 이해관계자 등록부 등이 포함된다. 교훈 등록부는 본 프로세스 중에 얻은 경험이 프로젝트의 후반부에 자원을 획득하는 방법에 영향을 미칠 수 있다면 이를 반영하도록 업데이트 되어야 한다. 프로젝트 일정은 자원의 가용성에 따라 일부 활동 시간이 변경될 수 있어 이러한 내용이 반영되어야 한다. 자원분할구조에는 이 프로세스 중에 획득한 모든 자원 정보가 기록되어야 한다. 자원 요구사항은 이 프로세스에서 획득한 자원을 반영하도록 업데이트 될 수 있다. 위험 등록부는 자원 획득과 관련하여 이 프로세스 중에 식별된 새로운 위험을 기록하고 위험관리 프로세스를 사용하여 관리한다. 이해관계자 등록부는 이 프로세스의 결과로 얻은 기존 이해관계자에 대한 정보를 업데이트 한다.

일곱 번째, 기업 환경 요인 업데이트는 조직 내 자원 가용성 등을 포함한다. 자원 가용성은 다른 프로젝트의 자원 활용도에 따라 영향을 받는다.

여덟 번째, 조직 프로세스 자산 업데이트는 자원 획득, 배정 및 할당과 관련된 문서를 포함한다.

• 도구와 기법 Tools and Techniques

자원획득 프로세스에서 사용될 도구와 기법은 의사결정, 대인관계 및 팀 스킬(interpersonal and team skills), 사전 할당 (pre-assignment), 가상 팀 (virtual teams) 등 4가지이다. 먼저, 의사결정은 프로젝트에 사용할 자원을 결정하는 데 사용되는 도구로서 다중기준 결정분석(multicriteria decision analysis) 방법이 대표적이다. 이는 잠재적 자원을 평가하거나 점수를 매기기 위해 선택 기준 목록을 만들어 평가하는 방법이다.

두 번째, 대인 관계 및 팀 스킬 중 자원획득 프로세스에서 사용할 수 있는 주요 기법은 협상(negotiation)이다. 프로젝트 관리자는 필요자원을 위해 기능 관리자, 조직 내 다른 팀의 프로젝트 관리자 또는 외부 조직 및 공급업체와 협상할 수 있다.

세 번째 기법은 사전 할당이다. 프로젝트 헌장의 기능에서 간과되는 것 중 하나는 프로젝트 스폰서가 프로젝트 내에서 특별한 역할을 수행할 특정 자원을 미리 할당할 수 있는 기회이다. 이것은 프로젝트 관리자에게 그 자원에 대한 협상 프로세스를 더 쉽게 만들어 준다. 왜냐하면 프로젝트 스폰서가 특정 자원에 대한 선호도를 명시하였으므로 단순히 프로젝트 관리자가 자신이 프로젝트를 위해 꼭 필요한 자원이라고 설명하면서 기능 관리자 또는 다른 프로젝트 관리자에게 그 자원을 요청하는 것 보다 더 많은 "영향력"을 갖기 때문이다.

네 번째, 가상 팀은 다른 국가를 포함하여 여러 위치에 흩어져 있는 조직에서 팀을 만들 수 있는 중요한 도구이다. 그러나 대면 회의가 아닌 커뮤니케이션 기술에 대한 의존도가 높아짐에 따라 커뮤니케이션 계획이 점점 더 중요해진다. 명확한 기대치를 설정하고, 갈등을 해결하기 위한 프로토콜을 개발하고, 문화적 차이를 이해하고, 성공에 대한 공로를 공유해야 한다.

A4 팀 개발 Develop Team

팀 개발은 명칭에서 알 수 있듯이 팀을 만들어 나가는 프로세스이다. 팀 개발의 주요 목표는 사람들이 보다 효과적으로 협력하여 프로젝트 성과를 향상시키는 것이다. 따라서 본 프로세스는 팀이 결속되도록 하고 팀원들에게 보상이 있는 작업 및 경력 개발의 기회를 제공하는데 집중한다. 이는 팀 구성원의 역량, 상호작용 및 환경을 개선하여 전반적인 팀 성과를 향상시키는 데 도움이 된다. 본 프로세스는 프로젝트 수명주기 전반에 걸쳐 수행되며 팀워크를 강화하고 개인의 대인관계 스킬을 개선하며 팀에 동기를 부여하고 이탈을 줄인다.

팀 개발 모델인 Tuckman 모델은 프로젝트에서 팀이 거쳐가는 5단계를 제시한다. 이들 5단계는 형성(forming), 폭풍우(storming), 규범화(norming), 수행(performing), 해산(adjourning) 등으로 이러한 단계가 순서대로 발생하는 것이 일반적이지만 팀이 특정 단계에 갇히거나 이전 단계로 퇴행하는 경우도 드물지 않다. 반면 과거에 함께 작업한 팀원과의 프로젝트에서는 특정 단계를 건너뛰기도 한다. 형성 단계는 팀원들이 만나 프로젝트와 그들의 공식적인 역할과 책임에 대해 배우는 단계이다. 팀 구성원은 이 단계에서 독립적이고 개방적이지 않은 경향이 있다. 폭풍우 단계에서 팀은 프로젝트 작업, 기술 결정 및 프로젝트 관리 접근 방식을 다루기 시작한다. 팀 구성원이 협력하지 않거나 다른 아이디어와 관점에 개방적이지 않으면 프로젝트 환경이 역효과를 낼 수 있다. 규범화 단계에서 팀원들은 함께 일하기 시작하고 팀을 지원하기 위해 작업 습관과 행동을 조정한다. 팀원들은 서로를 신뢰하는 법을 배운다. 수행 단계에서 팀은 잘 조직된 단위로 기능한다. 팀원들은 상호 의존적이며 문제를 원활하고 효과적으로 해결한다. 해산 단계에서 팀원들은 작업을 완료하고 프로젝트를 떠난다. 이는 일반적으로 산출물이 완료되어 팀원이 프로젝트에서 해제되거나 프로젝트 또는 단계 종료 프로세스의 일부로 나타난다. 팀 개발 프로세스는 처음 세 단계인 형성, 폭풍우 및 규범화 단계가 발생하는 곳이다.

• 인풋 Input

팀 개발 프로세스의 인풋은 프로젝트 관리 계획, 프로젝트 문서, 기업 환경 요인, 조직 프로세스 자산 등 4가지이다. 먼저, 프로젝트 관리 계획 중에는 자원관리 계획이 주요 인풋으로 사용되는데 프로젝트 팀의 다양한 구성원의 역할, 권한 수준, 책임 및 역량 등을 설명한다. 또한 자원관리 계획은 프로젝트 조직도를 통해 프로젝트 팀 구성원 간의 보고 관계를 표시하며 팀 구성원을 위한 교육 전략을 설명한다. 개인들의 집합체에서 동일한 목표를 향해 일하는 응집력 있는 그룹으로 프로젝트 팀을 개발하는 방법을 설명한다.

두 번째, 프로젝트 문서는 교훈 등록부, 프로젝트 일정, 프로젝트 팀 할당, 자원 달력, 팀 헌장 등을 포함한다. 교훈 등록부는 팀 개발과 관련하여 배운 교훈을 포함하고 있으며 팀 성과를 개선하기 위해 프로젝트의 후반 단계에서 사용할 수 있다. 프로젝트 일정은 프로젝트 팀에 교육을 제공하는 시기에 대한 정보를 담고 있다. 프로젝트 팀 할당은 프로젝트 팀의 모든 구성원에 대한 팀 역할 및 구성원 책임을 식별한다. 자원 달력은 일반적으로 전체 프로젝트 과정에서 팀 구성원의 가용성을 식별하는 데 사용된다. 팀 헌장은 팀이 함께 운영하는 방법을 설명하는 팀 운영 지침을 포함할 수 있다.

세 번째, 기업 환경 요인은 인적 자원 관리와 관련한 법률을 포함한다.

네 번째, 조직 프로세스 자산은 이전의 유사 프로젝트에서 배운 저장소 및 과거 정보를 포함한다.

• 아웃풋 Output

팀 개발 프로세스의 아웃풋은 팀 성과 평가(team performance assessments), 변경요청, 프로젝트 관리 계획 업데이트, 프로젝트 문서 업데이트, 기업 환경 요인 업데이트, 조직 프로세스 자산 업데이트 등 6가지이다. 첫 번째 아웃풋은 팀 성과 평가인데 프로젝트 관리 팀은 프로젝트의 시작과 진행 중에 팀의 성과를 평가해야 한다. 초기 평가는 다음이 필요한지 여부를 나타낸다.

- 개인이 과업을 더 잘 수행할 수 있도록 도와주는 기술적 스킬 향상
- 팀 구성원이 팀으로서 더 나은 성과를 내는 데 도움이 되는 역량 향상
- 정보 및 경험 공유를 통한 팀 결속력 향상

이 평가의 결과, 필요한 특정 교육이나 자원에 대한 변경 사항이 식별될 수 있다.

두 번째 아웃풋은 변경요청이다. 앞선 팀 성과 평가의 결과 교육 또는 추가 자원에 대한 변경이 권장되는 경우 변경요청이 이루어지고 이는 통합변경통제 수행 프로세스에서 처리된다.

세 번째 아웃풋은 프로젝트 관리 계획 업데이트인데 팀 성과 평가의 결과, 추가 교육이나 자원에 대한 변경 뿐만 아니라 자원관리 계획 자체에 대한 변경이 이루어질 수 있다.

네 번째, 프로젝트 문서 업데이트 교훈 등록부, 프로젝트 일정, 프로젝트 팀 할당, 자원 달력, 팀 헌장 등을 포함한다. 교훈 등록부는 팀을 개발하는 과정에서 문제가 발생한 경우 학습한 내용이 업데이트 되는데 잘 작동한 접근 방식은 프로젝트 전체에서 계속될 수 있지만 제대로 작동하지 않은 접근 방식은 피할 수 있다. 프로젝트 일정은 팀 성과 평가를 검토한 결과 추가 교육이 권고되면 이에 대한 활동이 프로젝트 일정에 추가된다. 프로젝트 팀 할당은 팀 성과 평가를 검토한 결과 합의된 할당(팀원의 역할 및 책임에 대한 변경 포함)이 일부 조정되면 이를 업데이트 한다. 자원 달력은 팀 성과 평가 결과, 필요에 따라 추가 자원이 식별되면 이러한 추가 자원의 가용성 일정이 업데이트 된다. 팀 헌장은 팀 성

과 평가 결과 변경이 필요한 것으로 확인된 운영 지침이 있는 경우 이러한 변경 사항을 반영하도록 업데이트 한다.

다섯 번째, 기업 환경 요인 업데이트는 기술 평가 및 직원 개발 계획 보고서 등을 포함한다.

여섯 번째, 조직 프로세스 자산 업데이트는 인사 평가나 교육 요구사항 등을 포함한다.

• 도구와 기법 Tools and Techniques

프로젝트를 작동시키는 프로세스 중 하나는 팀 개발 프로세스이다. 즉, 모아 놓은 개인들을 어떻게 공통 목적을 위해 함께 일하는 그룹으로 전환하는가이다. 팀 개발 프로세스에서 사용될 도구와 기법은 공동 위치(co-location), 가상 팀(virtual teams), 통신 기술(communication technology), 대인관계 및 팀 스킬(interpersonal and team skills), 인식 및 보상(recognition and rewards), 훈련(training), 개인 및 팀 평가(individual and team assessments), 회의 등 8가지이다. 먼저, 공동 위치(co-location)는 가장 활동적인 프로젝트 팀 구성원의 대부분 또는 전체를 동일한 물리적 위치에 배치하여 팀으로 수행할 수 있는 능력을 향상시키는 것을 의미한다. 프로젝트 시작 회의를 하거나 계획 회의를 할 때처럼 일시적일 수도 있고 프로젝트 전체에 걸쳐 같이 있을 수도 있다.

두 번째 기법은 가상 팀이다. 공동위치(코로케이션) 방법은 면대면 상호작용에 의존하지만 가상 팀은 의사소통을 위해 필요에 따라 가상 상호작용에 의존한다. 코로케이션 팀과 가상 팀은 상호 배타적이지 않다. 프로젝트에 참여하는 "위성" 사무실로 구성된 가상 팀과 주 프로젝트 팀을 공동 배치할 수 있다. 가상 상호작용은 많은 어려움을 안고 있기 때문에 가상 팀을 사용할 때 팀 개발 문제를 해결하기 위해 커뮤니케이션 기술을 적절히 사용하는 것이 중요하다.

세 번째, 통신 기술을 효과적으로 사용하여 공동위치 및 가상 팀에서 팀 개발 문제를 해결하는 것이 중요하다. 이는 회의에 대한 명확한 규칙을 갖고, 문화적 차이를 인식하고, 가상 팀의 조정이 필요한 작업 항목에 대한 후속 조치를 위한 메커니즘을 만드는 것을 의미한다. 정보 공유, 화상 회의, 음성 회의, 전자 메일 및 채팅을 위한 공유 포털은 팀 개발에 도움이 될 수 있는 통신 기술의 예이다.

네 번째, 대인관계 및 팀 스킬에는 갈등관리, 영향(influencing), 동기부여, 협상, 팀빌딩 등이 포함된다. 높은 성과를 내는 팀을 만들기 위해서는 적시에 그리고 공정하다고 여겨지는 건설적인 방식으로 갈등을 해결하는 갈등관리가 중요하다. 또한 중요한 문제를 해결하고 합의를 가르치기 위해 관련성 있고 중요한 정보를 수집해야 하는 경우 먼저 팀의 다른 사람들과 신뢰 관계를 만들어 그들이 해당 정보를 가지고 나올 수 있도록 하는 영향력을 활용하는 것이 중요하다. 동기부여는 팀원들이 독립적으로 일하면서도 그룹 의사결정에 기꺼이 참여할 수 있도록 한다. 많은 경우 결정을 내리기 위해서는 합의가 필요하며, 이를 협상하려면 팀원 간의 신뢰 구축이 필요하다. 팀 빌딩은 팀의 사회적 관계를 강화하고 팀 구성원이 협력하고 협력할 수 있는 환경을 구축하는 활동을 수행하는 것으로 구성된다.

다섯 번째 기법은 인정 및 보상이다. 프로젝트에서 바람직한 행동을 보이는 팀 구성원에게 보상을 제공하기 위한 계획을 세우는 것이 중요하지만 보상은 해당 개인이 가치 있는 요구를 충족할 때 효과적이다. 인정과 보상을 결정할 때 개인 간의 차이를 고려해야 한다. 사람들에게 동기를 부여하는 것은 돈과 같은 유형의 보상 뿐만 아니라 자신감과 자존감을 높이는 데 도움이 되는 인정과 같은 무형의 보상이다.

여섯 번째, 교육에는 프로젝트 팀 구성원의 역량을 향상시키기 위해 고안된 모든 활동이 포함된다. 교육 일정은 전체 프로젝트 일정에서 고려해야 하며 교육 비용은 프로젝트 예산에 포함되어야 한다.

일곱 번째 기법은 개인 및 팀 평가(individual and team assessments)이다. 개인 및 전체 프로젝트 팀을 위한 평가 도구는 프로젝트 관리자가 자신의 강점과 약점 영역에 대한 통찰력을 얻을 수 있도록 도와준다. 이를 통해 약점은 실패가 아닌 피드백의 맥락에서 처리되고 강점은 인식되어 강화할 수 있다. 일부 평가는 성격 유형을 식별하는 데 도움이 될 수 있으며, 이는 프로젝트 관리자가 사람들과 의사소통 하는 스킬을 개발하고 프로젝트에서 함께 일하도록 동기를 부여하는 데 도움이 된다.

성격 선호도를 결정하고 팀원들이 서로를 이해하도록 돕는 잘 알려진 도구 중 하나는 MBTI (Meyers-Briggs Type Indicator)이다. MBTI는 4개의 차원이 있는데 외향적/내성적(Extrovert/Introvert, E/I), 감각/직관(Sensation/Intuition, S/N), 사고/감정(Thinking/Feeling, T/F), 판단/인식(Judgment/ Perception, J/P) 등이 그것이다. 외향적/내성적 차원은 사람들을 다른 사람과 사물에 집중하는 것을 선호하는 외향적인 사람과 내면의 생각과 아이디어에 집중하는 것을 선호하는 내성적인 사람으로 분류한다. 외향적인 사람은 행동 지향적이고 내향적인 사람은 생각 지향적임을 나타낸다. 감각/직관 차원은 정보수집 방식에 대한 차원으로 사실(facts)이나 세부 사항 및 현실에 대해 집중하고 실용적(practical)인 감각형 사람과 상상력과 독창성이 뛰어나며 혁신적인 직관형 사람으로 나눈다. 감지형 사람은 정보를 수신하기 위해 오감을 사용하는 것을 선호하지만 직관형 사람은 내적 사고(internal thinking) 프로세스에서 인풋을 받는다. 사고/감정 차원은 사람들을 이성과 논리를 사용하여 결론을 내리는 것을 선호하는 사고형 사람과 내부자와 감정적 관점에서 결정을 내리는 것을 선호하는 감정형 사람으로 분류한다. 생각하는 사람은 객관적 및 논리적인 반면 감정적인 사람은 주관적이며 개인적이다. 판단/인식 차원은 사람들을 계획적이고 잘 짜여진 삶을 선호하는 판단형 사람과 흐름을 선호하는 인식형 사람들로 구분한다. 판단형 사람은 순차적인 단계별 처리에 초점을 맞추고 작업의 종결 및 완료에 집중하지만 인식형 사람은 자발적이고 유연한 방식으로 반응한다.

MBTI의 4가지 차원에서 일반 사람들과 IT 개발자들을 비교한 결과를 보면 IT 개발자들의 75%는 내성적인 반면 일반 사람들은 단지 25%가 내성적인 성향을 보여준다. IT 개발자들의 55%는 직관적이지만 일반 사람들의 경우 25%만이 그러하다. IT 개발자들의 80%는 사고형이지만 일반 사람들은 50%가 사고형이다. 판단/인식 차원에서는 일반 사람들과 IT 개발자들이 모두 약간 더 판단형에 치우친다는 결과이다. 프로젝트 관리자가 팀 개발이나 특정 작업의 할당에 있어서 팀원들의 유형을 인지하고 이를 반영해 보는 것도 프로젝트의 성과에 도움이 될 수 있다.

여덟 번째, 회의는 많은 프로세스에서 사용되는 일반적인 도구 및 기법이지만 프로젝트의 "문화"가 생성되고 유지되는 곳이므로 팀 빌딩 프로세스에서 특히 중요하다.

A5 팀 관리 Manage Team

앞에서 프로젝트 팀을 확보하고 개발했으므로 다음 단계는 팀을 관리하는 것이다. 본 프로세스에서는 모든 팀 구성원의 성과를 모니터링 및 추적한다. 문제 영역이 식별되면 이슈를 해결하고 피드백을 제공하여 프로젝트 성과를 최적화한다. 이 프로세스는 일반적으로 프로젝트 수명주기 전반에 걸쳐 수행되며 팀 행동에 영향을 미치고 갈등을 관리하며 문제를 해결하는 데 도움이 된다. 결론적으로 팀 관리 프로세스는 팀원 성과 추적, 팀원 동기 부여, 적시적 피드백 제공, 문제 및 갈등 해결, 프로젝트 성과 향상을 위한 변경 조정 등의 활동을 수행한다. 프로젝트 관리자는 각 팀원에게 동기를 부여하고 팀원을 관리하는 가장 좋은 방법을 찾기 위해 자신의 소프트 스킬을 사용해야 한다, 팀 성과 및 관련 정보를 평가 한 후 프로젝트 관리자는 프로젝트에 변화가 필요한지, 시정 또는 예방 조치를 권장할지, 프로젝트 관리 계획 또는 조직 프로세스 자산에 업데이트가 필요할지 등을 결정해야 한다.

프로젝트 관리자는 팀 관리 프로세스에서 팀워크(teamwork)의 변화를 항상 주의 깊게 살펴보아야 한다. Patrick Lencioni는 팀워크를 여전히 미개발된 하나의 지속가능한 경쟁 우위라고 한다. 팀워크가 무너지면 신뢰 부재, 갈등에 대한 두려움, 헌신 부족, 책임 회피, 결과 무시 등의 현상이 나타난다. 팀워크는 집단사고(groupthink)가 형성되면 쉽게 형성될 수 있다. 이는 그룹의 가치 또는 윤리적 기준에 따르는 것으로 상충되는 관점(conflicting viewpoints)이 없다면 개발할 수 있다. 팀워크를 향상시키기 위해 프로젝트 관리자 실천해야 하는 항목들은 다음과 같다.

- 팀원에 인내하고 친절해야 한다.
- 비난 대신 문제를 해결한다.
- 정기적이고 효과적인 회의를 한다.
- 기본적인 팀 개발 단계를 거치는 시간을 허용해야 한다.
- 작업 팀의 규모를 3~7 명으로 제한하라.
- 프로젝트 팀원과 다른 이해관계자가 서로 이해하도록 다양한 활동 프로그램을 만든다.
- 팀 정체성을 강조한다.
- 팀원을 육성하고 서로 도울 수 있도록 격려한다.

팀 개발 모델인 Tuckman 모델에서 팀 관리 프로세스는 수행(performing) 단계가 나타나는 곳이다. 물론 해산은 프로젝트가 완료되면 발생하는 단계이다.

• 인풋 Input

팀 관리 프로세스의 인풋은 프로젝트 관리 계획, 프로젝트 문서, 작업 성과 보고서(work performance reports), 팀 성과 평가(team performance assessments), 기업 환경 요인, 조직 프로세스 자산 등 6가지다. 먼저, 프로젝트 관리 계획 중에는 자원관리 계획이 주요 인풋으로 사용된다. 자원관리 계획은 어떻게 프로젝트 팀 구성원을 정의하고, 인력을 배치하고, 관리하고, 최종적으로 릴리스해야 하는지에 대한 지침과 팀원들에게 어떤 표창과 보상을 언제 줄 것인지에 대한 정보를 제공한다.

두 번째, 프로젝트 문서는 이슈로그, 교훈 등록부, 프로젝트 팀 할당, 팀 헌장 등을 포함한다. 이슈로그는 프로젝트 팀 관리와 관련될 수 있는 다양한 이슈 정보를 담고 있다. 교훈 등록부는 프로젝트 팀 관리와 관련된 여러 교훈을 담고 있다. 프로젝트 팀 할당은 팀 구성원의 역할과 책임을 식별한다. 팀 헌장은 팀이 결정을 내리고 회의를 진행하며 갈등을 해결하는 방법에 대한 지침을 제공한다.

세 번째, 작업 성과 보고서는 일정관리, 비용관리, 품질관리 및 범위 검증에 관한 작업 성과 정보가 포함된 보고서이다. 이는 미래의 자원 요구사항, 인정 및 보상 분배를 결정하고 자원관리 계획을 업데이트하는 데 사용된다.

네 번째 인풋은 팀 성과 평가인데 초기 팀 성과 평가는 팀 개발 프로세스가 끝날 때 수행되며 이러한 평가는 팀 관리 프로세스 중에 계속된다. 평가는 문제 해결, 의사소통 수정, 갈등 해소, 팀 상호작용 개선 등에 사용된다.

다섯 번째, 기업 환경 요인은 인적 자원 관리 정책을 포함한다.

여섯 번째, 조직 프로세스 자산은 감사장 및 기타 형태의 표창이나 수상을 포함한다.

• 아웃풋 Output

팀 관리 프로세스의 아웃풋은 변경요청, 프로젝트 관리 계획 업데이트, 프로젝트 문서 업데이트, 기업 환경 요인 업데이트 등 4 가지이다. 먼저, 변경요청은 팀을 관리할 때 시정 또는 예방 조치에 대한 권장사항이 있는 경우 만들어진다. 이러한 변경 사항에 인력 변경이 포함되는 경우 프로젝트 관리 계획에 변경이 발생할 수 있다.

두 번째, 프로젝트 관리 계획 업데이트는 자원관리 계획, 일정 기준선, 비용 기준선 등에 대한 갱신을 의미한다. 자원관리 계획은 팀을 관리하고 이슈를 해결하는 과정에서 발생한 내용을 갱신한다. 일정 기준선은 팀원 변경으로 인해 일정이 변경되어야 하는 경우 갱신되어야 한다. 비용 기준선은 인력 구성 변경으로 인해 예산 변경이 필요한 경우 갱신되어야 한다.

세 번째, 프로젝트 문서 업데이트는 이슈로그, 교훈 등록부, 프로젝트 팀 할당 등의 문서의 업데이트를 의미한다. 이슈로그는 새로운 이슈가 발생하면 갱신된다. 교훈 등록부는 팀 관리와 관련된 정보 또는 문제가 발생하는 경우 업데이트 되어야 한다. 프로젝트 팀 할당은 팀에 변경 사항이 필요한 경우 갱신될 필요가 있다.

네 번째, 기업 환경 요인 업데이트는 조직 성과 평가에 대한 인풋으로 사용되는 인사 스킬(personnel skill) 등의 업데이트를 뜻한다.

• 도구와 기법 Tools and Techniques

팀 관리 프로세스에서 사용될 도구와 기법은 대인관계 및 팀 스킬(interpersonal and team skills)과 PMIS이다. 팀을 관리하는 것은 물체를 조작하는 기술적인 스킬이 아니라 사람들의 내부 심리와 마음을 다루는 소프트 스킬이라고 불리는 더 복잡한 스킬에 관한 것이다. 프로젝트 관리자는 각 팀원과의 대화가 필요하며 이것이 바로 이 프로세스에서 가장 중요한 도구와 기법이 대인관계 및 팀 스킬인 이유이다. 대인관계 및 팀 스킬에는 갈등관리, 의사결정, 감성지능(emotional intelligence), 영향(influencing), 리더십 등이 포함된다. 갈등관리는 다음 섹션을 참고하자. 의사결정은 조직과 프로젝트 관리 팀과 협상하고 이들에 영향을 미치는 능력을 포함한다. 따라서 여기서 말하는 의사결정은 투표나 다중기준 의사결정과 같이 의사결정 도구가 아닌 대인관계 스킬에 관한 것이다. 적절한 의사결정을 하기 위해서는 달성해야 할 목표에 집중하고, 의사결정 과정을 따르고, 환경적 요인을 연구하고, 사용 가능한 정보를 분석하고, 팀 창의성을 자극하고, 위험을 고려하여야 한다. 감성 지능은 자신과 타인의 개인적 감정은 물론 집단의 집단적 감정을 식별, 평가 및 관리하는 능력이다. 감성 지능이 높으면 팀원이 더 쉽게 받아들일 수 있는 방식으로 의사소통 하는 데 도움이 되며 또한 긴장을 줄이고 팀 구성원 간의 협력을 높일 수 있다. 특히 팀 구성원이 프로젝트 관리자에게 직접 보고하지 않는 매트릭스 환경에서는 프로젝트가 성공할 수 있도록 팀 구성원에게 영향을 줄 수 있는 것이 중요하다. 리더십은 팀을 이끌고 팀이 잘하도록 영감을 주는 능력이다. 프로젝트 목표의 비전을 전달하고 프로젝트 팀이 높은 성과를 달성하도록 영감을 주는 것이 특히 중요하다.

두 번째, 프로젝트 관리 정보시스템(PMIS)은 다양한 프로젝트 활동에서 팀 구성원을 관리하고 조정할 수 있는 소프트웨어가 포함될 수 있다.

• 갈등관리(Conflict Management)

프로젝트 환경에서 갈등은 불가피하다. 갈등의 원인에는 희소자원, 일정 우선순위 및 개인 작업 스타일 등이 있다. 갈등은 팀 기본 규칙(팀 헌장에 포함되어야 함), 역할과 책임에 대한 명확한 정의, 효과적인 의사소통 계획을 통해 줄일 수 있다. 성공적인 갈등 관리는 생산성 향상과 긍정적인 업무 관계로 이어질 수 있다. 적절하게 관리할 때, 갈등은 종종 새로운 아이디어, 더 나은 대안, 더 열심히 그리고 더 협력 적으로 일하려는 동기와 같은 중요한 결과를 만들어 낸다. 연구에 따르면 업무관련 갈등(task-related conflict)은 종종 팀 성과를 향상시키지만 정서적 갈등(emotional conflict)은 팀 성과를 저하시킨다.

갈등이 발생하면 먼저 프로젝트 팀 구성원이 해결에 대한 책임이 있다. 그러나 갈등이 확대되면 프로젝트 관리자가 해결을 촉진하기 위해 도움을 주어야 한다. 갈등은 직접적이고 협력적인 접근 방식을 사용하여 초기에 개인적으로 해결해야 하지만 파괴적인 갈등이 계속되면 징계 조치를 포함한 공식적인 절차가 사용될 수 있다. 프로젝트 관리자의 성공은 종종 갈등을 해결하는 능력에 달려 있다. 갈등을 해결하는 기법은 여러 가지가 있는데 어떤 기법을 선택할 것이냐는 갈등의 중요성과 강도, 갈등 해결을 위한 시간적 압박, 갈등에 연루된 사람들의 상대적인 힘, 좋은 관계를 유지하는 것의 중요성, 그리고 장기적 또는 단기적으로 갈등을 해결하려는 동기 등의 요소에 달려있다. 갈등을 해결하기 위한 5가지 일반적인 기법은 다음과 같다.

- 철회(withdrawal): 실제 또는 잠재적 충돌 상황에서 후퇴하는 것으로 회피(avoid)라고도 한다. 문제를 더 잘 준비하거나 다른 사람이 해결하도록 연기한다.
- 순탄(smooth): 차이의 영역보다 동의의 영역을 강조하는 것으로 수용(accommodate)이라고도 한다. 조화와 관계를 유지하기 위해 다른 사람들의 필요에 자신의 입장을 양보한다.
- 타협(compromise): 갈등을 일시적 또는 부분적으로 해결하기 위해 모든 당사자에게 어느 정도 만족을 줄 수 있는 솔루션을 찾는다. 화해(reconcile)라고도 하며 주고받기(give and take) 방식을 사용하기도 한다. 이 접근 방식은 때때로 손실-손실(lose-lose) 상황을 초래한다.
- 강제(force): 다른 사람을 희생시키면서 자신의 견해를 강요하는 것으로 지시(direct)라고도 한다. 일반적으로 비상사태를 해결하기 위해 권력 위치를 통해 시행되며 승-패(win-lose) 솔루션만 제공한다.
- 협력(collaborate): 의사결정자들은 다양한 관점에서 여러 관점과 통찰력을 통합한다. 일반적으로 합의와 커밋먼트로 이어지는 협력적인 태도와 열린 대화가 필요하다. 문제 해결(problem solve)이라고도 하는 이 접근 방식은 윈-윈(win-win) 상황을 만든다.

그림 8-4는 관계 중요도와 업무 중요도 이 2가지 관점에서 어떤 갈등해결 방법이 더 적절한 지 보여준다.

[그림 8-4] 적절한 갈등 해결책 선택 예시

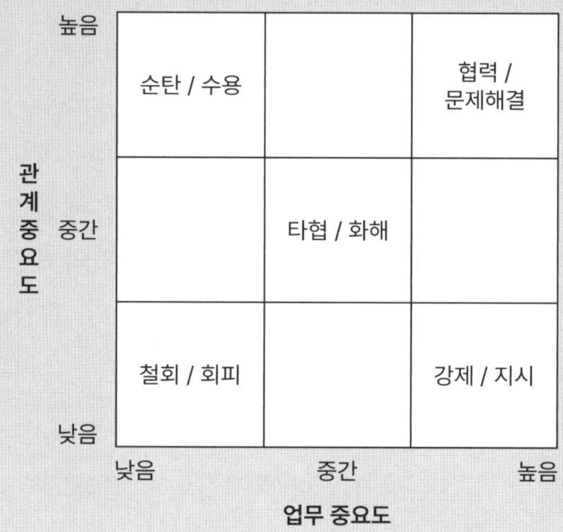

A6 자원 통제 Control Resources

자원통제는 프로젝트 자원관리의 최종 프로세스이다. 이 프로세스에서 프로젝트 관리자는 프로젝트 활동에 배정되고 할당된 자원이 사용가능한 지 확인하고 예상 사용량과 실제 사용량을 모니터링한 후 프로젝트가 순조롭게 진행되도록 수정조치를 취한다. 자원 통제는 프로젝트 수명주기 전반에 걸쳐 구현되며 필요한 프로젝트 자원이 정확한 시간에 올바른 위치에 배포되고 프로젝트가 종료되면 해제되도록 하는데 도움을 준다.

• 인풋 Input

자원통제 프로세스의 인풋은 프로젝트 관리 계획, 프로젝트 문서, 작업성과 데이터, 계약(agreement), 조직 프로세스 자산 등 5가지다. 먼저, 자원통제에 사용되는 프로젝트 관리 계획의 구성요소는 자원관리 계획이다. 자원관리 계획에는 적절한 물리적 자원을 확보하는 방법에 대한 지침이 포함되어 있다.

두 번째 인풋은 프로젝트 문서인데 이슈로그, 교훈 등록부, 물리적 자원 요구사항, 프로젝트 일정, 자원분할구조, 자원 요구사항, 위험 등록부 등이 포함된다. 이슈 로그는 이 프로세스의 결과로 식별된 프로젝트에 대한 자원 부족 또는 조달 지연과 관련된 이슈가 기록되어 있다. 교훈 등록부는 이 프로세스의 결과로 배운 교훈이 포함되어 있다. 물리적 자원 요구사항은 자원획득 프로세스의 아웃풋으로 이 프로세스 동안 통제될 물리적 자원에 대한 세부 정보를 제공한다. 프로젝트 일정은 프로젝트에서 자원이 사용되는 시기에 대한 정보를 제공한다. 자원분할구조는 프로젝트에 필요한 자원 유형을 제공한다. 이것은 이 프로세스의 결과로 프로젝트 과정에서 교체 또는 재획득해야 하는 자원에 대한 참조를 제공한다. 자원 요구사항은 프로젝트 활동을 수행하는 데 필요한 자원의 양을 식별한다. 위험 등록부는 이 프로세스의 결과로 식별된 자원 가용성과 관련된 위험 정보가 포함되어 있다.

세 번째, 작업성과 데이터는 프로젝트 활동을 수행하는 데 사용된 자원의 양과 유형에 대한 데이터를 보여준다.

네 번째, 계약은 프로젝트에 자원을 공급하기 위한 다른 조직과의 맺은 법률적 합의 문서이다.

다섯 번째 인풋은 조직 프로세스 자산인데 자원 할당 및 통제에 관한 조직 정책이나 자원에 관한 조직 내 갈등을 처리하기 위한 에스컬레이션 절차, 이전의 유사 프로젝트에서 얻은 교훈 저장소 등이 포함된다.

• 아웃풋 Output

자원통제 프로세스의 아웃풋으로는 작업성과 정보, 변경요청, 프로젝트 관리 계획 업데이트, 문서 업데이트 등 4가지이다. 먼저, 작업성과 정보는 자원이 실제로 어떻게 활용되었는지에 대한 작업 성과 데이터가 자원관리 계획에 명시된 자원 요구사항과 비교되었을 때 바로 이 비교를 일컫는다. 작업성과 정보는 실제 사용된 자원과 사용 예정된 자원 간의 차이가 있는지 확인하는 데 사용된다.

두 번째, 아웃풋은 변경요청이다. 작업 성과 정보의 결과로 실제로 사용된 자원과 사용하기로 계획된 자원 간에 차이가 발견되면 프로젝트 관리자는 시정 조치가 필요한지 여부를 결정해야 한다. 이러한 조치가 통합변경통제 수행 프로세스에 대한 인풋이 되는 변경요청이다.

세 번째, 프로젝트 관리 계획 업데이트는 자원관리 계획과 일정 기준선 및 비용기준선의 갱신을 의미한다. 자원관리 계획은 이 프로세스의 결과 자원 활용을 위한 원래 계획이 프로젝트와 관련된 실제 작업의 요구를 충족시키기에 비현실적이라고 판단되는 경우 사용된 추가 또는 대체 자원을 반영하도록 업데이트될 수 있다. 또한 이 프로세스의 결과로 추가 자원이 필요한 것으로 식별되면 해당 자원의 비용이 비용 기준선에 추가될 수 있으며 일정 기준선은 이러한 자원이 추가되는 시기를 반영하도록 업데이트될 수 있다.

네 번째, 문서 업데이트는 가정로그, 이슈로그, 교훈 등록부, 물리적 자원 할당, 자원분할구조, 위험 등록부 등이 포함된다. 가정로그는 물리적 자원에 대한 새로운 가정을 추가해야 하거나 이 프로세스에서 프로젝트 자원을 관리한 실제 경험의 결과로 가정로그에 이미 있는 기존 가정을 변경해야 하는 경우 갱신된다. 이슈로그는 이 프로세스를 수행하는 동안 해결해야 할 문제가 발견되면 업데이트 된다. 교훈 등록부는 이 프로세스를 수행하면서 자원 물류 관리, 자원 활용의 변동 관리 또는 이러한 변동에 대응하기 위해 권장되는 수정 조치가 효과적인 것으로 밝혀지면 업데이트 되고 이들은 프로젝트의 나머지 기간 동안 다른 프로세스를 개선하기 위해 사용된다. 물리적 자원할당은 프로젝트에 사용된 물리적 자원의 수량 또는 유형이 변경된 경우 업데이트 된다. 자원분할구조는 활동자원 추정 프로세스의 아웃풋으로 자원의 양을 제공하지 않고 프로젝트에 사용된 자원 유형을 분류한다. 이 프로세스의 결과로 원래 자원분할구조에 없는 추가 자원이 파악되면 자원분할구조는 업데이트 되어야 한다. 위험 등록부는 이 프로세스의 결과 자원 가용성 또는 활용과 관련된 새로운 위험이 발견되면 갱신되어야 한다.

• 도구와 기법 Tools and Techniques

자원통제 프로세스에서 사용될 수 있는 기법은 데이터 분석, 문제 해결 (problem solving), 대인관계 및 팀 스킬 (interpersonal and team skills), 프로젝트 관리 정보시스템(PMIS) 등 4가지이다. 먼저, 자원 통제에서 사용할 수 있는 데이터 분석 기법에는 대안분석, 비용 편익 분석, 성과 검토(performance review), 추세 분석 등이 있다.

두 번째 기법은 문제 해결(problem solving)이다. 자원 활용에 문제가 있을 때 문제의 원인을 분석하는 것이 중요하며, 그런 다음 대안 분석과 같은 데이터 분석 기법을 통해 잠재적인 솔루션을 제시할 수 있다. 구현된 솔루션의 효과성을 입증할 수 있도록 방법론적 접근 방식(예: Six Sigma)을 사용하는 것이 중요하다. 후속 조치에서 문제가 해결되지 않은 것으로 나타나면 문제 해결 방식으로 돌아가 원인을 다시 찾아야 할 수도 있다.

세 번째, 자원 활용과 관련한 대인관계 및 팀 스킬(interpersonal and team skills)에는 협상과 영향력이 포함된다. 추가 물리적 자원이 필요한 경우 프로젝트 관리자는 조직에서 이러한 자원을 확보하기 위해 협상 스킬이 필요할 수 있다. 또한 프로젝트에 대한 추가 자원을 확보하기 위해 기능 관리자 또는 이해관계자에게 영향력을 미치는 것이 필요할 수 있다.

네 번째, 프로젝트 관리 정보시스템(PMIS)은 자원의 유형 및 양 측면에서 자원을 관리하고 프로젝트에서 언제 활용되고 언제 릴리즈 될 것인지 일정을 관리할 수 있다.

이번 장에서 학습한 내용 생각해 보기

사람은 누구나 쉽게 팀플레이어(team player)가 될 수 있다고 생각하는가? 어떤 유형의 사람들이 팀 플레이어가 되는 데 더 어려움을 겪는가? 좋은 팀 플레이어 행동을 촉진하는 데 도움이 되는 것은 무엇인가?

우수한 IT 전문가에게 강력한 기술 스킬(technical skills)과 강력한 사람 기술(people skills)중 어느 것이 더 중요하다고 생각하는가?

핵심 용어

갈등관리 conflict management

감성 지능 emotional intelligence

공감 청취 empathic listening

라포 rapport

미러링 mirroring

사전 할당 pre-assignment

영향 influence

요구 계층 hierarchy of needs

자원관리 계획 resource Management plan

자원 달력 resource calendar

자원분할구조 resource breakdown structure

자원 요구사항 resource requirements

자원 통제 control resources

작업 성과 정보 work performance information

재능 삼각형 talent triangle

책임 할당 매트릭스 responsibility allocation matrix (RAM)

효과성 effectiveness

MBTI (Myers-Briggs Type Indicator)

RACI 차트

Tuckman 모형

제9장 프로젝트 의사소통관리

이번 장을 통해서 학습하게 될 내용들

- 의사소통의 중요성과 효과적인 의사소통을 위한 방안
- 커뮤니케이션 계획의 요소
- 커뮤니케이션 관리 방법
- 프로젝트 기간 동안 정보 요구사항이 충족되도록 커뮤니케이션을 통제하는 방법
- 프로젝트 의사소통 개선을 위한 방법

제 9장
프로젝트 의사소통관리

미니 사례

조상무는 대형 통신회사에서 얼마 전 상무로 승진했다. 조상무는 유능하고 강력한 리더이지만 이번에 새로 책임진 해저 광섬유 통신 프로그램은 이전에 작업했던 그 어떤 프로그램보다 훨씬 더 크고 복잡하다. 이 프로그램은 몇 가지 별개의 프로젝트로 구성되어 있으며 조상무는 이 모든 프로젝트를 감독해야 한다. 해저 통신시스템 시장은 계속 변화하고 있고, 맡은 프로그램 내에는 많은 프로젝트가 있어 조상무는 의사소통과 유연성이 매우 중요하다고 생각한다. 조상무의 회사는 마일스톤과 완료 날짜를 지키기 못하면 소규모 프로젝트의 경우 하루 수백만원에서 대규모 프로젝트의 경우 하루 3억원에 이르는 막대한 재정적 불이익을 받게 된다. 많은 프로젝트가 서로 다른 프로젝트의 성공에 달려 있기 때문에 조상무는 이러한 프로젝트 간의 인터페이스를 이해하고 적극적으로 관리해야 한다. 조상무는 본인에게 보고해야 하는 프로그램 내의 프로젝트 관리자들과 몇 차례 공식 및 비공식 토론을 했다. 조상무는 프로젝트 관리자들과 그의 핵심 참모인 박부장과 함께 프로그램을 위한 의사소통 계획을 개발하기로 했다. 그러나 조상무는 정보를 배포하고 발생할 수 있는 모든 불가피한 변화를 관리하는 최선의 방법에 대해 여전히 확신이 없다. 그는 모든 프로젝트 관리자가 자신들의 창의성과 자율성을 저해하지 않으면서도 의사소통 계획을 수립하고 성과를 추적할 수 있는 일관된 방법을 찾아내기를 원한다. 박부장은 중요한 프로젝트 정보를 최신 상태로 유지하고 동기화하기 위해 몇 가지 새로운 의사소통 기술을 사용할 것을 제안했다. 조상무는 정보통신 및 광섬유 회선 설치에 대해서는 많이 알고 있지만 의사소통 프로세스를 개선하기 위해 정보기술을 사용하는 전문가는 아니다. 사실, 이것이 조상무가 박부장을 핵심 참모로 임명한 이유 중 일부이기도 하다. 조상무와 박부장은 유연하고 사용하기 쉬운 의사소통 프로세스를 실제로 개발할 수 있을까? 매주 해저 광섬유 통신 프로그램에 더 많은 프로젝트가 추가됨에 따라 시간이 중요해진다.

프로젝트 의사소통의 중요성

많은 프로젝트에서 가장 큰 위협 요인 중의 하나는 의사소통의 실패이다. 강력한 대화 스킬은 IT 전문가의 경력 발전에 중요한 요소임에도 불구하고 일반적으로 IT 전문가들은 훌륭한 의사소통자로 인식되지 않고 있다. 대부분은 기술적 스킬 향상에 더 많은 노력을 기울이고 있지만 사실 IT 프로젝트에서 기술적 스킬과 소프트 스킬을 완전히 분리할 수 없다. 프로젝트가 성공하기 위해서는 모든 프로젝트 팀원이 두 가지 유형의 스킬 모두가 필요하다. 가장 중요한 비기술적 스킬에는 문제 해결, 팀워크 및 의사소통이 포함된다. 일부 조직은 탄탄한 소프트 스킬 및 비즈니스 스킬을 입증하면 최소한의 기술 능력을 가진 개인이라도 채용하고자 한다.

흔히 일정보다 뒤쳐지는 프로젝트에서 프로젝트 관리자들은 더 많은 인력을 추가하려고만 하지만 이것이 항상 가능한 해결책은 아니다. Frederick Brooks의 저서인 The Mythical Man-Month[1) 에 설명된 것처럼, 원래 한 사람이 두 달 걸리도록 예정된 작업에 두 사람이 투입된다고 항상 그 작업이 한 달 만에 수행된다고 가정할 수는 없다. 사람들은 서로 교환할 수 있는 부품이 아니며 의사소통의 복잡성이 증가함으로써 기회 비용이 발생하기 때문이다. 의사소통 채널 수는 참여자의 수에 달려있다. 즉, 의사소통에 참여하는 사람들의 수가 증가함에 따라 사람들이 소통할 수 있는 소통 채널이나 경로가 더 많아지기 때문에 의사소통의 복잡성이 증가하고 효과성은 떨어지는 것이다.

$$\text{소통 채널 수} = n(n-1)\ /\ 2 \quad \text{where } n = \text{참여자 수}$$

프로젝트 의사소통관리는 프로젝트 정보의 적시적이고 적절한 계획, 수집, 생성, 배포, 저장, 검색, 통제, 모니터링 및 궁극적인 폐기를 보장하는 활동이다. 프로젝트 관리자는 대부분의 시간을 팀 구성원 및 기타 프로젝트 이해관계자와 의사소통 하는데 사용한다. 효과적인 의사소통은 서로 다른 문화적, 조직적 배경, 서로 다른 수준의 전문 지식, 서로 다른 관점과 관심을 가질 수 있는 다양한 이해관계자 사이에 가교 역할을 하여 프로젝트 실행 또는 결과에 영향을 미친다.

---

1) Frederick P. Brooks, Mythical Man-Month, The: Essays on Software Engineering, 2nd Edition, Addison-Wesley Professional, 1995

• 효과적인 의사소통 방안

프로젝트 관리자들은 자신들의 시간 중 90%를 의사소통에 소비한다고 한다. 이렇게 가장 많은 시간을 사용하는 의사소통을 보다 효과적으로 하기 위해서는 어떻게 해야 할까? 좋은 의사소통을 위한 핵심요인으로 다음과 같은 6가지 방안이 제시된다.

첫 번째, 더 나은 의사소통 스킬을 개발하기 위해 노력해야 한다. IT 전문가를 위한 회사나 학위 프로그램들은 말하기, 쓰기, 듣기 스킬의 중요성을 종종 간과한다. 대부분의 회사는 직원이 의사소통 교육을 통해 더 많은 혜택을 얻을 수 있는 경우에도 직원을 위한 기술 교육에만 많은 비용을 지출한다. 직원들도 소프트 스킬을 위한 수업보다 최신 기술을 배우는 수업에 자발적으로 등록할 가능성이 높다. 조직이 더욱 글로벌화 됨에 따라 다른 국가 및 문화권 사람들과의 의사 소통을 향상시키는 방법에도 투자해야 한다. 의사소통을 개선하려면 리더십이 필요하다.

두 번째, 그룹 및 개별 의사소통 니즈에 집중할 필요가 있다. 프로젝트의 많은 작업에서 의사소통 니즈가 충족되어야 성과를 기대할 수 있다. 의사소통 니즈에 영향을 미치는 것 중 대표적인 것이 개인 취향(personal preferences)이다. MBTI (Meyers-Briggs Type Indicator)은 성격 선호도를 결정하는 잘 알려진 도구인데 MBTI의 유형에 따라 사람들의 의사소통 니즈 또는 원하는 정보 유형은 달라진다. 내향적인(introvert) 사람들은 사적인 커뮤니케이션을 더 좋아하는 반면 외향적인(extrovert) 사람들은 공개적으로 토론하는 것을 좋아한다. 직관적인(intuitive) 사람들은 큰 그림을 이해하길 원하는 반면 감각적인(sensing) 사람들은 단계별 세부 정보를 필요로 한다. 사고하는 사람들(thinkers)은 의사 결정의 논리를 알고 싶어하지만 느낌을 중시하는 사람들 (feeling people)은 어떤 것이 그들에게 개인적으로 어떻게 영향을 미치는지 알고 싶어한다. 판단하는(judging) 사람들은 마감 시간을 맞추려고 노력하는 반면, 인지(perceiving) 유형의 사람들은 계획 수립과 이의 이행에 더 많은 도움이 필요하다. 이처럼 의사소통 니즈는 개인의 특성에 따라 달라질 수 있으므로 의사소통을 하기 전에 다른 사람의 입장을 고려하는 것이 중요하며 동시에 프로젝트 관리자는 자신의 의사소통 방식 또한 이해하고 있어야 한다. 일반적으로 정보 발신자가 의도한대로 정보 수신자가 정확하게 해석할 수 있게 하려면 다양한 의사소통 방식(문자, 영상, 비디오 및 회의 등)을 사용하는 것이 좋다. 또한 수신자가 완전히 이해할 수 있도록 피드백 루프를 구축하는 것이 요구된다. 지리적 위치와 문화적 배경 등도 의사소통 니즈에 영향을 미칠 수 있다. 다른 근무 시간, 언어 장벽, 다른 문화적 규범 등과 같은 요인들이 만들어 낼 다양한 의사소통 요건들을 잘 파악하는 것이 필요하다.

세 번째, 성공적인 의사소통을 위해 공식적인 방법과 비공식적 방법을 모두 사용하는 것이 중요하다. 특히 대면 소통의 중요성을 이해할 필요가 있다. 연구에 따르면 대면 소통에서 의사소통의 58 %는 바디 랭기지(body language)를 통해서 이루어지고 의사소통의 35 %는 단어가 들리는 방식을 통해 이루어진다. 의사소통의 7 %만이 말하는 내용을 통해 이루어진다. 따라서 단순히 들리는 실제 단어 이상에 관심을 가질 필요가 있으며 행간 의미가 중요하다는 의미이다. 사람의 목소리와 바디 랭기지는 자신이 실제로 어떻게 느끼는지에 대해 많은 것을 알려준다. 특히 복도나 회의실에서 서서하는 스탠드 업(Stand-up) 형태의 짧은 논의나 회의는 사람들이 실제 의사소통 해야 할 필요가 있는 것에 집중하도록 하며 종종 IT 프로젝트에서 매우 효과적이다.

네 번째, 중요한 정보를 효과적이고 적시적으로 배포하는 것이 필요하다. 프로젝트 관리자는 주요 문제가 조직(특히 수익 측면에서)에 어떤 영향을 줄 수 있는지 알아야 한다. 따라서 팀원과 프로젝트 관리자는 필요한 중요 정보를 숨기지 말아야 하며 특히 나쁜 정보를 보고하는 것을 두려워하지 말아야 한다. 나쁜 소식 일수록 추가정보를 제공하여 이해가 용이하도록 만드는 것이 중요하다. 만약 문제가 있다면, 그것이 전체 프로젝트와 조직에 어떤 영향을 미칠지 알아야 하며 문제를 완화하기 위해 수행할 단계를 권장할 수 있어야 한다. 나쁜 소식일수록 전달하기 위한 준비를 철저히 해야 한다. 회의와 비공식 대화를 통한 구두 소통(oral communication)은 중요한 정보(좋은 것이든 나쁜 것이든)를 공개하는데 도움이 된다.

다섯 번째, 보다 효과적인 의사소통을 위해 템플릿을 적극적으로 사용할 필요가 있다. 프로젝트에서 실제 많은 개발자들이 도움을 요청하는 것을 두려워 하는데 이럴 때 프로젝트 의사소통을 위한 예제와 템플릿을 제공하면 시간과 비용의 절약 뿐만 아니라 의사소통의 결과도 매우 좋아진다. 연구에 따르면 프로젝트 관리에 탁월한 회사는 템플릿을 효과적으로 사용한다. 사제 템플릿을 개발하거나 외부 조직에서 제공한 템플릿 혹은 교재의 샘플을 사용할 수도 있다. 관련 템플릿 및 샘플 문서를 찾고 개발하고 공유하는 것은 많은 프로젝트 관리자에게 중요한 작업이다. 여러 유형의 저장소(repository)에서 프로젝트에 필요한 템플릿을 저장한다. 교훈 보고서(lessons-learned report)는 개인이 프로젝트를 통해 배운 중요한 것들을 회고하면서 정리한 문서이다. 프로젝트 관리자는 종종 모든 교훈 보고서의 정보를 프로젝트 요약 보고서에 결합한다. 프로젝트 아카이브(project archives)는 프로젝트의 정확한 이력을 제공하는 조직화되어 있는 프로젝트 기록물의 완전한 세트이다. 그 외에도 많은 프로젝트 팀이 프로젝트 웹 사이트를 만들어 중요한 제품 문서 및 기타 정보를 저장한다.

여섯 번째, 의사소통에 필요한 최신 기술이나 도구를 효과적으로 사용할 필요가 있다. 일반적인 의사소통 도구 이용에 도움이 되는 지침은 다음과 같다. 먼저, 적절한 도구인지 확인해야 하며 작업 문서를 공유할 수 있는 적절한 사람들에게 권한을 부여해야 한다. 올바른 사람이 공유 문서에 대한 변경 사항을 승인하고 파일을 백업하는지 확인해야 하며 공유 문서를 구성하고 정리하기위한 논리적 구조 개발이 필요하다. 그 외에 효과적인 의사소통 도구로 이메일을 사용하기 위한 지침도 숙지할 필요가 있다. 올바른 사람들에게 정보를 보내야 하며 의미가 잘 전달되는 제목을 사용하고 이메일 내용을 하나의 주제(제목)로 제한하는 것이 좋다. 내용은 최대한 명확하고 간결해야 하며 이메일을 보내기 전에 다시 읽어보고 오류를 수정할 수 있어야 한다. 첨부 파일 수 및 크기 제한에 유념해야 하며 이메일에 빠르게 응답하는 습관을 가지는 것이 좋다. 저장할 필요가 없거나 응답이 필요 없는 이메일은 바로 삭제하고 이메일을 보관해야 할 경우 각 메시지를 적절히 보관해야 한다.

이메일이나 웹과 같은 의사소통 도구나 기술은 프로젝트 의사소통을 개선하는 데 도움이 되지만 갈등을 일으킬 수도 있다. 사이버 슬랙커(Cyberslackers)는 일을 하지 않고 중요하지 않은 이메일 등을 보내면서 친구나 동료들을 성가시게 만드는 것과 같이 업무와 관련되지 않은 활동을 온라인 상에서 하면서 시간을 보내는 사람들을 지칭하는 용어이다. Websense의 최근 조사 결과에 따르면 직원들은 개인적인 목적으로 웹을 점점 더 많이 사용하고 있으며, 미국의 경우 기업 전체로 매년 170조원 또는 직원 당 약 5백만원의 비용을 치르고 있다. 또 다른 설문 조사에 의하면 미국 고용주의 1/4 이상이 이메일 오용으로 근로자를 해고했으며 1/3이 직장에서의 인터넷 오용으로 근로자를 해고한 것으로 나타났다. Money magazine에서 제시한 밀레니얼 세대가 직장을 잃거나 더 큰 비용을 치루게 되는 소셜 미디어 실수 리스트를 보면 공사를 구분 못하는 행동이 가장 큰 원인으로 지목된다.

프로젝트 의사소통관리 프로세스

프로젝트 의사소통관리는 올바른 사람들이 올바른 메시지를 보내고, 받고, 이해할 수 있도록 도와주는 프로세스들을 포함하는데 다음과 같은 3개의 작업들로 구성되어 있다.

- 의사소통관리 계획 (Plan Communications Management)

• 의사소통 관리 (Manage Communications)

• 의사소통 모니터링 (Monitor Communications)

의사소통관리 계획은 이해관계자의 정보 니즈 및 요구사항 그리고 사용가능한 조직 자산을 기반으로 프로젝트 의사소통에 대한 적절한 접근방식 및 계획을 수립하는 프로세스이다. 의사소통 관리는 의사소통관리 계획에 따라 프로젝트 정보를 생성, 수집, 배포, 저장, 검색하고 궁극적으로 폐기하는 프로세스이다. 의사소통 모니터링은 프로젝트 이해관계자의 정보 요구사항이 충족되도록 전체 프로젝트 수명주기 동안 의사소통을 모니터링하고 통제한다.

이들 3개 프로세스를 프로젝트 관리 프로세스 그룹의 관점에서 살펴보면 표 9-1과 같이 의사소통관리 계획은 계획 프로세스 그룹에 속하며 의사소통 관리는 실행 프로세스 그룹에 속한다. 마지막으로 의사소통 모니터링은 모니터링 및 통제 프로세스 그룹에 속한다. 의사소통관리 프로세스들도 품질관리나 자원관리처럼 5개 프로젝트 관리 프로세스 그룹 중 계획 프로세스 그룹, 실행 프로세스 그룹, 모니터링 및 통제 프로세스 그룹 등 3개 프로세스 그룹에 걸쳐 있다.

[표 9-1] 프로젝트 관리 프로세스 그룹과 의사소통관리 맵핑

지식 영역	착수 프로세스 그룹	계획 프로세스 그룹	실행 프로세스 그룹	모니터링 및 통제 프로세스 그룹	종료 프로세스 그룹
의사소통관리		의사소통관리 계획	의사소통 관리	의사소통 모니터링	

다음 그림 9-1은 프로젝트 의사소통관리의 입력물, 도구와 기법, 산출물을 보여준다.

A1 의사소통관리 계획 Plan Communications Management

의사소통관리 계획 프로세스는 프로젝트 의사소통과 관련된 활동에 대한 체계적이고 효과적인 계획을 수립한다. 프로젝트 의사소통은 주로 이해관계자가 효율적으로 참여(engagement)되도록 문서화된 접근 방식을 통해 관련 데이터를 적시에 표시하고 전달하는 것이다. 본 프로세스는 프로젝트 수명주기 전반에 걸쳐 주기적으로 수행되어야 한다.

[그림 9-1] 프로젝트 의사소통관리 개요

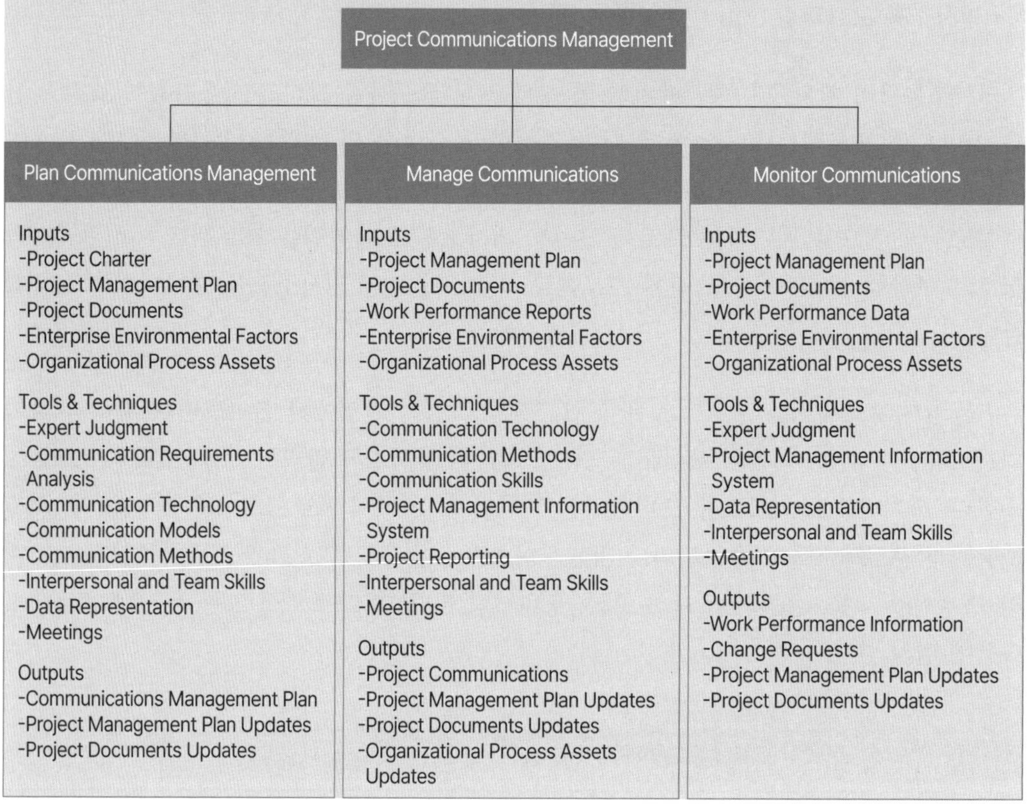

프로젝트 의사소통을 안내하는 문서인 의사소통관리 계획을 수립하기 위해 각 이해관계자 및 팀의 요구사항, 사용가능한 조직 자산 및 프로젝트 니즈와 같은 정보를 주로 사용한다. 소규모 프로젝트의 경우 의사소통관리 계획은 팀 계약의 일부가 될 수 있으며 대규모 프로젝트 경우에는 별도 문서가 만들어져야 한다.

• 인풋 Input

의사소통관리 계획 프로세스의 인풋은 프로젝트 헌장, 프로젝트 관리 계획, 프로젝트 문서, 기업 환경 요인, 조직 프로세스 자산 등 5가지이다. 먼저, 프로젝트 헌장에는 주요 이해관계자 목록과 조직 내에서의 역할 및 책임이 포함된다.

두 번째, 프로젝트 관리 계획은 자원관리 계획과 이해관계자 참여 계획이 중요한 요소이다. 자원관리 계획은 인적자원 관리에 대한 지침을 제공하며 이 계획에서 식별된 팀 구성원 및 그룹은 의사소통 요구사항을 갖게 된다. 이해관계자 참여 계획은 이해관계자 관리 전략을 담고 있으며 이는 의사소통 요구사항 생성에 도움이 된다.

세 번째, 프로젝트 문서 중 이 프로세스의 주요 인풋은 요구사항 문서와 이해관계자 등록부다. 요구사항 문서는 이해관계자 의사소통에 관한 요구사항을 포함한다. 이해관계자 등록부는 이해관계자와의 의사소통 계획이 포함되어 있다.

네 번째, 기업 환경 요인은 이해관계자 위험 임계값, 정부 법률 및 규정에 기반한 인사 관리 정책, 조직 문화 및 거버넌스 프레임워크 등을 포함한다.

다섯 번째, 조직 프로세스 자산은 소셜 미디어에 대한 조직 정책 및 절차, 조직 커뮤니케이션 요구사항, 정보 교환, 저장 및 검색에 대한 표준화된 지침, 이전의 유사한 프로젝트에서 얻은 역사적 정보 및 교훈 저장소 등을 포함한다.

• 아웃풋 Output

이 프로세스의 아웃풋은 의사소통관리 계획, 프로젝트 관리 계획 업데이트, 프로젝트 문서 업데이트 등 3가지이다. 먼저 의사소통관리 계획은 이해관계자 의사소통 요구사항, 형식, 내용 및 세부 수준을 포함하여 소통되어야 할 정보, 정보를 받고 정보를 생성할 사람들, 정보 전달을 위한 제안된 방법 또는 기술, 의사소통 빈도, 문제 해결을 위한 이관 절차(Escalation procedures), 의사소통 관리 계획을 업데이트하기 위한 개정 절차, 공통 용어의 용어집 등의 내용을 포함한다.

두 번째, 프로젝트 관리 계획 업데이트는 구성요소 중 이해관계자 관리 계획의 갱신을 의미하며 다양한 이해관계자에게 전달될 정보의 유형이 업데이트될 수 있다.

세 번째, 프로젝트 문서 업데이트는 프로젝트 일정과 이해관계자 등록부의 갱신을 뜻한다. 프로젝트 일정은 의사소통 활동을 추가해야 하는 경우 이를 일정에 반영해야 한다. 이해관계자 등록부는 다양한 이해관계자와 계획된 의사소통이 추가될 수 있다.

• 도구와 기법 Tools and Techniques

이 프로세스에서 사용하는 도구와 기법은 전문가 판단, 의사소통 요구사항 분석(communication requirements analysis), 의사소통 기술(communication technology), 의사소통 모형(communication models), 의사소통 방법(communication methods), 대인관계 및 팀 스킬(interpersonal and team skills), 데이터 표현(representation),

회의 등 8가지이다. 먼저, 전문가 판단은 의사소통 계획 수립에 경험이 있거나 의사소통 전략에 관한 전문지식을 가진 개인이나 그룹의 조언을 받는 방법을 의미한다.

두 번째, 의사소통 요구사항 분석(communication requirements analysis)은 이해관계자 등록부에서 이해관계자에 관한 정보를 가져와 다양한 이해관계자가 필요로 하는 정보의 유형과 형식 측면에서 정보 요구사항을 결정하는 데 사용한다. RACI(Responsible-Accountable-Consult-Inform) 매트릭스 중 C와 I는 의사결정 중 누구와 상의해야 하고 의사결정 결과를 누구에게 알려야 하는지에 관한 것으로 이는 프로젝트에 대한 주요 회의 전후에 어떤 이해관계자에게 정보를 제공해야 하는지 분석하는 데 사용할 수 있다.

세 번째, 의사소통 기술(communication technology)은 정보교환과 협업을 위해 필요한 도구이다. 프로젝트 의사소통 요구사항, 정보의 민감도 및 보안, 의사소통 대상자 등과 같은 다양한 요소를 고려하여 포털 또는 웹사이트를 통한 정보 게시, 이메일, 메시징 도구, 컨퍼런스 콜 등의 의사소통 기술이 정해진다.

네 번째, 의사소통 모형(communication models)은 의사소통 과정을 발신자, 매체, 수신자로 해석하는 방법이다. 즉, 발신자가 메시지를 보내면 이는 인코딩되어 통신 매체를 통해 전송되고 다시 디코딩되어 수신자가 이해하게 된다는 것이다. 이러한 의사소통 모형은 소통이 잘 못 되는 원인을 파악하는데 도움이 된다. 보낸 사람이 메시지 인코딩을 잘못하거나 전송에 잡음이 있거나 받는 사람이 메시지 디코딩을 잘못하면 소통이 성공하지 못할 수 있다. 노이즈(noise)는 원본 메시지를 변경하여 수신자가 발신자가 보낸 정확하고 명확한 메시지를 수신할 수 없도록 하는 간섭이다. 노이즈를 다룰 때 하드웨어만 고려하면 안되고 의사소통의 왜곡에 대한 내부 또는 주관적인 원인도 다룰 수 있어야 한다.

다섯 번째, 이 프로세스에서 사용할 수 있는 의사소통 방법(communication methods)은 공식 서면(formal written), 비공식 서면(informal written), 공식적 구두 소통, 비공식적 구두 소통 등을 포함한다. 공식 서면(formal written)은 이름에서 알 수 있듯이 계약서나 모든 유형의 법적 문서 또는 공식적으로 문서를 작성하는 방법에 서명할 때 사용된다. 예를 들어 프로젝트 관리 계획은 관련 이해관계자가 승인한 공식 문서이다. 다른 예로는 사양서 등과 같은 공식적으로 작성된 프로젝트 문서가 있다. 비공식 서면(informal written)은 형식적이지 않은 모든 유형의 서면 의사소통이 포함된다. 예를 들어 이메일 쓰기, 동료에게 메모장 보내기 등이 여기에 포함된다. 공식적 구두 소통은 공식적으로 이루어지는 의사소통이지만 서면 의사소통은 아니다. 예를 들어 준비된 연설, 한 명 이상의 사람들에게 발표하기 등이 여기에 포함된다. 비공식적 구두 소통은 채팅, 전화 대화, 회의, 일대일 세션 등을 포함하는 간단한 의사소통 방법 등을 의미한다. 그 외 의사소통 방법의 또 다른 분류법은 일대다 의사소통(push communication), 다대일 의사소통(pull communication), 양방향 의사소통(interactive communication) 등으로 나누는 방법이다. 푸시 의사소통은 단방향 커뮤니케이션으로 발신자는 메시지를 한 명 이상의 수신자에게 보내는 방식이다. 예를 들면 이메일, 팩스 등이다. 풀 의사소통은 팀 구성원이 원하는 정보를 본인이 원하는 시간에 접근할 수 있도록 하는 방식으로 웹사이트에 정보를 게시하는 방법이 예이다. 상호작용 의사소통은 회의에서 팀 구성원과 서로 소통하는 방식을 의미한다.

여섯 번째, 이 프로세스에서 많이 사용되는 대인관계 및 팀 스킬(interpersonal and team skills)은 의사소통 스타일 평가(communication styles assessment), 조직 내 관계에 대한 정치적 인식(political awareness), 개인 간의 차이에 대한 문화적 인식(cultural awareness) 등이다. 의사소통 스타일 평가는 이해관계자가 선호하는 의사소통 방법에 대한 분석이며, 이를 통해 의사소통을 그들의 요구에 보다 효과적으로 맞출 수 있다.

일곱 번째, 이 프로세스에 주로 사용될 수 있는 데이터 표현(representation) 방법은 이해관계자 참여평가 매트릭스(stakeholder engagement assessment matrix)이다. 그림 9-2에 나타나듯이 이는 이해관계자의 참여 수준을 결정하는 데 도움이 되는 것으로 프로젝트 시작 시 이해관계자가 어디에 있는지 파악하고 프로젝트 과정에서 영향을 미치기 위해 필요한 참여 수준을 보여준다.

[그림 9-2] 이해관계자 참여 평가 매트릭스 예시

이해 관계자	불인지	저항	중립	지원	리딩
이해 관계자 1	C			D	
이해 관계자 2			C	D	
이해 관계자 3				C, D	

C: Current D: Desired

여덟 번째 도구와 기법은 회의인데, 프로젝트 회의에 대한 기본 규칙을 설정하여 효과적이고(작업을 완료하도록) 효율적인(사람들의 시간을 낭비하지 않도록) 회의가 되도록 하는 것이 중요하다.

A2 의사소통 관리 Manage Communications

의사소통 관리 프로세는 프로젝트 정보를 적절하고 적시적으로 수집, 생성, 배포, 저장, 검색, 관리, 모니터링하고 최종적으로 폐기하는 것을 목표로 한다. 이 프로세스는 프로젝트 팀과 이해관계자 사이에서 정보의 쉽고 효율적인 흐름을 제공하기 위해 프로젝트 수명주기 전반에 걸쳐 수행된다. 정보 생성 및 배포에 중점을 두는 이 프로세스는 프로젝트 관리자의 업무 중 큰 부분을 차지한다.

프로젝트 정보를 적시에 필요한 사람에게 유용한 형식으로 제공하는 것은 처음에 정보를 개발하는 것만큼이나 중요하다. 프로젝트 팀은 정보를 생성하고 배포하는 가장 좋은 방법을 결정해야 하며 이를 위해 사용할 기술, 사용할 적절한 방법이나 미디어, 성과 보고 등을 고려하여야 한다. 기술은 적절히 사용되면 정보를 생성하고 배포하는 프로세스를 촉진한다. 그림 9-3은 적절한 소통 방법과 미디어를 선택하는 것이 중요함을 보여주는 연구 결과이다.

프로젝트 실행 중에 프로젝트 팀은 정보 배포를 개선하기 위해 정책 및 절차를 수정하거나 정보시스템의 수정 또는 새로운 기술의 적용을 꾀할 수 있다. 이 프로세스는 궁극적으로 의사소통 흐름을 방해하지 않고 이해관계자의 변화하는 요구와 니즈를 수용하는 데 도움이 된다.

• 인풋 Input

이 프로세스의 인풋은 프로젝트 관리 계획, 프로젝트 문서, 프로젝트 성과 보고서, 기업 환경 요인, 조직 프로세스 자산 등 5가지이다. 먼저, 프로젝트 관리 계획 중 이 프로세스에서 인풋으로 사용되는 구성요소는 의사소통관리 계획, 자원관리 계획, 이해관계자 참여 계획 등이다. 의사소통 관리 계획은 다음과 같은 정보를 담고 있다.

- 이해관계자 커뮤니케이션 요구사항
- 전달되는 정보, 배포 이유, 정보 전달 책임자, 배포 시간 및 빈도, 정보 전달에 사용되는 방법 및 기술, 정보를 받는 사람 또는 그룹, 승인 순서를 포함한 정보 흐름의 흐름
- 특별 처리 절차: 에스컬레이션 프로세스 및 기밀 정보공개 절차
- 커뮤니케이션 활동에 할당된 자원 (예산 및 일정 측면에서)

[그림 9-3] 소통 목적에 적합한 미디어 예시

유형	문서	전화	음성녹음	이메일	미팅	웹사이트
공감대 형성	3	2	3	3	1	3
갈등 중재	3	2	3	3	1	3
오해 풀기	3	1	3	3	2	3
부정적인 행동 다루기	3	2	3	2	1	3
지지/감사 표현	1	2	2	1	2	3
창의적 사고 장려	2	3	3	1	3	3
아이러니한 발언 하기	3	2	2	3	1	3
참조 문서 전달	1	3	3	3	3	1
권위 강화	1	2	3	3	1	2
기밀 유지	2	1	2	3	1	3
단순 정보 전달	3	2	1	1	2	3
정보 질문하기	3	2	1	1	3	3
간단한 요청하기	3	3	1	1	3	3
복잡한 지시 내리기	3	3	3	2	1	2

1: 매우 우수 2: 적절 3: 부적절

- 프로젝트 상태 회의, 팀 회의 및 가상 회의 등에 대한 지침 및 템플릿, 보고서 형식, 이메일 메시지 템플릿
- 법률 또는 규정, 조직 정책에서 파생된 제약
- 의사소통 관리 계획 업데이트 및 수정 방법

자원관리 계획은 인적 자원과의 의사소통에 대한 지침을 포함하는 경우 인풋이 될 수 있다. 이해관계자 참여 계획은 이해관계자의 현재 참여 수준 및 원하는 참여 수준을 설명함으로써 이해관계자에게 보낼 커뮤니케이션의 빈도와 유형을 파악한다.

두 번째, 프로젝트 문서는 변경로그, 이슈로그, 교훈 등록부, 품질 보고서, 위험 보고서, 이해관계자 등록부 등을 포함한다. 변경로그는 통합변경관리 수행 프로세스의 아웃풋으로 프로젝트에서 수락되고 구현될 변경 사항과 거부된 변경 사항이 모두 기록된다. 변경의 영향을 받는 이해관계자는 이 과정에서 소통된다. 이슈로그는 이슈를 포함하고 있는 문서이며 특정 이슈와 그 해결 방법에 영향을 받는 이해관계자는 이 프로세스가 진행되

는 소통되어야 한다. 교훈 등록부는 의사소통 관리에 대해 배운 모든 교훈을 담고 있으며 나머지 기간 동안 적용될 수 있다. 품질 보고서는 시정 조치와 관련되거나 그 영향을 받을 수 있는 이해관계자에게 전달할 필요가 있는 품질 문제, 산출물 개선(품질통제), 프로세스 개선(품질보증) 등에 관한 정보를 포함한다. 위험 보고서는 위험 책임자(risk owner) 및 기타 영향을 받는 이해관계자에게 전달되어야 하는 전반적인 제품 위험의 원인이나 식별된 개별 프로젝트 위험에 대한 요약 정보 등을 포함한다. 이해관계자 등록부는 다양한 유형의 정보가 필요한 개인 및 그룹을 식별한다.

세 번째, 프로젝트 성과 보고서는 실제 결과와 계획된 작업과의 차이를 나타내는 작업 성과 정보를 취하여 발견된 차이를 분석하여 그 근원을 찾고 가능하면 시정 또는 예방 조치를 제안한 결과이다. 이는 관련 이해관계자와 공유되어야 한다.

네 번째, 기업 환경 요인은 인사 관리 정책, 특히 규정 또는 법적 요구 사항을 기반으로 하는 정책, 조직 문화 및 거버넌스 프레임워크, 커뮤니케이션 동향 및 관행, 이해관계자의 위험 임계값 등을 포함한다.

다섯 번째, 조직 프로세스 자산은 소셜 미디어에 대한 기업 정책 및 절차, 문제, 위험, 변경 및 데이터 관리와 관련된 기업 정책 및 절차, 조직 커뮤니케이션 요구사항, 정보 교환, 저장 및 검색에 대한 표준화된 지침, 교훈 저장소를 포함한 유사 프로젝트의 기록 정보 등을 포함한다.

• 아웃풋 Output

의사소통 관리 프로세스의 아웃풋은 프로젝트 의사소통(project communications), 프로젝트 관리 계획 업데이트, 프로젝트 문서 업데이트, 조직 프로세스 자산 업데이트 등 4가지이다. 먼저, 프로젝트 의사소통은 주로 이해관계자에게 보고하는 프로젝트 성과 및 상태 등에 관한 보고서를 의미한다. 다양한 지식 영역과 관련된 것들이 보고되지만 특히 범위, 일정 및 비용의 주요 제약과 관련된 사항이 포함된다. 상태 보고서(status report), 진도 보고서(progress report), 예측 보고서(forecasts) 등이 여기에 포함된다.

두 번째, 프로젝트 관리 계획 업데이트는 의사소통 관리 계획과 이해관계자 참여 계획을 포함한다. 의사소통관리 계획은 이 프로세스 중에 발생한 의사소통 접근 방식 등의 변경 사항을 반영한다. 이해관계자 참여 계획은 이해관계자 의사소통 요구사항이나 합의된 의사소통 전략이 변경되는 경우 이를 반영한다.

세 번째, 프로젝트 문서 업데이트는 이슈로그, 교훈 등록부, 프로젝트 일정, 위험 등록부, 이해관계자 등록부 등의 갱신을 의미한다. 이슈로그는 이 프로세스의 결과로 의사소통과 관련된 문제가 발견되거나 어떤 문제에 대한 개선 방안의 효과를 기록할 필요가 있을 때 갱신한다. 교훈 등록부는 의사소통 문제가 발생하는 경우 어떻게 이러한 문제를 피할 수 있었는지, 어떻게 개선된 접근 방식이 잘 작동했는지 등을 기록한다. 프로젝트 일정은 수행된 새로운 의사소통 활동을 반영하도록 업데이트해야 한다. 위험 등록부는 의사소통과 관련된 모든 위험을 추가한다. 이해관계자 등록부에는 특정 이해관계자와 관련된 의사소통 활동에 관한 정보가 기록된다.

네 번째, 조직 프로세스 자산 업데이트는 프로젝트에 사용된 프로젝트 기록(메모, 서신, 회의록)이나 프로젝트 보고서 및 프레젠테이션(회의에 제시되거나 회의 결과로 작성된 것) 문서의 갱신을 포함한다.

• 도구와 기법 Tools and Techniques

이 프로세스에서 사용할 수 있는 도구와 기법은 의사소통 기술(communication technology), 의사소통 방법(communication methods), 의사소통 스킬(communication skills), 프로젝트 관리 정보시스템(PMIS), 프로젝트 리포팅(project reporting), 대인관계 및 팀 스킬 (interpersonal and team skills), 회의 등 7가지이다. 먼저 의사소통 기술은 정보통신기술의 급격한 발전으로 정보공유 뿐만 아니라 협업을 위한 기술 선택의 옵션이 다양해 졌다. 의사소통 기술 선택에 영향을 미치는 요소에는 정보의 긴급성, 기술의 가용성 및 신뢰성, 사용 용이성, 프로젝트 환경, 정보의 기밀성, 조직 문화 등이 포함된다.

두 번째, 의사소통 방법(communication methods)에는 양방향(interactive), 일대다(push), 다대일(pull) 등의 방법이 있다. 의사소통의 용도와 목적에 따라 적절한 방법을 선택할 수 있다.

세 번째, 의사소통은 다양한 스킬을 요구하는데 의사소통 능력(communication competence), 피드백(feedback), 비언어적 표현, 프레젠테이션 스킬 등은 이 프로세스에서 활용할 수 있는 대표적인 스킬이다. 의사소통 능력(communication competence)은 주로 대화식(일대일) 의사 소통을 다룬다. 목적의 명확성과 간결성은 일을 올바르게 수행하는 효율적인 메시지를 만드는 데 도움이 되며 리더십을 사용하여 다른 사람들에게 영감을 주는 것은 올바른 일을 하는 효과적인 메시지를 만드는 데 도움이 된다. 피드백(feedback)은 프로젝트 시작 시 설정된 기본 규칙을 따르지 않거나 구성원 간에 발생한 갈등을 해결하기 위해 행동을 수정해야 할 필요가 있는 경우 프로젝트 관리자가 구성원에게 제공해야 하는 것이다. "부정적인" 피드백은 받는 사람 측의 저항을 줄이기 위해 공감, 객관적인 기준, 주관적인 인상("내 생각에는 … "), 당사자가 대안을 도출할 수 있도록 유도, 지원, 긍정적인 피드백을 통한 자신감 고취 등을 동반해야 한다. 비언어적 표현은 말할 때 다양한 성악 사용(목소리의 톤과 높낮이 변경, 강조를 위해 일시 중지 사용 등)이나 자신의 의미를 강조하는 제스처를 사용하는 방법을 뜻한다. 프레젠테이션 스킬은 명확하고 효과적인 발표를 하는 능력이다.

네 번째는 프로젝트 관리 정보 시스템(PMIS)은 프로젝트 관리 외에도 e-커뮤니케이션, 소셜 미디어 관리 등을 위해 사용할 수 있다. 특히 일정 진행 상황을 모니터링하는 데 도움이 되는 대시보드를 만들거나 프로젝트 팀 구성원 및 프로젝트 이해관계자와의 다양한 형태의 커뮤니케이션에 도움이 될 수 있다. 또한 프로젝트 진행 상황에 이해관계자를 참여시킬 수 있는 온라인 커뮤니티를 형성하는 데 도움을 주는 소셜 미디어를 관리하는데 도움이 된다.

다섯 번째, 프로젝트 리포팅(project reporting)은 작업성과 정보(실제 작업과 계획된 작업의 비교)를 가져와 이해관계자에게 보내는 작업성과 보고서와 같은 유용한 형식으로 만드는 기법이다. 중요한 정보는 정기적으로 관련 이해관계자에게 전송되어야 하지만 주요 이해관계자의 요청에 따라 정보를 보낼 준비도 해야 한다.

여섯 번째, 대인관계 및 팀 스킬(interpersonal and team skills) 중 의사소통 관리에 많이 사용되는 것은 적극적인 청취(active listening), 갈등관리, 문화적 인식(cultural awareness), 회의 관리(meeting management), 네트워킹(networking) 등이다. 적극적인 청취(active listening)는 메시지의 수신을 알려주거나 이메일을 보낼 때 수신자가 이메일을 열었음을 확인하는 알림 시스템의 설정, 내용을 명확히 하고 확인하기(발신자가 방금 말한 내용을 요약해 달라고 요청하거나 수신자가 본인이 이해한 내용을 요약하여 발신자가 확인할 수 있도록 함), 상대방이 온전히 집중할 수 있는 시간에 그들과 대화하기, 이해에 부정적인 영향을 미치는 장벽 제거(명확하게 말하기) 등을 포함한다. 갈등은 프로젝트의 여러 이해관계자 간에 발생할 수 있다. 이유는 반대 아이디어, 프로젝트 스트레스, 예상치 못한 요구사항, 예산 제약, 헌신 부족 또는 개인적인 자아 충돌 등 무엇이든 될 수 있다. 갈등이 발생하면 최고 경영진부터 하위 직원에 이르기까지 관련된 모든 사람들에게 부정적인 영향을 미친다. 이 때문에 프로젝트가 일시적으로 중단되어 시간과 비용이 초과되기도 한다. 제 시간에 해결되지 않으면 갈등으로 인해 프로젝트 진행과 생산성이 저해되어 산출물이 지연되고 품질이 저하될 수 있으므로 신속하고 적절한 갈등관리가 필요하다. 문화적 인식(cultural awareness)은 이해관계자 커뮤니티 내 문화적 차이로 인해 발생할 수 있는 오해와 커뮤니케이션을 최소화한다. 회의관리는 프로젝트 관리자가 효과적으로 회의를 운영하기 위해 다음 사항들을 수행하는 것을 의미한다. 회의가 꼭 필요한 것인지 확인하고 회의의 목적과 의도하는 결과를 정의한다. 회의에 참석해야 할 사람을 결정하고 회의 전에 참가자에게 의제를 제공한다. 유인물과 시각 보조 자료를 준비하고 미리 행사 준비를 하며 회의의 기본 규칙을 미리 설정하고 설명한다. 전문적으로 회의를 진행하고 회의를 통해 관계를 구축할 수 있어야 한다. 네트워킹(networking)은 정보를 교환하고, 접촉할 사람들을 찾고, 경력을 발전시키고, 프로젝트 성공을 위해 다른 사람들과 연결하는 프로세스이다. 개인적, 대면 네트워킹이거나 이메일 또는 소셜 미디어 형태의 가상 네트워킹으로 나눌 수 있다. 프로젝트 내에서 문제 해결, 이해관계자의 행동에 영향 미치기, 이해관계자의 지원 증대 등을 위해 사용된다.

일곱 번째, 회의는 다른 여러 프로세스에서도 사용되는 매우 일반적인 도구 및 기법이다. 회의를 효과적인 도구로 만들기 위해서는 대인관계 및 팀 스킬에서 언급한 회의관리 스킬을 잘 적용해야 한다.

A3 의사소통 모니터 Monitor Communications

의사소통 모니터 프로세스는 프로젝트가 완료될 때까지 프로젝트 및 관련 이해관계자의 모든 정보 니즈 및 요구사항이 충족되는지 확인한다. 이 프로세스의 주요 목표는 전체 프로젝트 수명주기 동안 최적의 정보 흐름을 보장하는 것이다. 프로젝트 관리자와 프로젝트 팀은 다양한 보고 시스템이나 전문가 판단 및 회의를 사용하여 의사소통이 얼마나 잘 작동하는지 평가해야 한다. 만약 문제가 있는 경우 조치를 취해야 하며 종종 이러한 조치는 의사소통 계획 및 관리와 관련한 이전 프로세스들의 변경을 요구할 수도 있다. 때때로 프로젝트 팀 외부의 전문가가 의사 소통의 효과를 평가하게 하는 것도 도움이 된다.

참고로 비록 프로세스 명이 의사소통 모니터이지만 당연히 통제 기능을 포함하고 있음을 잊지 말아야 한다. 모니터링이 프로젝트에 대한 실제 작업과 계획된 작업을 비교하는 것이라면 통제는 편차가 존재하는 경우 계획에 맞게 작업을 변경하거나 계획이 처음부터 비현실적인 것으로 판명된 경우 작업에 맞게 계획을 변경하는 것을 의미한다.

• 인풋 Input

의사소통 모니터 프로세스의 인풋은 프로젝트 관리 계획, 프로젝트 문서, 작업성과 데이터, 기업 환경 요인, 조직 프로세스 자산 등 5가지이다. 먼저, 프로젝트 관리 계획의 구성요소는 자원관리 계획, 의사소통관리 계획, 이해관계자 참여 계획 등이다. 자원관리 계획은 의사소통이 충분한지 검토하기 위해 프로젝트 팀 구성원의 역할과 책임이 필요한데 이를 제공한다. 의사소통관리 계획은 팀 구성원 및 이해관계자에게 전달되는 의사소통을 나타낸다. 이해관계자 참여 계획은 이해관계자의 프로젝트 관여 수준에 따라 이해관계자를 참여시키기 위해 계획된 커뮤니케이션 전략을 식별한다.

두 번째, 프로젝트 문서에는 이슈로그, 교훈 등록부, 프로젝트 커뮤니케이션 등이 포함된다. 이슈로그는 이해관계자 참여와 관련된 모든 이슈가 포함되어 있다. 교훈 등록부는 이해관계자 의사소통과 관련한 교훈을 포함하고 있으며 프로젝트 커뮤니케이션은 배포된 커뮤니케이션에 대한 정보를 제공한다.

세 번째, 작업성과 데이터는 실제로 배포된 의사소통의 유형 및 양에 대한 데이터가 될 것이며 의사소통 관리 계획에 지정된 것과 비교된다.

네 번째, 기업 환경 요인은 조직 문화 및 거버넌스 프레임워크와 커뮤니케이션 채널, 도구 및 시스템 등을 포함한다.

다섯 번째, 조직 프로세스 자산은 소셜 미디어에 대한 기업 정책 및 절차와 정보 교환, 저장 및 검색에 대한 표준화된 지침 등을 포함한다.

• 아웃풋 Output

이 프로세스의 아웃풋으로는 작업성과 정보, 변경요청, 프로젝트 관리 계획 업데이트, 문서 업데이트 등 4가지이다. 먼저, 작업성과 정보는 의사소통이 실제로 수행되는 방식(이 프로세스 인풋인 작업성과 데이터)을 비교하고 의사소통관리 계획에서 수립한 계획과 비교하는 것이다. 의사소통의 효과성과 관련하여 이해관계자 및 프로젝트 팀의 피드백을 얻기 위해 프로젝트 팀에서 분석한다.

두 번째 아웃풋은 변경요청인데 의사소통관리 계획에 있는 내용과 더 일치하도록 의사소통을 변경하는 것일 수도 있고 원래 계획이 비현실적인 것으로 판명되었거나 이해관계자가 요구사항을 변경한 경우 계획 자체에 대한 변경일 수도 있다. 예를 들어, 프로젝트의 영향력을 더 알게 됨에 따라 프로젝트에 대한 정보를 더 자주 요청할 수 있다.

세 번째, 프로젝트 관리 계획 업데이트는 의사소통관리 계획과 이해관계자 참여 계획의 갱신을 의미한다. 의사소통관리 계획은 의사소통을 보다 효과적으로 만들기 위한 모든 변경을 반영한다. 이해관계자 참여 계획은 이해관계자의 상황이 변경되고 프로젝트에 대한 추가 정보가 필요한 경우 갱신된다.

네 번째, 프로젝트 문서 업데이트는 이슈로그, 교훈 등록부, 이해관계자 등록부에 대한 갱신을 포함한다. 이슈로그는 의사소통과 관련된 모든 이슈가 업데이트 된다. 교훈 등록부는 의사소통 문제 해결 방법과 수정 조치가 업데이트되어 향후 의사소통이 효과적으로 이루어지게 하다. 이해관계자 등록부는 의사소통과 관련하여 변경된 요구사항이 있는 경우 업데이트 된다.

• 도구와 기법 Tools and Techniques

의사소통 모니터 프로세스에서 사용할 수 있는 도구와 기법은 전문가 판단, 프로젝트 관리 정보시스템(PMIS), 데이터 표현(representation), 대인관계 및 팀 스킬(interpersonal and team skills), 회의 등 5가지이다. 먼저, 전문가 판단은 의사소통을 모니터링할 때 필요한 경험이나 관련 지식을 가진 전문가로부터 조언을 받는 방법을 뜻한다.

두 번째, 프로젝트 관리 정보시스템(PMIS)은 정보를 캡처, 저장하고 팀 구성원, 내외부 이해관계자에게 배포하는 데 도움이 되는 소프트웨어 도구이다. 참고로 PMIS에 포함된 정보에 대한 유효성과 효율성도 모니터링 될 수 있다.

세 번째, 데이터 표현(representation) 기법 중 주로 사용되는 것은 이해관계자 참여평가 매트릭스(stakeholder engagement assessment matrix)이다. 이는 각 이해관계자의 현재 참여 수준과 원하는(또는 계획된) 참여 수준을 차트로 표시하고 현재와 원하는 수준 간의 이동 진행 상황을 모니터링하는 데 유용하다. 이 매트릭스는 13장 이해관계자 관리에서 보다 상세하게 설명된다.

네 번째, 대인관계 및 팀 스킬(interpersonal and team skills)은 갈등 관리(conflict management), 촉진(facilitation), 적극적인 경청(active listening), 리더십(leadership), 네트워킹(networking), 정치적 인식(political awareness), 영향(influencing), 협상(negotiation), 동기 부여(motivation), 팀 빌딩(team building), 감성 지능(emotional intelligence), 의사소통 스타일 평가(communication styles assessment), 문화적 인식(cultural awareness) 등을 포함한다. 또한 프로젝트 성과를 업데이트하고 소통하는 가장 적절한 방법을 결정하기 위해 프로젝트 팀과 대화(정보의 타당성을 위함) 하는 것과 이해관

계자의 요청에 응답(정보의 효과성을 위함) 하는 것도 중요한 스킬이다.

다섯 번째, 회의는 대면 회의와 가상 회의를 모두 포함한다. 회의가 전체 의사소통의 큰 부분을 차지하기 때문에 회의가 어떻게 진행되고 있는지 모니터링하고 통제해야 할 수도 있다.

이번 장에서 학습한 내용 생각해 보기

의사소통관리 계획의 개념은 논리적으로 이해되지만 많은 프로젝트에서 이러한 유형의 계획을 만들지 않거나 잘 따르지 않는 경우가 많다. 왜 이런 일이 벌어진다고 생각하는가?

IT 프로젝트 관리자가 경력의 다양한 시점에서 우수한 기술 스킬(technical skills)과 우수한 의사소통 스킬(communications skills) 중 어떤 스킬을 보유하는 것이 더 중요하다고 생각하는가?

핵심 용어

네트워킹 networking

다대일 의사소통 pull communication

양방향 의사소통 interactive communication

의사소통 관리 communications management

의사소통 관리 계획 communications management plan

의사소통 모니터 monitor communications

의사소통 모형 communication models

의사소통 방법 communication methods

이해관계자 참여평가 매트릭스 stakeholder engagement assessment matrix

일대다 의사소통 push communication

템플릿 template

프로젝트 아카이브 project archives

프로젝트 의사소통 project communication

회의 관리 meeting management

제10장
프로젝트 위험관리

이번 장을 통해서 학습하게 될 내용들

- 프로젝트 관리와 관련된 위험 개념
- 위험관리 계획 내용
- 위험 식별 프로세스 설명과 위험 등록부
- 정성적 위험 분석과 확률/영향 매트릭스
- 정량적 위험 분석 및 위험을 정량화하기 위해 방법들
- 부정적인 위험과 긍정적인 위험을 모두 다루기 위해 다양한 위험 대응 계획
- 위험 모니터링 방법 논의

제 10장
프로젝트 위험관리

미니 사례

백사장은 인터넷 응용 프로그램 개발 및 유지보수 서비스를 전문으로 하는 소규모 시스템 개발 회사인 ㈜국민시스템의 사장이다. 국민시스템은 주로 홈페이지를 개발하는 회사였으나 매출이 늘어나며 최근에는 금융 분야의 웹기반 비즈니스 시스템 개발 프로젝트를 수행하기 시작하였다. 직원은 프로그래머, 비즈니스 분석가, 데이터베이스 전문가, 웹 디자이너 등으로 구성되어 있으며 약 20명의 정규직 직원이 있고 내년에 최소 10명을 더 고용할 계획이다. 또한 프리랜서 및 비정규직 개발자의 수도 늘릴 계획이다. 국민시스템은 지난 몇 년 동안 프로젝트를 비교적 잘 수행해 냈지만 최근에는 프로젝트 완료에 어려움을 겪고 있다. 최근 새롭게 진출한 웹기반 비즈니스 시스템 분야에서 복수의 개발 프로젝트를 성공적으로 수주하였지만 이들 개발 프로젝트에서 여러 가지 문제점이 계속 도출되면서 정상적으로 프로젝트를 완료하지 못하고 이로 인해 프로젝트 수익성이 크게 악화되고 있다. 물론 회사의 재정에도 적신호가 들어와 있다. 백사장은 프로젝트 관리자들과의 면담을 통해 위험관리가 전혀 실행되지 않는다는 것을 알았다. 국민시스템의 프로젝트 관리자들은 그간 웹사이트나 홈페이지 개발 프로젝트 경험이 많은 시니어 개발자 중에서 선발된 인력들이다. 이들 프로젝트 관리자들은 새로운 프로젝트 내에서는 기존 홈페이지 프로젝트와는 달리 위기 대응팀을 두고 있으며 문제가 발생하면 즉각 이들을 가동하여 문제를 해결하려고 노력하고 있기 때문에 결과에 상관없이 최선을 다하고 있다고 주장했다. 프로젝트 관리자들은 회사가 소기업이어서 특정 문제에 대해 위기 대응팀 내에 적절한 해결 능력을 갖춘 전문가가 부재할 때에는 어려움이 있을 수밖에 없으며 또한 조직 밖의 지원을 통해 문제를 해결하기 위해서는 시간이 걸릴 수 밖에 없다고 주장하였다. 따라서 프로젝트 일정이 지연되거나 완료에 약간의 문제가 있는 것은 프로젝트 수행에서 흔히 발생하는 상황이라고 말하였다. 백사장은 이들 프로젝트 관리자들이 기본적으로 위험관리에 대한 지식을 갖추지 못하고 있다고 판단하였다. 백사장은 앞으로 수

주하는 새로운 프로젝트를 위한 프로젝트 관리자를 임명할 때에는 위험관리를 포함하여 프로젝트 관리에 대한 전문지식이 있는지 확인해야 하겠다고 다짐했다. 만약 여러분이 새로운 프로젝트 관리자로 임명된다면 프로젝트를 성공적으로 이끌어 나가기 위해 어떻게 위험 관리를 해 나갈 것인지 논의해 보자.

프로젝트 위험관리의 중요성

위험의 사전적 정의는 "손실 또는 부상의 가능성"이다. 이 정의는 종종 위험과 관련된 부정성(negativity)을 강조하고 불확실성이 관련되어 있음을 시사한다. 이러한 관점에 따르면 프로젝트 위험관리는 프로젝트에서 발생할 수 있는 잠재적인 문제에 대한 이해와 그것이 어떻게 프로젝트 성공에 방해가 되는지를 파악하는 것이다. 하지만 PMBOK의 정의에 따르면 위험은 불확실한 사건이나 조건이며 발생하는 경우 프로젝트 목표에 긍정적 또는 부정적 영향을 미친다. 위험은 이미 프로젝트에 발생한 사건이나 존재하는 것이 아니라 일어날 수 있는 사건이며 또한 위험은 긍정적인 영향을 줄 수도 있고 부정적인 영향을 줄 수도 있다는 것이다. 많은 사람들이 부정적인 영향을 미칠 위험에만 초점을 맞추는 경향이 있지만 현명한 프로그램 관리자는 긍정적인 것과 부정적인 것 모두에 주의를 기울여야 한다. PMBOK는 사전적 의미의 위험을 부정적인 위험(negative risk)이라고 하고 이에 대한 위험관리는 일종의 보험과 같으며 잠재적으로 부정적인 사건이 프로젝트에 미치는 영향을 줄이기 위해 수행되는 활동으로 설명한다. 반면 프로젝트에 좋은 일을 야기할 수 있는 불확실한 사건은 긍정적인 위험(positive risk)이며 이러한 유형에 대한 위험관리는 기회에 투자하는 것과 같다고 하였다. 이때는 당연히 잠재적으로 긍정적인 사건이 프로젝트에 미치는 영향을 크게 하기 위한 활동이 위험관리가 된다. 위험의 부정성과 긍정성을 모두 이해한다면 위험관리의 목표가 잠재적인 부정적 위험은 최소화하고 잠재적인 긍정적 위험은 극대화하는 것이라는 것을 쉽게 알 수 있다. 다만 위험관리에도 비용이 존재한다는 것을 잊어서는 안된다. 어떤 경우에도 위험관리 비용이 잠재적 이익을 초과해서는 의미가 없다. 위험관리는 투자이다.

위험은 위험 이벤트, 위험 이벤트의 결과 또는 영향, 위험 이벤트가 발생할 가능성 등 세 가지 요소로 구성된다. 명확하게 정의된 위험 이벤트가 없다면 우려 사항을 완전히 이해하는 것은 불가능하다. 위험 이벤트의 결과가 분명하게 정의되지 않으면 위험에 대해 '그래서 뭐가 어떻다는 건데?'와 같은 질문에 답변을 할 수 없다. 위험 가능성을 어느 정도 이해해야만 팀이 전체 프로젝트 결과에 위험이 얼마나 중요한지 알 수 있다. 위험 이벤트의 가능성은 항상 1보다 작은 확률을 가져야 한다. 팀 구성원은 종종 이미 발생한 일과 위험을 연관시키려고 한다. 즉, 가능성이 1인 경우를 생각하곤 한다. 하지만 앞에서 언급했듯이 이미 발생한 사건은 위험이 아니라 문제이다. 위험은 발생할 가능성이 있지만 실제로 발생하지 않은 것이다.

위험에는 알려진(known) 위험, 알려지지 않은(unknown) 위험, 그리고 알 수 없는(unknowable) 위험 이렇게 3 가지 유형이 있다. 알려진 위험은 프로젝트에 관련된 많은 사람들이 인식하고 프로젝트 계획 활동 초기에 분명하게 나타나는 위험이다. 알려지지 않은 위험은 매우 제한된 그룹의 사람들에게는 알려져 있지만 프로젝트 계획 활동에서 인지되지 않는 위험이다. 알 수 없는 위험은 완전히 예상 밖의, 사실상 예측할 수 없는 위험이다. 프로젝트 위험관리의 주요 목표 중 하나는 알려지지 않은 위험을 식별하는 것이다. 알 수 없는 위험은 단지 예측할 수 없는 것이다. 알려진 위험을 문서화하고 알려지지 않은 위험을 최대한 많이 포착하면 프로젝트에서 예상치 못한 일의 수를 줄여 '알 수 없는 것'을 해결할 시간을 허용한다.

위험 관리는 프로젝트 수명주기 동안 프로젝트 목표 달성을 위해 위험을 식별, 분석, 대응하는 아트이자 과학이다. 위험관리는 실제로 프로젝트 목표를 살펴보고 해당 목표에 대한 위협이나 기회가 무엇인지, 처음부터 이에 적극적으로 대응하기 위해 무엇을 할 수 있는지 파악한다. 하지만 실제 프로젝트 현장에서는 위험 관리를 간과하는 경우가 많다. 한 설문조사 결과를 보면 위험관리는 최우선 순위였지만 기업의 66 %만이 전략 계획 결정에 이를 종종 적용한다고 응답했다. 또 다른 연구에 따르면 위험관리는 모든 지식영역에서 가장 낮은 성숙도를 보여준다. 위험관리가 중요하다고 말은 하지만 실제 그렇게 수행하지 못하는 이유는 바로 위험관리가 가지고 있는 내재적 특성 때문이기도 하다. 즉, 위험관리는 선제적 대응을 의미하며 많은 노력을 기울이더라도 겉으로 드러나는 모습은 위험관리를 잘 하지 않는 팀과 비슷하게 보일 수 있기 때문이다. 단지 위험이 발생해야만 위험관리의 중요성이 부각되는 것이다. 훌륭한 위험관리의 결과는 프로젝트에서 특별한 위험을 마주하지 않고 프로젝트가 수월하게 진행되는 것이지만 그 이면에 많은 노력이 투입된 결과임을 잊어서는 안된다.

적절한 위험관리는 프로젝트의 성공 가능성을 크게 높인다. 문제를 예상하고 피할 수 있으며 특히 의외의 사건이나 결과에 당황하는 경우를 막을 수 있다. 미리 준비하면서 협상력을 향상시키며 고객의 커밋먼트를 확보할 수 있고 일정이나 비용 초과 가능성을 줄일 수 있는 장점이 있다. 프로젝트 관리자는 일반적으로 주어진 프로젝트 기간 동안 위험관리 프로세스를 감독할 책임이 있다. 위험을 효과적으로 관리하기 위해 프로젝트 관리자는 목표를 명확하게 이해하여 팀의 결과 생성 능력에 영향을 미칠 수 있는 가능한 장애물을 식별하고 대응할 수 있어야 한다.

• 위험관리에서의 주요 개념 정리 및 비교

▣ 위험에 대한 정의

PMI의 실제 위험 정의는 "발생할 경우 하나 이상의 프로젝트 목표에 긍정적 또는 부정적 영향을 미치는 불확실한 이벤트 또는 조건“이다. 실생활에서의 위험 정의는 일반적으로 잠재적인 부정적인 영향이 있는 이벤트이지만 PMI의 위험 정의는 긍정적인 효과도 포함한다는 점에서 더 넓거나 일반적으로 "기회"라고 부르는 것을 포함한다.

▣ 위험 및 이해관계자

이해관계자는 프로젝트의 결과에 영향을 미칠 수 있는 사람이다. 이해관계자의 정의와 위험 정의의 유사점은 프로젝트의 결과에 영향을 미친다는 점이며 차이점은 하나는 사람이고 하나는 그렇지 않다는 점이다. 따라서 프로젝트 관리자는 이해관계자를 참여시키고 그들과 추론하고 그들의 기대치를 관리할 수 있다. 그러나 날씨와 논쟁을 벌이고 원하는 것을 하도록 부추길 수는 없다. 악천후 상황이 발생하면 이를 피하거나 우산을 지참하여 몸이 젖는 것을 완화함으로써(또는 좋은 날씨를 활용하여 위험의 확장된 정의를 사용하여) 상황에 대비할 수 있다. 프로젝트 관리자는 위험과 이해관계자 둘 다 프로젝트에 영향을 줄 수 있으므로 이 둘을 모두 신중하게 대응해야 한다.

▣ 전체 위험(overall risk) 대 개별 위험(individual risk)

개별 위험은 특정 이벤트와 관련이 있지만 전체 위험은 프로젝트 전체에 대한 불확실성과 관련이 있다. 프로젝트 관리에서는 주로 개별 위험을 논의하지만 전체 위험도 고려해야 한다.

▣ 알려진 위험 대 알려지지 않은 위험

알려진 위험(known risk)은 발생할 수 있음을 알고 있거나 예상하지만 발생할지 여부를 모르지만 알려지지 않은 위험(unknown risk)은 예상하지 못한 위험이다. 이것은 단지 이론적인 개념이 아니라 처리 방식에서 매우 실질적인 차이가 있다. 알려진 위험은 위험 등록부에 저장되고 비상 준비금에서 자금을 조달하는 위험 대응책을 생성하지만 알려지지 않은 위험은 예상하지 못한 이유로 위험 등록부에 포함되지 않는다. 알려지지 않은 위험은 위험 대응계획이 없기 때문에 관리 준비금에서 자금을 조달하는 워크어라운드(workaround)라는 즉석 솔루션을 마련해야 한다. 워크어라운드는 제2의 해결책이란 의미이다.

▣ 위험과 확률 (Risk and probability)

위험을 관리할 수 있게 만드는 것 중 하나는 "대수의 법칙(law of large numbers)“이다. 충분한 시행 또는 사례가 주어지면 동일한 발생 가능성을 가진 사건의 빈도가 균등하게 되는 확률의 원리 (예, 주사위 던지기)를 의미한다. 따라서 자주 발생하는 위험은 특정 수준의 확신을 가지고 발생할 확률을 예측할 수 있는 위험이지만 알려지지 않은 위험은 운 좋게도 더 드물게 나타나기 때문에 예측할 수 없는 위험이다.

▣ 위험 대 이슈

위험은 잠재적인 이벤트로, 발생하면 더 이상 잠재적인 문제가 아니라 이슈라고 하는 실제 문제가 된다. 위험이 발생하여 문제가 되면 위험 등록부가 아닌 이슈 로그에서 처리된다.

프로젝트 위험관리 프로세스

프로젝트 위험관리는 프로젝트 수명주기 동안 프로젝트 목표 달성을 위해 위험을 식별, 분석, 대응하는 활동으로 다음과 같은 7개의 작업들로 구성되어 있다.

- 위험관리 계획 (Plan Risk Management)
- 위험 식별 (Identify Risks)

- 정성적 위험분석 수행 (Perform Qualitative Risk Analysis)
- 정량적 위험분석 수행 (Perform Quantitative Risk Analysis)
- 위험대응 계획 (Plan Risk Responses)
- 위험대응 구현 (Implementation Risk Responses)
- 위험 모니터링 (Monitor Risks)

위험관리 계획은 프로젝트의 위험관리 활동을 어떻게 수행할 것인지 그 방법을 결정한다. 위험 식별은 프로젝트에 영향을 줄 수 있는 위험을 결정하고 이들 특성을 문서화 한다. 정성적 위험분석 수행은 발생 가능성과 영향에 따라 위험의 우선 순위를 정한다. 정량적 위험분석 수행은 프로젝트 목표에 대한 위험의 영향을 수치로 추정한다. 위험대응 계획은 프로젝트 목표 달성에 대한 기회를 높이고 위협을 줄이기 위한 조치를 계획한다. 위험대응 구현은 위험대응 계획에서 수립한 대책을 실제로 구현한다. 마지막으로 위험 모니터링은 식별된 위험과 잔여 위험에 대한 모니터링, 새로운 위험의 식별, 위험대응 계획의 수행 및 위험 전략의 효과 평가를 포함한다.

이들 7개 프로세스를 프로젝트 관리 프로세스 그룹의 관점에서 살펴보면 표 10-1과 같이 처음 5개의 프로세스는 계획 프로세스 그룹에 속한다. 여섯 번째 프로세스인 위험대응 구현은 실행 프로세스 그룹에 속하고 마지막 위험 모니터링은 모니터링 및 통제 프로세스 그룹에 속한다. 위험관리 프로세스들도 품질관리나 자원관리 또는 의사소통관리처럼 5개 프로젝트 관리 프로세스 그룹 중 계획 프로세스 그룹, 실행 프로세스 그룹, 모니터링 및 통제 프로세스 그룹 등 3개 프로세스 그룹에 걸쳐 있다.

[표 10-1] 프로젝트 관리 프로세스 그룹과 위험관리 맵핑

지식 영역	착수 프로세스 그룹	계획 프로세스 그룹	실행 프로세스 그룹	모니터링 및 통제 프로세스 그룹	종료 프로세스 그룹
위험관리		위험관리 계획 위험 식별 정성적 위험분석 수행 정량적 위험분석 수행 위험대응 계획	위험대응 구현	위험 모니터링	

다음 그림 10-1은 프로젝트 위험관리의 입력물, 도구와 기법, 산출물을 보여준다.

A1 위험관리 계획 Plan Risk Management

위험관리 계획 프로세스에서는 프로젝트 전체의 위험관리 절차를 문서화한 계획을 수립한다. 세부 수준은 프로젝트의 니즈에 따라 다르겠지만 일반적으로 위험 범주를 항목화하고, 위험을 재평가하는 시기와 절차를 결정하고, 위험 확률과 영향에 대한 정의하는 것들이 포함된다. 프로젝트 팀은 위험관리 계획을 수립할 때 회사의 위험관리 정책, 위험 범주, 과거 프로젝트에서 얻은 교훈 보고서 및 위험관리 계획 작성을 위한 템플릿 뿐만 아니라 프로젝트 문서들을 검토해야 한다. 또한 다양한 이해관계자의 위험 허용도를 검토하는 것도 중요하다.

• 인풋 Input

위험관리 계획 수립 프로세스에서 인풋은 프로젝트 헌장, 프로젝트 관리 계획, 프로젝트 문서, 기업 환경 요인, 조직 프로세스 자산 등 5가지이다. 먼저, 프로젝트 헌장은 프로젝트 스폰서가 인식하고 우려하는 상위 수준의 위험 정보가 포함될 수 있다.

두 번째 인풋은 프로젝트 관리 계획인데 모든 지식 영역에 대한 관리 계획과 요구사항 관리, 변경 관리 및 형상 관리 등도 모두 위험 소스이므로 위험관리 계획은 이러한 다른 프로젝트 관리 계획의 구성 요소와 일치해야 한다.

세 번째, 프로젝트 문서 중 이해관계자 등록부는 아마도 이 프로세스에서 가장 중요한 인풋일 것이다. 이해관계자 등록부는 전체 위험에 대한 이해관계자의 태도와 프로젝트의 개별 위험 식별에 대한 의견을 담고 있다.

네 번째, 기업 환경 요인 중 조직 또는 주요 이해관계자가 설정한 전체 위험 임계값은 프로젝트 과정에서 얼마나 많은 위험을 감수할 것인지에 영향을 미친다.

다섯 번째, 조직 프로세스 자산은 조직의 위험관리 정책, 위험 범주, 과거 프로젝트에서 얻은 교훈 보고서 및 위험관리 계획 작성을 위한 템플릿 등을 포함한다.

[그림 10-1] 프로젝트 위험관리 개요

Project Risk Management

Plan Risk Management

Inputs
-Project Charter
-Project Management Plan
-Project Documents
-Enterprise Environmental Factors
-Organizational Process Assets

Tools & Techniques
-Expert Judgment
-Data Analysis
-Meetings

Outputs
-Risk Management Plan

Identify Risk

Inputs
-Project Management Plan
-Project Documents
-Agreements
-Procurement Documentation
-Enterprise Environmental Factors
-Organizational Process Assets

Tools & Techniques
-Expert Judgment
-Data Gathering
-Data Analysis
-Interpersonal and Team Skills
-Prompt Lists
-Prototypes

Outputs
-Risk Register
-Risk Report
-Project Documents Updates

Perform Qualitative Risk Analysis

Inputs
-Project Management Plan
-Project Documents
-Enterprise Environmental Factors
-Organizational Process Assets

Tools & Techniques
-Expert Judgment
-Data Gathering
-Data Analysis
-Interpersonal and Team Skills
-Risk Categorization
-Data Representation
-Meetings

Outputs
-Project Documents Updates

Perform Quantitative Risk Analysis

Inputs
-Project Management Plan
-Project Documents
-Enterprise Environmental Factors
-Organizational Process Assets

Tools & Techniques
-Expert Judgment
-Data Gathering
-Interpersonal and Team Skills
-Representations of Uncertainty
-Data Analysis

Outputs
-Project Documents Updates

Plan Risk Responses

Inputs
-Project Management Plan
-Project Documents
-Enterprise Environmental Factors
-Organizational Process Assets

Tools & Techniques
-Expert Judgment
-Data Gathering
-Interpersonal and Team Skills
-Strategies for threats
-Strategies for Opportunities
-Contingent Response Strategies
-Strategies for Overall Project Risk
-Data Analysis
-Decision Making

Outputs
-Change Requests
-Project Management Plan Updates
-Project Documents Updates

Implementation Risk Responses

Inputs
-Project Management Plan
-Project Documents
-Organizational Process Assets

Tools & Techniques
-Expert Judgment
-Interpersonal and Team Skills
-Project Management Information System

Outputs
-Change Requests
-Project Documents Updates

Monitor Risks

Inputs
-Project Management Plan
-Project Documents
-Work Performance Data
-Work Performance Reports

Tools & Techniques
-Data Analysis
-Audits
-Meetings

Outputs
-Work Performance Information
-Change Requests
-Project Management Plan Updates
-Project Documents Updates
-Organizational Process Assets Updates

• 아웃풋 Output

본 프로세스의 주된 아웃풋은 위험관리 계획으로 다음과 같은 내용이 포함된다.

- 위험 전략: 프로젝트의 위험관리에 대한 조직의 일반적인 접근 방식
- 방법론: 위험관리를 수행하는 데 사용할 접근 방식, 도구 및 데이터 소스
- 규칙과 책임: 위험관리 팀의 리더는 누구이며 팀원은 누구인가? 누가 조직 내 활동을 지원할 것인가? 팀의 각 구성원의 구체적인 책임은 무엇인가 등에 대해 설명
- 자금 조달: 비상 준비금과 관리 준비금의 적용을 위한 프로토콜을 명확히 한다.
- 일정: 프로젝트 수명주기 전반에 걸쳐 위험관리 프로세스가 수행되는 시기와 빈도를 정의하고 프로젝트 일정에 포함될 위험 관리 활동을 설정
- 위험 범주: 위험분할구조(RBS)는 프로젝트의 잠재적 위험 소스를 보여준다. 이는 프로젝트 팀이 개별 프로젝트 위험이 발생할 수 있는 전 소스를 고려하는 데 도움이 된다.
- 이해관계자의 위험 선호도: 전체 프로젝트 위험 노출의 허용 가능한 수준을 결정하기 위해 각 프로젝트 목표에 대해 측정 가능한 위험 임계값
- 확률 및 영향 매트릭스: 개별 임계값의 정의뿐만 아니라 이러한 임계값이 상호 작용하는 방식도 미리 결정
- 보고 형식: 위험 대응 구현 및 위험 모니터링의 결과가 이해관계자에게 보고되는 방식
- 추적: 위험 등록부를 사용하여 위험 활동을 추적하는 방법과 위험관리 활동을 감사하는 방법을 제시

그 외에도 비상계획, 대체계획 등이 추가적으로 만들어지며 관련하여 비상 예비금과 관리 준비금이 정의되어 위험에 대비할 수 있도록 한다. 비상계획(contingency plans)은 식별된 위험 이벤트가 발생할 경우 프로젝트 팀이 취할 사전에 정의된 조치이다. 대체 계획(fallback plans)은 프로젝트 목표 달성에 큰 영향을 미치는 위험에 대해 수립된 계획이며, 위험 감소시도(예, 비상 계획)가 효과적이지 않은 경우 적용되는 계획이다. 비상 준비금(contingency reserves)은 비용 초과 또는 일정 초과의 위험을 허용 가능한 수준으로 줄이기 위해 프로젝트 스폰서 또는 조직이 보유하는 예비비를 의미한다. 관리 준비금(management reserves)은 비용 기준선의 일부는 아니지만 예산 및 자금 요구 사항의 일부로서 알려지지 않은 위험에 대비해 보유된 자금을 뜻한다.

▣ 위험 범주

위험관리 계획에 포함될 주요 내용 중 하나는 위험 범주이다. 위험 범주는 위험의 원천을 체계적으로 파악해서 이를 통해 발생 가능한 모든 위험을 최대한 빠짐없이 식별해 낼 수 있도록 도와주는 분류 체계이다. 위험분할구조(risk breakdown structure, RBS)는 작업분할구조와 유사하게 프로젝트에 대한 잠재적 위험 범주를 나타내는 계층구조로서 위험을 식별하고 분류하는 데 사용한다. 그림 13-2는 위험분할구조의 간단한 예를 보여준다.

[그림 10-2] 위험분할구조의 예시

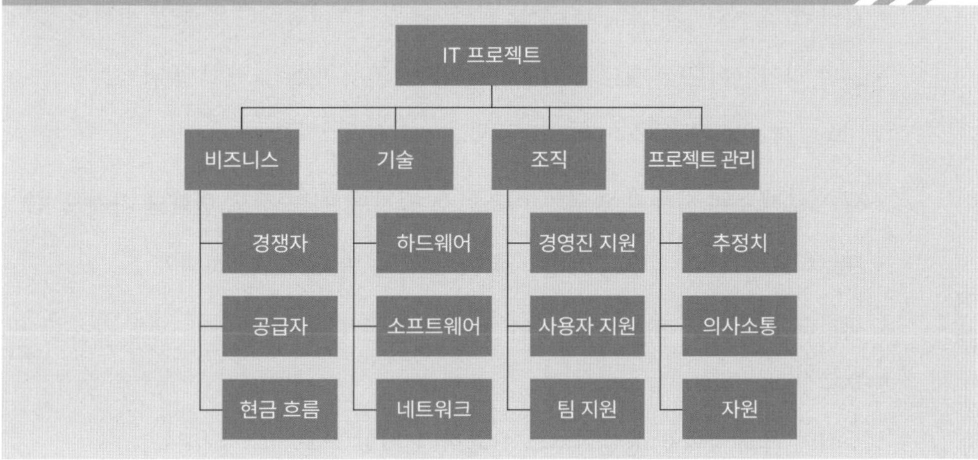

일반적으로 IT 프로젝트에서 활용할 수 있는 개략적인 위험 범주로 시장 위험(market risk), 재무 위험(financial risk), 기술 위험(technology risk), 사람 위험(people risk), 구조/프로세스 위험(structure/process risk) 등이 있다. 각 범주별로 위험을 파악하기 위해 프로젝트 내에서 스스로에게 해 볼 질문은 다음과 같다.

시장 위험

- 다른 사람에게 유용하거나 판매 할 수 있나? 사용자가 제품을 수용하고 사용할까?
- 누가 더 나은 제품이나 서비스를 더 빨리 만들어 우리가 시간과 돈을 낭비한 것이 되지 않을 것인가?

재무 위험

- 프로젝트가 NPV, ROI 및 투자 회수 예측을 충족시킬 것인가?
- 그렇지 않다면, 조직은 프로젝트를 계속 할 여유가 있나?

기술 위험

- 프로젝트가 기술적으로 실현 가능한가? 성숙한 첨단 기술을 사용하는가?
- 프로젝트 목표를 달성할 수 있도록 필요한 시기에 기술이 가용한가?

사람 위험

- 조직에 프로젝트를 성공적으로 완수할 적절한 기술을 갖춘 인력이 있나?
- 없다면, 조직은 그러한 사람들을 찾을 수 있나? 사람들은 충분한 경험이 있나?
- 고위 경영진이 프로젝트를 지원하는가? 스폰서 또는 고객과의 관계는?

구조/프로세스 위험

- 새 프로젝트는 사용자 영역과 비즈니스 절차에 어느 정도 변화를 가져오나?
- 프로젝트는 얼마나 많은 개별 사용자 그룹을 만족시켜야 하나?
- 새로운 프로젝트 또는 시스템이 얼마나 많은 다른 시스템과 상호 작용할 필요가 있는가?
- 조직에 프로젝트를 성공적으로 완료하기 위한 프로세스가 있나?

지식영역은 프로젝트 관리 관점에서 위험을 식별하기에 좋은 범주이다. PMBOK의 10가지 지식영역은 각각이 훌륭한 분류 체계가 될 수 있다. 다음 표 10-2는 각 지식 영역에 대한 잠재적인 부정적 위험 조건들을 예시로 보여준다.

그 외, IT 프로젝트에서 위험의 일반적인 원천을 파악하기 위해 IT 프로젝트의 성공 기준을 살펴보는 것도 좋은 방법이다.

• 도구와 기법 Tools and Techniques

위험관리 계획 프로세스에서 사용하는 도구와 기법은 다른 계획 수립 프로세스와 같이 계획을 작성하기 위해 조언을 받는 방법인 전문가 판단, 여러 데이터를 분석하는 방법을 나타내는 데이터 분석, 계획 수립에 관해 논의하는 회의 등이다. 특히 데이터 분석 기법 중 이해관계자 분석 방법은 프로젝트에 대한 주요 이해관계자의 위험 허용 범위를 결정하는데 사용할 수 있다.

[표 10-2] 각 지식영역과 관련한 위험 조건 예시

지식 영역	위험 조건
통합	부적절한 계획; 열악한 자원 할당; 빈약한 통합 관리; 프로젝트 후 검토 부족
범위	범위 또는 작업 패키지에 대한 정의가 잘못되거나 불완전함
일정	자원 가용성 또는 기간 추정에서의 오류; 주경로 결정 오류; 여유시간의 할당 및 관리 불량
비용	추정 오류; 부적절한 생산성, 비용, 변경 또는 비상관리금
품질	품질에 대한 잘못된 태도; 표준 이하의 디자인, 재료 및 기술; 부적절한 품질 보증 프로그램
자원	미흡한 갈등 관리; 잘못된 프로젝트 조직; 책임에 대한 잘못된 정의; 리더십 부재
의사소통	부주의한 계획 또는 의사 소통
위험	위험 무시; 불명확한 위험 분석; 부실한 대안 관리
조달	시행 불가능한 조건 또는 계약 조항, 적대적 관계
이해관계자	주요 이해관계자와의 협의 부족; 미흡한 스폰서 참여

A2 위험 식별 Identify Risks

위험 식별은 어떤 잠재적 사건이 특정 프로젝트를 해치거나 향상시킬 수 있는지 살펴보는 프로세스이다. 프로젝트 관리에서 위험관리는 사후적이 아닌 사전적 대응이므로 잠재적인 위험 목록은 훌륭한 위험관리의 핵심이며 여기에서 가치가 생성된다. 또한 부정적 위험 외에 긍정적 위험인 기회에 주목하는 것도 중요하다. 일반적으로 프로젝트 이벤트를 기반으로 하는 잠재적인 비용절감 또는 일정절감이 있을 수 있으며 이를 식별하는 것이 이러한 기회를 잡는 첫 번째 단계이다. 식별된 위험을 정리하는 장부인 위험 등록부에 모든 위험을 나열할 수는 없다. 하지만 목록이 존재한다는 자체가 의미 있으며 브레인스토밍의 역할이 매우 중요하다. 위험 등록부가 얼마나 길어야 하는지에 대한 지침은 없지만 본질적으로 더 규모가 크고 복잡하거나 위험한 프로젝트일수록 더 많은 항목이 식별될 것이다.

• 인풋 Input

위험 식별 프로세스의 인풋은 프로젝트 관리 계획, 프로젝트 문서, 계약(agreements), 조달 문서(procurement documentation), 기업 환경 요인, 조직 프로세스 자산 등 6가지이다. 먼저, 프로젝트 관리 계획은 요구사항관리 계획, 일정관리 계획, 비용관리 계획,

품질관리 계획, 자원관리 계획, 위험관리 계획, 범위 기준선, 일정 기준선, 비용 기준선 등을 포함한다. 요구사항관리 계획은 위험 가능성이 높은 프로젝트 목표를 보여준다. 일정관리 계획은 일정과 관련하여 불확실성이나 모호성이 있는 영역을, 비용관리 계획은 예산과 관련하여 불확실성이나 모호성이 있는 영역을 식별한다. 품질관리 계획은 품질과 관련하여 위험을 유발할 수 있는 주요 가정이 만들어진 영역을 보여주며 자원관리 계획은 위험을 유발할 수 있는 중요한 자원과 관련하여 주요 가정이 만들어진 영역을 나타낸다. 위험관리 계획은 프로젝트에 대한 위험 관련 역할 및 책임을 나열하고 예산 및 일정에 위험관리 활동이 어떻게 포함되어 있는지를 보여주고 그 외에 위험 범주를 설명한다. 범위 기준선은 위험을 유발할 수 있는 산출물을 나타내는데 그 중 WBS는 개별 위험을 식별하기 위한 프레임워크로 사용할 수 있다. 일정 기준선은 불확실성이나 모호성이 있는 이정표 및 산출물 기한을 식별하거나 위험을 유발할 수 있는 일정 관련 주요 가정을 식별하는 반면에 비용 기준선은 불확실성이나 모호성이 있는 비용 또는 자금 조달 요구사항을 식별하거나 위험을 유발할 수 있는 비용과 관련한 주요 가정을 식별한다.

두 번째, 프로젝트 문서는 가정로그, 비용 추정치, 기간 추정치, 이슈로그, 교훈 등록부, 요구사항 문서, 자원 요구사항, 이해관계자 등록부 등을 포함한다. 가정로그의 가정 및 제약 조건은 개별 프로젝트 위험을 유발할 수 있으며 전체 프로젝트 위험 수준에도 영향을 미칠 수 있다. 비용 추정치와 기간 추정치는 범위로 표현되며 위험 정도를 나타낸다. 이슈로그에 기록된 이슈들은 개별 프로젝트 위험을 유발할 수 있으며 전체 프로젝트 위험 수준에도 영향을 미칠 수 있다. 교훈 등록부는 위험 식별 프로세스 동안 배운 교훈이 기록되고 프로젝트의 후반 프로세스에서 검토되어 프로젝트의 나머지 기간 동안 유사한 위험이 재발할 수 있는지 여부를 결정한다. 요구사항 문서는 위험에 처할 수 있는 요소를 식별하기 위해 이 프로세스 중에 프로젝트 요구사항을 분석하는데 사용된다. 자원 요구사항은 현재 추정치가 불충분하고 프로젝트에 위험을 제기할 수 있음을 나타낼 수 있다. 이해관계자 등록부는 프로젝트에 대한 위험을 식별하는 데 참여할 수 있는 개인 또는 그룹을 나타내며 또한 위험 소유자 역할을 할 수 있는 개인에 대해 자세히 설명한다.

세 번째, 계약(agreements)에는 프로젝트에 자원의 외부 조달이 필요한 경우, 위협이나 기회를 제공할 수 있는 마일스톤 날짜, 인도 날짜, 계약 유형, 승인 기준, 보상 및 처벌과 같은 정보가 포함될 수 있다.

네 번째, 외부로부터 자원 조달이 필요한 경우 초기 조달 문서(procurement documentation)를 검토해야 한다. 조직 외부에서 상품과 서비스를 조달하면 전체 프로젝트 위험이 증가하거나 감소하고 개별 프로젝트 위험이 추가로 발생할 수 있기 때문이다(예: 중요한 요소의 배송이 지연될 수 있다).

다섯 번째, 기업 환경 요인은 상업적 위험 데이터베이스 또는 체크리스트를 포함한 게시된 자료나 벤치마킹 결과 등을 포함한다.

여섯 번째, 조직 프로세스 자산은 이전 유사 프로젝트의 실제 데이터 및 체크리스트를 포함한 프로젝트 파일과 위험 명세서 템플릿이나 위험에 대한 조직 혹은 프로젝트의 통제 절차 등을 포함한다.

• 아웃풋 Output

이 프로세스의 핵심 아웃풋은 위험 등록부(risk register)이다. 위험 등록부는 식별된 개별 프로젝트 위험을 캡처한다. 식별된 이러한 위험은 양적 및 질적으로 식별되고 분석되어야 하며 이후 프로세스에서 위험 대응책이 개발되어야 한다. 따라서 위험 등록부는 식별된 위험 목록과 관련 정보를 보여주며 다양한 위험 관리 프로세스의 결과를 포함하는 테이블 또는 스프레드 시트 형식으로 표시되는 문서를 뜻한다. 간단히 위험 등록부는 잠재적 위험 이벤트와 그 관련 정보를 문서화하기 위한 도구이다. 위험 이벤트(Risk events)는 프로젝트를 해치거나 향상시키는 특별하고 불확실한 이벤트이다. 위험 등록부에 포함될 내용은 다음과 같다.

- 각 위험 이벤트에 대한 식별 번호
- 각 위험 이벤트의 순위
- 각 위험 이벤트의 이름
- 각 위험 이벤트에 대한 설명
- 각 위험 이벤트가 속하는 범주
- 각 위험의 근본 원인
- 각 위험에 대한 트리거(trigger). 트리거는 실제 위험 이벤트의 지표 또는 증상
- 각 위험에 대한 잠재적 대응
- 각 위험을 소유하거나 책임을 지는 위험 소유자 또는 사람
- 각 위험의 확률과 영향

그 외 이 프로세스의 아웃풋으로 위험보고서와 프로젝트 문서 업데이트가 있다. 위험보고서(risk report)는 전체 위험 계획 프로세스 그룹 즉, 위험관리의 처음 5개 프로세스 동안에 점진적으로 만들어지는데 전체 프로젝트 위험의 원천, 전체 프로젝트 위험 노출의 주요 동인, 위험 이벤트에 대한 요약 정보 등을 보여준다. 전체 프로젝트 위험은 프로젝트 전체에 대한 불확실성의 영향을 뜻하며 위험 이벤트에 대한 요약 정보는 식별된 위협 및 기회의 수, 위험 범주에 따른 위험 분포(위험 출처 기반), 향후 위험 보고서에 사용할 모든 측정 항목 및 추세 등을 포함한다.

마지막으로 프로젝트 문서 업데이트는 가정로그, 이슈로그, 교훈 등록부 등에 대한 갱신을 의미한다. 위험을 식별할 때 새로운 가정이 이루어지거나 새로운 제약이 식별되면 가정로그를 업데이트 해야 한다. 또한 위험 식별 프로세스 중에 발견된 모든 새로운 이슈는 이슈로그에 추가해야 한다. 교훈 등록부는 프로젝트의 후반 단계에서 성과를 개선하기 위해 위험 식별에 효과적인 모든 기술을 추가한다.

• 도구와 기법 Tools and Techniques

위험 식별 프로세스에서 사용할 수 있는 도구와 기법은 전문가 판단, 데이터 수집(data gathering), 데이터 분석, 대인관계 및 팀 스킬(interpersonal and team skills), 프롬프트 목록(prompt lists), 회의 등 6가지이다. 먼저, 전문가 판단은 개별 프로젝트 위험에 대한 전문 지식이 있는 전문가(특히 이전에 유사한 프로젝트에 참여한 사람)와 해당 분야의 전문성을 기반으로 전체 프로젝트 위험을 가늠할 수 있는 위험 관리에 대한 이해관계자와 상의하는 기법이다.

두 번째, 이 프로세스에서 많이 사용하는 데이터 수집 방법은 브레인스토밍(brainstorming), 델파이 테크닉(delphi technique), 인터뷰(interviewing), 체크리스트(checklist) 등의 방법이 있다. 브레인스토밍은 그룹이 아이디어를 자발적으로 모으되 그 내용을 판단하지 말고 축적하여 특정 문제에 대한 아이디어를 생성하거나 해결책을 찾도록 시도하는 기법이다. 심리학 문헌에 따르면 개인은 소규모 대면 그룹의 브레인스토밍 보다 혼자 있을 때 더 많은 아이디어를 생성한다. 그룹 효과는 종종 아이디어 생성을 방해하게 되므로 브레인스토밍의 남용 또는 오용을 주의해야 한다. 델파이 테크닉은 전문가 패널들 사이에서 합의를 도출하는 데 사용된다. 독립적이고 익명의 의견을 제공하는 기법으로 질문과 서면 답변 라운드를 반복하며 브레인스토밍과 같은 구두 방법에서 생길 수 있는 편견을 피할 수 있다. 인터뷰는 대면, 전화, 이메일 또는 가상 토론에서 정보를 수집하기 위한 사실 찾기 기법인데 비슷한 프로젝트 경험을 가진 사람들을 인터뷰하는 것이 중요하다. 인터뷰할 설문 내용을 미리 구조화한 구조적 인터뷰 방법을 사용하는 것이 효율적이다. 체크리스트는 이전의 유사한 프로젝트를 기반으로 개발된 잠재적 위험 목록을 사용하는 방법이다. 다만 이전 프로젝트가 유사하더라도 현재 프로젝트에 실제로 적용되는지 확인하기 위해 체크리스트의 모든 위험을 검토하여 차이점을 고려하도록 주의해야 한다.

세 번째, 이 프로세스에서 사용할 수 있는 데이터 분석 기법에는 근본 원인 분석(root cause analysis), 가정 및 제약조건 분석, SWOT 분석, 문서 분석 등이 있다. 근본 원인 분석은 잠재적인 문제의 원인을 식별하는 데 사용된다. 가정 및 제약조건 분석은 가정 및 제약 조건의 유효성을 분석하여 프로젝트에 잠재적인 위험을 초래하는 요소를 결정한다. SWOT 분석은 강점, 약점, 기회, 위협(strengths, weaknesses, opportunities, and threats)을 분석함으로써 프로젝트에 적용되는 광범위한 부정적 및 긍정적 위험을 식별한다. 문서 분석은 프로젝트 문서 중에서 특히 프로젝트 헌장을 분석하여 현재 프로젝트에 대한 상위 수준의 위험을 파악하고 이전 유사 프로젝트의 파일도 분석하여 해당 프로젝트의 개별 위험을 식별하는 기법이다.

네 번째, 대인관계 및 팀 스킬(interpersonal and team skills)에서는 진행 혹은 촉진(facilitation) 기법이 많이 사용된다. 브레인스토밍과 같은 데이터 수집 기법을 사용할 때 열린 토론 방식을 장려해야 하기 때문에 이러한 세션을 진행하는 스킬이 필요하다.

다섯 번째, 프롬프트 목록(prompt lists)은 프로젝트의 위험 식별을 지원하는 데 사용되는 위험분할구조(RBS)의 가장 낮은 수준에 있는 미리 결정된 위험 범주 목록으로 브레인스토밍 기법과 함께 사용할 수 있다.

A3 정성적 위험분석 수행 Perform Qualitative Risk Analysis

정성적 위험분석 수행 프로세스는 식별된 위험의 발생 가능성(likelihood)과 영향(impact)을 평가하여 규모와 우선순위를 결정한다. 즉, 위험의 발생 가능성과 영향이라는 두 가지 구성요소에 대해 척도를 사용하여 위험 심각도를 계산하고 이를 바탕으로 위험 순위를 계산한다. 주요 이점은 우선 순위가 높은 위험에 팀의 노력을 집중할 수 있다는 점이다. 이 분석을 정성적 또는 질적 분석이라고 하는 이유는 프로젝트 팀의 주관적인 위험 인식에 기반하기 때문이다.

정성적 평가는 가장 기본적인 위험 평가 형식으로, 명목 척도나 순서 척도에 따라 잠재적 위험을 분류한다. 기본적으로 위험 등급 척도는 양적 또는 질적 용어 두 가지 방법 모두에 의해 정의될 수 있다. 정량적 평가 척도는 위험 평가 프로세스에 더 큰 정밀도와 측정 가능성을 제공할 수 있지만 위험이 정량화 할 수 없는 경우, 신뢰할 수 있는 데이터를 사용할 수 없는 경우 또는 데이터를 획득하고 분석하는 것이 비용 효율적이지 않은 경우에는 정성적 평가 척도를 사용해야 한다. 평가 척도는 모든 경우에 사용할 수 있는 한 가지만 존재하는 것이 아니므로 식별된 위험에 대한 의미 있는 평가 및 우선순위 지정을 가능하게 하고 조직 내 자원할당 방법의 논의와 결정을 용이하게 하도록 적절하게 정의되어야 한다. 조직에서 위험 척도가 표준화되어 있지 않은 경우 어떤 척도를 사용할 지 결정해야 한다.

정성적 위험분석은 상황에 대한 알려진 정보, 기본 프로세스에 대한 지식, 알려지지 않았거나 잘 이해되지 않은 정보에 대한 판단을 조합하여 주어진 위험으로 인한 잠재적 손실을 평가하는 프로세스이다.

• 인풋 Input

정성적 위험분석 수행 프로세스의 인풋은 프로젝트 관리 계획, 프로젝트 문서, 기업 환경 요인, 조직 프로세스 자산 등 4가지다. 먼저, 정성적 위험분석 수행에 사용되는 프로젝트 관리 계획의 구성 요소는 위험관리 계획이다. 여기에는 역할 및 책임, 위험관리 프로세스가 수행되는 시기와 빈도, 위험관리 활동에 대한 예산 정보, 위험 범주, 위험 확률 및 영향의 정의, 이해관계자의 위험 선호도 등의 정보를 포함한다.

두 번째, 프로젝트 문서는 가정로그, 위험 등록부, 이해관계자 등록부 등을 포함한다. 가정로그는 프로젝트에 영향을 줄 수 있는 주요 가정 및 제약 사항을 모니터링하기 위해 생성하는 로그이다. 높은 수준의 전략적/운영적 가정과 제약은 비즈니스 케이스(비즈니스 분석가가 준비한 문서)에서 식별되고 프로젝트 헌장에 나열된다. 반면 개별 활동 및 작업과 관련된 기술 사양이나 추정치(비용 및 일정 모두에 대해)와 같은 하위 수준 가정은 프로젝트 전체에서 식별된다. 위험 등록부에는 이 프로세스에서 분석될 각 개별 프로젝트 위험에 대한 세부 정보가 포함된다. 이 프로세스의 결과로 각 개별 위험의 확률과 영향에 대한 세부 정보가 위험 등록부에 추가된다. 이해관계자 등록부에는 위험 소유자로 지명될 수 있는 프로젝트 이해관계자의 세부 정보가 포함된다. 이해관계자들은 자신에게 할당된 위험의 가능성과 영향에 대해 질의를 받을 것이다.

세 번째, 기업 환경 요인은 판매용 위험 데이터베이스 또는 체크리스트를 포함하여 유사한 프로젝트에서 게시된 자료 등을 포함한다.

네 번째, 조직 프로세스 자산은 조직에서 수행한 유사한 완료 프로젝트의 정보를 포함한다.

• 아웃풋 Output

정성적 위험분석 수행 프로세스의 아웃풋은 프로젝트 문서 업데이트 한 가지이다. 프로젝트 문서 업데이트는 위험 등록부, 위험 보고서, 가정로그, 이슈로그 등의 문서를 갱신하는 것이다. 위험 등록부는 식별된 각 위험에 대해 다음에 대한 정보를 추가해야 한다. 이들은 개별 프로젝트 위험에 대한 확률 및 영향 평가, 결합된 위험 점수 및 우선순위 수준, 위험 시급성 정보 및 추가적인 위험 분류, 우선 순위는 낮지만 잠재적 위험으로 식별되는 위험 목록인 감시 목록(watch list) 등이다. 위험 보고서는 위험과 관련된 모든 이해관계자에게 보내는 보고서로 가장 높은 확률과 영향을 주는 가장 중요한 개별 프로젝트 위험, 프로젝트에서 식별된 모든 위험의 우선 순위 목록, 요약 결론 등의 정보를 담고 있어야 한다. 가정로그는 이 프로세스 중에 새로운 가정이나 제약이 식별되면 갱신되어야 한다. 이슈로그는 이 프로세스 중에 새로운 이슈가 발견되거나 현재 기록된 이슈가 변경되면 이를 반영하기 위해 업데이트 되어야 한다.

• 도구와 기법 Tools and Techniques

정성적 위험분석 수행 프로세스에서 사용될 도구와 기법은 전문가 판단, 데이터 수집(data gathering), 데이터 분석, 대인관계 및 팀 스킬(interpersonal and team skills), 위험 분류(risk categorization), 데이터 표현(representation), 회의 등 7가지이다. 먼저, 전문가 판단은 프로젝트 팀이 개별 프로젝트 위험의 가능성과 영향을 평가하는 네 도움이 되도록 주제별 전문가 즉, 정성적 위험 분석에 전문지식을 가진 전문가를 요청하는 것을 의미한다.

두 번째, 이 프로세스에서 많이 사용되는 데이터 수집 기법은 인터뷰이다. 특히 개별 프로젝트 위험의 확률과 영향을 평가하기 위해 이해관계자와 하는 인터뷰가 많이 활용된다.

세 번째, 데이터 분석 기법 중 많이 사용하는 방법은 위험확률 및 영향평가(risk probability and impact assessment)와 시나리오 분석(scenario analysis)이다. 위험확률 및 영향평가 방법은 각 특정 위험이 발생할 가능성과 비용, 납품, 품질 또는 성과와 같은 조직 목표 혹은 목적에 대한 잠재적 영향을 조사하고 관련 이해관계자와의 인터뷰 또는 회의를 통해 각 수준별로 정의하고 그 결과를 문서화하는 것이다. 사람들의 주관적인 느낌을 바탕으로 하는 정성적 분석이지만 확률 및 영향에 대해 척도나 범위를 부여하여 어느 정도 정량화 하는 방법이라고 할 수 있다. 시나리오 분석 방법은 위험의 잠재적 영향을 평가하는데 사용할 수 있다. 식별된 각 위험에 대해 무엇이 발생할 수 있는지 그리고 해당 이벤트로 인해 회사에 얼마나 많은 비용을 야기시키는지를 설명하는 시나리오를 만든다. 위험 가치를 설정하는 좋은 방법은 특정 위험의 가능성 백분율에 해당 위험이 나타내는 예상 비용을 곱하는 것이다. 이를 통해 각 위험의 회사에 대한 중요성에 따라 식별한 위험의 순위를 지정할 수 있다.

네 번째, 대인관계 및 팀 스킬(interpersonal and team skills) 기법 중 이 프로세스에서 주로 사용되는 기법은 진행(facilitation)이다. 이는 데이터 수집 기법과 함께 사용될 수 있는 "일반적인" 방법인데 참가자가 위험 분석 작업에 집중하고 확률 및 영향 평가에 대한 합의에 도달할 수 있도록 도와준다.

다섯 번째, 위험 분류(risk categorization)는 위험 또는 불확실성의 영향에 가장 많이 노출된 프로젝트 영역을 결정하기 위해 해당 소스, 영향을 받는 프로젝트 영역 및 기타 유용한 범주를 기반으로 위험을 구성하는 것인데 위험분할구조(risk breakdown structure)나 기타 다양한 위험 분류 프레임워크를 의미한다. 일반적인 근본 원인별로 위험을 그룹화하면 효과적인 위험 대응을 개발하는 데 도움이 될 수 있다.

여섯 번째, 이 프로세스에서 가장 많이 사용하는 데이터 표현(representation) 방법은 확률/영향 매트릭스(probability/impact matrix)이다. 이 방법은 가장 일반적으로 사용되는 정성적 평가 방법 중 하나인데 위험의 두 가지 구성 요소 즉, 발생 확률 및 발생 시 프로젝트에 대한 영향을 기반으로 한다. 매트릭스는 위험 발생 가능성과 프로젝트 목표에 미치는 영향을 매핑하는 2차원 그리드이며 위험 수준 또는 위험 심각도라고도 하는 위험 점수는 매트릭스의 두 축을 이용한 표현식으로 계산된다.

일곱 번째, 개별 프로젝트 위험에 대한 논의를 위한 특별 회의가 개최될 필요가 있다. 이러한 회의에서 이전에 식별된 위험 목록 및 개별 프로젝트 위험에 할당된 위험 소유자 검토, 분석 중 사용할 확률 및 영향 척도 검토, 개별 프로젝트 위험의 확률과 영향에 대한 평가 수행, 결합된 확률과 영향 평가를 기반으로 위험 분류 및 우선순위 지정, 추가 위험 식별 등의 작업을 수행한다.

• **위험 매트릭스(risk matrix)**

위험 매트릭스는 확률/영향 매트릭스(probability/impact matrix) 혹은 위험평가 매트릭스(risk assessment matrix)라고 불리며 위험을 나열한 다음 그 위험의 발생 가능성(확률)과 발생했을 경우 영향도 관점에서 각 위험을 여러 단계로 지정하여 보여준다.

위험 매트릭스를 만들기 위해서 해야 할 두 가지 중 하나는 영향 평가(impact rating)인데 위험이 비용, 일정, 기능(functionality), 품질 등 4가지 분야에 미치는 영향을 측정한다. 즉, 위험으로 인해 프로젝트 비용이 증가하는지, 프로젝트 산출물이 늦어지는지, 프로젝트 산출물에 의해 제공되는 성능 또는 능력의 수준이 감소되는지, 프로젝트 산출물의 우수성 수준이 낮아지는지 등을 분석한다. 표 10-3은 일반적인 영향력 척도의 예를 보여준다. 네 가지 위험 효과를 분석하면 이들 중 가장 큰 값을 위험의 종합적인 영향 등급으로 결정한다. 평균 값을 쓰지 않고 가장 큰 값을 취하는 이유는 위험에 대한 왜곡된 판단을 방지하기 위함이다. 예를 들어, 비용에 민감한 프로젝트에서 비용이 100% 증가하지만 다른 효과는 없는 위험을 가정해 보자. 이 경우, 비용, 일정, 기능 및 품질에 대한 네 가지 등급은 각각 5, 1, 1, 1이 될 것이다. 평균을 사용한다면 전체 영향 수준이 2가 되는데 이는 100% 비용 증가가 낮은 위험에 불과하다는 것을 의미하게 되며 이는 해당 위험에 대해 왜곡된 판단을 하게 만든다. 따라서 최대값을 사용하여야 이 위험이 매우 큰 영향을 미치는 위험이라는 것을 나타내게 된다.

[표 10-3] 영향 척도의 예시

	1. 매우 낮음	2. 낮음	3. 보통	4. 높음	5. 매우 높음
비용	미미한 비용 증가	< 5% 비용 증가	5 - 10% 비용 증가	10 - 20% 비용 증가	> 20% 비용 증가
일정	미미한 일정 지연	전체 일정 지연 < 5%	전체 일정 지연 5 - 10%	전체 일정 지연10 - 20%	전체 일정 지연 > 20%
기능	기능 저하 거의 눈에 띄지 않음	기능의 사소한 영역이 영향을 받음	주요 기능 영역이 영향을 받음	고객이 수용할 수 없는 기능 감소	최종 결과물이 사실상 쓸모 없음
품질	품질 저하 거의 눈에 띄지 않음	매우 까다로운 애플리케이션만 영향을 받음	고객 승인이 필요한 품질 저하	고객이 수용할 수 없는 품질 저하	최종 결과물을 효과적으로 사용할 수 없음

위험 매트릭스를 위한 다른 한 가지는 위험의 발생 가능성(likelihood)을 측정하는 것이다. 위험 효과가 발생할 가능성이 있는 정도인 발생 가능성은 일반적으로 1=매우 가능

성 없음, 2=낮은 가능성, 3=가능성 있음, 4=높은 가능성, 5=거의 확실함과 같은 5단계 척도로 정의할 수 있다. 한 가지 주의할 점은 사건의 발생 가능성이 종종 맹목적인 통계적 기회 뿐만 아니라 인간의 개입(human intervention)에 달려 있기도 하다는 사실이다. 즉, 발생 가능성은 발생 확률(probability of occurrence) 뿐만 아니라 개입 난이도(intervention difficulty)에 의해 결정될 수 있다. 발생 확률은 우리가 조치를 취하지 않을 경우 위험 이벤트가 발생할 확률이다. 개입 난이도는 위험 이벤트가 발생하는 것을 방지하는 데 경험하게 될 어려움의 수준을 의미한다. 개입 난이도는 대응 조치를 정의하는 것이 아니라 그러한 조치의 가용성을 나타낼 뿐이다. 즉, 개입 난이도가 낮다면 쉽게 위험을 방지할 수 있음을 의미한다. 예를 들어, 철도 선로에 서 있을 때 수반되는 위험을 생각해 보자. 철로에 오래 서 있으면 기차에 치일 것이므로 그 발생 가능성은 열차가 선로를 얼마나 자주 사용하는지 즉, 기차가 얼마나 자주 다니는지에 달려 있다. 그러나 사고 가능성은 선로를 얼마나 쉽게 벗어날 수 있는지에 달려 있기도 하다. 쉽게 피할 수 있으면 (낮은 개입 난이도), 충돌 가능성은 열차의 빈도와 사실상 무관하게 된다. 그러나 긴 터널의 한가운데에 있으면 제 시간에 선로를 벗어나지 못할 수 있으므로(개입 난이도 높음) 이 경우에는 열차가 선로를 얼마나 자주 사용하느냐에 따라 충돌 가능성이 달라진다. 따라서 발생 가능성(likelihood)은 발생 확률과 개입 난이도에 대한 두 개의 등급 중 더 낮은 것이 최종적인 발생 가능성 등급이 된다. 표 10-4는 발생 확률과 개입 난이도에 대한 일반적인 척도에 예시를 보여준다.

[표 10-4] 발생 확률과 개입 난이도 척도의 예시

	발생 확률	개입 난이도
1	이런 일이 발생하면 놀랄 것이다	일반적인 관리 프로세스로 수용 가능한 결과를 쉽게 보장한다
2	일어나지 않는 것보다 일어날 가능성이 적다	정상적인 관리 프로세스를 주의 깊게 감독하면 수용 가능한 결과를 얻을 수 있다
3	일어날 확률과 일어나지 않을 확률이 같다	수용 가능한 결과를 얻으려면 추가 시간과 노력이 필요하다
4	일어나지 않을 확률보다 일어날 확률이 많다	가지고 있는 자원과 권한이 결과에 약간의 영향만 미친다
5	이런 일이 발생하지 않으면 놀랄 것이다	결과에 영향을 줄 수 있는 능력이 사실상 없다

한 가지 주의해야 할 사항은 발생 확률을 정의하는 방법이다. 발생 확률은 숫자가 아닌

서술적 확률 척도를 사용하는 것이 추천된다. 물론 신뢰할 수 있는 수치 데이터가 있으면 사용해도 좋다. 많은 경우, "배달이 지연될 확률이 얼마인가"라는 질문에 "약 30%이다"와 같은 대답을 선호한다. 즉, 확률에 수치를 주기 원한다. 하지만 어디서 그 수치가 나왔는지 주의해야 한다. 만약 이전 10번 배달에서 3번이 늦었다면 30% 확률은 받아들일 수 있지만 이 공급자와 한두번만 거래했다면 결국 한두개의 표본으로 결론을 도출한 것이 되어 그 확률 값은 신뢰할 수 없게 되는 것이다. 이런 경우 오히려 서술적 확률 척도가 더 좋은 방안이다. 서술적 확률 척도는 고유한 상황을 처리할 수 있는 장점이 있다. 특정 상황이 실제로 고유하다면 그 상황은 이전에 발생한 적이 없다는 뜻이므로 발생 확률을 추정하는 것은 불가능 하지만 그러한 경우, 먼저 상황이 합리적으로 발생할 수 있는지 여부를 결정한다. 만약 그렇다면 반드시 발생할 것으로 가정하고(레벨 5 발생 확률), 이 경우 가능성은 개입 난이도에 의해 결정됨을 의미한다.

위험 매트릭스 내에서 영향도와 발생 가능성이 합쳐지면 위험 심각도(severity)를 측정할 수 있다. 위험 매트릭스는 일반적으로 빨간색, 노란색 및 녹색 영역으로 나뉘어 지는데 각각 주요, 중간 및 경미한 위험을 나타낸다. 빨간색 영역은 위험 매트릭스(높은 영향 및 높은 가능성)의 오른쪽 상단 모서리 중앙에 있고 녹색 영역은 왼쪽 하단 모서리(낮은 영향 및 낮은 가능성)의 중앙에 있다. 매트릭스 영역은 위험 심각도를 결정하는데 있어서 영향과 가능성에 부과된 상대적인 중요성(relative importance)을 나타낸다는 것을 명심해야 한다. 심각도를 계산하는 식은 다음과 같다.

심각도 = 발생가능성 + N * 영향 (각 조직이 N 값을 결정)

위 식에서 보듯이 일반적으로 영향은 가능성보다 더 중요한 것으로 간주된다. 이 말은 백만불을 잃을 확률이 10%인 경우가 일천불을 잃을 확률이 90%인 경우보다 일반적으로 더 심각한 위험으로 간주된다는 뜻이다. 그림 10-3은 N=2 인 경우의 위험 심각도를 반영한 위험 매트릭스를 보여준다. 즉, 위험 심각도를 결정할 때 영향이 발생 가능성보다 두 배 중요하다는 믿음을 나타낸 매트릭스이다. 이 그림에서 위험 영역은 빨간색=12-15, 노란색=8-11, 녹색=8 미만으로 정의된다.

매트릭스의 위치를 기반으로 하는 위험 순위 시스템을 사용하면 우선 순위를 결정할 수 있다. 이 방법에 따르면 값이 가장 높은 사각형이 가장 높은 순위가 되는데 동일한 값을 가진 모든 사각형은 영향 수준에 따라 순위가 매겨진다. 그림 10-3의 예시를 이용하여 우선 순위를 부여한 매트릭스의 예시는 그림 10-4에 나타난다.

[그림 10-3] N=2일 때의 위험 심각도를 반영한 위험 매트릭스 예시

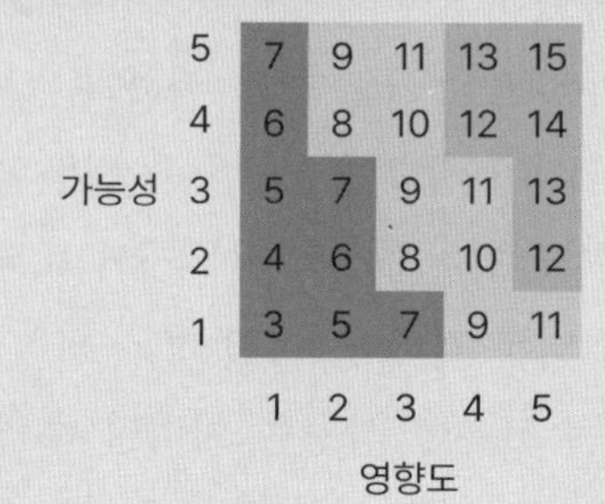

[그림 10-4] 위험 순위 결정 예시

정밀도(precision)는 위험에 대한 현재 지식과 이해의 정도를 나타내는 개념이다. 보다 구체적으로, 영향 및 가능성의 추정치에 대한 신뢰 수준을 의미한다. 예를 들어, 뉴욕시의 건설 현장과 이름없는 회사가 하는 저개발 국가의 건설 현장에서 고고학적 발견의 위험을 비교하는 것을 생각해 보면 된다. 어떤 위험이 위험 매트릭스의 영향 2, 가능성 4 (즉, 영향 수준 2 및 가능성 수준 4)에 있다고 말한다면 마치 우리가 영향 및 가능성 값을 정확히 알고 있는 것 같다. 그러나 이는 정밀도 수준이 높다고 평가된 위험에만 해당된다. 낮은 정밀도 수준에서는 영향과 가능성에 대한 평가가 덜 정확하다. 정밀도를 정의하는 방법은 여러 가지가 있을 수 있지만 낮음, 보통, 높음 등의 3 등급으로 지정되는 것이 일반적이다. 표 10-5는 정밀도 척도의 예를 보여준다.

[표 10-5] 정밀도 척도 예시

낮음	영향 및 가능성 등급은 단지 추측일 뿐임. 매트릭스의 실제 위험 위치는 어디에나 있을 수 있음
보통	영향 및 가능성 등급은 플러스 또는 마이너스 1 수준 내에서 정확한 것으로 간주됨
높음	영향 및 가능성 등급은 정확한 것으로 간주됨

정밀도는 그 자체로 위험의 심각성에 대해 아무 것도 알려주지 않지만 해당 심각도에 대한 평가를 얼마나 신뢰할 수 있는지 알려준다. 낮은 정밀도 등급은 위험이 현재 추정된 것보다 더 심각할 수 있다는 경고 역할을 하며 항상 자신의 지식의 한계를 인식해야 한다는 것을 되새겨 준다.

A4 정량적 위험분석 수행 Perform Quantitative Risk Analysis

정량적 위험분석 수행 프로세스의 목적은 위험의 확률과 영향을 측정 가능한 양으로 변환하는 것이다. 프로젝트 컨텍스트에서 위험의 값 또는 양은 프로젝트 비용 예측치나 시간 예측치에 예비값으로 추가된다. 따라서 앞선 정성적 위험분석에서 설정한 위험 우선순위를 사용하여 프로젝트 일정 및 예산에 대한 영향이 결정된다. 프로젝트에 대한 정량적 위험분석은 일반적이지 않다. 왜냐하면 평가를 수행하는 데 사용할 수 있는 프로젝트에 대한 데이터가 충분하지 않기 때문이다. 하지만 첨단 기술이 포함된 크고 복잡한 프로젝트에는 종종 광범위한 정량적 위험분석이 필요하다. 정량적 위험분석은 정성적 위험분석 다음에 수행하는 경우가 많지만 둘 다 함께 할 수도 있다.

정성적 위험분석과 정량적 위험분석의 차이점은 먼저 정성적 위험분석이 개별 프로젝트 위험의 확률과 영향에 대한 이해관계자의 주관적인 인식을 기반으로 하는 반면에 정량적 위험분석은 해당 위험의 확률에 대한 고품질 객관적 데이터와 범위, 일정 및 비용에 대한 프로젝트 기준에 미치는 영향에 관한 객관적 데이터의 가용성을 기반으로 한다. 정량적 위험분석은 크거나 복잡한 프로젝트 또는 전략적으로 중요하거나 주요 이해관계자나 계약 요건이 요구하는 프로젝드에 직합하다. 두 번째, 정성적 위험분석은 개별 프로젝트 위험에 초점을 맞추지만 정량적 위험분석은 이러한 위험이 전체 프로젝트 결과에 미치는 영향을 종합적으로 평가한다. 정량적 위험분석의 전반적인 목표는 3중 제약(triple constraints)을 달성할 수 있다는 확신 수준을 지정하는 것이다.

• 인풋 Input

정량적 위험분석 수행 프로세스의 인풋 또한 프로젝트 관리 계획, 프로젝트 문서, 기업 환경 요인, 조직 프로세스 자산 등 4가지다. 먼저, 정량적 위험분석 수행에 사용되는 프로젝트 관리 계획의 구성 요소는 위험관리 계획과 범위, 일정 및 비용 기준선이다. 위험관리 계획은 프로젝트가 정량적 위험 분석을 수행하는 데 소요되는 시간, 비용 및 인력을 보증하기에 충분한 규모와 복잡성을 가진 것이라는 것을 나타내야 한다. 범위, 일정 및 비용 기준선은 개별 프로젝트 위험 및 기타 불확실성 요인을 평가하기 위한 시작점을 제공한다. 예를 들어, 주경로(critical path)에 있는 것으로 식별된 모든 활동은 해당 활동이 지연되면 전체 프로젝트가 지연될 수 있으므로 자동으로 더 높은 위험으로 조사되어야 한다.

두 번째, 프로젝트 문서는 가정로그, 마일스톤 목록, 자원 요구사항, 추정치의 기초, 비용 추정치와 기간 추정치, 비용예측 및 일정예측, 위험 등록부, 위험 보고서 등을 포함한다. 가정로그는 프로젝트 목표에 위험을 초래하는 가정과 기본 제약의 영향을 조사해야 하므로 필요하다. 마일스톤 목록은 정량적 일정 위험을 분석할 수 있도록 일정 목표를 보여준다. 자원 요구사항에 나타나는 필요한 자원은 변동성을 평가하는 시작점을 제공한다. 예를 들어, 필수 주요 물리적 자원의 인도 날짜 또는 주요 인적 자원의 가용성 날짜는 준수되지 않을 경우 프로젝트 목표에 위험을 초래할 수 있다. 추정치의 기초는 추정치의 정확성, 방법론 및 정보 출처에 대한 배경 정보를 제공한다. 비용 추정치와 기간 추정치에 나타나는 가장 가능성이 높은 추정치를 제공하는 3점 추정치와 특정 위험의 유발을 기반으로 한 낙관적 및 비관적 추정은 정량적 위험 분석의 모델링을 위한 출발점을 제공한다. 획득 가치 관리(EVM)를 사용한 비용 및 일정 예측은 정량적 위험 분석과 함께 사용되어 목표 달성의 신뢰 수준을 결정한다. 위험 등록부는 개별 프로젝트 위험에 대한 세부 정보가 포함된다. 위험 보고서는 전체 프로젝트 위험의 출처를 설명한다.

세 번째, 기업 환경 요인은 유사 프로젝트의 산업내 연구나 상업적 위험 데이터베이스 또는 체크리스트와 같은 게시된 자료 등을 포함한다.

네 번째, 조직 프로세스 자산은 조직에서 수행한 이전 유사 프로젝트의 정보를 포함한다.

• 아웃풋 Output

이 프로세스의 아웃풋은 프로젝트 문서 업데이트 한 가지이다. 대표적인 프로젝트 문서 업데이트는 위험 등록부에 대한 갱신이다. 논의한 바와 같이 위험은 프로젝트의 목표에 영향을 줄 수 있는 모든 것이며 긍정적인 영향과 부정적인 영향을 모두 포함한다. 부정적인 영향 위험은 위협으로 정의되고 긍정적 영향 위험은 기회로 정의된다. 위협에 대한 위험 대응은 확률 또는 영향을 줄이는 두 가지 행동을 취해야 하는 반면, 기회에 대한 위험 대응은 그러한 위험이 여전히 발생할 경우 확률과 영향을 모두 최대화하기를 원할 것이다. 위험 등록부는 각 위험의 우선 순위와 관찰된 추세와 함께 위험 및 확률 측면에서 정량적 위험 분석의 결과로 업데이트 된다.

• 도구와 기법 Tools and Techniques

정량적 위험분석 수행 프로세스에서 사용될 도구와 기법은 전문가 판단, 데이터 수집(data gathering), 대인관계 및 팀 스킬(interpersonal and team skills), 불확실성의 표현(representations of uncertainty), 데이터 분석 등 5가지이다. 먼저, 전문가 판단은 위험의 정량적 분석에 관한 전문 지식을 가진 사람들로부터 도움을 받는 방법이다. 이들 전문가들은 개별 프로젝트 위험에 대한 정보를 정량적 위험 분석 모델에 대한 인풋으로 변환하거나 특정 위험을 모델링하기 위해 가장 적절한 불확실성 표현을 선택하는 능력 외에도 정량적 위험 분석의 결과를 해석하고 위험 등록부 및 위험 보고서에 포함할 수 있는 지식과 경험을 보유해야 한다.

두 번째, 이 프로세스에서 많이 사용되는 데이터 수집 기법은 주제 전문가로부터 위험의 확률과 영향을 결정하기 위해 수행하는 구조화된 인터뷰이다.

세 번째, 대인관계 및 팀 스킬(interpersonal and team skills) 기법 중 진행(facilitation)은 이 프로세스에서 흔히 사용되는 기법이다. 일반적으로 전문가와의 개별 인터뷰가 도움이 되지만 위험 분석과 같은 복잡한 주제의 경우 전담 위험 워크숍을 갖는 것이 때때로 매우 유익하며 이러한 워크숍을 촉진하는 기법이 바로 진행이다. 이는 워크숍의 목적에 대한 명확한 이해와 함께 참가자들 간의 공감대 형성, 특히 누군가가 워크숍의 범위에 속하지 않는 것에 대해 이야기하는 경우 작업에 지속적으로 집중하도록 하고 대인 갈등을 다루거나 편견의 근원을 밝히기 위해 창의적인 접근 방식을 사용하게 한다.

네 번째, 불확실성의 표현(representations of uncertainty)은 개별 프로젝트 위험 및 기타 불확실성 원인을 반영하기 위해 정량적 위험분석 모델을 사용하는 것을 의미한다. 정량적 위험분석 모델에는 확률 분포(probability distribution), PERT, 기대화폐가치(expected monetary value, EMV) 등이 포함된다. 확률 분포는 기간, 비용 및 자원에 대한 추정치와 관련하여 불확실성을 처리할 때 사용한다. 추정 기간 및/또는 비용 추정에 사용되는 3점 추정과 관련하여 예를 들어보자. 만약 상사가 직장에 도착하는 데 걸리는 시간을 알려 달라고 요청하면 30분과 같이 단일 수치 즉, 1포인트 추정치를 제공할 수 있다. 교통사고 없고 도로 공사도 없으며 기상 위험도 없는 등 교통과 관련하여 모든 것이 순조롭게 진행되고 있을 때 사용할 수 있는 추정치이다. 이제 상사가 특정 시간에 시작하는 회의에 참석해야 하고 직장에서의 성공은 정시에 참석하는 것에 달려 있다.

그 회의 시간보다 30분 일찍 출발해야 하나? 조금 더 일찍 출발하고 싶다면 얼마나 더 일찍 출발해야 하나? 여기서 3점 추정이 필요하다. 30분 추정은 실제로 가장 가능성이 높은(M) 추정이다. 비관적 추정치(P)는 트래픽을 감속시키는 교통 사고와 같이 위에서 언급한 것 중 하나와 같이 부정적인 위험이 발생하면 어떻게 되는지를 기반으로 한다. 이러한 일은 드물게 발생하지만 발생하면 최소 30분 지연, 즉 통근 시간 총 60분을 의미할 수 있다. 낙관적 추정(O)은 기회라고도 하는 긍정적인 위험이 발생하는 경우 발생하는 상황을 기반으로 한다. 어떤 날에는 평소보다 교통량이 적을 수 있다. 아마도 대부분의 사람들이 쉬는 공휴일이기 때문일 수 있다. 이런 날은 교통량이 주말 교통량과 비슷하고 20분 만에 출근할 수 있다. 3점 추정치를 계산할 때 확률 분포가 필요하다. 삼각 분포(triangular distribution)가 있는 경우 P, O, M은 거의 동일하게 계산한다. 즉 (P + O + M)/3 = (60 + 20 + 30)/3 = 35분으로 평균을 구한다. 그러나 가중 평균 분포를 사용하는 경우 가장 가능성이 높은 추정치에 4배의 가중치를 부여한다. 그것이 비관적 및 낙관적 추정 뒤에 있는 시나리오와 비교할 때 일어날 가능성이 가장 높기 때문에 "가장 가능성이 높은"이라고 불리는 이유이다. 이 경우 가중 평균은 (P + O + 4M)/6이고 가중평균은 [60 + 20 + 4(30)]/6 = 33.3분이 된다. 따라서 일반 평균의 경우인 추가로 5분이 아니라 3.3분 더 일찍 출발할 수 있다고 추정한다. 그 외에도 인구와 같은 자연적으로 발생하는 현상에서 일반적으로 발생하는 확률 분포를 나타내는 정규분포와 기타 다른 유형의 확률 분포가 사용될 수 있다.

불확실성을 나타내는 또 다른 방법은 기대화폐가치(expected monetary value, EMV)이다. 주요 개념은 확률과 영향을 곱하는 것을 포함하기 때문에 확률/영향 매트릭스와 유사하고 위험이 발생할 확률이 결정되면 금전적 가치가 주어진다. 일반적으로 기회는 양수 값으로, 위협 요소는 음수 값으로 표시된다. EMV 분석은 발생할 수도 있고 발생하지 않을 수도 있는 미래 이벤트의 평균 결과를 계산한다. 의사결정 트리는 EMV를 계산하는 데 자주 사용된다.

EMV의 예를 들어보자. 어떤 일이 발생할 위험이 10%이고 발생하면 그 영향은 프로젝트에 10억의 비용이 든다. 위험 대응을 위해 얼마나 많은 예산을 따로 떼어 놓아야 할까? EMV를 사용하면 10%의 확률을 취하여 10억의 잠재적 영향을 곱하면 예비로 두어야 할 돈은 1억이 된다. 이 위험 대응은 비상 준비금 또는 개별 프로젝트 위험이 발생할 경우에 대비하여 사전에 위험 등록부에 예측된 자금의 예이다. 모든 개별 프로젝트 위험에 대해 다양한 확률적 분기를 취하면 시뮬레이션에 가까운 것을 얻을 수 있다. EMV 분석은 정확하고 위험 중립적인 가정에 크게 의존한다. EMV의 결과는 가능한 위험 대응을 계획하고 우선 순위를 지정하는 데 사용된다.

다섯 번째, 이 프로세스에서 주로 사용되는 데이터 분석 기법은 민감도 분석(sensitivity analysis)과 시뮬레이션(simulation) 등이 있다. 민감도 분석은 하나 이상의 변수를 변경할 때 결과에 미치는 영향을 보여주는 기법으로 이자율 변화에 따른 대출 상환금 변화를 분석하는 것이 하나의 예이다. 따라서 민감도 분석은 위험에 가장 큰 영향을 미치는 변수들을 결정하는데 유용한 정량적 기법이다. 그것들은 가장 잠재적인 영향이 있는 위험을 추정하고 목표의 변동과 다양한 불확실성이 어떻게 상관되는지, 목표에 대한 각 요소의 영향을 추정하는 데 도움이 된다. 일반적으로 민감도 분석에서는 가장 높은 위험 시나리오만 고려된다. 이러한 분석은 시간과 비용이 많이 들 수 있으므로 확률/영향 매트릭스와 같은 정성적 분석을 사용하여 가장 높은 관련 위험을 식별하는 경우가 많다. 시뮬레이션은 시스템의 표현 또는 모델을 사용하여 시스템의 예상 동작 또는 성능을 분석하는 기법이다. 몬테카를로 분석(Monte Carlo analysis)이 대표적인데 이는 모델 결과를 여러 번 시뮬레이션하여 계산된 결과의 통계적 분포를 제공한다. 몬테 카를로 시뮬레이션을 사용하려면 세 가지 추정값(일반적, 비관적, 낙관적)과 각 값 사이에 예측 값이 존재할 가능성(확률)에 대한 추정값이 있어야 한다. 몬테카를로 시뮬레이션은 일반적으로 위험을 계량화하기 위한 프로젝트 시뮬레이션에 사용된다. 이러한 무작위 시뮬레이션은 각 결과의 가능성, 즉 영향에 대한 통찰력을 제공한다. 위험관리에서 시뮬레이션에 대한 인풋은 프로젝트 비용 또는 일정과 같은 프로젝트 목표의 추정치이다. 이러한 변수에 대한 확률 분포가 생성되고 프로젝트 모델은 난수 생성기를 사용하여 무작위로 선택된 인풋으로 여러 번 반복된다. 모델 아웃풋은 특정 불확실성으로 인한 각 결과의 확률이다. 그런 다음 이러한 아웃풋을 사용하여 응답을 계획할 수 있다. 예를 들어, 프로젝트 일정 목표 달성 가능성을 확인하고자 한다면, 각 작업에 대해 낙관적, 가장 일반적, 비관적인 예상 시간을 구해야 하다. 이를 8주, 10주, 15주라고 가정하자. 다음은 각 변수의 확률분포를 결정하여 하는데 8-10주 사이가 될 확률이 20%, 10-15주 사이에 작업이 완료될 확률이 80%라고 하자. 각 변수에 대해 확률 분포를 기반으로 임의의 값을 선택하여 8주에서 10주 사이의 임의의 값이 나올 확률을 20%가 되도록 하여 값을 구한다. 각 변수에 대해 선택된 값의 조합을 사용하여 분석을 실시하거나 모델을 돌려보고 모형 결과의 확률 분포를 얻기 위해 임의의 값을 얻어 분석하는 단계를 여러 번 반복한다. 그림 10-5는 몬테카를로 분석 결과의 예시이다.

[그림 10-5] 몬테 카를로 분석 결과 예시

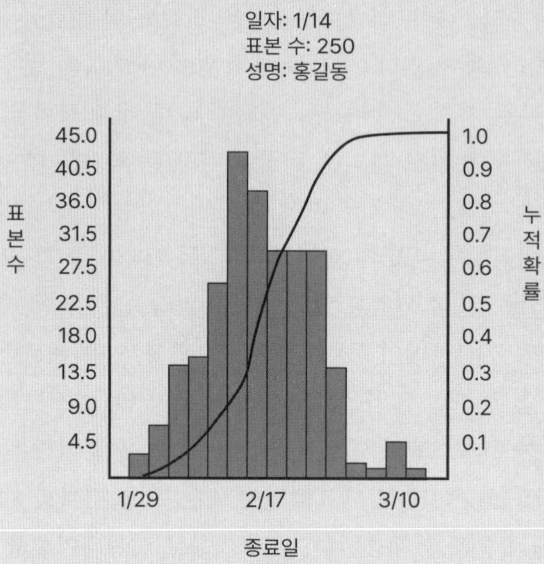

종료일 표준편차: 5.2일
95% 신뢰구간: 0.6일
각 막대는 2일을 나타냄

종료일 확률표

확률	일자	확률	일자
0.05	2/5	0.55	2/17
0.10	2/8	0.60	2/18
0.15	2/9	0.65	2/19
0.20	2/10	0.70	2/22
0.25	2/11	0.75	2/22
0.30	2/12	0.80	2/23
0.35	2/15	0.85	2/24
0.40	2/15	0.90	2/25
0.45	2/16	0.95	2/26
0.50	2/17	1.00	3/10

A5 위험대응 계획 Plan Risk Responses

위험을 식별하고 정량화 한 후 이 프로세스에서 대응 방법을 결정한다. 즉, 가장 중요한 위험들에 대해 실행계획을 수립한다. 위험대응 계획에는 프로젝트에 대한 위협을 줄이거나 제거하는 방법과 그 영향을 높일 수 있는 기회를 결정하는 것이 포함된다. 프로젝트 관리자는 위협이 발생하기 전에 이를 제거하기 위해 노력해야 하며 마찬가지로 기회가 발생하도록 노력해야 한다. 또한 프로젝트 관리자는 위협의 확률과 영향을 줄이고 기회의 확률과 영향을 높이는 책임도 있다.

완화할 수 없는 위협에 대해 프로젝트 관리자는 강력한 비상 계획과 이것이 작동하지 않을 경우 사용할 수 있는 대응 계획을 가지고 있어야 한다. 자원과 시간 제약으로 인해 프로젝트의 모든 위험을 제거할 필요는 없다. 프로젝트 관리자는 프로젝트 전반에 걸쳐 위험을 검토해야 한다. 위험에 대한 계획은 반복적이어야 한다. 정성적 위험분석, 정량적 위험분석 및 위험대응 계획은 프로젝트 작업을 시작한다고 끝이 아니다. 위험대응 계획은 위험이 발생할 경우 단순히 위험에 대응하는 것뿐만 아니라 위험 트리거(trigger)를 모니터링해서 가능한 빨리 경고를 받을 수 있도록 하기 위한 것이다.

위험이 발생할 확률을 완전히 없앨 수는 없다. 하지만 일단 발생했을 때 그 영향이 크지 않도록 대비하는 것이 중요하다. 작은 위험이 있는 경우 미리 위험 대응을 준비하는 것보다 일시적인 해결 방법을 가지고 있는 것도 좋다. 위험 대응은 프로젝트 결과에 가장 중요한 것이 무엇인지 확인하는 이전 두 프로세스의 결과에 기반한다.

참고로 위험의 종류 중에는 위험 대응에 의해 새로이 나타나는 유형도 있다. 잔여 위험(residual risks) 및 2차 위험(secondary risks)이 그것인데 잔여 위험은 모든 대응 전략이 구현 된 후에도 남아있는 위험을 의미한다. 예를 들어 보다 안정적인 HW로 교체하더라도 여전히 오작동의 위험이 남아 있는 경우를 뜻한다. 반면 2차 위험은 위험에 대응한 후 새로이 나타난 직접적인 결과를 말한다. 예를 들어 새로운 HW를 변경하니 기존에 없던 호환성 문제가 발생하는 경우가 여기에 해당한다.

• 부정적인 위험에 대한 5가지 기본 대응 전략

위험 회피(risk avoidance): 원인을 제거하여 특정 위협을 제거하는 전략이다. 모든 위협이 제거될 수는 없지만 특정 위험 이벤트는 제거 가능하다. 예를 들어 새로운 브랜드 대신 익숙한 특정 브랜드의 HW를 사용함으로써 낯선 새 브랜드가 야기할 위험을 제거한다.

위험 수용(risk acceptance): 위험의 결과를 수용하는 전략이다. 예를 들어 워크샵 개최시 장소에 대한 능동적 대응은 비상 계획(contingency plan)과 비상 준비금(contingency reserve)을 준비하는 것이며 수동적 대응은 시설이 어떻든 그대로 워크샵을 실시하는 것이다.

위험 이전(risk transference): 위험의 결과를 3자에게 이전하는 전략이다. 특정 하드웨어에 대해 보험을 들거나 보증보호(warranty protection) 서비스를 구매할 수 있다.

위험 완화(risk mitigation): 발생 가능성을 줄임으로써 위험 이벤트의 영향을 줄이는 전략이다. 예를 들면 입증된 기술의 사용, 유능한 프로젝트 직원 보유, 다양한 분석 및 검증 기술 사용, 하도급 입체로부터 유지 보수 또는 서비스 계약을 구매하는 것 등이 위험 완화 대응책이 될 수 있다.

위험 전달(risk escalation): 상부에 알리는 전략이다. 위험이 프로젝트 범위 밖에 있거나 대응방안이 프로젝트 관리자의 권한 밖에 있다면 상위 관리자에게 위험을 전달해야 한다.

• 긍정적 위험에 대한 5가지 기본 대응 전략

위험 개발(risk exploitation): 긍정적인 위험이 발생하도록 무엇이든 하는 전략이다. 기회가 반드시 실현될 수 있도록(100% 가능성) 조치를 취한다. 예를 들어 프로젝트를 3개월 내에 마칠 예정인데 정부가 유사한 프로젝트를 2달 내 발주한다는 사실을 인지했다. 새 프로젝트의 발주시점에 현재 프로젝트만 완료되면 지원 가능하다면 프로젝트 일정을 당길 수 있는 모든 방법 즉, 추가 자원 투입, 일정 압축, 초과근무 허락 등 가능한 방법을 모두 사용한다. 위험 회피 전략의 반대 전략이다. 또 다른 예로 지역 학교에 전산 실습실을 건축할 때, 각 종 홍보 및 행사를 하여 대중관계(public relations)를 높여 더 많은 비즈니스를 창출하도록 한다.

위험 공유(risk sharing): 위험 소유권을 다른 당사자와 공유하는 전략이다. 기술 역량 부족으로 회사가 원하는 프로젝트에 지원 불가능할 때 역량 있는 타 회사와 파트너십을 맺고 공동으로 프로젝트에 지원한다. 또 다른 예로 재단, 학부모 모임과 파트너십을 형성하여 지역 학교에 건축하는 전산 실습실에 대한 사용 방법을 강사들에게 가르치기 위해 지역의 다른 회사와 파트너 관계를 맺는다.

위험 향상(risk enhancement): 긍정적 위험의 주요 동인을 식별하고 극대화하여 기회의 발생 가능성을 증가시키거나 기회가 가져올 영향을 크게 하는 전략으로 위험이 발생할 가능성을 높이도록 노력하여 위험을 실현한다. 예를 들어, 프로젝트 종료 한달 전 새로운 프로젝트가 발주 예정이라면 공정 중첩 단축법(fast-tracking)으로 일정 단축을 시도한다. 이는 위험 완화 전략의 반대 전략이다. 또 다른 예로 좋은 대중관계(PR)의 주요 동인은 학생, 학부모, 교사들 사이에 전산실습실에 대한 인지와 관심도를 높이는 것이며 이렇게 되면 이들은 공식, 비공식적으로 전산실습실을 홍보할 것이며 궁극적으로 다른 그룹도 관심을 가질 수 있도록 유도하게 되어 더 많은 비즈니스를 창출하게 된다.

위험 전달(risk escalation): 상부에 알리는 전략이다. 권한이 없어서 기회를 실현할 수 없을 때 이 전략을 사용한다. 소모품의 대량 주문시 20% 할인되는 기회가 있을 때 타 프로젝트에서 같은 소모품이 필요한 지 PMO에 문의하여 그렇다면 대량 주문을 함으로써 기회를 실현한다. 또 다른 예로 다른 회사와 파트너십을 맺을 때 상사가 주관하도록 한다.

위험 수용(Risk acceptance): 위험에 대한 조치를 취하지 않는 전략으로 내버려 두었다가 만약 발생하면 혜택을 누린다. 대응 비용이 높거나 발생할 가능성이 낮거나 이익이 노력보다 크지 않을 때 사용한다. 다른 프로젝트의 숙련된 작업자를 설득하면 그 작업자를 얻을 수 있다고 가정하자. 그러나 설득하지 않고 대신 그들이 우리 프로젝트에 올지를 결정하게 한다. 또 다른 예로 전산실습실 건축 자체가 좋은 대중관계(PR)를 형성한다고 느끼고 추가적인 활동을 하지 않는다.

긍정적 위험에 대한 대응전략을 요약해 보면 먼저, 기회를 실현할 수 없는 경우 최고 경영진이 처리할 수 있도록 위험 확대 전략을 사용한다. 두 번째, 기회가 중요하지 않거나 덜 흥미롭다면 위험 향상 또는 수용 전략을 택한다. 세 번째, 기회가 너무 중요하여 놓치기 어려운 경우 위험 개발 전략을 선택한다. 마지막으로 기회를 실현하고 싶지만 스스로 할 수 없다면 위험 공유 전략을 시도한다.

• 인풋 Input

위험대응 계획 프로세스의 인풋은 프로젝트 관리 계획, 프로젝트 문서, 기업 환경 요인, 조직 프로세스 자산 등 4가지다. 먼저, 프로젝트 관리 계획은 자원관리 계획, 위험관리 계획, 비용 기준선 등이 포함된다. 자원관리 계획은 이 프로세스의 위험 대응에 동의하면 물리적 자원과 인적 자원을 어떻게 할당할 지 설명한다. 위험관리 계획은 위험관리에 대한 역할과 책임, 임계값 등을 명시하고 있다. 위험대응 비용은 "비상 자금"에서 나오며 예산에서 할당해야 하는데 비용 기준선은 이러한 정보를 보여준다.

두 번째, 이 프로세스에서 인풋으로 사용할 프로젝트 문서에는 교훈 등록부, 프로젝트 일정, 프로젝트 팀 할당, 자원 달력, 위험 등록부, 위험 보고서, 이해관계자 등록부 등이 포함된다. 교훈 등록부는 프로젝트의 초기 단계에서 사용된 효과적인 위험 대응에 대해 학습한 교훈을 검토하여 유사한 대응이 프로젝트의 나머지 기간 동안 유용할 수 있는지 결정한다. 프로젝트 일정은 위험 대응이 합의되면 다른 프로젝트 활동과 함께 어떻게 일정을 잡을지, 위험 대응 활동이 WBS에 추가되지만 위험이 유발된 경우에만 수행됨을 나타내기 위해 어떻게 보여줄 지 등을 결정할 때 정보를 제공한다. 프로젝트 팀 배정은 위험 대응을 수행할 위험 소유자의 결정을 도와준다. 자원 달력은 합의된 위험 대응에 잠재적으로 할당할 수 있는 자원에 대한 정보를 제공한다. 위험 등록부는 식별된 개별 프로젝트 위험에 대해 위험 대응이 필요한 위험(소위 "감시 목록"에 포함되지 않은 위험), 위험 대응 선택을 가이드하는 데 도움이 되는 각 위험에 대한 우선순위 수준, 각 위험에 대해 지명된 위험 소유자, 이전 위험관리 프로세스에서 식별된 경우 사전 위험 대응, 위험의 근본 원인, 위험 트리거 및 경고 표시, 단기적 대응이 필요한 위험(긴급 위험), 추가 분석이 필요한 위험 등의 정보를 제공한다. 위험 보고서는 프로젝트의 현재 위험노출 수준, 우선순위에 따른 개별 프로젝트 위험, 위험 대응 선택을 알릴 수 있는 개별 프로젝트 위험에 대한 추가 분석 등의 정보를 포함한다. 이해관계자 등록부는 위험 대응을 위한 잠재적 소유자를 식별한다.

세 번째, 기업 환경 요인은 주요 이해관계자의 위험 선호도 및 위험 임계값을 포함한다.

네 번째, 조직 프로세스 자산은 위험관리 계획, 위험 등록 및 위험 보고서를 위한 템플릿과 과거 데이터베이스 및 이전의 유사 프로젝트에서 배운 교훈 등을 포함한다.

• 아웃풋 Output

이 프로세스의 아웃풋은 변경요청, 프로젝트 관리 계획 업데이트, 프로젝트 문서 업데이트 등 3가지이다. 먼저, 변경요청은 이 프로세스의 결과로 위험 대응이 계획된 경우 비용, 일정 또는 범위 기준선이나 프로젝트 관리 계획의 다른 구성 요소에 대한 변경이 필요할 수 있어 생성될 수 있다.

두 번째, 프로젝트 관리 계획 업데이트는 일정관리 계획, 비용관리 계획, 품질관리 계획, 자원관리 계획, 조달관리 계획, 범위 기준선, 일정 기준선, 비용 기준선 등에 대한 업데이트를 의미한다. 일정관리 계획은 위험 대응을 구현하는 데 필요한 시간 때문에 일정이 업데이트될 수 있다. 비용관리 계획은 위험 대응을 구현하는 데 필요한 비용 때문에 특히 비상 준비금 추가와 관련하여 예산이 업데이트될 수 있다. 품질관리 계획은 위험 대응으로 제안된 품질관리 접근 방식 또는 품질관리 프로세스의 모든 변경 사항으로 인해 갱신될 수 있다. 자원관리 계획은 위험 대응으로 인해 자원 할당에 변경 사항이 있는 경우 이러한 변경 사항이 자원 관리 계획에 추가된다. 조달관리 계획은 위험 대응의 결과로 구매 결정 또는 조달 계약 유형에 변경 사항이 있는 경우 이러한 변경 사항이 조달 관리 계획에 반영된다. 범위 기준선은 합의된 모든 위험 대응을 범위 기준선에 추가해야 한다. 일정 기준선은 위험 대응을 포함한 결과로 생긴 일정 추정치의 모든 변경 사항을 반영한다. 비용 기준선은 위험 대응을 포함한 결과 필요한 비용 추정치의 모든 변경 사항을 반영한다.

세 번째, 프로젝트 문서 업데이트는 가정로그, 비용예측, 교훈 등록부, 프로젝트 일정, 프로젝트 팀 할당, 위험 등록부, 위험 보고서 등에 대한 업데이트이다. 가정로그는 새로운 가정이 발견되거나 새로운 제약이 식별되면 가정 로그가 업데이트 된다. 비용 예측은 위험대응에 필요한 비상 준비금을 고려해야 하기 때문에 위험대응 계획에 따라 변경될 수 있다. 교훈 등록부는 이후 단계에 유용할 수 있는 위험 대응에 대한 정보가 업데이트 된다. 프로젝트 일정은 합의된 위험 대응과 관련된 활동을 추가할 수 있다. 프로젝트 팀 할당은 합의된 조치를 구현하기 위해 인력을 할당해야 하며 이러한 내용이 반영되어야 한다. 위험 등록부에는 이 프로세스의 결과로 나타나는 합의된 위험대응 전략, 선택한 대응 전략을 구현하기 위한 구체적인 조치, 위험이 유발된 경우 비상 계획과 함께 위험 발생의 트리거 조건이나 증상 및 경고 신호, 선택한 위험 대응책을 구현하는 데 필요한 예산 및 일정 활동, 1차 대응이 부적절하다고 판명된 경우의 대체 계획(fallback plan), 위험 대응의 직접적인 결과로 발생하는 2차 위험, 계획된 대응 조치를 취한 후에도 남아 있을 것으로 예상되는 잔여 위험 등의 정보가 업데이트 될 필요가 있다. 위험 보고서는 우선 순위가 높은 위험의 경우, 합의된 위험 대응 및 현재 프로젝트 위험 소유자 목록과 이러한 위험 대응을 구현한 결과로 예상할 수 있는 기대 변경사항 등이 업데이트 된다.

• 도구와 기법 Tools and Techniques

위험대응 계획 프로세스에서 사용될 수 있는 도구와 기법은 전문가 판단, 데이터 수집(data gathering), 대인관계 및 팀 스킬(interpersonal and team skills), 위협에 대한 전략(strategies for threats), 기회를 위한 전략(strategies for opportunities), 비상 대응 전략(contingent response strategies), 전체 프로젝트 위험에 대한 전략(strategies for overall project risk), 데이터 분석, 의사 결정 등 9가지이다. 먼저, 전문가 판단은 모든 계획 프로세스와 마찬가지로 관련 전문지식이 있는 개인 또는 그룹의 조언을 받는 방법이다. 이 프로세스에서는 위협 및 기회 대응전략, 비상 대응 전략, 전체 프로젝트 위험 대응 전략 등에 대한 전문성이 유용하다.

두 번째, 데이터 수집(data gathering) 방법 중 많이 사용되는 기법은 이전 프로세스와 마찬가지로 인터뷰이다. 인터뷰는 개별 프로젝트 위험에 대한 대응책을 개발하는 데 사용할 수 있으며 위험 대응을 개발하는 데 전문성을 가진 팀원이나 특정 개별 프로젝트 위험, 특히 이전에 유사한 프로젝트에서 직면한 위험에 대한 지식이 있는 이해관계자와 이루어져야 한다.

세 번째, 대인관계 및 팀 스킬(interpersonal and team skills) 중에서 이 프로세스에서 유용한 것은 역시 진행 혹은 촉진(facilitation) 스킬이다. 진행 스킬은 그룹에서 위험 대응 전략을 개발할 때 사용할 수 있으며 위험 소유자가 위험을 이해하고 대안 대응 전략을 식별 및 비교하는 데 도움이 된다.

네 번째, 위협에 대한 전략(strategies for threats)은 부정적인 위험에 대한 기본 대응 전략 유형으로서 프로젝트 팀에서 위험 대응 계획을 수립할 때 참고할 수 있다. 이 프로세스 개요에 제시되어 있다.

다섯 번째, 기회를 위한 전략(strategies for opportunities)은 긍정적인 위험을 처리할 때 사용할 수 있는 대응 전략 유형으로서 프로젝트 팀에서 위험 대응 계획을 수립할 때 참고할 수 있다. 이 또한 이 프로세스 개요에 설명되어 있다.

여섯 번째, 또 다른 중요한 전략 기법은 비상 대응 전략(contingent response strategies)이다. 특정 위험 대응은 특정 이벤트가 발생한 경우에만 구현되는데 이 경우 위험이 유발될 수 있다는 충분한 경고가 있는 경우 위험 대응을 구현할 수 있다. 이렇게 식별된 위험 대응을 비상 계획(contingency plan)이라고 하며 계획을 실행하도록 설정하는 트리거 이벤트를 포함한다. 예를 들어 누락된 중간 마일스톤의 처리가 여기에 해당한다.

일곱 번째, 전체 프로젝트 위험에 대한 전략(strategies for overall project risk)은 일반적으로 개별 프로젝트 위험에 대해 계획되는 위험 대응과 달리 전체 프로젝트 위험에 초점을 맞춘 것으로 다섯 가지 기본 유형이 있다.

- 회피(avoid): 전체 프로젝트 위험이 상당히 부정적이거나 프로젝트에 대해 합의된 위험 임계값을 벗어난 경우 회피 전략이 채택될 수 있다. 프로젝트를 임계값 내로 되돌릴 수 없는 경우 프로젝트가 취소될 수 있으며 가장 극단적인 위험 회피 수준이다. 예를 들면 프로젝트 범위와 관련한 고위험 요인을 제거하는 것이다.
- 개발/공유(exploit/share): 전체 프로젝트 위험이 상당히 긍정적이고 프로젝트에 대해 합의된 위험 임계값을 벗어난 경우 개발 전략이 채택될 수 있다(회피 전략의 반대). 예를 들면, 이해관계자에게 가치 또는 이점을 제공하도록 고이익의 범위관련 요인을 추가한다.
- 이전/공유(transfer/share): 전체 프로젝트 위험이 높지만 조직이 자체적으로 이를 효과적으로 해결할 수 없는 경우 제3자가 조직을 대신하여 위험을 관리하는 데 관여할 수 있다. 전체 프로젝트 위험이 음수인 경우 이전(transfer) 전략이 필요하며 전체 프로젝트 위험이 긍정적인 경우 공유 소유권 전략이 필요하다. 예를 들면, 구매자와 판매자가 전체 프로젝트 위험을 공유하는 협업 비즈니스 구조를 설정한다.
- 완화/향상(mitigate/enhance): 전체 프로젝트 위험이 음수이면 완화 전략이 사용되며 전체 프로젝트 위험이 긍정적인 경우 향상 전략이 사용된다. 예를 들면, 프로젝트의 범위와 경계 변경, 자원 할당 변경 등이 여기에 해당한다.

- 수용(accept): 전체 프로젝트 위험을 처리할 수 있는 사전 위험 대응 전략이 없는 경우 조직은 현재 정의된 대로 프로젝트를 계속할 수 있다. 예를 들면, 프로젝트가 위험 임계값을 초과하는 경우 사용할 프로젝트에 대한 전체 비상 준비금을 설정하거나(능동 전략), 프로젝트 전반의 위험 수준이 크게 변하지 않는지 검토하는 것(수동 전략)이 여기에 포함된다.

여덟 번째, 이 프로세스의 주요 데이터 분석 방법은 대안 분석과 비용편익 분석이다. 대안 분석은 개별 프로젝트 위험을 처리하기 위해 식별된 위험 대응 전략이 둘 이상인 경우 가장 적절한 옵션을 선택하는 데 사용될 수 있다. 비용 편익 분석은 개별 프로젝트 위험의 영향을 EMV를 사용하여 금전적 측면에서 정량화 할 수 있는 경우(위험이 발생할 경우 목표에 대한 잠재적 영향 금액을 곱한 위험 발생 확률과 동일), 대체 위험 대응 전략의 비용 효율성을 결정하는데 사용할 수 있다. 위험 대응 전략의 효율성은 EMV로 측정한 영향 수준의 변화를 위험 대응 전략의 실행 비용으로 나눈 비율로 측정할 수 있다. 예를 들어, 프로토타입을 구현해 보면 실패 위험을 25%에서 5%로 줄인다고 가정하자. 이 경우 잠재적 영향 비용은 실패 비용 * 실패 위험 확률의 변화량(20%)이 될 것이며 이 것을 프로토타입 제작 비용으로 나눈 값이 대체 위험 대응 전략(프로토타입 구현)의 비용 효율성이 된다. 계산된 비율이 높을수록 위험 대응이 더 효과적이라는 의미가 된다.

아홉 번째, 의사 결정은 그룹 환경에서 진행 스킬을 활용하여 개발된 대체 위험 대응 전략의 우선 순위를 지정하고 최종적으로 결정하는 데 사용될 수 있는 기법이다.

A6 위험대응 구현 Implement Risk Responses

앞선 5개 위험관리 프로세스들이 모두 계획 프로세스 그룹에 속한 반면 본 프로세스는 실행 프로세스 그룹에 포함된다. 위험대응 구현 프로세스는 프로젝트 위험에 대응하여 조치 및 계획을 실행하는 프로세스이다. 즉, 위험 등록부에서 식별된 각각의 위험이 발생하기 전에 위험을 완화 또는 방지하기 위한 적절한 조치 또는 계획을 갖고 있는지 확인하거나 위험이 발생하여 프로젝트 문제로 변할 때 대응을 하는 것이다. 본 프로세스의 목적은 프로젝트의 위험에 대한 노출을 줄이고 시간, 비용 또는 품질 측면에서 납품에 대한 위협을 최소화하는 것이다.

위험대응 구현 프로세스는 위험이 처음으로 식별되는 시점부터 프로젝트 수명주기 전반에 걸쳐 사용되어 새로운 위험에 대한 대응이 포함되도록 정기적으로 검토되고 기존 위험에 대한 대응이 적절한지 확인한다. 대응은 사전 예방적일 수 있으며 지금 위험을 처리하고 위험의 영향을 예방하거나 최소화하기 위한 몇 가지 활동을 수행한다. 다른 경우에 위험 대응 계획은 프로젝트에서 위험이 구체화될 때만 실행된다. 일부 위험의 경우 하나 이상의 위험 대응이 있을 수 있다. 위험대응 구현 프로세스의 결과는 프로젝트 위험 등록부에 문서화되어야 한다. 대응 계획에 따라 변경 요청이 발행될 수 있으며 위험대응 활동을 반영하도록 프로젝트 계획에 대한 업데이트가 이루어진다.

• 인풋 Input

위험대응 구현 프로세스의 인풋은 프로젝트 관리 계획, 프로젝트 문서, 조직 프로세스 자산 등 3가지다. 먼저, 프로젝트 관리 계획은 위험관리 계획이 핵심 인풋인데 위험 대응을 구현하는 데 관련된 프로젝트 팀 구성원 및 기타 이해관계자의 역할과 책임이 나열된다. 또한 프로젝트에 대한 위험 임계값을 지정하며, 이는 위험 대응의 구현이 달성해야 하는 수용 가능한 목표를 정의한다.

두 번째, 프로젝트 문서는 교훈 등록부, 위험 등록부, 위험 보고서 등이 포함된다. 교훈 등록부는 위험 대응을 구현하는 과정에서 배운 교훈이 기록되어 있으며 위험 등록부는 전체 프로젝트와 주요 개별 프로젝트 위험에 대해 합의된 위험 대응 전략을 포함한다. 위험 보고서는 현재의 전체 프로젝트 위험 노출과 합의된 위험 전략 및 주요 개별 프로젝트 위험에 대한 평가를 포함한다.

세 번째, 조직 프로세스 자산은 유사한 완료된 프로젝트에서 얻은 교훈 저장소를 포함하며 이는 특정 위험 대응의 효과성을 보여준다.

• 아웃풋 Output

이 프로세스의 아웃풋은 변경요청과 프로젝트 문서 업데이트이다. 먼저, 변경요청의 경우, 위험이 트리거 되어 위험 대응이 구현되고 이것이 비상 위험 대응(contingent risk response)(위험이 발생하는 경우에만 구현됨을 의미)인 경우, 비용 및 일정 기준선을 업데이트하기 위해 변경요청을 할 수 있다.

두 번째, 프로젝트 문서 업데이트는 이슈로그, 교훈 등록부, 프로젝트 팀 할당, 위험 등록부, 위험 보고서 등의 문서 갱신을 의미한다. 이슈로그는 위험 대응 구현에서 이슈가 발견되면 갱신된다. 교훈 등록부는 위험 대응을 구현할 때 문제를 피하는 방법이나 잘 작동한 접근 방식에 대한 정보를 추가한다. 프로젝트 팀 할당에는 위험 대응과 관련된 자원이 추가적으로 할당되며, 여기에는 구현에 필요한 인력이 포함된다. 위험 등록부는 구현 과정에서 위험 대응에 변경 사항이 있는 경우 이를 반영한다. 구현 과정에서 수행된 위험 대응에 변경 사항이 발생하면 이러한 변경 사항은 이해관계자에게 전달되는 위험 보고서에 기록된다.

• 도구와 기법 Tools and Techniques

위험대응 구현 프로세스에서 사용될 도구와 기법은 전문가 판단, 대인관계 및 팀 스킬(interpersonal and team skills), 프로젝트관리 정보시스템(PMIS) 등 3가지이다. 먼저, 전문가 판단은 위험대응을 효율적이고 효과적인 방식으로 수행하는 방법에 대한 지식을 가진 사람들로부터 도움을 받는 방법이다.

두 번째, 대인관계 및 팀 스킬(interpersonal and team skills) 관련하여 위험 소유자가 필요한 조치를 취하도록 독려하기 위해 영향력(influencing) 스킬을 사용해야 하며 위험 프로세스를 촉진(facilitate)하는 스킬도 필요하다.

세 번째, PMIS는 프로젝트 일정, 비용 및 자원을 모니터링하는 데 사용되는 정보시스템이다. 이 프로세스에서 PMIS는 합의된 위험대응 계획과 관련 활동들이 다른 활동과 함께 프로젝트에 통합되도록 한다.

A7 위험 모니터 Monitor Risks

이 프로세스는 적절한 위험 대응책이 실행되는 것을 확인하고 식별된 위험을 추적하며 새로운 위험을 식별 및 분석한다. 또한 전체 프로젝트에 걸쳐 위험관리의 효과를 평가한다. 프로젝트 위험관리는 초기 위험 분석만 하고 중단되면 안된다. 식별된 위험이 구체화되지 않거나 발생 가능성 및 영향력이 낮아지거나 더 커질 수 있으므로 위험을 계속 추적해 나가는 것이 중요하다. 물론 프로젝트가 진행됨에 따라 새로운 위험이 나타날 수도 있으며 이러한 경우 새로운 위험은 프로젝트 초기에 도출된 위험과 같은 과정을 거쳐야 한다. 프로젝트가 진행되면서 위험에의 노출 정도가 변할 수 있으며 이에 따라 위험관리에 할당된 자원의 재분배가 필요할 수도 있다. 위험관리 효과를 평가한 후 비효과적으로 판명난 전략은 변경하거나 비상계획 활동을 구현하거나 더 이상 존재하지 않는 위험은 잠재적 위험 목록에서 제거해야 할 필요도 있다.

위기관리(crisis management)와 달리 좋은 프로젝트 위험관리는 종종 눈에 띄지 않고 수행된다. 잘 운영되는 프로젝트는 아주 수월해 보이지만 실제로는 프로젝트가 잘 운영되도록 하기 위해 많은 노력이 투입된다.

• 인풋 Input

위험 모니터 프로세스의 인풋은 프로젝트 관리 계획, 프로젝트 문서, 작업성과 데이터, 작업성과 보고서 등 4가지이다. 먼저, 프로젝트 관리 계획은 위험관리 계획이 주요 인풋이다. 위험관리 계획은 얼마나 자주 위험을 검토해야 하는지, 검토를 수행할 때 따라야 하는 조직의 정책 및 절차, 모니터링 프로세스를 수행하는 사람들의 역할과 책임, 프로세스 결과 보고 형식 등을 제공한다.

두 번째, 프로젝트 문서는 이슈로그, 교훈 등록부, 위험 등록부, 위험 보고서 등을 포함한다. 이슈로그는 미해결 이슈가 있는지 확인하는 데 사용된다. 교훈 등록부는 프로젝트 초기에 기록된 위험과 관련된 교훈을 검토한다. 위험 등록부는 식별된 개별 프로젝트 위험, 위험 소유자, 합의된 위험대응, 특정 위험대응 실행 조치, 위험 대응 계획의 효과성을 평가하기 위한 통제 조치, 위험의 증상 및 경고 신호, 잔여 및 2차 위험, 우선순위가 낮은 위험 감시목록 등의 정보를 제공한다. 위험 보고서는 현재의 전체 프로젝트 위험 노출과 합의된 위험 대응 전략, 주요 개별 위험과 계획된 대응, 위험 소유자 등에 관한 평가 정보를 제공한다.

세 번째, 작업성과 데이터는 구현된 위험 대응, 발생한 위험, 활성 위험, 종료된 위험(특정 프로젝트 활동과 관련된 위험이 발생하지 않았기 때문에) 등에 관한 데이터를 보여준다.

네 번째, 작업성과 보고서는 성과 관련 위험을 모니터링하기 위해 필요한 성과 측정 정보를 보여준다.

• 아웃풋 Output

이 프로세스의 아웃풋으로는 작업성과 정보, 변경요청, 프로젝트 관리 계획 업데이트, 프로젝트 문서 업데이트, 조직 프로세스 자산 등 5가지이다. 먼저, 작업성과 정보는 위험 등록부가 검토되고 개별 프로젝트 위험에 대한 사전에 합의된 위험 대응에 대한 변경 사항이 기록된다. 이러한 변경 사항은 위험대응 계획 및 위험대응 구현 프로세스의 효과성을 나타내기 위해 검토된다.

두 번째, 변경요청은 위험 등록부를 검토하는 프로세스로 인해 위험 대응 계획 및 해당 위험 대응의 구현이 변경될 수 있을 때, 이로 인해 비용 또는 일정 기준선에 대한 변경이 필요한 경우(변경된 응답을 구현하는 데 필요한 추가 비용 또는 시간을 고려하기 위해) 만들어진다. 모든 변경은 반드시 변경 요청을 통해 이루어져야 한다. 이러한 변경은 개별 프로젝트 위험과 관련하여 또는 전체 프로젝트 위험의 현재 수준을 해결하기 위해 이루어질 수 있다.

세 번째, 변경요청이 수락되면 프로젝트 관리 계획이 그에 따라 업데이트 된다. 특히 변경된 위험 대응이 비용 또는 일정 기준선을 변경해야 하는 경우에(새로운 또는 변경된 응답을 구현하는데 필요한 추가 비용 또는 시간을 설명하기 위해) 업데이트가 필요하다. 참고로 변경된 위험 대응 자체는 위험 등록부에 기록된다.

네 번째, 프로젝트 문서 업데이트는 가정로그, 이슈로그, 교훈 등록부, 위험 등록부, 위험 보고서 등의 업데이트를 의미한다. 가정로그는 위험을 모니터링하는 과정에서 새로운 가정이 발견될 수 있으며 기존 가정이 재검토 및 변경될 수 있는데 이 새로운 정보를 반영해야 한다. 이슈로그는 일반적으로 위험 자체의 내용이 아니라 해당 위험의 처리와 관련된 위험 모니터링 프로세스에서 발견된 이슈를 기록한다. 교훈 등록부는 이 프로세스에서 수행된 위험 검토의 결과로 얻은 교훈을 프로젝트의 나중 단계에서 사용할 수 있도록 기록한다. 위험 등록부는 위험 모니터링 프로세스의 결과로 발생할 수 있는 변경 사항을 업데이트 한다. 업데이트 할 사항을 예를 들어보면 원래 위험 평가 중에 식별되지 않았지만 검토 중에 발견된 새로운 위험의 추가, 특정 활동이나 작업에 의해 유발된 위험이 발생하지 않는 경우 이 위험은 구식이거나 더 이상 사용되지 않는 것으로 간주될 수 있도록 오래된 위험의 업데이트, 실제 지출한 금액과 대응 비용을 지불하기 위해 준비한 비상 준비금을 비교하기 위해 현실화된 위험의 업데이트, 감시 목록(낮은 영향/낮은 확률)의 위험을 모니터링하여 관심 목록에서 제거해야 하는 위험이 있는지 확인하는 것 등이다. 위험 보고서는 이해관계자에게 위험과 관련하여 무슨 일이 일어나고 있는지 알리는 것인데 이 프로세스의 결과를 기반으로 상위 개별 프로젝트 위험, 합의된 위험 대응 및 해당 위험에 대한 위험 소유자를 포함한 주요 개별 프로젝트 위험의 현재 상태, 전체 프로젝트 위험의 현재 수준, 위험 대응 자체에 대한 변경에 대한 결론 및 권장 사항, 위험관리 프로세스의 효율성에 대한 위험 감사의 결론 등을 업데이트 해야 한다.

다섯 번째, 조직 프로세스 자산 업데이트는 이 프로세스의 수행으로 인한 위험관리 계획, 위험 등록부 및 위험 보고서용 템플릿과 위험분할구조(RBS) 등의 갱신을 포함한다.

• 도구와 기법 Tools and Techniques

위험 모니터 프로세스에서 사용될 도구와 기법은 데이터 분석, 감사(audit), 회의 등 3가지이다. 먼저, 데이터 분석 기법 중 주로 사용되는 기법은 기술적 성능 분석(technical performance analysis)과 준비금 분석(reserve analysis)이다. 기술적 성능분석(technical performance analysis)은 트랜잭션 시간이나 배송된 결함 수와 같은 기술적 성능 측정치를 분석하여 잠재적인 위험의 존재 여부를 확인하는 기법이다. 준비금 분석(reserve analysis)은 잔여 준비금이 적절한지 판단하기 위해 남아 있는 비상 준비금의 양을 프로젝트의 어느 시점에 남아 있는 위험의 양과 비교한다. 따라서 준비금 분석은 위험을 직접 모니터링하는 것이 아니라 위험 대응 비용을 지불하는 데 사용되는 비상 준비금을 통해 간접적으로 모니터링하는 것이다. 위험이 발생하지 않으면 해당 위험을 지불하기 위한 비상 준비금은 준비금의 "풀(pool)"로 들어가 이 비율을 강화할 수 있다.

두 번째, 감사(audits)는 위험이 얼마나 효과적으로 관리되었는지에 대한 체계적인 검사로서 근본 원인이 분석되는 방법, 시기 적절한 수정 또는 예방 조치, 위험 재평가가 수행되는 빈도 및 효과 등을 살펴보는 것을 포함한다. 따라서 감사는 위험관리 프로세스의 효과성을 고려하는 기법이다. PMI는 품질통제(결과에 중점을 둠)와 품질보증(프로세스에 초점)처럼 위험 감사 회의(risk audit meeting)를 위험 검토 회의(risk review meeting)와 별도로 개최할 것을 제안한다. 위험 감사의 형식은 감사를 수행하기 전에 위험관리 계획에 정의해야 한다. 위험 검토의 품질통제 부분은 위험 대응 자체의 효과성을 검토하는 것이며, 이는 위험 검토 회의의 일부로 수행된다.

세 번째, 회의 중 위험 검토 회의는 예정된 회의이며 PMI는 정기적인 상태(status) 회의와 별도로 개최하는 것을 선호한다.

이번 장에서 학습한 내용 생각해 보기

IT 프로젝트 하나를 머리속에 떠올린 후 잠재적인 위험 목록을 생각해 보자. 위험을 도출하는 과정에 위험분할구조(risk breakdown structure)를 사용하였는가?

많은 조직에서 확률/영향 매트릭스를 사용한다고 생각하는가? 민감도 분석이나 시뮬레이션은 어떤가?

핵심 용어

감시 목록 watch list

관리 준비금 management reserves

기대 화폐 가치 expected monetary value (EMV)

대체 계획 fallback plans

델파이 기법 Delphi technique

몬테 카를로 분석 Monte Carlo analysis

비상 계획 contingency plans

비상 준비금 contingency reserves

알려지지 않은 위험 unknown risks

알려진 위험 known risks

워크어라운드 workarounds

위험 risk

위험 개발 risk exploitation

위험 공유 risk sharing

위험관리 계획 risk management plan

위험 등록부 risk register

위험분할구조 risk breakdown structure

위험 소유자 risk owner

위험 수용 risk acceptance

위험 완화 risk mitigation

위험 이벤트 risk events

위험 이전 risk transference

위험 향상 risk enhancement

핵심 용어

위험 회피 risk avoidance

잔여 위험 residual risks

트리거 triggers

확률/영향 매트릭스 probability/impact matrix

2차 위험 secondary risks

제11장
프로젝트 조달관리

이번 장을 통해서 학습하게 될 내용들

- 프로젝트 조달관리의 중요성과 계약 유형
- 프로젝트 조달 계획과 관련된 작업
- 판매자 응답 획득, 판매자 선택 및 계약 체결을 위한 조달 및 전략 실행 방법
- 조달 관계를 관리하고 계약 성과를 모니터링하여 조달을 통제하는 프로세스

제 11장
프로젝트 조달관리

미니 사례

고수석은 자신의 회사가 CRM 시스템을 업그레이드 하기위해 외부 컨설턴트에게 이렇게 많은 돈을 지불하고 있다는 사실을 믿을 수가 없었다. 컨설팅 회사의 제안에 따르면 유사한 업그레이드를 완료한 경험 많은 전문가가 투입되고 5명의 컨설턴트가 풀타임으로 근무하면 작업이 6개월 이내에 완료할 것이라고 했다. 현재 9개월이 지난 후에도 고수석의 회사는 여전히 높은 컨설팅 비용을 지불하고 있었고 원래 프로젝트에 투입된 컨설턴트 중 절반이 새로운 사람들로 교체되었다. 한 명의 새로운 컨설턴트는 대학을 졸업한지 불과 두 달 밖에 되지 않았으며 의사소통 기술 또한 매우 부족하였다. 고수석의 직원들은 이들 소위 경험 많은 전문가들을 교육하는 데 시간을 낭비하고 있다고 불평했다. 고수석은 회사의 구매 관리자와 그들이 겪고 있는 문제와 관련될 수 있는 계약, 수수료, 특별 조항 등에 대해 이야기를 나누었다. 고수석은 계약서를 해석하는 것이 얼마나 어려운지 놀랐다. 계약서는 매우 길었고 분명히 법적 배경을 가진 누군가가 작성했음이 틀림없었다. 컨설팅 회사가 제안서를 따르지 않았기 때문에 고수석은 이럴 때 회사가 무엇을 할 수 있는지 물었을 때 구매관리자는 제안서가 공식 계약의 일부가 아니라고 말했다. 고수석의 회사는 특정 산출물이 아닌 시간과 재료(time and material)에 대해 비용을 지불하고 있었다. 계약서에는 컨설턴트에게 요구되는 최소 경험 수준을 명시한 조항 뿐만 아니라, 제시간에 작업을 완료하지 못했을 때의 페널티 조항도 없었다. 그러나 해지 조항은 있어 회사가 계약을 해지할 수 있었다. 고수석은 회사가 왜 이렇게 형편없는 계약서에 사인을 했는지 궁금했다. 회사 외부로부터 조달하는 서비스를 처리하는 더 좋은 방법이 있을까?

프로젝트 조달관리의 중요성

조달(procurement)은 외부에서 물품 또는 서비스를 받는 행위이다. 흔히 구매(purchasing) 또는 아웃소싱(outsourcing)과 혼용해서 사용하기도 한다. 대부분의 조직은 IT 요구를 충족하기 위해 어떤 형태로든 아웃소싱을 수행한다. 기업들은 특히 IT 인프라, 응용 프로그램 개발 및 유지관리, 혁신 프로세스 분야에서 많은 작업을 아웃소싱 한다. 하지만 이러한 아웃소싱에 대한 찬반 논쟁이 전혀 없는 것은 아니다. 아웃소싱 찬성론자들은 고정 비용과 반복 비용을 절감할 수 있다고 주장하며 고급 IT 스킬과 신기술에의 접근성이 큰 장점이라고 생각한다. 또한 아웃소싱을 함으로써 생기는 조직의 잉여 인력이나 역량을 핵심 비즈니스에 집중할 수 있으며 특히 직원 관리에 유연성이 생기는 점이 또 다른 혜택이라고 주장한다. 반면 아웃소싱 반대론자들은 무엇보다도 조직의 핵심 정보가 외부로 누출될 가능성이 높고 다양한 거래 정보가 조직의 핵심역량으로 축적되는 시대에 이러한 중요한 정보 자산을 타사에 맡긴다는 것은 결국 자사가 아웃소싱 회사에 종속될 수 있는 가능성이 높아진다고 보고 이를 두려워한다. 따라서 아웃소싱에 대한 선호도는 기업의 상황이나 특성에 따라 달라 일부 회사는 아웃소싱을 전혀 선호하지 않는 반면 다른 회사는 자사의 거의 모든 IT 서비스를 아웃소싱에 의존하기도 한다. 이러한 찬반 논쟁에도 불구하고 최근 아웃소싱은 계약 규모가 증가하는 트렌드를 보이고 있다.

한편 해외 아웃소싱에 대한 관심도 지속적으로 높아지고 있는데 비용 절감 목적보다는 인력 부족으로 인해 글로벌 아웃소싱의 문을 두드리는 경우가 많아지고 있다. 아시아에서는 인도, 중국, 필리핀 등이 아웃소싱에 선호되는 지역이며 라틴 아메리카의 인기도 높아지고 있다. 다만 해외 아웃소싱이 자국에 도움이 될지 여부는 논란이 있다. 이와 관련하여 최근 소프트웨어 테스팅과 같은 IT 일자리를 다시 자국으로 가져 오는 접근 방식을 "어반 온쇼어링(urban onshoring)" 이라고 부르기도 한다.

아웃소싱은 프로젝트 환경이라고 해서 예외가 아니고 조직에서와 같은 논리로 빈번히 수행되고 있다. PMBOK는 관련 작업을 더욱 체계적으로 계획, 관리 및 통제하기 위해 조달관리라는 독립적인 지식 영역을 정의하고 상세히 설명하고 있다.

프로젝트 조달관리는 프로젝트를 완료하는 데 필요한 외부 자원과의 관계를 만들고 유지하는 것이다. 프로젝트 팀은 프로젝트 목표를 달성하는 데 필요한 제품 및 서비스를 구매, 임대 또는 계약하기 위해 공급업체와 소통한다. 대부분의 경우 공급업체 선택은 제품 또는 서비스를 찾는 비즈니스와 파트너 관계를 맺기 위해 입찰을 한 후에 이루어진다. 그런 다음 프로젝트 팀은 목표에 가장 유리한 입찰 및 파트너십을 결정한다. 양 당사자의 이익을 공정하게 대표할 수 있도록 추가 협상이 진행될 수도 있다.

프로젝트 조달관리 프로세스

조달관리는 프로젝트 수행조직 외부에서 프로젝트에 필요한 상품 및 서비스를 확보하는 활동으로 다음과 같은 3개의 프로세스들로 구성되어 있다.

- 조달관리 계획 (Plan Procurement Management)
- 조달 실행 (Conduct Procurement)
- 조달 통제 (Control Procurement)

조달관리 계획은 어떤 자원을 조달할 것인지, 언제 조달할 것인지, 어떤 방법으로 할 것인지 등을 결정한다. 조달 실행은 공급업체로부터 제안받기, 입찰 평가, 공급업체 선정, 계약 체결 등의 활동을 한다. 조달 통제는 판매자와의 관계 관리, 계약성과 모니터링, 필요에 따른 계약변경 및 계약종료 활동을 포함한다.

이들 3개 프로세스를 프로젝트 관리 프로세스 그룹의 관점에서 살펴보면 표 11-1과 같이 조달관리 계획은 계획 프로세스 그룹에, 조달 실행은 실행 프로세스 그룹에 속하며 마지막 조달 통제는 모니터링 및 통제 프로세스 그룹에 속한다. 조달관리 프로세스들도 품질관리나 자원관리, 의사소통관리 또는 위험관리처럼 5개 프로젝트 관리 프로세스 그룹 중 계획 프로세스 그룹, 실행 프로세스 그룹, 모니터링 및 통제 프로세스 그룹 등 3개 프로세스 그룹에 걸쳐 있다.

[표 11-1] 프로젝트 관리 프로세스 그룹과 조달관리 맵핑

지식 영역	착수 프로세스 그룹	계획 프로세스 그룹	실행 프로세스 그룹	모니터링 및 통제 프로세스 그룹	종료 프로세스 그룹
조달관리		조달관리 계획	조달 실행	조달 통제	

다음 그림 11-1은 프로젝트 조달관리의 입력물, 도구와 기법, 산출물을 보여준다.

[그림 11-1] 프로젝트 조달관리 개요

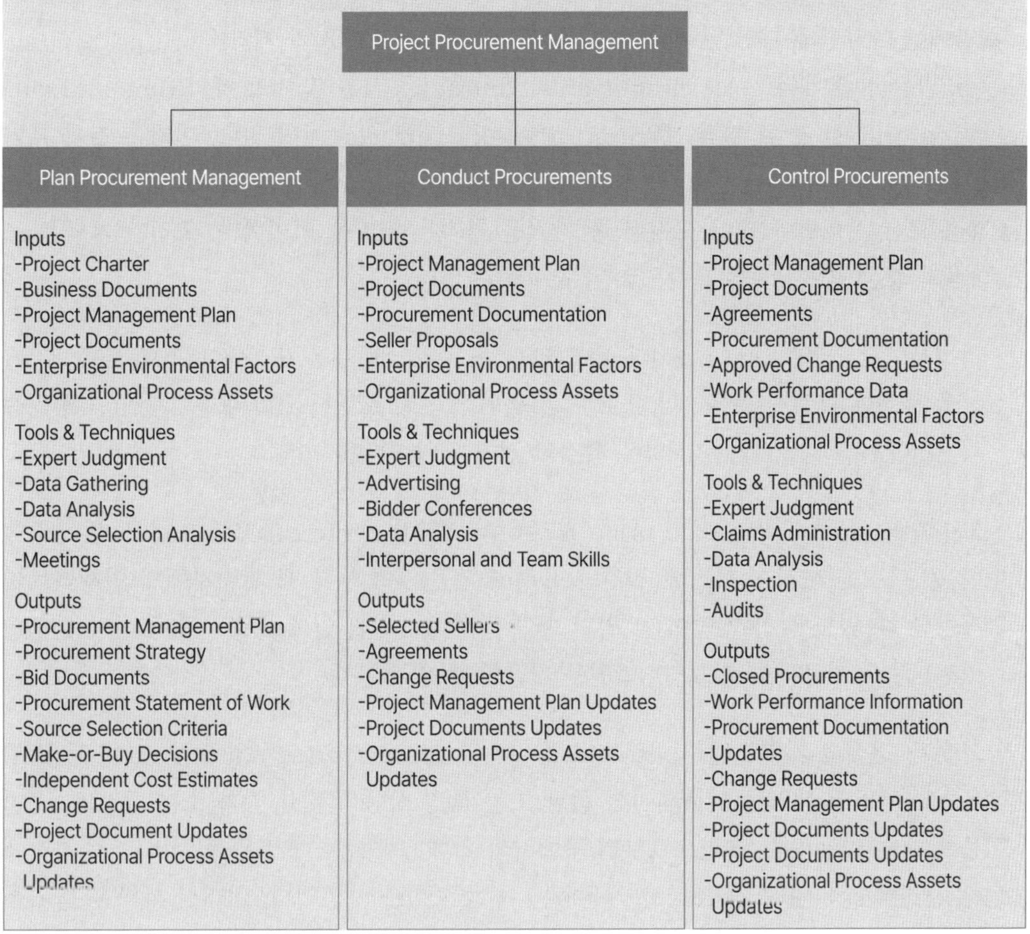

계약 Contract

조달관리에서 절대 빼 놓을 수 없는 것이 계약이다. 계약은 판매자가 특정 제품 또는 서비스를 제공하도록 의무화하고 구매자가 그에 대한 비용 지불을 의무화한 상호 구속력 있는 합의이다. 계약은 법적 구속력이 있으므로 계약서에 명시된 대로 작업을 수행해야 하므로 계약 당사자의 책임을 명확하게 하고 프로젝트의 주요 산출물에 초점을 맞추게 된다. 계약에는 프로젝트 고유의 문제를 고려하기위한 특정 조항(clauses)이 포함될 수 있다. 특히 종료 조항(termination clause)은 구매자 또는 공급 업체가 계약을 종료할 수 있도록 하는 조항이다.

계약에는 다양한 유형이 있다. 흔히 볼 수 있는 유형으로 고정가 계약(fixed price contracts), 비용 상환 계약(cost reimbursable contracts), 시간 및 자재 계약(time and material contracts), 단위 가격 계약(unit pricing contracts) 등이 있다. 먼저 고정가 계약(fixed price contracts)은 일시불 계약(lump sum contracts)이라고도 불리는데 잘 정의된 제품 또는 서비스에 대한 고정된 총 가격을 가지는 계약을 의미한다. 고정가 계약은 크게 다음과 같은 3가지 세부 유형으로 나누어질 수 있다.

- 확정 고정가 계약(firm fixed price (FFP) contract): 제품 또는 서비스에 대한 총 가격을 사전에 확정해 놓은 계약으로 예를 들어 레이저 프린터 100 대를 2개월 안에 배송시 3천만원을 지급한다는 계약은 확정 고정가 계약이다.

- 고정가 인센티브 계약(fixed price incentive (FPI) contract: 제품 또는 서비스에 대한 총 가격을 사전에 확정해 놓지만 특정 조건을 충족시킬 때 판매자에게 인센티브를 제공할 수 있도록 한 계약이다. 위의 예에서 만약 1개월 안에 배송시 총금액의 10%를 인센티브로 지급하여 총 3,300만원을 지급할 수 있게 된다.

- 고정가-경제적 가격조정 계약(fixed price economic price adjustment (FP-EPA) contract): 이 계약은 인플레이션 변화 또는 특정 상품의 비용 증가(또는 감소)와 같이 통제할 수 없는 외부 조건으로부터 구매자와 판매자를 보호하기 위해 확정된 총 가격에다 사전에 정의된 가격 조정을 허용하는 특별 조항을 제공한다. 이러한 계약은 장기적인 관계시 선호된다.

두 번째, 비용 상환 계약(cost reimbursable contracts)은 실비 정산식 계약이라고 부르는데 판매자에게 실제 발생한 직접 및 간접 비용을 지불하는 계약 방식이다. 비용 상환 계약도 4가지 세부 유형으로 나누어질 수 있는데 상세한 내용은 다음과 같다.

- 성과급 가산 원가계약(cost plus incentive fee (CPIF) contract): 구매자는 허용 가능한 성과 비용(프로젝트 비용 혹은 원가)과 미리 정해진 수수료 및 인센티브 보너스를 공급업체에게 지불하는 계약이다. 예를 들어, 프로젝트의 예상 비용이 10억이고 결정된 수수료가 1억이며 인센티브 결정 공식(Share formula)이 85:15(구매자는 불확실성의

85%를, 공급자는 15%를 책임짐)라고 하자. 만약 프로젝트 최종 비용이 8억이라면 구매자가 공급자에게 지불할 비용은 얼마일까? 프로젝트 비용이 2억 절감되었으므로 인센티브 결정 공식에 따라 공급자는 2억의 15%인 3천만원을 인센티브로 받게 된다. 따라서 공급자가 프로젝트 종료 후 받는 총 금액은 비용 8억과 수수료 1억, 그리고 인센티브 3천을 포함한 9억 3천만원이 된다.

- 고정수수료 가산 원가계약(cost plus fixed fee (CPFF) contract): 구매자는 허용 가능한 성과 비용(프로젝트 비용 혹은 원가)과 일반적으로 예상 비용의 백분율에 기반한 고정 수수료를 공급 업체에게 지불하는 계약이다. 예를 들어, 프로젝트의 예상 비용이 10억이고 결정된 수수료가 비용의 10%인 1억인데 만약 프로젝트 최종 비용이 12억이라면 구매자가 공급자에게 지불할 총 금액은 비용 12억과 수수료 1억을 합친 13억이 된다.

- 보상금 가산 원가계약(cost plus award fee (CPAF) contract): 구매자는 허용 가능한 성과 비용(프로젝트 비용 혹은 원가)과 주관적인 성과 기준의 만족도에 따른 보너스 비용에 대해 공급자에게 지불하는 계약이다. 간단히 생각해서 레스토랑에서 음식값과 팁을 주는 것을 연상할 수 있다. 이 계약의 이점은 계약자가 더 나은 제품이나 서비스를 제공하도록 보상을 제공하며 좋은 성과가 보상을 받을 것이기 때문에 판매자와 구매자 사이에 더 나은 관계가 형성될 수 있다. 특히 보상은 성과와 성과에 대한 정확한 평가 모두와 직접적으로 관련이 있기 때문에 판매자와 구매자 간의 더 나은 의사소통이 이루어질 수 있다. 정부 기관은 이러한 유형의 계약을 가장 일반적으로 사용해 오는데 비록 관련된 추가 비용이 발생할 수 있지만 많은 사람들은 품질 개선 가능성이 그만한 가치가 있다고 생각한다.

- 비용 일정량 가산 원가계약(cost plus percentage of costs (CPPC) contract): 구매자는 허용 가능한 성과 비용(프로젝트 비용 혹은 원가)과 총 비용을 기준으로 미리 정해진 비율을 공급자에게 지불하는 계약이다. 이러한 계약 유형에서는 공급 업체가 더 많은 수수료 혹은 인센티브를 받기위해 비용을 늘리고자 할 가능성이 높다. 이러한 잠재적 도덕적 해이 가능성으로 인해 정부는 이 유형의 계약을 금지한다.

참고로 고정가 계약과 비용 상환 계약의 다양한 유형들을 위험 관점에서 비교해 보면 그림 11-2와 같다. 구매자 입장에서는 확정 고정가 계약(FFP)이 가장 위험이 낮으며 그 다음으로 고정가-경제적 가격조정 계약(FP-EPA), 고정가 인센티브 계약(FPI), 보상금 가산 원가계약(CPAF), 성과급 가산 원가계약(CPIF), 고정수수료 가산 원가계약(CPFF), 비용 일정량 가산 원가계약(CPPC) 순으로 위험이 높아진다. 판매자 혹은 공급자 입장에서는 반대가 된다.

[그림 11-2] 계약 유형과 위험의 관계

세 번째, 시간 및 자재 계약(time and material contracts)은 용어대로 시간과 자재를 기반으로 제품이나 서비스의 획득을 제공하는 계약이다. 여기서 시간은 임금, 간접비, 일반 및 관리 비용, 이윤을 포함하는 고정된 시간당 요율로 특정된 직접 노동시간을 뜻하며 자재는 재료의 실제 비용을 의미한다. 따라서 시간 및 자재 계약은 고정 가격 및 비용 상환 계약의 복합 방식으로 이해할 수 있다. 이 계약은 계약을 체결할 당시 작업의 범위 또는 기간을 정확하게 추정하거나 합리적인 수준의 확신을 갖고 비용을 예측하는 것이 불가능한 경우에 사용할 수 있다. 즉, 시간 및 자재 계약의 경우 전체 프로젝트에 대해 고정 가격을 제시하는 대신 계약서에 작업의 대략적인 범위를 설명하고 고정 시간당 임금에 자재 비용을 더한 견적을 제시한다. 계약자는 또한 폭주하는 비용으로부터 구매자를 보호하기 위해 일반적으로 "초과 금지(not-to-exceed)" 조항이라고 하는 프로젝트의 최고 가격을 포함할 수 있다.

고정가 계약과 시간 및 자재 계약 간에는 몇 가지 중요한 차이점이 있다. 작업 시작 전에 최종 가격이 결정되는 고정가 계약은 시간 및 자재 계약보다 일반적이다. 고정가 계약은 구매자와 판매자 모두가 잘 이해하는 프로젝트에 가장 적합하므로 필요한 시간과 비용을 예측할 수 있다. 고정가 계약에서 작업이 시작된 후 작업 사양이 변경되면 구매자와 판매자는 계약 수정 사항을 협상해야 한다. 그러나 시간 및 자재 계약은 일반적으로 시간당 인건비 및 자재 비용과 함께 작업의 목적만을 명시한다. 작업 사양이 변경되면 재협상이 필요하지 않기 때문에 예측 가능성이 낮은 상황에 적합한 것이다. 단지 시간과 자재에 더 많은 비용이 들 뿐이다.

네 번째, 단위 가격 계약(unit pricing contracts)은 단가 계약이라고도 하며 작업의 개별 부분 또는 단위에 가격을 책정한다. 각 단위는 자재, 노동 및 간접비와 같은 여러 변수를 조합하거나 단독으로 사용될 수 있다. 프로젝트의 범위가 도중에 변경되면 단위를 추가하거나 제거할 수 있으므로 일반적으로 단위 가격 계약은 작업 범위가 불완전하고 반복적인 작업과 자원을 포함하는 프로젝트에 특히 유용하다. 단위 가격 계약은 또한 입찰 과정에서 판매자가 부정확한 견적을 제출할 위험을 제거하는 데 도움이 된다. 총액을 사전에 결정하는 고정가 계약과 달리 단위 가격 계약은 완료에 필요한 단위 수를 기준으로 프로젝트 비용을 산정하므로 비용은 프로젝트가 진행됨에 따라 점진적으로 발생한다.

A1 조달관리 계획 Plan Procurement Management

조달관리 계획은 조직 외부의 제품 또는 서비스를 사용하여 어떤 프로젝트 요구를 가장 잘 충족시킬 수 있는지 식별하는 프로세스이다. 조달관리 계획을 수립하면서 조달 여부, 조달 방법, 조달할 품목, 조달할 금액 및 조달 시기 등을 결정한다. 이 프로세스의 중요한 결과 중의 하나는 구매여부 결정(make-or-buy decision)이다. 구매여부 분석(make-or-buy analysis)은 조직 내부적으로 특정 제품을 개발하거나 서비스를 수행할지 또는 외부로부터 구매해야 하는지를 결정하는 일반 관리기법이다. 만약 조직 외부에서 제품이나 서비스를 구입할 필요가 없는 경우라면 다른 조달관리 프로세스를 수행할 필요가 없어진다.

예를 들어, 프로젝트에 필요한 품목을 임대할 지 아니면 구매할 지 결정하는 분석을 해보자. 임대를 한다면 하루 80만원으로 가능하지만 품목을 구매할 경우에는 구매 비용이 1200만원, 일일 운영 비용은 40만원이라고 한다. 구매 비용과 임대 비용이 같게 되는 기간은 다음 식을 통해 알 수 있다.

$$12{,}000 + 400d = 800d$$

$$12{,}000 = 800d - 400d$$

$$12{,}000 = 400d$$

$$d = 12{,}000 / 400$$

$$d = 30$$

따라서 30일 이상 품목이 필요하다면 구매하는 것이 더 경제적이다.

• 인풋 Input

조달관리 계획 프로세스의 인풋은 프로젝트 헌장, 비즈니스 문서, 프로젝트 관리 계획, 프로젝트 문서, 기업 환경 요인, 조직 프로세스 자산 등 6가지이다. 먼저, 프로젝트 헌장에는 프로젝트의 목표와 프로젝트 설명이 제시되는데 이는 잠재적인 판매자에게 프로젝트를 설명할 때 도움이 된다. 또한 프로젝트에 대한 요약 이정표와 사전 승인된 재정 자원은 필요한 상품과 서비스를 획득할 시기와 획득 방법을 결정하는 데 사용될 수 있다.

두 번째, 비즈니스 문서에는 비즈니스 케이스와 혜택관리 계획(Benefit Management Plan) 문서가 있다. 비즈니스 케이스를 참조하는 요점은 조달 전략이 비즈니스 케이스의 기반이 되는 전략에 맞춰져야 하기 때문이다. 혜택관리 계획은 특정 프로젝트 혜택을 사용할 수 있을 것으로 예상되는 시기를 설명하는데, 이는 구매 날짜를 결정하는데 도움이 된다.

세 번째, 프로젝트 관리 계획 중 조달관리 계획 수립과 관련된 구성요소는 범위관리 계획, 품질관리 계획, 자원관리 계획 및 범위 기준선이다. 범위관리 계획은 계약자의 작업 범위가 프로젝트의 실행 단계 중에 관리되는 방법을 설명하며 품질관리 계획은 해당 산업 표준과 프로젝트가 따라야 하는 기타 규정을 설명한다. 이러한 표준은 제안요청(RFP)과 같은 입찰 문서에 포함되며 공급업체 사전 자격을 위한 선택 기준의 일부로 사용될 수 있다. 자원관리 계획은 구매 또는 임대할 자원에 대한 정보와 함께 조달에 영향을 미칠 모든 가정 또는 제약 조건을 포함한다. 범위 기준선은 프로젝트에서 제공할 제품, 서비스 또는 결과에 대한 서술적 설명인 작업 명세서(Scope of Work)와 프로젝트의 목적과 구조를 정의하는 참조 조건(Terms of Reference)을 만드는데 사용된다.

네 번째, 이 프로세스에 인풋으로 사용될 프로젝트 문서는 마일스톤 목록, 프로젝트 팀 배정, 요구사항 문서, 요구사항 추적성 매트릭스, 위험 등록부, 이해관계자 등록부 등이다. 프로젝트의 주요 마일스톤 목록은 판매자가 결과를 제공해야 하는 시기를 표시한다. 프로젝트 팀 배정 문서는 프로젝트 팀의 기술과 능력, 조달 활동을 지원할 수 있는 가용성에 대한 정보를 포함한다. 요구사항 문서는 판매자가 충족해야 하는 기술 요구사항과 건강 및 안전 규정, 라이선스, 허가, 지적 재산권 등과 같은 계약 및 법적 의미가 있는 요구사항 정보를 포함한다. 요구사항 추적성 매트릭스는 제품 요구사항의 출처부터 이를 충족하는 산출물에 이르기까지의 제품 요구사항과 관련 질문이 있는 경우 상담할 수 있는 요구사항의 "소유자"가 나열된다. 위험 등록부에 나타나는 일부 위험은 조달 계약을 통해 판매자에게 이전될 수 있다. 이해관계자 등록부는 조달을 위한 계약 담당자(프로젝트를 수행하는 조직 내에서 조달을 전문으로 하는 자)와 법률 담당자(판매자와의 계약을 관리하는 자)를 포함한 프로젝트 이해관계자 및 그들의 프로젝트에 대한 관심에 대한 정보를 제공한다.

다섯 번째, 기업 환경 요인에는 마켓플레이스 조건 및 마켓플레이스에서 사용할 수 있는 제품, 서비스 및 결과물, 잠재적 판매자의 과거 실적 평판, 이전 경험을 기반으로 한 사전 자격을 갖춘 판매자의 다계층 공급체계, 특정 산업에 대한 제품, 서비스 및 결과에 대한 일반적인 이용 약관, 판매자에 대한 규제 요구사항과 같은 고유한 현지 요구사항, 계약 변경관리 절차를 포함한 계약관리 시스템, 조달에 관한 법률 자문 등이 포함된다.

여섯 번째, 조직 프로세스 자산은 사전 승인된 판매자 목록, 공식 조달 정책, 절차 및 지침, 계약 유형 등을 포함한다.

• 아웃풋 Output

다른 계획 수립 프로세스와 마찬가지로 이 프로세스의 가장 핵심 아웃풋은 조달관리 계획이다. 그 외에도 조달 전략(procurement strategy), 입찰 문서(bid documents), 조달 작업 명세서(procurement statement of work), 소스 선택 기준(source selection criteria), 구매여부 (개발 또는 구매) 결정(make-or-buy decisions), 독립적인 비용 견적(independent cost estimates), 변경요청, 프로젝트 문서 업데이트, 조직 프로세스 자산 업데이트 등 총 10가지 아웃풋이 생성된다. 먼저 조달관리 계획은 문서 작성에서 계약 종료에 이르기까지 조달 프로세스를 관리하는 방법을 설명한다. 포함되는 주요 내용은 표준 조달문서 또는 템플릿, 판매자 평가를 위해 독립적인 견적 사용에 대한 지침, 여러 공급자 관리에 대한 제안, 구매 및 인수와 관련된 제약 사항 및 가정, 보험 계약과 같은 위험 전이 전략 등이다.

두 번째, 프로젝트 외부에서 제품 또는 서비스를 획득하기로 결정하면 인도 방법(delivery methods), 계약 지불 유형(contract payment types), 조달 단계(procurement phases) 등 세 가지 주요 요소를 포함하는 조달 전략을 식별해야 한다. 인도 방법은 전문서비스의 경우 하도급(subcontracting) 계약이 허용되는 구매자와 서비스 제공업체간 인도, 하도급이 없는 형태, 합작 투자(joint venture), 대리인(representative) 방식 등이 있다. 또한 산업 및 상업용 건설의 경우 턴키(turnkey), 설계시공 일괄(design build, DB), 설계시공 분리입찰 (design bid build, DBB), 설계시공운영(design build operate, DBO), 시공소유운영 양도(build own operate transfer, BOOT) 방식 등의 인도 방법이 있다. 계약 지불 유형은 앞서 설명한대로 고정가 계약, 비용 상환 계약, 시간 및 자재 계약, 단위 가격 계약 등이 있다. 조달 단계는 단계에서 단계로 이동하기 위한 기준과 함께 조달의 순서 지정 또는 단계화를 결정하는 것으로 진행상황 추적을 위한 모니터링 및 평가 계획을 포함하여 모니터링에 사용할 성과 지표 및 이정표를 수립하고 후속 단계에서 사용하기 위한 지식 이전 프로세스를 정의해야 한다.

세 번째, 입찰 문서(bid documents)는 잠재적 판매자로부터 제안을 요청하는 데 사용된다. '입찰'(bid, tender)이나 '견적'(quotation) 등의 용어는 가격을 기준으로 판매자를 선정할 때 사용하며, 일반적으로 표준품을 구매할 때 사용한다. 제안(proposal)은 기술적 능력이나 기술적 접근 등 다른 고려 사항에 따라 판매자를 선택할 때 사용되며 일반적으로 맞춤형 품목을 구매할 때 사용된다. 일반적으로 조달에 사용되는 입찰 문서에는 정보 요청서(request for information, RFI), 견적 요청서(request for quotation, RFQ), 제안요청서(request for proposal, RFP) 등과 같은 3가지 유형의 문서가 있다. 정보 요청서(RFI)는 다양한 공급업체의 능력에 대한 정보를 수집할 때 사용되며 견적 요청서나 제안 요청서 중 하나가 이어진다. 견적 요청서(RFQ)는 예상 공급업체로부터 견적 또는 입찰을 요청하는 데 사용한다. 입찰(bid, tender or quote (short for quotation))은 구매자가 명확하게 정의한 표준 품목에 대한 가격을 제공하는 판매자가 준비하는 문서이다. 제안요청서(RFP)는 예비 판매자의 제안을 요청하는데 사용되는데 판매자 선정이 가격 외에 기술적 능력 또는 기술적 접근을 기반으로 하는 경우에 필요하다. 제안요청서는 가장 공식적인 "요청" 문서이며 원하는 응답 형식에 대한 설명, 관련 조달 작업 명세서(procurement statement of work, PSOW), 필수 계약조항 등을 포함한다. 참고로 제안서(proposal)는 구매자 요구를 충족시킬 수 있는 다른 접근 방식이 있을 때 제안 요청서를 받은 판매자가 준비하는 문서이다. 일반적인 IT 프로젝트의 제안 요청서 샘플 항목을 나열해 보면 목적, 조직 배경, 기본 요구사항, 하드웨어 및 소프트웨어 환경, 제안 프로세스 설명, SOW 및 일정, 현재 시스템 개요, 시스템 요구사항, 필수 항목 등이다.

네 번째, 조달 작업 명세서(procurement statement of work)는 해당 조달에 포함될 프로젝트 범위 정의의 형태로 조달 청사진을 포함한다. 여기에는 기술 사양, 원하는 수량,

품질 수준, 성능 데이터, 작업 기간, 작업 장소 등 잠재적 판매자가 조달에 포함될 제품, 서비스 또는 결과물을 제공할 수 있는지 결정할 수 있도록 충분한 세부 정보가 포함된다. 참고로 서비스 계약 시 작업 명세서 대신 참조약관(terms of reference, TOR)이 사용되는 경우도 있다. 참조약관에는 계약자가 수행해야 하는 작업, 납기 날짜 및 소통 방법 등 지정된 조정 요구사항, 계약자가 프로젝트에 적용할 수 있는 표준, 승인을 위해 제출해야 하는 데이터, 계약 수행에 사용하기 위해 구매자가 계약자에게 제공할 모든 데이터 및 서비스의 세부 목록, 최초 제출 일정 및 심사/승인 소요 시간 등에 관해 설명되어 있다.

다섯 번째, 소스 선택 기준(source selection criteria)은 구매자가 제안요청서를 선택할 때 어떤 제안이 필요한 서비스에 대해 최상의 품질을 제공할 수 있는지 확인하기 위한 기준이다. 일반적으로 교육을 포함한 지식 이전 프로그램의 적합성, 작업 명세서(SOW)에 대응하기 위해 제안된 접근 방식 및 작업 계획의 적절성, 인도 날짜, 제품 비용 및 수명주기 비용, 제안사의 재정적 안정성, 기술 전문성 및 접근 방식, 자원의 역량 및 능력, 특정 관련 경험, 핵심 직원의 자격, 자원 가용성 및 역량, 관리 경험, 의사소통 관리 능력 등이 포함된다. 일반적으로 제안요청서나 견적 요청서를 발행하기 전에 평가 기준을 준비하는 것이 중요하다. 문서상 보기 좋은 제안서에 주의하고 기술적 내용을 면밀히 검토해야 한다. 제안서의 일부로 기술 프리젠테이션을 요구할 수 있다.

여섯 번째, 구매여부 결정(make-or-buy decisions)은 구매여부 분석의 결과물로서 비용 편익을 사용하여 내부에서 제품을 개발하거나 외부 공급업체로부터 구매하는 것 사이에서 전략적 선택을 하는 행위를 말한다. 비용과 이점을 정확하게 비교하기 위해 프로젝트 관리자는 외부 전문지식의 이점과 회사 내에서 동일한 전문 지식을 개발하고 육성하는 이점을 평가해야 한다.

일곱 번째 아웃풋은 독립적인 비용 견적(independent cost estimates)인데 대규모 조달의 경우 조달하는 조직은 제안된 응답에 대한 벤치마크 역할을 하기 위해 자체적으로 독립적인 견적을 준비하거나 외부 전문 견적자가 준비한 비용 견적을 가질 수 있다.

여덟 번째 아웃풋은 변경요청인데 구매여부 결정의 결과로 상품, 서비스 또는 자원 조달에 대한 결정이 내려지면 프로젝트 관리 계획에 대한 변경 요청이 필요할 수 있다.

아홉 번째, 프로젝트 문서 업데이트는 교훈 등록부, 마일스톤 목록, 요구사항 문서, 요구사항 추적성 매트릭스, 위험 등록부, 이해관계자 등록부 등을 포함한다. 교훈 등록부는 규정 및 준수, 시장 조사, 구매여부 분석, 소스 선택 분석 등과 관련한 교훈을 업데이트 한다. 마일스톤 목록은 판매자가 결과물을 제공할 것으로 예상되는 시기를 업데이트 한다.

요구사항 문서는 판매자가 충족해야 하는 기술 요구사항이나 계약 및 법적 요구사항 등을 업데이트 한다. 요구사항 추적성 매트릭스는 제품 요구사항을 산출물에 연결시키고 요구사항의 소유자를 업데이트 한다. 위험 등록부는 승인된 각 판매자가 가지는 다양한 위험 요인들을 업데이트 한다. 이들 위험 요인들은 주로 판매자의 조직, 계약 기간, 외부 환경, 프로젝트 전달 방법, 선택한 계약 유형, 최종 합의 가격 등과 관련된다. 이해관계자 등록부는 조직 내 계약 및 법률 담당자를 포함하여 조달에 영향을 미칠 수 있는 이해관계자에 대한 추가 정보를 업데이트 한다.

열 번째 아웃풋은 조직 프로세스 자산 업데이트인데 적격 판매자에 대한 정보가 이 프로세스에서 얻은 경험을 기반으로 업데이트 된다.

• 도구와 기법 Tools and Techniques

이 프로세스에서 사용되는 도구와 기법을 나열해 보면 전문가 판단, 데이터 수집, 데이터 분석, 소스 선택 분석(source selection analysis), 회의 등 5가지이다. 먼저, 프로젝트 관리자는 조달관리 계획 초안을 작성하기 위해 다음 영역에 전문 지식을 갖춘 전문가의 도움을 받아야 한다: 조달 및 구매, 계약 유형 및 계약 문서, 규정 및 규정 준수 문제 등. 조직이 충분히 크면 모든 조달을 조달 관리자가 관리할 수 있으나 그렇지 않은 경우 프로젝트 관리자가 조달을 관리하는 데 도움을 줄 전문가를 찾아야 한다.

두 번째, 이 프로세스에서 사용할 수 있는 데이터 수집 방법으로는 시장조사(market research) 기법이 있다. 시장조사는 산업 및 특정 판매자 역량에 대해 데이터를 수집하기 위한 기법으로 그 목적은 성숙 기술 활용이나 원하는 자재 또는 서비스를 제공할 수 있는 판매자와 관련된 위험을 살펴보기 위해서이다.

세 번째, 대표적인 데이터 분석 기법으로는 구매여부 분석(make-or-buy analysis)이 있다. 이는 프로젝트 산출물을 프로젝트 팀에서 잘 제공할 수 있는지 아니면 외부에서 구매해야 하는지 결정하는 데 사용된다. 구매여부 분석시 고려해야 할 요소로는 조직의 현재 자원 할당 및 스킬과 능력, 전문 지식의 필요성, 영구 고용의무를 확대하지 않으려는 욕구, 독립적인 전문성의 필요성, 구매여부 결정과 관련된 위험 등이 있다. 기타 사용되는 재무기법으로는 투자수익률(ROI), 내부수익률(IRR), 순현재가치 분석(NPV), 할인된 현금흐름(Discounted Cash Flow), 비용편익 분석(Cost/Benefit Analysis) 등이 있다.

네 번째, 소스 선택 분석(source selection analysis)은 제안사를 선발하는 방법이다. 일부 조직의 제안사 선정 방식은 입찰자가 많은 시간과 자원을 사전에 투자하는 것을 요구하기 때문에 입찰자는 자신이 평가되는 방식에 대해 알기를 원한다. 제안사 선정 방법은 매우 다양할 수 있지만 일반적으로 사용되는 선택 방법은 다음과 같다.

- 최소 비용(least cost): 명칭에서 알 수 있듯이 재정 제안이 선정을 결정하는 기준이 된다. 하지만 기술 제안의 품질 또한 여전히 중요한 고려 사항이다. 이 방법에서는 기술 및 재정 제안은 일반적으로 분리되어 제출된다. 먼저 기술 제안서를 공개하고 제안 요청서에 지정된 평가 기준에 따라 평가한 후 최소 기술점수를 충족하거나 초과하는 제안서에 대해 재정 제안서가 오픈된다. 이 때, 최소 기술점수 미만인 경우 재정 제안서는 개봉되지 않은 상태로 반환되어야 한다. 적격 기술 제안에 대한 재정 제안 중 가장 저렴한 재정 제안이 최종적으로 선정된다. 주의할 점은 가장 훌륭한 기술 제안이 자동으로 선택되는 것은 아니라는 사전에 결정한 최소 점수를 넘어선 모든 기술 제안이 고려 대상이 되어 결국 프로젝트 가격이 가장 낮은 것이 낙찰된다는 점이다. 이 방법은 잘 확립된 관행과 표준이 있고 구체적이고 잘 정의된 결과가 기대되는 표준 또는 일상적인 성격의 조달에 적합하다.
- 품질 기반 또는 최고 기술 제안 점수(quality-based/highest technical proposal score): 일반적으로 이 방법은 가장 유능한 후보자를 확보하는 데 중점을 둘 때 사용된다. 선정은 제출된 제안의 품질을 기반으로 하며, 이는 기술 제안에만 국한되는 경향이 있다. 이 방법에서 재정 제안(또는 프로젝트 비용을 제안하는 기타 유사한 문서)은 평가 프로세스에 즉시 포함되지 않는다. 재정 제안을 기술 제안과 동시에 제출해야 하는 경우라도 일반적으로 두 봉투 시스템이 사용되어 기술 제안과 재정 제안은 별도의 봉투에 넣어진다. 가장 높은 순위의 기술 제안이 결정되면 해당 재정 제안이 공개되고 제안사는 조달팀과 협상할 수 있다. 이러한 협상이 성공적으로 완료되면 다른 입찰자가 제출한 재정 제안서는 개봉하지 않고 반환한다.
- 품질 및 비용 기반(quality and cost-based): 이 방법은 기술 및 재정 제안을 모두 사용하여 수상작을 결정한다. 따라서 일반적으로 기술 제안서와 재정 제안서는 별도의 봉인된 봉투에 동시에 제출된다. 이 방법은 가장 훌륭한 기술 제안을 최적의 가격으로 선정하는 것을 목표로 하므로 각 제안사의 기술 제안서 점수와 재정 제안서 점수에는 조달팀이 적용하려는 품질-비용 균형 기반의 가중치가 부여되고 가중치를 고려한 최종 결과가 산출된다. 예를 들어 기술 제안에 80%, 재정 제안에 20% 가중치를 할당할 수 있다. 이 경우, 기술 제안을 먼저 평가한 후 각 제안에 할당된 점수는 80%의 가중치가 부여된다. 그 후, 재정 제안이 평가되고 일반적으로 가장 저렴한 재정 제안

에 전체 가중치인 20%가 부여된다. 즉, 100점이 만점인 경우, 기술 점수를 만점 받으면 80%인 80점이 되고 가장 낮은 재정 제안은 20%인 20점을 받게 된다. 다른 재정 제안의 가중 점수는 가장 높은 점수를 받은 제안의 일부로 계산된다. 따라서 가장 낮은 가격의 제안서가 10억인 경우 12억을 제안한 다른 제안사에 대한 재정 가중치 점수는 16.67(10억/12억*20%)점이 된다. 최종 가중 점수는 항상 가장 저렴한 재정 제안의 점수보다 낮게 된다. 각 제안사에 대해 가중 기술 점수와 가중 재무 점수가 결정되면 합산하여 최종 점수를 결정하고 가장 높은 점수의 제안을 선정한다.

- 고정 예산(fixed budget): 이 방법은 고정예산 내에서 기술 제안이 가장 우수한 제안사를 선정하는 것을 의미한다. 모집 문서에는 기술 평가 기준과 최대 점수, 입찰이 거부되는 최소 자격 점수 및 사용 가능한 예산이 명시되어야 한다. 발주사는 먼저 기술 제안에 대한 평가를 수행하고 모집 문서에 명시된 최소 자격 기술 점수에 도달한 제안사에 대해 재정 제안에 대한 평가를 수행한다. 이때 모집 문서에 표시된 예산을 초과하는 입찰은 거부된다. 예산 범위 내 입찰은 기술 점수에 따라 순위가 매겨지며, 예산 범위 내에서 가장 높은 순위의 기술 제안을 제출한 제안사를 선정한다. 작업 명세서(SOW)가 잘 정의되고 변경 사항이 예상되지 않으며 예산이 고정되어 초과할 수 없는 경우 이 방법이 적합할 수 있다.
- 자격만 확인(qualifications only): 조달 가치가 상대적으로 작은 경우 전체 선택 프로세스가 의미가 없을 수 있다. 이 때, 구매자는 짧은 자격 목록을 작성하고 최고의 신용과 자격을 갖춘 입찰자를 선택한다.
- 유일한 출처(sole source): 이 방법은 경쟁이 없는 경우 적절하게 정당화되고 예외로 간주되는 경우에만 허용된다. 이는 제품 또는 서비스의 단독 제공자를 위한 것이지만 발주사와 과거 프로젝트 이력이 있는 신뢰할 수 있는 제공자를 위한 방법이다.

다섯 번째, 회의는 거의 모든 지식 영역에서 사용하는 일반적인 기법으로 특히 조달 실행 및 통제 전략을 결정하는 데 사용할 수 있다.

A2 조달 실행 Conduct Procurement

조달 실행은 판매자 응답을 얻고 판매자를 선택하고 계약을 체결하는 프로세스로 입찰자 회의, 잠재적 판매자에 대한 입찰 패키지 발행, 잠재적 판매자 평가 및 궁극적으로 판매자 선정과 같은 활동을 조직 및 관리하는 것과 관련된다. 이 프로세스의 이점은 확립된 계약을 통해 이해관계자의 기대치를 일치시킨다는 점이다.

판매자 응답 요청 활동은 제안을 요청할 잠재적 판매자를 결정하고 이들에게 적절한 문서를 보내어 제안 또는 입찰을 받는 것을 포함한다. 조직은 여러 가지 방법으로 광고할 수 있는데 선호하는 공급 업체에 직접 접근하거나 여러 잠재적 공급 업체에 정보를 제공할 수 있다. 이 때, 입찰자 회의(bidders' conference)는 구매자의 기대를 명확하게 설명하는 데 도움이 된다. 일단 제안서를 접수하면 판매자 선정이 조달 실행 프로세스의 중요한 활동이다. 이는 판매자의 제안 또는 입찰 평가, 가장 우수한 제안사 선정, 협상, 계약 체결의 순서로 진행된다. 앞 절의 소스 선택 분석에서 제안사를 선정하는 다양한 방법을 소개했다. 각 방법에 따라 판매자 선정 프로세스는 달라질 수 있다.

• 인풋 Input

조달 실행 프로세스의 인풋은 프로젝트 관리 계획, 프로젝트 문서, 조달 문서(procurement documentation), 판매자 제안(seller proposals), 기업 환경 요인, 조직 프로세스 자산 등 6가지이다. 먼저, 프로젝트 관리 계획 중 이 프로세스에서 인풋으로 사용되는 구성요소는 조달관리 계획, 범위관리 계획, 요구사항관리 계획, 의사소통관리 계획, 위험관리 계획, 형상관리 계획, 비용 기준선 등이다. 조달관리 계획은 다른 조달관리 프로세스를 수행하기 위한 가이드라인이나 지침을 포함한다. 범위관리 계획은 판매자가 수행하는 작업 범위를 관리하는 방법을 설명한다. 요구사항관리 계획은 판매자가 충족하기로 합의하는 요구사항을 어떻게 관리할지 설명한다. 의사소통관리 계획은 구매자와 판매자 간의 의사소통이 수행되는 방식을 설명한다. 위험관리 계획은 조달과 관련된 위험관리 활동이 프로젝트에 대해 어떻게 구성되고 수행되는지 설명한다. 판매자가 구매자의 접근 방식과 일치하는 방식으로 형상관리를 제공하는 방법에 대한 형식과 프로세스를 포함하는 것도 중요하므로 형상관리 계획이 인풋으로 사용될 수 있다. 비용 기준선에는 조달 예산과 조달 프로세스 및 판매자와 관련된 비용이 포함된다.

두 번째, 이 프로세스에서 인풋으로 사용되는 프로젝트 문서로는 교훈 등록부, 프로젝트 일정, 요구사항 문서, 위험 등록부, 이해관계자 등록부 등이 있다. 교훈 등록부는 조달 실행과 관련하여 배운 교훈이 기록되어 있다. 프로젝트 일정은 조달 활동의 시작 및 종료 날짜와 계약자 산출물 기한을 식별한다. 요구사항 문서는 판매자가 충족해야 하는 기술 요구사항과 계약 및 법적 요구사항을 포함한다. 위험 등록부는 승인된 판매자와 관련된 다양한 위험이 기록된다. 이러한 위험에는 판매자의 조직, 계약 기간, 외부 환경, 프로젝트 인도 방법, 선택한 계약 유형(고정 비용 또는 비용 상환 가능), 최종 합의 가격 등과 관련한 위험들이 포함된다. 이해관계자 등록부는 조달에 관심이 있거나 영향을 미치는 식별된 이해관계자에 대한 세부 정보가 포함된다.

세 번째, 조달 문서(procurement documentation)는 조달관리 계획 프로세스의 아웃풋으로 입찰 문서(bid documents), 조달 작업 명세서(procurement statement of work), 소스 선택 기준(source selection criteria), 독립적인 비용 견적(independent cost estimates) 등을 포함한다. 입찰 문서에는 정보 요청서(RFI), 제안 요청서(RFP), 견적 요청서(RFQ), 그 외 입찰 응답을 개발할 수 있도록 판매자에게 보내는 기타 문서가 포함된다. 조달 작업 명세서(Procurement statement of work, SOW)는 판매자가 입찰에서 정량적인 응답을 제공할 수 있도록 명확하게 명시된 목표, 요구사항 및 결과물 등을 제공한다. 소스 선택 기준은 평가 기준 및 사용된 가중치 시스템을 포함하여 제안서가 평가되는 방식을 설명한다. 독립적인 비용 견적은 입찰자가 제출한 제안에 대한 합리성을 확인해 준다.

네 번째, 판매자 제안(seller proposals)은 조달 문서 패키지에 대한 응답으로 최종 낙찰자를 선택하는 데 사용되는 기본 정보를 형성한다. 조직은 가격 또는 재정 제안을 기술 제안과 별도로 제출하도록 요구할 수 있다.

다섯 번째, 조달 실행에 참고할 기업 환경 요인에는 조달에 관한 현지 법률 및 규정, 시장 조건을 포함한 조달 프로세스를 제약하는 외부 경제 환경, 계약관리 시스템 등이 포함된다.

여섯 번째, 이 프로세스에 인풋으로 사용될 주요 조직 프로세스 자산은 사전 검증된 우선 판매자 목록, 판매자 선택에 영향을 미치는 조직 정책, 계약 초안 작성 방식을 결정하는 특정 조직 템플릿 또는 지침, 인보이스 발행 및 지불 프로세스에 관한 재정 정책 및 절차 등을 포함한다.

• 아웃풋 Output

조달 실행 프로세스의 아웃풋은 선정된 판매자(selected sellers), 계약(agreements), 변경요청, 프로젝트 관리 계획 업데이트, 프로젝트 문서 업데이트, 조직 프로세스 자산 업데이트 등 6가지이다. 먼저, 선정된 판매자(selected sellers)는 제안서 또는 입찰가 평가를 통해 가장 우수한 판매자로 결정된 판매자이다.

두 번째, 계약(agreements)은 판매자와 구매자 간의 상호 구속력이 있는 합의 문서이다. 판매자는 지정된 조건 하에서 지정된 제품, 서비스 또는 결과를 제공할 의무가 있으며 구매자는 지정된 금액(및 인센티브 또는 포상 수수료의 경우 지정된 조건)에 따라 구매자에게 보상할 의무가 있다. 일방이 이의를 제기하여 상대방이 합의를 어겼다고 생각하는 경우, 당사자 간의 협상이 결렬되면 대체 분쟁 해결(alternative dispute resolution)을 통해 처리될 수 있다. 대체 분쟁 해결로 문제가 해결되지 않으면 결과적으로 각 당사자가 소송을 제기할 수 있지만 하고 이 문제를 법정으로 가져가는 유일한 근거는 계약이다.

세 번째 아웃풋은 변경요청인데 합의된 판매자의 조달은 원래의 프로젝트 관리 계획에 필연적으로 추가되어야 하므로 이를 위해 변경 요청이 만들어 진다.

네 번째, 프로젝트 관리 계획 업데이트는 요구사항관리 계획, 품질관리 계획, 의사소통관리 계획, 위험관리 계획, 조달관리 계획, 범위 기준선, 일정 기준선, 비용 기준선 등에 대한 갱신을 의미한다. 요구사항관리 계획에서 프로젝트 요구사항은 판매자가 식별한 변경 사항으로 인해 업데이트될 수 있다. 품질관리 계획은 판매자가 원래 품질관리 계획에 정의된 품질 접근 방식에 영향을 미치는 대체 품질 표준 또는 대체 솔루션을 제공할 수 있어 업데이트 될 수 있다. 의사소통관리 계획은 판매자의 의사소통 요구와 접근 방식을 통합하도록 업데이트 된다. 위험관리 계획은 각 계약이나 판매자와 관련된 고유한 위험 집합 내용이 업데이트될 필요가 있다. 조달관리 계획에는 계약 및 협상 프로세스의 결과가 추가된다. 범위 기준선에 문서화된 프로젝트 WBS 및 인도물은 조달 활동을 수행할 때 갱신될 수 있다. 전체 프로젝트 일정 성과에 영향을 미치는 판매자가 납품 기한을 변경한 경우 일정 기준선을 업데이트하고 현재 기대치를 반영하도록 승인해야 할 수 있다. 외부 경제 환경에 의해 자재 및 노동 비용이 변경될 수 있으며 이러한 변경은 비용 기준선에 반영되어야 한다.

다섯 번째, 프로젝트 문서 업데이트는 교훈 등록부, 요구사항 문서, 요구사항 추적성 매트릭스, 자원 달력, 위험 등록부, 이해관계자 등록부 등에 대한 업데이트를 포함한다. 교훈 등록부는 조달 실행 프로세스 동안 직면한 모든 정보 또는 문제와 이를 방지할 수 있었던 방법 및 잘 작동한 방법들을 업데이트 한다. 요구사항 문서는 판매자가 충족해야 하는 기술 요구사항과 계약 및 법적 의미가 있는 요구사항들을 업데이트 한다. 요구사항 추적성 매트릭스는 특정 판매자의 능력에 따라 변경될 수 있다. 자원 달력은 판매자의 가용성에 따라 업데이트해야 할 수 있다. 위험 등록부는 판매자의 조직, 계약 기간, 외부 환경, 프로젝트 인도 방법, 선택한 계약 유형, 최종 합의 가격 등에 관한 위험들을 포함하여 승인된 판매자와 관련된 여러 위험들을 업데이트 한다. 이해관계자 등록부는 특정 판매자와의 계약에 영향을 주거나 영향을 받는 이해관계자에 관해 업데이트 한다.

여섯 번째, 조직 프로세스 자산 업데이트는 이 프로세스의 결과로 식별된 새 판매자 목록을 업데이트 할 수 있으며 또한 판매자와 관련된 좋은 경험과 나쁜 경험에 대한 정보도 조달이 진행됨에 따라 추가된다.

• 도구와 기법 Tools and Techniques

이해관계자 참여 관리 프로세스에서 사용되는 주요 도구 및 기법으로 전문가 판단, 광고(advertising), 입찰자 회의(bidder conferences), 데이터 분석, 대인관계 및 팀 스킬(interpersonal and team skills) 등이 있다. 먼저, 전문가 판단은 제안 평가, 프로젝트와 관련된 기술 또는 주제, 관련 기능 영역(금융, 엔지니어링, 디자인, 개발, 공급망 관리 등), 산업 규제 환경, 정부 규정, 법률 및 규정 준수 요구사항, 협상 등과 관련한 전문 지식이나 훈련을 받은 개인 또는 그룹으로부터 도움을 받는 기법이다. 많은 조직이 조달 시스템을 중앙 집중화하고 전문적인 훈련을 받은 조달 관리자가 프로젝트에 대한 조달 세부 정보를 처리하도록 한다.

두 번째, 광고(advertising)는 조달 계약 입찰에 대한 관심을 유도하기 위해 제품이나 서비스의 사용자나 잠재적 사용자와 소통하는 기법을 의미하며 선택된 신문 또는 전문 무역 간행물에 광고를 게재하면 잠재적인 판매자의 기존 목록을 확장할 수 있다. 대부분의 정부 및 공공 분야에서는 계류 중인 계약에 대한 공개 광고 또는 온라인 게시를 요구한다.

세 번째, 입찰자 회의(bidder conferences)는 계약자 회의(Contractor conferences), 공급업체 회의(Vendor conferences), 사전 입찰 회의(Pre-bid conferences) 등으로 불리기도 하는데 이러한 회의는 모든 예비 입찰자가 조달에 대해 명확하고 공통된 이해를 갖고 특정 입찰자가 우대를 받지 않도록 하기 위함이다.

네 번째, 이 프로세스에서 많이 사용되는 데이터 분석 방법은 제안 평가(proposal evaluation)인데 소스 선택 기준을 사용하여 입찰자 제안이 완전하고 입찰 문서에 완전히 응답하는지 확인한다.

다섯 번째, 대인관계 및 팀 스킬 (interpersonal and team skills) 중에 특히 협상이 중요한 기법이다. 조달 협상은 계약에 서명하기 전에 상호 합의에 도달할 수 있도록 당사자의 구조, 권리 및 의무를 명확히 한다. 협상은 계약서에 서명할 권한이 있는 조달팀 구성원이 주도해야 한다. 많은 조직에서 조달을 중앙 집중화하며 이 경우 조달 관리자가 협상을 주도하게 되며 프로젝트 관리자와 프로젝트 관리 팀의 다른 구성원은 필요한 경우 지원을 제공하기 위해 협상 중에 참석할 수 있다.

A3 조달 통제 Control Procurement

조달 통제는 판매자의 성과가 계약 요건을 충족하는지 확인하는 프로세스로서 조달 실행 단계에서 정기적으로 진행 상황을 모니터링하고 필요한 경우 변경할 수 있다. 계약은 법적 관계이므로 계약 및 계약 전문가가 계약 작성 뿐만 아니라 관리에도 참여하는 것이 중요하다. 프로젝트의 어떤 부분에 대한 변경이더라도 원래 계획이 승인된 것과 동일한 방식으로 동일한 사람들이 이를 검토, 승인 및 문서화할 필요가 있다. 이는 계약 변경에서도 예외가 아니다. 변경 평가에는 영향 분석이 포함되어야 한다. 즉, 변경이 범위, 시간, 비용 및 품질에 어떤 영향을 미치는가를 분석해야 한다. 또한 변경 사항은 서면으로 문서화 되어야 하며 프로젝트 팀원은 모든 중요한 회의 및 전화 내용을 문서화 해야 한다.

프로젝트 관리자와 팀원은 "의제(擬制)된 변경 지시(constructive change orders)"를 감시하는 것이 중요하다. 이 변경지시는 서면 변경지시와 동일한 효과를 갖는 것으로 해석될 수 있는 실제 또는 명백한 권한을 가진 사람에 의한 구두 혹은 서면 누락 행위를 의미한다. 즉, 공식적인 변경 지시가 아니며 승인되지 않은 변경요청이지만 범위, 일정, 비용이 고객과 계약사 간에 일치하지 않더라도 계약자가 계약과 다른 작업을 수행하도록 지시하는 대체 방법이다. 프로젝트 팀에서 의제(擬制)된 변경 지시에 직면했을 때 어떻게 해야 하나? 프로젝트 팀의 책임이 아닌 원래 계획에서 변경이 발생하는 경우 변경이 이루어졌음을 고객에게 즉시 서면으로 통지해야 한다. 변경으로 인해 추가 보상이 발생할 가능성이 있는 경우 프로젝트 팀은 이를 직접 명시하고 청구 권한을 보유해야 한다. 고객에게 변경 사항과 일정 및 비용에 미치는 영향에 대한 완전한 설명을 제공한 후 가능한 한 빨리 변경 지시 및 시간 연장에 대한 세부 요청을 후속 조치해야 한다.

조달이 완료되면 프로젝트 전체에 대한 범위 확인의 경우와 마찬가지로 최종 검사가 수행되고 조달이 승인되면 완료된 것으로 간주된다. 따라서 계약 자체에 공식 승인 및 종료에 대한 요구사항이 포함되어야 한다. 계약 종료는 계약 완료 및 정산 그리고 미결 항목 해결을 포함한다. 프로젝트 팀은 모든 작업이 올바르고 만족스럽게 완료되었는지 확인하고 최종 결과를 반영하도록 레코드 업데이트를 해야 하며 나중에 사용할 수 있도록 정보를 보관하여야 한다.

• 인풋 Input

조달통제 프로세스의 인풋은 대부분 이전 두 프로세스인 조달관리 계획 및 조달 실행의 아웃풋으로 프로젝트 관리 계획, 프로젝트 문서, 계약(agreements), 조달 문서(procurement documentation), 승인된 변경 요청, 작업성과 데이터, 기업 환경 요인, 조직 프로세스 자산 등 8가지이다. 먼저, 프로젝트 관리 계획의 구성요소는 조달관리 계획, 요구사항관리 계획, 위험관리 계획, 변경관리 계획, 일정 기준선 등이다. 조달관리 계획은 이 프로세스에서 수행할 활동을 설명한다. 요구사항관리 계획은 계약자 요구사항을 분석, 문서화 및 관리하는 방법을 설명한다. 위험관리 계획은 판매자가 만들어내는 위험 활동과 관리 방안을 설명한다. 변경관리 계획은 판매자가 생성하는 변경 사항을 처리하는 방법에 대한 정보가 포함되어 있다. 일정 기준선은 전체 프로젝트 성과에 영향을 미치는 판매자로 인한 지연이 발생한 일정을 업데이트하고 승인해야 할 수 있다.

두 번째, 이 프로세스에 대한 인풋으로 사용될 수 있는 프로젝트 문서에는 가정 로그, 마일스톤 목록, 품질 보고서, 요구사항 문서, 요구사항 추적성 매트릭스, 위험 등록부, 이해관계자 등록부 등이 포함된다. 가정 로그는 조달 프로세스 동안 작성된 가정을 보여준다. 교훈 등록부는 다른 많은 프로세스와 마찬가지로 프로젝트 초기에 배운 교훈을 프로젝트에 추가로 적용하여 이 경우 계약자 성과 및 조달 프로세스를 개선할 수 있다. 마일스톤 목록은 판매자가 결과를 제공할 것으로 예상되는 시기를 표시한다. 품질 보고서는 규정을 준수하지 않는 판매자 프로세스, 절차 또는 제품을 식별한다. 요구사항 문서는 판매자가 충족해야 하는 기술적 요구사항과 계약 및 법적 의미가 있는 요구사항을 포함할 수 있다. 요구사항 추적성 매트릭스는 제품 요구사항을 산출물을 연계시키고 요구사항 소유자에게 해당 요구사항과 관련된 문제에 대해 정보를 제공한다. 위험 등록부는 승인된 판매자와 관련된 위험을 보여준다. 이해관계자 등록부는 식별된 이해관계자, 특히 계약된 팀 구성원, 선택된 판매자, 계약 담당자 및 조달에 관련된 기타 이해관계자에 대한 정보를 포함한다.

세 번째, 계약(agreements)은 이 프로세스 동안 계약 조건(terms and conditions)이 충족되는지 확인하는데 사용된다.

네 번째, 조달 문서(procurement documentation)는 조달 프로세스 관리를 위한 완전한 지원 기록들을 의미하며 작업 명세서, 지불 정보, 계약자 작업 성과 정보, 계획, 도면 및 기타 서신 등이 여기에 포함된다.

다섯 번째, 모든 조달 관련 변경요청은 통합변경통제 수행 프로세스에서 승인된 경우 공식적으로 서면으로 문서화한 다음 구현되고 이 승인된 변경요청은 조달통제 프로세스의 인풋이 된다.

여섯 번째, 작업성과 데이터는 기술적 성과, 시작되었거나 진행 중이거나 완료된 활동, 발생했거나 약정한 비용, 지불된 판매자 인보이스 등과 같은 프로젝트 상태에 대한 판매자 데이터를 의미한다.

일곱 번째, 이 프로세스에서 사용될 기업 환경 요인은 계약 변경관리 시스템, 마켓 플레이스 조건, 재무관리 및 미지급금 시스템 등이 포함된다.

여덟 번째, 조달 통제 프로세스에 영향을 미칠 조직 프로세스 자산에는 조직의 조달 정책이 대표적이다.

• 아웃풋 Output

조달 통제 프로세스의 아웃풋은 종료된 조달(closed procurements), 작업성과 정보, 조달 문서 업데이트(procurement documentation updates), 변경요청, 프로세드 관리 계획 업데이트, 프로젝트 문서 업데이트, 조직 프로세스 자산 업데이트 등 7가지이다. 먼저, 구매자는 일반적으로 인정된 조달 관리자를 통해 판매자에게 계약이 완료되었다는 공식 서면 통지를 제공함으로써 조달을 종료한다. 공식적인 조달 종료에 대한 요구사항은 일반적으로 계약 조건에 정의되어 있으며 조달관리 계획에 포함되어 있다. 모든 산출물은 제 시간에 제공되어야 하고 기술 및 품질 요구사항을 충족해야 하며 미결 청구 또는 송장이 없어야 하며 모든 최종 지불이 완료되어야 한다. 프로젝트 관리 팀은 마감 전에 모든 산출물을 승인해야 한다.

두 번째, 작업성과 정보는 인수한 산출물, 달성된 기술 성과, 수행된 작업에 대한 비용 등을 계약 및 조달 작업 명세서와 비교하여 판매자가 어떻게 수행하였는지에 관한 정보이다.

세 번째, 조달 문서 업데이트(procurement documentation updates)는 계약서, 모든 지원 일정, 요청되었지만 승인되지 않았거나 해결되지 않은 계약 변경, 승인된 변경 요청, 판매자가 개발한 기술 정보, 작업 성과 정보, 판매자 실적 보고서 및 보증, 송장 및 지불 기록을 포함한 재무 문서, 계약 관련 검사 결과 등과 같은 조달 문서의 갱신을 뜻한다.

네 번째, 변경요청은 조달을 모니터링하고 통제한 결과 프로젝트 관리 계획에 대해 이루어질 수 있다. 승인된 계약 변경은 프로젝트 서신을 통해 고유하게 식별되고 문서화되어야 한다. 이러한 변경은 한 당사자가 이의를 제기하여 클레임으로 이어질 수 있기 때문이다.

다섯 번째, 프로젝트 관리 계획 업데이트는 조달관리 계획, 위험관리 계획, 일정 기준선 그리고 비용 기준선의 갱신을 의미한다. 조달관리 계획은 업무 수행 중 판매자의 성과에 따라 업데이트가 필요할 수 있다. 위험관리 계획은 계약 실행 중 예상치 못한 중대한 위험이 발생하는 경우 갱신해야 한다. 일정 기준선은 판매자가 야기한 일정 변경이 전체 일정에 영향을 미치는 경우 업데이트 해야 한다. 비용 기준선은 계약자 및 자재 비용에 대한 변경사항을 반영한다.

여섯 번째, 프로젝트 문서 업데이트는 요구사항 추적성 매트릭스, 위험 등록부, 이해관계자 등록부 등에 대한 업데이트를 포함한다. 요구사항 추적성 매트릭스는 충족된 요구사항에 대한 업데이트가 이루어진다. 위험 등록부는 승인된 판매자와 관련된 위험에 대한 변경 사항 또는 새로운 위험이 추가될 수 있다. 이해관계자 등록부는 계약자 및 공급업체의 모든 변경 사항을 반영한다.

일곱 번째, 조달 통제 프로세스에서 조직 프로세스 자산 업데이트는 지불 일정 및 요청, 판매자 성과 평가 문서, 사전 자격을 갖춘 판매자 목록 업데이트, 교훈 저장소, 조달 파일 등을 갱신하는 것을 뜻한다. 지불 일정 및 요청은 조달 계약 조건에 따라 만들어지며 판매자 성과 평가 문서는 구매자가 준비하고 현재 계약 작업을 수행하는 판매자의 능력을 문서화하고 판매자가 미래 프로젝트에 참여할 수 있는지 여부를 갱신한다. 사전 자격을 갖춘 판매자 목록 업데이트는 조달 통제 프로세스의 결과에 따라 실적이 좋지 않을 경우 판매자가 실격되고 사전 자격을 갖춘 판매자 목록에서 제거하는 것을 의미한다. 교훈 저장소는 조달 프로세스 동안 배운 교훈을 향후 프로젝트의 조달을 개선하기 위해 보관하는 곳이다. 조달 파일은 마감된 계약을 포함하여 색인화된 계약 문서의 전체 세트가 최종 프로젝트 파일에 포함되도록 준비된다.

• 도구와 기법 Tools and Techniques

이 프로세스에 사용되는 도구와 기법은 전문가 판단, 클레임 관리(claims administration), 데이터 분석, 검사(inspection), 감사(audits) 등 5가지이다. 먼저, 전문가 판단은 공급망 관리를 포함한 관련 기능 영역과 법률, 규정 및 컴플라이언스 요구사항, 클레임 관리 등에 전문 지식을 갖춘 개인이나 그룹으로부터 도움을 받는 기법이다.

두 번째, 클레임 관리(claims administration)는 구매자와 판매자가 합의에 도달할 수 없는 계약 변경 사항에 대해 분쟁이 있는 경우 사용하는 기법으로 분쟁이 발생한 변경 사항은 청구(claim)가 되며 해결해야 한다. 계약에 정해진 절차에 따라 대체분쟁해결(alternative dispute resolution)을 통해 처리할 수 있으며 해결되지 않으면 분쟁은 법원에 항소될 수 있다.

세 번째, 조달 통제에 사용할 수 있는 데이터 분석 방법은 성과 검토, 획득가치 분석법, 추세 분석 등이 있다. 성과 검토는 정기적으로 계약의 성과를 검토하는 방법으로 일정이 지연되거나 예산이 초과되거나 자원 또는 품질 문제가 있는 작업 패키지를 식별하는 작업이 포함된다. 획득가치 분석법은 일정 및 비용 차이(SV 및 CV) 또는 일정 및 비용 성과 지수(SPI 및 CPI)를 계산하여 목표와의 변동 정도를 결정한다. 추세 분석은 성과가 개선 또는 악화되는 추세인지 확인하기 위해 비용 성과에 대한 종료까지의 비용 예측치(estimate at completion, EAC)를 개발하는 것이다.

네 번째, 검사(inspection)는 계약자가 수행하는 작업에 대한 구조적 검토를 수행해야 기법이다. 검사에는 결과물에 대한 간단한 검토나 작업 자체에 대한 실제 물리적 검토가 포함될 수 있다.

다섯 번째, 감사(audits)는 개별 조달이 아니라 조달 프로세스에 대한 구조화된 검토를 의미한다. 필요한 경우 프로젝트 조정을 위해 감사 관찰 결과를 구매자의 프로젝트 관리자와 판매자의 프로젝트 관리자에게 알려야 한다.

이번 장에서 학습한 내용 생각해 보기

일부 전문가는 가격이 다른 공급업체보다 높더라도 선호하는 공급업체와 협력할 것을 권장한다. 여러분의 생각은 어떠한가?

정부는 향후 몇 년 동안 아웃소싱 비용을 대폭 늘릴 계획이다. 정부의 아웃소싱 프로젝트를 수주하려면 당신 회사는 무엇을 해야 할까?

핵심 용어

견적 quotation

견적 요청서 request for quote, RFQ

계약 contract

고정가 계약 fixed-price contracts

단위 가격 계약 unit pricing contracts

대체 분쟁 해결 alternative dispute resolution

비용 상환 계약 cost-reimbursable contracts

소스 선택 분석 source selection analysis

시간 및 자재 계약 time and material (T&M) contracts

아웃소싱 outsourcing

의제된 변경지시 constructive change orders

입찰 bid

입찰자 회의 bidders' conference

정보 요청서 request for information, RFI

제안 proposal

제안 요청서 request for proposal, RFP

조달 procurement

조달 관리 procurement management

조달 작업 명세서 procurement statement of work

조달 전략 procurement strategy

조달 통제 procurement control

종료된 조달 closed procurement

종료 조항 termination clause

참조 약관 terms of reference

클레임 관리 claims administrationx

제12장
프로젝트 이해관계자관리

이번 장을 통해서 학습하게 될 내용들

- 프로젝트 이해관계자 관리가 중요한 이유
- 이해관계자 식별 프로세스 및 이해관계자 등록부 작성 방법
- 이해관계자 참여 계획의 내용
- 이해관계자 참여 관리 프로세스 이해
- 이해관계자 참여 모니터 방법 설명

제 12장
프로젝트 이해관계자관리

미니 사례

권부장은 17년 동안 근무한 회사를 그만두고 독립 컨설턴트가 되었다. 근무 시간의 약 80%를 출장해야 하는 보직으로 발령이 나서 두 명의 어린 자녀를 둔 권부장은 이를 받아들이기 어려웠고 결국 혼자 일할 수 있는 기회에 뛰어들었다. 권부장의 동료 중 한 명은 현지의 대형 전기차회사인 국민모터스의 IT 책임자를 알고 있었는데 그는 권부장이 받던 급여의 두 배를 지불하는 계약을 제안했다. 문제는 초기 계약 기간이 2주에 불과했다는 점이는데 권부장은 첫 번째 프로젝트를 성공적으로 관리하여 그녀의 가치를 입증하였고, 국민모터스는 권부장에게 더 규모가 큰 프로젝트를 관리하도록 계속 계약을 유지했다. 권부장의 현재 프로젝트는 프로젝트 관리 소프트웨어 솔루션을 평가하고 구현하여 새로운 운영 부사장인 김부사장이 여러 국가의 생산공장 업그레이드를 감독할 수 있도록 하는 것이다. 이들 생산공장 업그레이드 비용은 200억원이 넘는 것으로 추정된다. 권부장은 내부 분석가인 이수석과 김부사장과 함께 새로운 소프트웨어 솔루션을 선택하기 위한 요구사항과 접근 방식을 결정했다. 국민모터스는 2개월 이내에 공급업체와 계약을 체결한 다음 가능한 한 빨리 새 시스템을 다른 시스템, 특히 회계 시스템과 통합해야 했다. 불행히도 권부장을 고용한 IT부서의 책임자인 현이사는 권부장의 보고에 매우 화가 났다. 그는 권부장을 사무실로 불러들이고 화를 내기 시작했다. “어떻게 이런 결정을 할 수 있습니까? 이 안은 내가 생각하는 이 회사의 IT에 가장 적합하다고 생각하는 것과 반대되는 것입니다. 이수석은 당신과 완전히 다른 결정을 했어요. 당신같은 컨설턴트는 당신이 떠난 후 우리에게 어떤 일이 일어날지 전혀 걱정하지 않고 마음대로 상황을 뒤흔들 수 있다고 생각합니다. 내가 다른 말 하기 전에 여기서 나가시오!" 권부장은 다음에 할 일을 걱정하며 조용히 현이사의 사무실을 나왔다. 권부장은 자신의 분석과 의사결정이 운영부사장인 김부사장을 만족시키며 회사 전체에 가장 큰 이익이 될 것이라는 것을 알고 있다. 비록 현이사와 이수석이 선택한 방안은 아니었지만 말이다. 왜냐하면 그녀가 추천한 소프트웨어 솔루션은 다른 나라 제조공장의 다양한 회계 시스템과 잘 통합되는 유일한 솔루션이라는 것을 분석을 통해 확인하였기 때문이다. 여러분이 권부장이라면 앞으로 어떻게 대응해야 할지 논의해 보자.

프로젝트 이해관계자의 중요성

프로젝트 이해관계자 관리는 2013년 PMBOK 5판부터 새로운 지식 영역이 되었으며 이전에는 이해관계자 관리가 의사소통 관리의 일부였었다. PMI는 이해관계자와 의사소통 하는 것뿐만 아니라 프로젝트 과정에서 이들이 적극적으로 참여하는 것이 중요하다고 판단하여 PMBOK에서 완전히 새로운 지식 영역으로 만든 것이다.

프로젝트는 종종 변화를 야기하고 사람들은 일반적으로 변화를 좋아하지 않는다. 프로젝트가 일부 이해관계자에게 부정적인 영향을 미칠 경우 프로젝트 관리자는 적으로 간주될 수 있다. 반대로, 프로젝트 관리자가 이익 증대, 새로운 일자리 창출 또는 임금 인상을 돕는 프로젝트를 이끌면 특정 이해관계자에게 동맹으로 간주될 수 있다. 어떤 경우이든 프로젝트 관리자는 성공적인 프로젝트의 수행을 위해 다양한 이해관계자를 식별하고 이해하며 협력하는 법을 배워야 한다.

프로젝트 이해관계자관리 프로세스

프로젝트 이해관계자관리는 프로젝트의 영향을 받는 모든 사람 또는 조직을 식별하고 이해관계자의 기대치를 분석하며 효과적으로 이해관계자를 참여시키는 것이 목적인데 나음과 같은 4개의 작업들로 구성되어 있다.

- 이해관계자 식별 (Identify Stakeholders)
- 이해관계자 참여 계획 (Plan Stakeholder Engagement)
- 이해관계자 참여 관리 (Manage Stakeholder Engagement)
- 이해관계자 참여 모니터링 (Monitor Stakeholder Engagement)

이해관계자 식별은 이해관계자를 파악하고 이들과의 관계관리를 위한 최선의 방법을 결정한다. 이해관계자 참여 계획은 이해관계자를 프로젝트에 효과적으로 참여시키기 위한 전략을 결정한다. 이해관계자 참여 관리는 프로젝트 이해관계자와 의사소통하고 협력하여 그들의 요구와 기대를 충족시키고, 이슈를 해결하며, 프로젝트 의사결정 및 활동에의 참여를 장려한다. 이해관계자 참여 모니터링은 이해관계자와의 관계를 모니터링하고 필요에 따라 이해관계자 참여를 위한 계획 및 전략을 조정한다.

이들 4개 프로세스를 프로젝트 관리 프로세스 그룹의 관점에서 살펴보면 표 12-1과 같이 첫 번째 이해관계자 식별은 착수 프로세스 그룹에, 두 번째 이해관계자 참여 계획은 계획 프로세스 그룹에 속한다. 세 번째 이해관계자 참여 관리는 실행 프로세스 그룹에 속하며 마지막 이해관계자 참여 모니터링은 모니터링 및 통제 프로세스 그룹에 속한다. 이해관계자 관리 프로세스들은 5개 프로젝트 관리 프로세스 그룹 중 착수 프로세스 그룹에서부터 계획, 실행, 모니터링 및 통제 프로세스 그룹에 이르기까지 총 4개 프로세스 그룹에 걸쳐 있다.

[표 12-1] 프로젝트 관리 프로세스 그룹과 이해관계자관리 맵핑

지식 영역	착수 프로세스 그룹	계획 프로세스 그룹	실행 프로세스 그룹	모니터링 및 통제 프로세스 그룹	종료 프로세스 그룹
이해관계자 관리	이해관계자 식별	이해관계자 참여 계획	이해관계자 참여 관리	이해관계자 참여 모니터링	

다음 그림 12-1은 프로젝트 이해관계자관리의 입력물, 도구와 기법, 산출물을 보여준다.

A1 이해관계자 식별 Identify Stakeholders

이해관계자 식별 프로세스는 표 12-1에 나타나듯이 프로젝트 헌장 작성 프로세스와 함께 착수 프로세스 그룹에 속하는 2개 프로세스 중의 하나이다. 이해관계자 식별은 프로젝트의 결정, 활동 또는 결과에 영향을 미치거나 영향을 받을 수 있는 사람, 그룹 또는 조직을 식별하고 이해관계, 참여, 상호 의존성, 영향 및 프로젝트 성공에의 잠재적 영향에 관한 관련 정보를 분석 및 문서화하는 프로세스이다. 이 프로세스의 주요 이점은 프로젝트 관리자가 각 이해관계자 또는 이해관계자 그룹에 대해 어디에 중점을 두는 것이 적절한지 파악할 수

[그림 12-1] 프로젝트 이해관계자관리 개요

Project Stakeholder Management

Identify Stakeholder	Plan Stakeholder Engagement	Manage Stakeholder Engagement	Monitor Stakeholder Engagement
Inputs -Project Charter -Business Documents -Project Management Plan -Project Documents -Agreements -Enterprise Environmental Factors -Organizational Process Assets	Inputs -Project Charter -Project Management Plan -Project Documents -Agreements -Enterprise Environmental Factors -Organizational Process Assets	Inputs -Project Management Plan -Project Documents -Enterprise Environmental Factors -Organizational Process Assets	Inputs -Project Management Plan -Project Documents -Work Performance Data -Enterprise Environmental Factors -Organizational Process Assets
Tools & Techniques -Expert Judgment -Data Gathering -Data Analysis -Data Representation -Meetings	Tools & Techniques -Expert Judgment -Data Gathering -Data Analysis -Decision Making -Data Representation -Meetings	Tools & Techniques -Expert Judgment -Communication Skills -Interpersonal and Team Skills -Ground Rules -Meetings	Tools & Techniques -Data Analysis -Decision Making -Data Representation -Communication Skills -Interpersonal and Team Skills -Meetings
Outputs -Stakeholder Register -Change Requests -Project Management Plan Updates -Project Documents Updates	Outputs -Stakeholder Engagement Plan	Outputs -Change Requests -Project Management Plan Updates -Project Documents Updates	Outputs -Work Performance Information -Change Requests -Project Management Plan Updates -Project Documents Updates

있다는 것이다.

이해관계자 관리는 위험관리와 표면적으로는 관련이 없어 보일 수 있지만 유사한 점이 많다. 위험은 프로젝트에 영향을 미칠 수 있는 이벤트 또는 상황으로 정의되고 이해관계자는 프로젝트에 영향을 미칠 수 있거나 또는 프로젝트의 영향을 받을 수 있는 사람인데 두 경우 모두 프로젝트 관리자의 통제 하에 있지 않지만 프로젝트 결과에 영향을 미칠 수 있다는 공통점이 있다. 통제할 수 없는 이러한 요소를 관리하는 것은 프로젝트 성공의 핵심 열쇠인데 이러한 요소에 대응하는 방법은 다르다. 위험관리에서는 확률 또는 영향 측면에서 이러한 요소를 완화하려고 한다. 예를 들어, 날씨를 제어할 수는 없지만 우산을 사서 편리하게 보관하면 비가 올 때 자신과 옷에 미치는 영향을 완화할 수 있다. 이해관계자 관리에서는 이해관계자의 영향을 완화하려고 하기보다 실제로 그들과 소통하고 그들이 처음에 프로젝트에 반대하는 경우 그들을 달래려고 시도할 수 있다. 그러나 이해관계자들을 참여시키려면 먼저 이해관계자가 누구인지 식별해야 한다. 이것이 이 프로세스의 목표이다. 프로젝트에 대한 적절한 계획이 시작되기 전에도 이해관계자를 식별한다는 사실은 이 프로세스가 프로젝트의 성공을 위해 얼마나 중요하다고 생각하는지 알려준다.

이해관계자는 크게 내부 프로젝트 이해관계자와 외부 프로젝트 이해관계자로 나누어질 수 있다. 내부 프로젝트 이해관계자는 일반적으로 프로젝트 스폰서, 프로젝트 팀, 지원 인력 및 프로젝트 내부 고객을 포함하며 다른 내부 이해관계자로는 최고 경영진, 다른 부서 관리자 및 기타 프로젝트 관리자가 있으며 이들이 이해관계자가 되는 이유는 조직의 자원이 제한되어 있기 때문이다. 외부 프로젝트 이해관계자는 일반적으로 조직 외부 고객, 경쟁 업체, 공급 업체 등을 포함하며 다른 외부 그룹으로는 프로젝트에 잠재적으로 관여하거나 영향을 받는 공무원이나 관련 시민 등이 포함된다.

- **인풋 Input**

이해관계자 식별 프로세스의 인풋은 프로젝트 헌장, 비즈니스 문서, 프로젝트 관리 계획, 프로젝트 문서, 계약, 기업 환경 요인, 조직 프로세스 자산 등 7가지이다. 먼저, 프로젝트 헌장에는 이 프로세스의 시작점이 되는 주요 이해관계자 목록과 조직 내 책임에 대한 정보가 포함되어 있다.

두 번째, 비즈니스 문서에는 비즈니스 케이스와 혜택관리 계획(Benefit Management Plan) 문서가 있는데 비즈니스 케이스는 프로젝트 목표를 식별하고 프로젝트의 영향을 받는 이해관계자의 초기 목록을 식별하는데 사용할 수 있다. 혜택관리 계획(Benefit Management Plan)은 프로젝트의 결과를 제공함으로써 이익을 얻을 이해관계자를 식별하는데 도움이 된다.

세 번째, 프로젝트 관리 계획 중 이해관계자 식별과 관련된 구성요소는 의사소통 관리 계획과 이해관계자 참여 계획이다. 의사소통 관리 계획은 다양한 유형의 이해관계자와 커뮤니케이션하는 방법에 대한 정보를 포함하고 있으며 이해관계자 참여 계획은 이해관계자를 효과적으로 참여시키는 데 필요한 관리 전략 및 조치를 식별한다.

네 번째, 프로젝트 문서는 초기 이해관계자 식별에 사용할 수 없지만 프로젝트 과정 전반에 걸쳐 발생하는 이해관계자 식별에는 유용하다. 변경로그에 담겨 있는 변경요청으로 인한 새로운 이해관계자가 식별되거나 프로젝트에 대한 기존 이해관계자의 관계 특성이 변경될 수 있다. 이슈로그에 기록되는 새 이슈는 새로운 이해관계자를 식별하거나 기존 이해관계자의 참여 유형을 변경할 수 있다. 요구사항 문서는 프로젝트의 특정 요구사항과 관련된 잠재적 이해관계자에 대한 정보를 제공할 수 있다.

다섯 번째, 계약에 나타나는 계약 당사자는 조달을 제공하는 판매자이든 프로젝트를 공유하는 다른 조직이든 관계없이 이해관계자가 된다.

여섯 번째, 기업 환경 요인에는 정부 또는 산업 표준이나 글로벌, 지역 혹은 로컬 트렌드가 포함된다.

일곱 번째, 조직 프로세스 자산은 이해관계자 등록부, 템플릿 및 지침, 이전 프로젝트에서 사용한 실제 이해관계자 등록부, 이해관계자의 참여에 대한 정보가 포함된 교훈 저장소 등을 포함한다.

• 아웃풋 Output

이 프로세스의 아웃풋은 이해관계자 등록부, 변경요청, 프로젝트 관리 계획 업데이트, 프로젝트 문서 업데이트 등 4가지이다. 먼저 이해관계자 등록부는 이해관계자에 대한 다양한 정보를 포함하는 문서로 식별 정보, 평가 정보, 이해관계자 분류에 관한 정보를 담고 있다. 식별 정보는 이해관계자 이름, 직책과 위치, 프로젝트에서의 역할, 연락 정보 등을 포함하며 평가 정보는 이해관계자의 주요 요구사항 및 기대, 잠재적 영향, 이해관계자가 가장 관심을 갖는 프로젝트 단계 등에 관한 정보를 의미한다. 이해관계자 분류는 이해관계자가 조직 내부 이해관계자인지 아니면 외부 이해관계자인지 또는 프로젝트의 지지자인지 아니면 프로젝트의 반대자인지를 파악한다. 이해관계자 등록부의 예시는 다음 표 12-2와 같다.

두 번째 아웃풋은 변경요청인데 프로젝트 전반에 걸쳐 이해관계자 식별이 계속됨에 따라 새로운 이해관계자 또는 이해관계자에 대한 새로운 정보로 인해 변경요청이 발생할 수 있다. 하지만 초기에 반복해서 이해관계자를 식별할 때에는 변경요청을 생성할 필요가 없다.

세 번째 아웃풋은 프로젝트 관리 계획 업데이트인데 갱신되어야 할 주요 구성요소는 이해관계자 참여 계획이다. 이해관계자 참여 계획에는 식별된 이해관계자에 대한 합의된 의사소통 전략 등이 기록되며 이에 대한 업데이트가 발생할 수 있다. 그 외에도 갱신될 필요가 있는 전체 프로젝트 관리 계획의 다른 구성요소로는 요구사항관리 계획, 의사소통관리 계획, 위험관리 계획 등이 있다. 새로 식별된 이해관계자는 요구사항 활동을 계획, 추적 및 보고하는 방법에 영향을 줄 수 있으므로 요구사항관리 계획의 갱신을 야기할 수 있

[표 12-2] 이해관계자 등록부의 예시

이름	직위	내 / 외부	역할	이메일
김 OO	운영 부사장	내부	프로젝트 스폰서	kim@global.com
이 OO	CFO	내부	상위 관리자, 재정 승인	lee@global.com
박 00	CIO	내부	상위 관리자, PM 보스	park@global.com
최 00	IT 분석가	내부	팀원	choi@global.com
정 00	회계 부장	내부	상위 관리자	chung@global.com
강 00	생산1 부장	내부	최대 공장의 상위 관리자	kang@global.com
조 00	컨설턴트	외부	프로젝트 관리자	cho@global.com
윤 00	공급자	외부	SW 공급	yoon@global.com

다. 또한 이해관계자 의사소통 요구사항 및 합의된 의사소통 전략은 의사소통 관리 계획에 기록되므로 이 또한 의사소통관리 계획의 변경을 초래한다. 물론 이해관계자 의사소통 요구사항 및 합의된 의사소통 전략이 프로젝트의 위험관리 접근 방식에 영향을 미치는 경우 위험관리 계획에 반영될 필요가 있음은 자명하다.

네 번째, 프로젝트 문서 업데이트는 가정로그, 이슈로그, 위험 등록부 등의 변경을 포함한다. 이해관계자의 상대적인 파워, 관심 및 참여 수준에 대한 정보의 대부분은 가정로그에 입력되는 가정을 기반으로 하며 특정 이해관계자와의 상호 작용과 관련된 모든 제약 조건도 가정로그에 입력된다. 또한 이해관계자를 식별한 결과 발생한 새로운 문제는 이슈로그에 기록된다. 그 외, 이 프로세스에서 식별된 새로운 위험들은 위험 등록부에 기록되어야 한다.

• 도구와 기법 Tools and Techniques

이해관계자 식별 프로세스에서 사용되는 주요 도구 및 기법으로 전문가 판단, 데이터 수집, 데이터 분석, 데이터 표현(data representation), 회의 등이 있다.

먼저, 전문가 판단은 조직의 정치 및 권력구조에 대한 이해가 높거나 산업 또는 프로젝트 결과물 유형에 대한 지식, 고객을 포함한 더 넓은 환경과 문화에 대한 지식, 개별 팀원의 기여도 및 전문성에 대한 지식 등을 보유한 전문가의 도움을 받는 기법이다.

두 번째, 이해관계자를 식별하기 위해 사용될 수 있는 데이터 수집 기법은 설문조사와 브레인스토밍 등이다. 설문조사에는 일대일 인터뷰 또는 포커스 그룹 세션이 포함될 수 있다. 브레인스토밍은 주제 전문가나 팀 구성원과 같은 그룹의 의견을 이끌어낸다. 브레인스토밍에 대한 보다 상세한 내용은 앞서 xx장 xx절을 참고하길 바란다.

세 번째 데이터 분석은 위에서 언급한 기법으로 데이터를 수집한 후 이들 데이터를 분석하는 기법이다. 많이 사용되는 데이터 분석 기법으로는 이해관계자 분석과 문서 분석이 있다. 이해관계자 분석은 자신의 조직내 직위, 프로젝트와의 관계(프로젝트에 참여하고 있는지, 프로젝트 결과에 영향을 받는지, 프로젝트 결과에 영향을 미칠 수 있는지), 프로젝트에 대한 이해관계(프로젝트 결과에 대한 소유권, 권리 또는 이해관계가 있는가?)를 분석하는 기법이다. 문서 분석은 이전 프로젝트의 교훈 저장소에 현재 프로젝트의 이해관계자를 식별하는 데 도움이 될 수 있는 정보가 포함될 수 있으므로 저장된 관련 문서들을 분석하는 기법이다.

네 번째, 데이터 표현은 이해관계자 등록부를 준비하기 위해 분석한 내용을 표현하는 방법으로 파워/관심 격자(power/interest grid)가 대표적이다. 파워/관심 격자는 프로젝트 성과에 대한 권한 수준(파워)(level of authority, power) 및 관심 수준(흥미)(level of concern, interest)을 기반으로 이해관계자 관계 관리를 위한 분류모형이다. 그림 12-2는 파워/관심 격자를 보여주는데 예를 들어 관심도도 낮으며 파워도 적은 이해관계자는 프로젝트에 대한 영향과 발생 가능성이 거의 없는 위험으로 취급되어 프로젝트에 대한 태도가 변경되는 경우가 있는지 "모니터링" 한다. 하지만 프로젝트에서 파워도 크고 프로젝트에 큰 관심을 가진 이해관계자들은 프로젝트 관리자가 긴밀하게 관리해야 하는 대상이다. 중간 위치에 속하는 높은 관심과 작은 파워를 가진 이해관계자에게는 프로젝트 진행 상황이나 결과에 대해 꾸준히 알려주는 전략이 유용하며 반대로 낮은 관심과 큰 파워를 가진 이해관계자에 대해서는 이들을 지속적으로 만족시키는 전략을 써야한다.

그 외에 이해관계자를 분류하는 방법으로 이해관계자 관여수준(Stakeholder Engagement Levels) 모형이 있다. 이는 이해관계자의 관여도를 5단계로 나눈 것으로 프로젝트 및 프로젝트에 대한 잠재적 영향에 대해 인지하지 못하는 불인지(Unaware) 단계, 프로젝트를 인지하나 변화에 저항하는 저항(Resistant) 단계, 프로젝트를 인지하나 지지하지도 저항하지도 않는 중립(Neutral) 단계, 프로젝트를 인지하고 변화를 지원하는 지원(Supportive) 단계, 프로젝트 및 잠재적 영향을 인지하고 성공을 돕는 데 적극적으로 참여하는 리딩(Leading) 단계 등으로 구성되어 있다.

이러한 기법은 이해관계자 참여 노력의 우선순위를 지정하는 데 도움이 된다. 높은 수준의 관심과 파워를 가진 이해관계자는 분명히 그들을 참여시키려는 프로젝트 관리자의

[그림 12-2] 파워/관심 격자(power/interest grid)

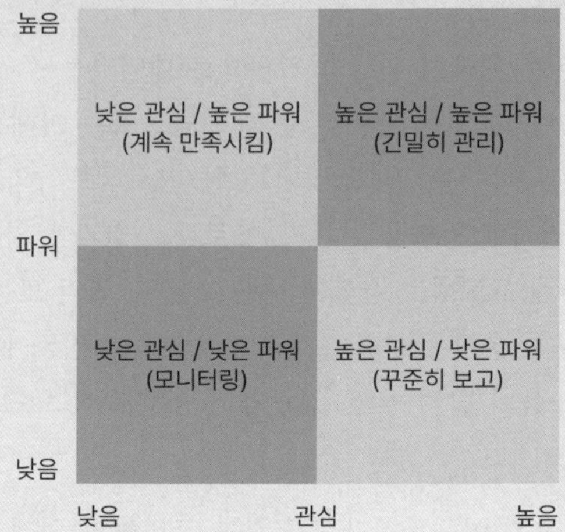

노력을 더 많이 받게 될 것이다.

다섯 번째, 브레인스토밍 등의 기법을 통해 중요한 프로젝트 이해관계자를 식별하고 이해하기 위해 회의가 개최될 것이다. 회의는 촉진 워크숍, 소그룹 가이드 토론, 가상 그룹 미팅 등의 형태를 취할 수 있다.

A2 이해관계자 참여 계획수립 Plan Stakeholder Engagement

이해관계자 참여 계획수립은 이해관계자 관리 계획을 수립하는 프로세스이다. 이 계획은 프로젝트가 각 이해관계자와 어떻게 상호작용하는지 명시하기 위해 만들어진다. 특히 프로젝트에 대해 각 이해관계자가 갖는 관심 수준과 프로젝트를 통제할 수 있는 능력을 파악하고 분석한다. 이해관계자의 기술적 지식 또한 사전에 계획하는 주요 요소가 될 수 있다. 프로젝트가 성공하도록 준비되었다는 것을 확인하기 위해 모든 이해관계자의 관심사가 제시되고 분석된다.

참고로 PMI는 이 프로세스에서 이해관계자 관리(management)라 하지 않고 이해관계자 참여(engagement)라고 한다. 이것은 아마도 이해관계자 중 일부가 고위 경영진이 될 것이고 프로젝트 관리자로서 그들을 "관리"하려고 하는 것이 주제넘게 보일 수 있기 때문일 것이다.

이해관계자 참여 계획에는 종종 민감한 정보(sensitive information)가 포함되므로 공식 프로젝트 문서가 되어서는 안된다. 많은 경우 프로젝트 관리자와 다른 몇 명의 팀원만 이해관계자 참여 계획을 준비해야 하며 이해관계자 참여 계획의 일부는 기록되지 않으며, 존재하는 경우 배포가 엄격히 제한될 수 있다.

• 인풋 Input

이해관계자 참여 계획수립 프로세스의 인풋은 프로젝트 헌장, 프로젝트 관리 계획, 프로젝트 문서, 계약, 기업 환경 요인, 조직 프로세스 자산 등 6가지이다. 먼저, 프로젝트 헌장에는 프로젝트 목적, 목표 및 성공 기준 등이 포함되는데 이는 이해관계자를 참여시키는 방법을 계획하는 데 사용할 수 있다.

두 번째, 프로젝트 관리 계획 중 자원관리 계획은 이해관계자 등록부에 나열된 팀 및 기타 이해관계자의 역할 및 책임에 관한 정보를 포함하고 있으며 의사소통관리 계획은 이해관계자 관리를 위한 의사소통 전략 및 실행 계획을 포함하고 있어 이 프로세스의 인풋으로 사용된다. 또한 위험관리 계획은 최적의 이해관계자 참여 전략을 선택하는 데 도움이 될 수 있는 위험 임계값 또는 위험 태도 정보를 포함하고 있어 이를 인풋으로 사용할 수 있다.

세 번째, 다양한 프로젝트 문서 또한 인풋으로 사용될 수 있는데 가정로그는 특정 이해관계자와 연결될 수 있는 가정 및 제약 조건에 대한 정보를 포함하고 있다. 변경로그의 경우, 프로젝트의 원래 범위에 대한 변경이 일반적으로 이러한 변경을 요청하거나 변경 요청에 대한 결정에 관련된 특정 이해관계자와 연결되므로 주요 인풋으로 사용될 수 있다. 이슈를 해결하려면 영향을 받는 이해관계자와의 추가 의사소통이 필요하므로 이슈로그도 인풋으로 사용될 수 있다. 프로젝트 일정은 소유자 또는 실행자로서 특정 이해관계자와 연결될 수 있는 활동을 포함하고 있으며 위험 등록부는 식별된 위험을 위험 소유자 또는 해당 위험의 영향을 받는 특정 이해관계자에게 연결한다. 이해관계자 등록부는 이해관계자 식별 프로세스의 아웃풋으로 분류에 대한 추가 데이터를 포함한 프로젝트 이해관계자의 예비 목록을 제공한다.

네 번째, 계약(agreements)은 또 다른 유형의 이해관계자인 계약사 및 공급업체의 참여를 계획할 때 필요하다. 일반적으로 조직의 조달/계약 그룹과 협력하여 계약자 및 공급업체가 효과적으로 관리되도록 하는 것이 포함된다.

다섯 번째, 기업 환경 요인은 조직 문화, 정치적 분위기, 거버넌스 프레임워크이나 인사 정책, 이해관계자 위험 선호도 등을 포함한다. 또한 구축된 의사소통 채널, 글로벌, 지역 또는 현지 동향, 시설 및 자원의 지리적 분포 등을 포함하기도 하며 이들은 이해관계자 참여 계획 수립에 참고할 요인들이다.

여섯 번째, 조직 프로세스 자산은 소셜 미디어에 대한 기업 정책이나 절차 뿐만 아니라 이슈, 위험, 변경 및 데이터 관리에 대한 모든 기업 정책이나 절차를 포함하며 그 외에도 이해관계자의 선호도, 조치 및 참여에 대한 정보가 포함된 교훈 저장소를 포함한다.

• 아웃풋 Output

이 프로세스에는 이해관계자 참여 계획(stakeholder engagement plan)이라는 하나의 아웃풋만 있다. 이 문서는 의사결정 과정과 프로젝트 계획의 실행에서 이해관계자의 생산적인 참여를 촉진하는 데 필요한 전략과 조치를 식별한다. 물론 이 계획에는 개별 이해관계자 뿐만 아니라 이해관계자 그룹을 참여시키기 위한 특정 전략 또는 접근 방식이 포함될 수 있다. 이해관계자 참여 계획에 포함되는 구체적인 내용들은 현재 및 원하는 참여 수준, 이해관계자 간의 상호 관계, 커뮤니케이션 요구사항, 각 이해관계자를 위한 잠재적 관리전략, 이해관계자 참여 계획을 업데이트하는 방법 등이다.

• 도구와 기법 Tools and Techniques

다른 계획수립 프로세스와 마찬가지로 이 프로세스에서도 전문가 판단이나 회의와 같은 거의 모든 지식 영역에서 사용하는 "일반적인" 도구와 기법 외에도 이 지식영역에서만 사용하는 일부 고유한 도구와 기법이 있다. 이 프로세스에서 사용되는 도구와 기법을 나열해 보면 전문가 판단, 데이터 수집, 데이터 분석, 의사결정, 데이터 표현, 회의 등 6가지이다.

먼저, 전문가 판단을 위해 다음 분야에 전문 지식을 가지고 있는 전문가의 도움을 받을 수 있다: 조직 및 조직 외부의 정치 및 권력 구조, 이해관계자 참여 프로세스에 사용할 분석 및 평가 기법, 커뮤니케이션 수단 및 전략, 이전 유사한 프로젝트에 참여했던 개별 이해관계자 및 이해관계자 그룹에 관한 이전 프로젝트의 지식 등.

두 번째, 이 프로세스에서 사용할 수 있는 데이터 수집 방법으로는 벤치마킹이 있다. 벤치마킹은 여러 이해관계자 분석 결과를 비교하고 다른 조직의 정보와 비교할 수 있는 기법이다.

세 번째, 이 프로세스에서 사용될 수 있는 데이터 분석 기법은 가정 및 제약 분석(assumption and constraint analysis)과 근본 원인 분석(root-cause analysis) 등이 있다. 현재의 가정 및 제약에 대한 분석은 이해관계자의 적절한 참여 전략을 조정하기 위해 수행될 수 있다. 근본 원인 분석은 이해관계자의 참여 수준을 향상시키기 위한 적절한 전략을 선택하기 위해 프로젝트 이해관계자의 현재 지원 수준에 대한 근본적인 이유를 식별한다.

네 번째, 의사결정은 이해관계자 요구사항의 우선순위 지정에 필요한데 투표나 다중기준 결정분석 방법 등이 있다. 이해관계자 요구사항의 순위는 이해관계자 자체의 순위와 마찬가지로 중요하다. 프로젝트에 가장 관심이 많은 이해관계자와 가장 큰 영향을 미치는 이해관계자가 목록의 맨 위에 있는 경우가 많다.

다섯 번째, 데이터 표현 기법은 데이터 분석 및 의사 결정을 지원하는 데 사용되는데 마인드 매핑과 이해관계자 참여 평가 매트릭스(stakeholder engagement assessment matrix)가 대표적이다. 마인드 매핑은 이전 장에서 설명한 내용을 참조하자. 이해관계자 참여 평가 매트릭스는 아래 그림에서 보여지듯이 이해관계자의 현재 참여 수준과 성공적인 프로젝트 제공에 필요한 원하는 참여 수준 간의 비교를 가능하게 하는 표이다. 여기에서 이해관계자를 분류하기 위해 앞선 프로세스에서 설명한 이해관계자 관여도 모형을 사용한다. 기본적으로 모든 이해관계자에 대해 하나의 라인이 있으며 현재 참여 수준과 원하는 수준을 불인지(Unaware), 저항(Resistant), 중립(Neutral), 지원(Supportive), 리딩(Leading) 단계 중 하나로 표시한다. 예시에서 보듯이 이해관계자 참여 평가 매트릭스는 각 이해관계자의 파워/관심 수준을 나타낼 수도 있다. 참고로 이해관계자 참여 평가 매트릭스는 프로젝트 팀에서 기밀로 다루어 져야 한다. 즉, 이해관계자와 정보를 공유할 수 있지만 이 매트릭스는 공유할 수 없다.

[그림 12-3] 이해관계자 참여 평가 매트릭스(stakeholder engagement assessment matrix)

이해 관계자	파워 / 관심	불인지	저항	중립	지원	리딩
이해 관계자 1	높음 / 낮음	C			D	
이해 관계자 2	높음 / 중간			C	D	
이해 관계자 3	중간 / 높음				C, D	
....						
이해 관계자 4	높음 / 높음				C	D

C: Current D: Desired

여섯 번째, 회의는 모든 계획수립 프로세스의 일반적인 도구이자 기법이다.

A3 이해관계자 참여 관리 Manage Stakeholder Engagement

이해관계자 참여 관리는 이해관계자의 니즈와 기대를 충족하고 문제가 발생하면 이를 해결하며 프로젝트 수명주기 전반에 걸쳐 프로젝트 활동에서 이해관계자의 적절한 참여를 촉진하기 위해 이해관계자와 소통하고 작업하는 프로세스이다. 이 프로세스의 주요 이점은 프로젝트 관리자가 이해관계자의 지원을 늘리고 저항을 최소화하도록 하여 프로젝트 성공 가능성을 크게 높일 수 있다는 것이다.

이해관계자 참여 관리 프로세스의 주요 활동은 프로젝트의 모든 단계에서 이해관계자의 커밋먼트를 확보하고 이해관계자의 기대가 충족되었는지 확인하며 프로젝트의 수명주기 전반에 걸쳐 미래의 문제를 예측하고 잠재적인 문제를 해결하는 것이다. 프로젝트 성공은 종종 고객이나 스폰서의 만족도를 통해 결정되므로 이해관계자의 기대 수준을 잘 관리하는 것이 특히 중요하다.

프로젝트를 수행하다 보면 주요 이해관계자의 요청을 충족시킬 수 없는 경우가 생긴다. 이러한 상황에서는 요청에 대한 가능 여부와 부분적으로 가능하다면 어떤 부분이 가능한지 등을 처음부터 명확하게 해야 한다. 이 과정에서 이해관계자의 요청으로 인해 파생되는 결과를 자세히 설명할 필요가 있다. 만약 어려운 요청을 수행하게 된다면 항상 비상 계획(contingency plan)을 세워 대비하는 자세가 필요하다. 프로젝트 수행시 가장 피해야 하는 것 중의 하나는 이해관계자를 놀라게 하는 것이다. 사전에 이해관계자의 요구사항이 충족될 수 없음을 미리 고지하고 대안이 어떤 것이 있는지 등을 서로 공유하여 이해관계자가 원치 않는 뉴스를 갑작스럽게 접하여 당황하는 일이 없도록 해야 한다. 하지만 항상 명심할 것은 프로젝트 관리자의 궁극적인 존재 이유이다. 어떤 일에 대해 사전에 할 수 없는 일이라고 규정하는 순간 이해관계자는 이렇게 생각할 수 있다. 그럼 당신은 무엇때문에 거기에 있는가? 이해관계자의 요청에 대해 신중하게 판단하지 않고 무조건 할 수 있다고 말하는 것도 문제이지만 무조건 안된다고 하는 것도 문제이다. 도전하는 자세 또한 프로젝트 관리자가 갖추어야 할 역량이다.

• 인풋 Input

이해관계자 참여 관리 프로세스의 인풋은 프로젝트 관리 계획, 프로젝트 문서, 기업 환경 요인, 조직 프로세스 자산 등 4가지이다. 먼저, 프로젝트 관리 계획 중 이 프로세스에서 인풋으로 사용되는 구성요소는 이해관계자 참여 계획, 의사소통관리 계획, 위험관리 계획, 변경관리 계획 등이다. 이해관계자 참여 계획은 이해관계자 기대 관리를 포함하여 모든 이해관계자 참여 프로세스에 대한 지침과 정보를 제공한다. 의사소통관리 계획은 이해관계자와 의사소통에 사용할 방법, 형식 및 기술을 설명하고 있으며 위험관리 계획은 이해관계자 참여를 관리하는 데 사용할 수 있는 위험 범주, 위험 선호도 및 보고 형식을 설명하고 있다. 또한 변경관리 계획은 프로젝트에 대한 변경 사항을 제출, 평가 및 구현하는 프로세스를 설명하고 있어 이를 인풋으로 사용하게 된다.

두 번째, 이 프로세스에서 인풋으로 사용되는 프로젝트 문서로는 변경로그, 이슈로그, 교훈 등록부, 이해관계자 등록부 등이 있다. 변경로그의 경우, 그 안에 기록된 변경 요청들이 관련 이해관계자에게 전달되어야 한다. 이슈 로그에는 이해관계자의 우려 사항과 이를 관리하기 위한 작업 항목(action item)이 문서화 되어 있다. 교훈 등록부는 이해관계자 참여를 관리하는 과정에서 배운 교훈을 제공하며 이해관계자 등록부는 프로젝트 이해관계자 목록과 이해관계자 참여 계획을 실행하는 데 필요한 모든 정보를 제공한다.

세 번째, 이해관계자 참여 관리에 참고할 기업 환경 요인에는 조직 문화, 정치적 분위기, 거버넌스 프레임워크, 인사정책, 이해관계자 위험 임계값 등이 포함된다.

네 번째, 소셜 미디어나 이슈, 위험, 변경 및 데이터 관리 등에 관한 기업 정책이나 절차와 커뮤니케이션 요구사항 등이 이 프로세스에 인풋으로 사용될 주요 조직 프로세스 자산이다.

• 아웃풋 Output

이해관계자 참여 관리 프로세스의 아웃풋은 변경요청, 프로젝트 관리 계획 업데이트, 프로젝트 문서 업데이트 등 3가지이다. 먼저, 변경요청은 프로젝트에 반대하는 이해관계자가 프로젝트의 범위 또는 프로젝트가 생성하려는 제품의 변경을 제안할 때 만들어질 수 있다. 물론 프로젝트에 대해 중립적이거나 지지하는 사람들도 프로젝트나 제품을 개선하기 위한 아이디어를 낼 수 있으며 이러한 변경 사항도 고려해야 한다. 변경에 대한 또 다른 제안은 이해관계자 참여 프로세스 자체에 관한 것일 수도 있다. 즉 정보를 지금보다 더 자주 받거나 다른 형식으로 수신하기 위해 변경을 요청하는 경우이다.

두 번째, 프로젝트 관리 계획 업데이트는 주로 의사소통관리 계획, 이해관계자 참여 계획, 범위 기준선 등에 대한 갱신을 의미한다. 의사소통관리 계획은 커뮤니케이션에 대한 신규 또는 변경된 이해관계자 요구사항으로 인해 업데이트해야 할 수 있다. 이해관계자 참여 계획은 이 프로세스에서 이해관계자를 효과적으로 참여시키기 위해 새롭거나 변경된 관리 전략이 개발되면 업데이트 된다. 그 외 범위 기준선은 프로젝트 범위에 대한 변경이 생성되면 업데이트 되어야 한다.

세 번째, 프로젝트 문서 업데이트는 주로 변경로그, 이슈로그, 교훈 등록부, 이해관계자 등록부에 대한 갱신을 의미한다. 변경로그는 모든 변경요청이 기록되어야 한다. 이해관계자가 변경요청을 하고 변경통제위원회에서 승인하지 않는 경우에도 해당 이해관계자에게 그 결정에 대한 이유를 전달하는 것이 중요하다. 이슈로그는 이해관계자가 이슈를 제기한 경우 또는 이해관계자가 이전에 제기한 이슈와 관련하여 최근 진행 사항이 있는 경우 업데이트 된다. 교훈 등록부는 이해관계자 참여를 관리하는 효과적인 접근 방식이 발견되면 이를 추가하여야 한다. 마찬가지로 비효율적인 접근 방식이 언급되면 이는 교훈 등록부에서 삭제될 수 있다. 이러한 정보는 현재 프로젝트의 이후 단계에서 사용할 수 있다. 이해관계자 등록부는 해결된 이슈나 변경의 승인 여부, 그리고 일반적인 프로젝트 상태 등과 관련하여 갱신된다.

• 도구와 기법 Tools and Techniques

이해관계자 참여 관리 프로세스에서 사용되는 주요 도구 및 기법으로 전문가 판단, 의사소통 스킬, 대인관계 및 팀 스킬, 그라운드 규칙(ground rules), 회의 등이 있다.

먼저, 전문가 판단은 조직 내외부의 정치 및 권력구조에 대한 이해가 높거나 이해관계자 참여 프로세스에 사용할 분석 및 평가 기법에 대한 지식, 커뮤니케이션 수단 및 전략에 대한 지식, 이전 유사 프로젝트에 참여한 이해관계자에 대한 지식, 그 외 요구사항 관리, 공급업체 관리 및 변경 관리 등에 대한 지식을 보유한 전문가의 도움을 받는 기법이다.

두 번째, 의사소통 스킬은 프로젝트 팀과 이해관계자 간에 효과적인 커뮤니케이션이 이루어지기 위해 필요한데 여기에는 대화, 문제 식별 및 토론, 회의, 진행 보고(progress reporting), 설문조사 등의 방식이 포함된다.

세 번째, 대인관계 및 팀 스킬에는 적극 청취, 신뢰 구축, 갈등 관리, 문화적 인식, 협상, 관찰/대화, 정치적 인식 등이 포함된다.

네 번째, 그라운드 규칙은 사람들이 서로 어떻게 상호 작용할지에 대한 일관되고 지속적인 합의를 의미한다. 팀 헌장은 프로젝트 팀 구성원 간의 예상되는 행동에 대한 기본 규칙 뿐만 아니라 이해관계자를 참여시킬 때 예상되는 행동에 대한 기본 규칙을 정의하고 이를 따르는 것이 매우 중요하다.

다섯 번째, 회의는 이해관계자 참여에 관한 이슈 또는 우려 사항을 논의하기 위해 사용된다. 이 프로세스에 유용한 회의 유형에는 프로젝트 킥오프 미팅, 스프린트 계획 미팅, 의사결정 미팅, 이슈 해결 미팅, 회고 미팅, 상태 업데이트 미팅 등이 있다.

A4 이해관계자 참여 모니터 Monitor Stakeholder Engagement

이해관계자 참여 모니터 프로세스는 프로젝트 이해관계자 관계를 모니터하고 참여전략 및 계획의 수정을 통해 이해관계자를 참여시키기 위한 전략을 조정하는 프로세스이다. 이 프로세스의 주요 이점은 프로젝트가 발전하고 환경이 변화함에 따라 이해관계자 참여활동의 효율성과 효과성을 유지하거나 증가시킨다는 것이다.

이해관계자와 관련하여 프로젝트 통제는 무엇을 의미할까? 바로 이해관계자의 니즈가 변경되어 해당 문서를 업데이트해야 한다는 것이다. 실제로 프로젝트 활동으로 인해 다른 영역에서 불만이 발생하거나 기존 영역에 대한 불만 수준이 변하는 것은 흔한 일이다. 어떤 경우이든 이해관계자의 니즈를 변화시킨 요인에 대해서는 또 다른 분석이 필요하다. 이해관계자를 리스트에서 삭제해야 하는 경우 첫 번째 프로세스에서 생성된 이해관계자 등록부를 재검토해야 하며, 이해관계자 분석의 일부가 변경된 경우 두 번째 프로세스에서 생성된 이해관계자 참여 계획을 재검토해야 한다. 따라서 이해관계자 통제란 이해관계자 참여 계획이 계획대로 실행되었는지 확인하고 이해관계자의 반응을 점검하여 이해관계자 분석이 변경된 경우 이에 따라 참여 계획을 업데이트하는 것을 포함한다.

이해관계자를 통제할 수는 없지만 이해관계자의 참여 수준을 통제할 수는 있다고 했다. 그렇다면 여기서 참여 또는 관여라고 부르는 engagement는 어떤 의미를 가지고 있는지 좀 더 구체적으로 정리해 보자. 참여는 사람들이 상호 관심 문제에 대한 이해와 해결책을 찾는 대화(dialogue)를 포함하는 의미이다. 참여의 예를 들어보면 관리자가 첫 회의에서 의견을 제시한 첫 번째 사람을 비판한다면 직원들은 향후 회의에서 단지 조용히 있을 것이며 심지어는 회의에 참석하지 않는 것이 최선의 전략이라고 결정할 것이다. 반면에 관리자가 많은 활동이나 다양한 기법을 통해 모든 참가한 직원들을 말하게 하거나 토론에 참여하게 하면 이들은 향후 회의에서 활발한 참가자가 될 것이다. 참여를 통제하는 방법이 여러 가지 있겠지만 가장 대표적인 것은 주요 이해관계자가 킥오프 미팅에 단순 참석보다는 적극적으로 참여하도록 초대하는 것이다. 프로젝트 관리자는 이해관계자가 선호하는 커뮤니케이션 수단을 통해 회의에서 대화가 예상된다는 점을 강조해야 한다. 또한 프로젝트 관리자는 킥오프 미팅 전에 주요 이해관계자를 만나 이해관계자가 적극적인 참여를 사전에 준비하도록 지원해야 한다. 참여를 통제하는 또 다른 방법은 프로젝트 일정에 설문 조사, 검토, 시연 및 사인 오프와 같은 이해관계자 참여와 관련된 활동 및 산출물을 포함시키는 것이다. 그 외, 일부 프로젝트에서는 주요 이해관계자를 프로젝트 팀의 구성원으로 초대하기도 한다. 예를 들어, 노스웨스트 항공(현재 델타 항공)은 ResNet이라는 새로운 예약 시스템을 개발할 때 예약 담당자를 프로젝트 팀원으로 뽑았다. 노스웨스트는 실제로 이들이 시스템의 사용자 인터페이스를 개발하도록 하여 사용자 니즈를 이해하도록 했다.

• 인풋 Input

이해관계자 참여 모니터 프로세스의 인풋은 프로젝트 관리 계획, 프로젝트 문서, 작업 성과 데이터, 기업 환경 요인, 조직 프로세스 자산 등 5가지이다. 먼저, 프로젝트 관리 계획의 구성요소는 이해관계자 참여 계획, 자원관리 계획, 의사소통관리 계획 등이다. 이해관계자 참여 계획은 이해관계자의 요구와 기대를 관리하고 모니터링하는 것을 포함하여 이해관계자 관리 지식 영역의 다른 모든 프로세스를 수행하는 방법에 대한 지침과 정보를 제공한다. 자원관리 계획은 팀 구성원 관리 방법(팀 구성원도 프로젝트의 이해관계자로 간주됨)을 제공하며 의사소통관리 계획은 프로젝트 이해관계자와의 의사소통을 위한 계획과 전략을 설명하므로 인풋으로 사용될 수 있다.

두 번째, 프로젝트 문서에는 이슈로그, 교훈 등록부, 프로젝트 커뮤니케이션, 위험 등록부, 이해관계자 등록부 등이 포함된다. 이슈로그에는 이해관계자의 우려 사항과 이러한 이슈를 관리하기 위해 할당된 작업 항목들이 문서화되어 있다. 교훈 등록부는 이해관계자 참여를 관리하는 과정에서 배운 교훈을 포함하고 있으며 이는 프로젝트의 후반 단계에 적용할 수 있다. 프로젝트 커뮤니케이션은 의사소통관리 계획 및 이해관계자 참여 계획에 따라 이전에 이해관계자에게 배포된 커뮤니케이션을 뜻한다. 위험 등록부는 이해관계자 참여와 관련된 위험을 포함하여 프로젝트의 위험을 식별한다. 이해관계자 등록부는 프로젝트 이해관계자 목록과 이해관계자 참여 계획을 실행하는 데 필요한 모든 정보를 제공한다.

세 번째, 작업성과 데이터에는 프로젝트를 지원하는 이해관계자와 유형 그리고 참여 수준과 같은 프로젝트 상태에 대한 데이터가 포함된다. 여기에는 물론 중립 또는 저항하는 이해관계자에 관한 정보도 포함될 수 있다.

네 번째, 기업 환경 요인으로는 조직 문화, 정치적 분위기 및 조직의 거버넌스 구조, 인사 정책, 이해관계자 위험 임계값, 구축된 커뮤니케이션 채널 등이 인풋으로 사용될 수 있다.

다섯 번째, 조직 프로세스 자산에는 소셜 미디어를 포함하여 이슈, 위험, 변경 및 데이터 관리에 대한 기업 정책 및 절차와 조직 커뮤니케이션 요구사항 등이 포함된다.

• 아웃풋 Output

이 프로세스의 아웃풋으로는 작업성과 정보, 변경요청, 프로젝트 관리 계획 업데이트, 문서 업데이트 등 4가지이다. 먼저, 작업성과 정보는 원하는(desired) 이해관계자 참여 수준과 비교하여 이해관계자가 현재(current) 프로젝트를 어느 정도 지원하고 있는지를 보여준다.

두 번째 아웃풋은 변경요청인데 현재 수준의 이해관계자 참여를 개선하기 위한 시정 및 예방 조치가 포함될 수 있다.

세 번째, 프로젝트 관리 계획 업데이트는 자원관리 계획, 의사소통관리 계획, 그리고 이해관계자 참여 계획의 갱신을 의미한다. 자원관리 계획은 이해관계자 참여 활동에 대한 팀 책임을 업데이트한다. 의사소통관리 계획은 프로젝트의 의사소통 전략을 업데이트 하며 이해관계자 참여 계획은 프로젝트의 이해관계자에 대한 모든 업데이트가 반영된다.

네 번째, 문서 업데이트는 이해관계자 등록부, 이슈로그, 교훈 등록부, 위험 등록부 등이 포함된다. 이해관계자 등록부에는 이해관계자 참여를 모니터링하는 이 프로세스의 결과로 생성된 이해관계자에 대한 모든 새로운 정보가 업데이트된다. 이슈로그는 기존 이슈에 대해 이해관계자의 태도가 변경된 경우 업데이트해야 할 수 있다. 교훈 등록부는 이해관계자를 참여시킨 결과 나타난 도전과제와 이를 피할 수 있었던 방법에 대해 학습한 내용이 추가된다. 물론 접근 방법이 우수하다고 나타나면 이러한 긍정적인 교훈도 기록에 추가되어야 한다. 위험 등록부는 특별히 이해관계자와 관련된 위험이 파악될 경우 갱신되어야 한다.

• 도구와 기법 Tools and Techniques

이해관계자 참여 모니터 프로세스에서 사용될 도구와 기법은 데이터 분석, 의사결정, 데이터 표현, 의사소통 스킬, 대인관계 및 팀 스킬 (interpersonal and team skills), 회의 등 6가지이다. 먼저, 이 프로세스에서 사용할 수 있는 데이터 분석 기법으로는 대안 분석, 근본 원인 분석, 이해관계자 분석 등이 있다. 대안 분석은 이해관계자 참여에 대해 원하는 결과와 실제가 차이가 있을 경우 이에 대응하기 위한 옵션을 평가하는 데 사용할 수 있으며 근본 원인 분석은 이해관계자 참여가 계획된 효과를 가져오지 못하는 기본 원인을 파악하는데 사용할 수 있다. 이해관계자 분석은 프로젝트의 특정 시점에 이해관계자 그룹 및 개인의 포지션을 파악하는 데 도움이 된다.

두 번째, 의사결정 기법은 예를 들어 위에서 언급한 대안 분석을 할 때 마지막으로 어떤 옵션을 선택할지 결정하는 방법으로 다중기준 결정분석(multicriteria decision analysis)이나 투표가 있다. 다중기준 결정분석은 가장 적절한 선택을 식별하는 데 도움이 되도록 이해관계자 참여를 높이기 위한 몇 가지 요소에 대해 우선순위를 지정하고 가중치를 부여하는 기법이다. 투표는 이해관계자 참여의 차이에 대한 최상의 대응책을 선택하는 데 만장일치(unanimity), 과반 이상의 다수결(majority) 또는 단순 최다득표 방식(plurality) 중 한 가지에 방식을 사용할 수 있다.

세 번째 데이터 표현 기법 중 가장 많이 사용되는 것은 이해관계자 참여 평가 매트릭스인데 이는 현재 이해관계자 참여 수준(일반적으로 "현재"의 경우 "C"로 표시)을 원하는 이해관계자 참여 수준(일반적으로 "원하는"에 대해 "D"로 표시)으로 끌어올리는 과정을 도표화 하는데 사용된다.

네 번째, 이 프로세스에서 강조되는 의사소통 스킬은 피드백과 프레젠테이션이다. 피드백은 이해관계자에게 제공된 정보가 수신되고 이해되었는지 확인하는 것이고 프레젠테이션은 이해관계자에게 명확한 정보를 제공하며, 마지막 부분에 질의응답 형식으로 이해관계자에게 실시간 반응의 기회를 제공하기 때문에 e-mail, 뉴스레터 등보다 효과적이다.

다섯 번째, 대인관계 및 팀 스킬 중 많이 사용되는 스킬은 다음과 같다. 능동적 경청(active listening)은 오해와 기타 잘못된 의사소통을 줄이기 위해 사용된다. 문화적 인식(cultural awareness) 과 문화적 감수성(cultural sensitivity)은 프로젝트 관리자가 이해관계자 및 팀 구성원의 요구사항과 문화적 차이에 따라 의사소통을 계획하는 데 도움이 된다. 한편, 성공적인 이해관계자 참여에는 비전을 전달하고 이해관계자가 프로젝트의 작업과 결과를 지원하도록 영감을 주는 강력한 리더십 기술이 필요하다. 네트워킹(networking)은 이해관계자의 참여 수준에 대한 정보에 대한 접근을 보장한다. 정치적 인식(political awareness)은 조직의 전략을 이해하고 이 분야에서 누가 권력과 영향력을 행사하는지 이해하며 이러한 이해관계자와 의사 소통하는 능력을 개발하는 데 사용된다.

여섯 번째, 회의는 여러 프로세스에서 사용되는 일반적인 기법으로 상태 미팅(status meeting), 스탠드업 미팅, 회고 미팅, 기타 다양한 미팅 등이 있으며 여기에서 현재 이해관계자 참여 수준을 평가하고 이를 원하는 수준과 비교하고 대응책을 제시하기 위해 데이터 분석 및 데이터 표현 기법을 활용한다.

이번 장에서 학습한 내용 생각해 보기

이해관계자 관리를 독립적인 하나의 지식 영역으로 만드는 것이 이해관계자 관리의 실천을 향상시킨다고 생각하는가? 그 이유는 무엇인가?

스폰서는 중요한 이해관계자이지만 종종 매우 바쁜 사람들이기도 하다. 스폰서가 프로젝트에 계속 참여할 수 있도록 하기 위해 무엇을 할 수 있을까?

핵심 용어

그라운드 규칙 ground rules

이해관계자 stakeholders

이해관계자 관여 수준 stakeholder engagement levels

이해관계자 등록부 stakeholders register

이해관계자 분석 stakeholders analysis

이해관계자 참여 계획 stakeholder engagement plan

이해관계자 참여 평가 매트릭스 stakeholder engagement assessment matrix

참여 engagement

파워/관심 격자 power/interest grid

사 항 색 인

(ㄹ)

(ㅁ)

(ㅂ)

(ㅅ)

(ㅇ)

(ㅈ)

(ㅊ)

(ㅋ)

(ㅌ)

(ㅍ)

(ㅎ)

(1, 2, 3)

(A)

(D)

(M)

(P)

(R)

(T)

(W)

(a)

(b)

(c)

(d)

(e)

(q)

(r)

(s)

(t)

PMBOK 기반의 프로젝트 관리

초판1쇄 인쇄	2022년 11월 08일
초판2쇄 인쇄	2024년 12월 18일
저 자	정 승 렬
발 행 인	정 승 렬
발 행 처	국민대학교 출판부
주 소	서울시 성북구 정릉로 77(정릉동)
전 화	02-910-4242
팩 스	02-910-4240
등 록	1975년 6월 17일 제6-33호
인 쇄	동방인쇄공사

ISBN 978-89-7812-513-0 가격 29,000